WOLFGANG BECK

Unrechtsbegründung und Vorfeldkriminalisierung

Strafrechtliche Abhandlungen · Neue Folge

Herausgegeben von Dr. Eberhard Schmidhäuser
ord. Professor der Rechte an der Universität Hamburg

und Dr. Friedrich-Christian Schroeder
ord. Professor der Rechte an der Universität Regensburg

in Zusammenarbeit mit den Strafrechtslehrern der deutschen Universitäten

Band 76

Unrechtsbegründung und Vorfeldkriminalisierung

Zum Problem der Unrechtsbegründung im Bereich vorverlegter Strafbarkeit, — erörtert unter besonderer Berücksichtigung der Deliktstatbestände des politischen Strafrechts

Von

Wolfgang Beck

Duncker & Humblot · Berlin

Zur Aufnahme in die Reihe empfohlen von
Professor Dr. Michael Köhler, Hamburg

Die Deutsche Bibliothek – CIP-Einheitsaufnahme

Beck, Wolfgang:
Unrechtsbegründung und Vorfeldkriminalisierung : zum Problem der Unrechtsbegründung im Bereich vorverlegter Strafbarkeit, – erörtert unter besonderer Berücksichtigung der Deliktstatbestände des politischen Strafrechts / von Wolfgang Beck. – Berlin : Duncker u. Humblot, 1992
(Strafrechtliche Abhandlungen; N. F., Bd. 76)
Zugl.: Hamburg, Univ., Diss., 1991
ISBN 3-428-07381-9
NE: GT

Fremddatenübernahme und Druck:
Berliner Buchdruckerei Union GmbH, Berlin 61
Printed in Germany

ISSN 0720-7271
ISBN 3-428-07381-9

Vorwort

Das Wort „Vorfeld“ hat ungeachtet seiner ehemals militärischen Bedeutung umfassenden Eingang in die Alltagssprache gefunden. Im Strafrecht bezeichnet der an den ursprünglichen Wortgebrauch anknüpfende Begriff „Vorfeldkriminalisierung“ eine verbreitete Form der Strafgesetzgebung und der Strafrechtsanwendung. Mit der Gruppe der Gefährdungsdelikte bestehen zwar enge Berührungspunkte, der Vorgang vorverlagerter Pönalisierung ist mit der dogmatischen Einordnung einzelner Tatbestände jedoch nicht zureichend erfaßt. Die Kriminalisierung eines strafrechtlich relevanten „Vorfeldes“ meint — rechtsgutsbezogen — die frühzeitige und umfassende Identifikation einer für potentiell gefährlich erachteten Verhaltensweise. Diese Aufgabenstellung führt, etwa im Hinblick auf die Struktur des Straftatbestandes, zu kaum lösbaren Problemen: Die aus rechtsstaatlichen und pragmatischen Gründen gebotene Orientierung auch der Vorfeld-Strafnorm an klar faßbaren Handlungsvollzügen erfordert regelmäßig die Einbeziehung unrechtsneutraler oder wertpositiver Verhaltensweisen in den Bereich strafbaren Verhaltens. Die Beschränkung des weiten Anwendungsbereiches legt im Gegenzug eine „Subjektivierung“ des Tatbestandes nahe, — gerät damit aber unversehens in die Nähe des Gesinnungsstrafrechts.

In den Kapiteln I. - V. werden die Grundlagen vorfeldorientierter Strafgesetzgebung unter Einbeziehung straftheoretischer und rechtsphilosophischer Erkenntnisse untersucht. Gegen die vorwiegend generalpräventiv argumentierenden Straftheorien sind die rechtsbegrifflichen und personalen Voraussetzungen legitimer Pönalisierung zu erinnern. Die Aussagen zur Berechtigung einer differenzierten Vorfeldkriminalisierung stützen sich im wesentlichen auf einen handlungsbezogenen Rechtsgutsbegriff.

Der zweite Teil der Arbeit (Kapitel VI. - VIII.) zeigt die Auswirkungen pragmatisch-vorfeldorientierten Strafrechtsdenkens exemplarisch für die Deliktsstatbestände des politischen Strafrechts. Die manifeste Präventivfunktion dieses Strafrechtsbereiches ist vornehmlich durch das rationalem Kalkül schwer zugängliche „Bedrohungsmoment“ und das unrechtsbezogene „Gefährlichkeitsurteil“ geprägt. Die der politschen Autonomie des Subjekts verpflichtete Reflektion dieser Wirklichkeitsbedingungen fordert — straftheoretisch — die Existenz bestimmter Rechtsgüter als Voraussetzung legitimer Vorfeld-Strafnormen und — rechtspolitisch — die Bereitschaft des Gemeinwesens, auf gesellschaftliche Konflikte nicht durch eine zwar symbolträchtige, aber unabgeleitete Vorfeldkriminalisierung zu reagieren. Die freiheitliche Gesellschaft darf den beanspruchten Wertepluralismus nicht um den Preis umfassender Kriminalisierung abweichenden Verhaltens sichern. Die Abhandlung benennt daher Bedingungen für eine an der Selbstberechtigung des politischen Subjekts orientierte Fassung des politischen Strafrechts.

Die im dritten Teil der Untersuchung (Kapitel IX.-XII.) zugrundegelegte Vorfelddifferenzierung umfaßt die Erörterung der Deliktstatbestände zum Schutz politischer Willensentäußerung / -vermittlung, der Äußerungsdelikte und der Organisationsdelikte. Diese Deliktsgruppen des politischen Strafrechts verdeutlichen im einzelnen, daß die Vorfeldkriminalisierung nicht ausschließlich staatlichem Eigeninteresse ("Staatsschutz") geschuldet ist, sondern wesentlich den politischen Subjektstatus im Bereich der politischen Willensbildung und institutionalisierten Willensvermittlung betrifft. Ein demokratisch verfaßtes Gesellschaftssystem hat sich daher fortlaufend zu vergewissern, ob und in welcher Weise die Selbständigkeit der Bürger durch Vorfeld-Strafnormen nachhaltig berührt wird oder der bereits erreichte Stand der Selbstbestimmung partiell in Unmündigkeit verkehrt zu werden droht.

Die vorliegende Arbeit ist im Wintersemester 1990 / 91 abgeschlossen worden. Mein besonderer Dank gilt Herrn Prof. Dr. Michael Köhler für die Betreuung des Arbeitsvorhabens und seine stete Bereitschaft zum wissenschaftlichen und zwischenmenschlichen Gespräch. Verbunden bin ich dem Evangelischen Studienwerk in Villigst für die Förderung sowie den Herausgebern für die freundliche Aufnahme der Arbeit in die Reihe „Strafrechtliche Abhandlungen, N. F.". Die Veröffentlichung wurde durch einen Druckkostenzuschuß der Universität Hamburg ermöglicht.

Magdeburg, im März 1992

Wolfgang Beck

Inhaltsverzeichnis

Abkürzungsverzeichnis

A. A., a. A.	= anderer Ansicht
a. E.	= am Ende
a. F.	= alte Fassung
AGB-Gesetz	= Gesetz zur Regelung des Rechts der Allgemeinen Geschäftsbedingungen
Alt.	= Alternative
Anm.	= Anmerkung
Art.	= Artikel
AT	= Allgemeiner Teil
Bd.	= Band
Bearb.	= Bearbeiter
BGBl	= Bundesgesetzblatt
BGH	= Bundesgerichtshof
BGHSt	= Entscheidungen des BGH in Strafsachen (amtliche Sammlung)
BKA	= Bundeskriminalamt
BT	= Besonderer Teil
BT-Ds	= Drucksache des Deutschen Bundestages (zitiert nach Wahlperiode und Nr.)
BTM-Gesetz	= Betäubungsmittelgesetz
BVerfG	= Bundesverfassungsgericht
BVerfGE	= Entscheidungen des BVerfG (amtliche Sammlung)
BWG	= Bundeswahlgesetz
BWO	= Bundeswahlordnung
bzw.	= beziehungsweise
d. h.	= das heißt
d. i.	= das ist
der Verf.	= der Verfasser
dergl.	= dergleichen
ders.	= derselbe
Diss. jur.	= juristische Dissertation
DJZ	= Deutsche Juristen-Zeitung
DuR	= Demokratie und Recht
DVBl	= Deutsches Verwaltungsblatt
etc.	= et cetera
f., ff.	= folgende, fortfolgende
Fn.	= Fußnote
FR	= Frankfurter Rundschau

FS	= Festschrift
GA	= Goltdammer's Archiv für Strafrecht
GG	= Grundgesetz für die Bundesrepublik Deutschland
ggf.	= gegebenenfalls
GVG	= Gerichtsverfassungsgesetz
Hrsg.	= Herausgeber / Herausgeberin
i. S.	= im Sinne
i. w. S.	= im weiteren Sinne
insbes.	= insbesondere
JA	= Juristische Arbeitsblätter
JR	= Juristische Rundschau
JuS	= Juristische Schulung
JZ	= Juristenzeitung
Kap.	= Kapitel
KJ	= Kritische Justiz
KrimJ	= Kriminologisches Journal
KritV	= Kritische Vierteljahresschrift für Gesetzgebung
m. w. N.	= mit weiteren Nachweisen
MDR	= Monatsschrift für deutsches Recht
MEW	= Marx-Engels-Werke
NSDAP	= Nationalsozialistische Deutsche Arbeiter-Partei
NStZ	= Neue Zeitschrift für Strafrecht
NJW	= Neue Juristische Wochenschrift
Nr.	= Nummer
ParteiG	= Parteiengesetz
resp.	= respektive
RG	= Reichsgericht
RGSt	= Entscheidungen des RG in Strafsachen (amtliche Sammlung)
Rn	= Randnummer
S.	= Seite, Satz
sog.	= sogenannte(r)
SprG	= Die Spruchgerichte
StGB	= Strafgesetzbuch
StPO	= Strafprozeßordnung
StRG	= Gesetz zur Reform des Strafrechts
StV	= Der Strafverteidiger
StVÄndG	= Strafverfahrensänderungsgesetz
StVollzG	= Strafvollzugsgesetz
Tb.	= Teilband
u. a.	= und andere, unter anderem
usf.	= und so fort
usw.	= und so weiter
v.	= von
Var.	= Variante

VereinsG	=	Vereinsgesetz
VersG	=	Versammlungsgesetz
Vgl., vgl.	=	vergleiche
Vor, Vorbem.	=	Vorbemerkung
z. B.	=	zum Beispiel
Zf.	=	Ziffer
ZRP	=	Zeitschrift für Rechtspolitik
ZStW	=	Zeitschrift für die gesamte Strafrechtswissenschaft
zust.	=	zustimmend

I. Einleitung

1. Zur Problemstellung

Über den Umfang der Anwendung staatlicher Strafgewalt wird man — in grundsätzlicher Hinsicht wie bezogen auf je einzelne Verhaltensweisen — unterschiedlicher Ansicht sein können. Kaum Streit kann es allerdings darüber geben, daß eine im strikten Sinn freiheitsentziehende Reaktion[1] auf ein in spezifischer Weise verletzendes menschliches Verhalten bis dato unvermeidbar[2], d. h. notwendig ist. Auf ein vergleichbar hohes Maß an Zustimmung darf die Aussage hoffen, daß die Aufgabe des Strafrechts innerhalb eines Rechts- und Gesellschaftssystems und damit zugleich sein — die intersubjektive Verhaltensfreiheit der Individuen betreffender — Anwendungsbereich[3] begrenzt zu sein hat. Diese Übereinstimmung resultiert zunächst aus der pragmatischen Einsicht[4], daß die sozialen Beziehungen zwischen den Menschen sich nicht gänzlich zwangsrechtlich strukturieren lassen[5], soll der Subjektstatus selbst und die — damit untrennbar verbunden — praktische Intersubjektivität nicht beschädigt werden. Schon ein Blick auf den — für die Industriestaaten — bedeutsamen Bereich der gesellschaftlichen Arbeitsteilung läßt erkennen, daß die berufliche Aktivität des Subjekts unvergleichlich größere Relevanz für andere hat, als dies in ehemals überschaubaren Gemeinschaften der Fall war. Hieraus ergibt sich nicht nur ein erhöhtes Maß an individueller Verantwortung für die mit der Arbeitstätigkeit direkt oder indirekt verbundene Verfügung über Menschen und Kapital, sondern zugleich die Notwendigkeit, die

---

1 Hier ist, trotz der faktischen Dominanz der Geldstrafe, die Freiheitsstrafe i. S. einer realen Entziehung der Bewegungsfreiheit gemeint. Vgl. *Köhler,* Begriff der Strafe, S. 74 ff.

2 Auch ein vollständig als Sicherungsrecht umetikettiertes Strafrecht muß dazu gezählt werden, wenn man auf dessen Wirkungen abstellt! Vgl. *Köhler,* Die bewußte Fahrlässigkeit, S. 134, Anm. 1.

3 So betrifft die Strafandrohung potentiell alle strafmündigen Bürger; Strafurteil und Strafvollzug betreffen dagegen vornehmlich den Delinquenten.

4 Sie ist Produkt der einen — empirisch-utilitaristisch ausgerichteten — Seite der Aufklärung; vgl. *Bentham,* Prinzipien der Gesetzgebung, S. 75 ff., (83): „Die Gesetzgebung kann geradezu auf die Handlungsweise der Menschen nur durch Strafen wirken; nun sind diese Strafen eben so viele Übel, die nur in sofern zu rechtfertigen sind, als daraus eine größre Summe von Wohl hervorgeht. In vielen Fällen aber, wo man eine (84) moralische Vorschrift durch eine Strafe verstärken wollte, würde das Übel des Vergehens geringer sein als das der Strafe: die nothwendigen Mittel zur Vollziehung des Gesetzes würden von der Natur sein, daß sie in der Gesellschaft ein Schrecken verbreiteten, welches schädlicher wirken würde, als das Übel, das man verhüten wollte."

5 Eine nähere Betrachtung zeigt überdies, daß bereits eine ausschließlich rechtliche Regulation der intersubjektiven Beziehungen deren Substanz zerstört; vgl. Kap. III. 4.2.2.

risikobehaftete Tätigkeit — jedenfalls im Rahmen erfahrungsvermittelter Routine und unter Beachtung eingeübter Sorgfaltsregeln — ohne Angst vor Strafe vollziehen zu können.

Einer genuin normativen Perspektive verdankt sich dagegen die Einsicht, daß ein freiheitsgesetzlich begründetes Strafrecht eben deshalb einen begrenzten Anwendungsbereich haben soll, weil es ansonsten die Basis seiner eigenen Daseinsberechtigung — die fortwährende Erhaltung und Sicherung intersubjektiver Verhaltensfreiheit — verlieren würde.

Allerdings ist die Prämisse dieses freiheitsgesetzlichen Strafrechtsansatzes solange durchaus unklar, wie das Verhältnis zu der, zwar zunächst nur unter einem pragmatischen Gesichtspunkt, evidenten, gleichwohl eigenberechtigten Ordnungs- und Sicherungskonzeption noch unbestimmt ist. Es wird daher zunächst zu erörtern sein, in welcher Weise sich beide Strafrechtskonzeptionen voneinander unterscheiden und welche rechtsgrundsätzlichen Probleme dabei in den Vordergrund rücken.[6] Im Mittelpunkt der pragmatischen Strafrechtskonzeption steht in jüngerer Zeit die generalpräventive Theorie in ihren unterschiedlichen Erscheinungsformen. Es wäre verfehlt, diese Straftheorie — ihrer diesseits orientierten, die Ordnung des gesellschaftlichen Zusammenlebens der Menschen betreffenden Ausrichtung wegen — mit dem Etikett ‚relativ' kennzeichnen zu wollen. Ob der Begrenztheit und Kontingenz gilt diese Charakterisierung für alles menschliche Denken und Tun schlechthin und nicht etwa nur für dieses Strafrechtsverständnis. Nimmt man die generalpräventive Theorie in ihrem Anspruch, durch die Strafe solle nicht nur der potentielle Täter von der Begehung von Straftaten abgeschreckt, sondern „vor allem ... im Bewußtsein der Allgemeinheit die Unverbrüchlichkeit des Rechts erwiesen werden"[7], beim Wort, so ist nicht weniger als ein umfassender, absoluter Wirkungsbereich angestrebt! Nun besagt ein solcher Totalitätsanspruch für sich genommen nicht eben viel, sucht sich doch auch eine auf bloße Zweckmäßigkeit hin angelegte Strafpraxis in einer rechtlich regulierten Weise Kontinuität und Anerkennung zu verschaffen. Andererseits vermag der freiheitsgesetzliche Strafrechtsansatz nicht eigentlich die Rolle eines Gegensatzes zur generalpräventiven Theorie zu übernehmen. Auch dieser Ansatz versteht das Strafrecht als ein Medium wirklichkeitsbezogener Regulation intersubjektiver Verhaltensfreiheit. Richtigerweise wird daher auf die beiden Konzeptionen zugrundeliegenden unterschiedlichen Fragestellungen abzustellen sein.

Die generalpräventive Konzeption fragt pragmatisch danach, welchem subjektbezogenen Zweck das Strafrecht — näherhin die je einzelne Strafdrohung — dient, und was zu tun ist, um diesen Zweck zu verwirklichen. Unter der Perspektive einer freiheitsgesetzlichen Strafrechtskonzeption wird diese Fragestellung

[6] Hierzu eingehend die Erörterungen in Kap. II und III.

[7] So beispielsweise *Sch / Sch*, Vorbem. §§ 38 ff., Rn. 2; vgl. auch *D / T*, § 46, Rn. 3,6; BVerfGE 45, 256.

durchaus als bedeutsam anerkannt[8], — im Gegensatz zu jener geht diese Konzeption jedoch zu einer Erörterung der intersubjektiv-freiheitsrelevanten Folgewirkungen über und fragt, ob eine strafrechtliche Regulation des betreffenden Verhaltensbereiches den Normadressaten insgesamt und dem Delinquenten gegenüber zu rechtfertigen ist.

Die vorliegende Arbeit greift die Fragestellungen der genannten Strafrechtskonzeptionen auf und erörtert die jeweiligen Lösungsansätze — eingeschränkt — für den Bereich der materiellen Vorverlagerung der Strafbarkeit. Bezug genommen wird insoweit auf zunehmend verstärkte Bestrebungen der Strafgesetzgebung[9], vermeindlich oder tatsächlich ‚sozialschädliche' Verhaltensweisen schon dann mit Strafe zu bedrohen, wenn sie lediglich in einer unbestimmtvagen Weise rechtsgutsrelevant, jedenfalls aber nicht unmittelbar rechtsgutsverletzend oder -gefährdend sind[10]. Hervorzuheben sind hier insbesondere die gesetzgeberischen Aktivitäten im Bereich der Terrorismusbekämpfung, des Betäubungsmittelmißbrauchs, des Wirtschafts- und des Umweltstrafrechts. Hierzu liegt eine Fülle schriftstellerischer Stellungnahmen vor[11], die sich jedoch zumeist auf die konkreten Einzelbereiche beziehen, eine rechtsgrundsätzliche Erörterung der Vorverlagerung des Strafbarkeitsbereiches aber vermissen lassen.[12]

Eine vertiefende Auseinandersetzung mit dem Problem der zunehmenden *Vorfeldkriminalisierung* hat in jüngster Zeit *Jakobs*[13] unternommen. Ihm ist es zu verdanken, die in diesem Zusammenhang zentrale Frage reformuliert zu haben: „Wo (verläuft) die Grenze zwischen dem legitimerweise noch strafbaren und dem nicht mehr strafbaren Vorfeldverhalten ...?"[14] Der Sache nach ist diese Frage allerdings weder in dogmatischer noch in begriffsgeschichtlicher Hinsicht so neu nicht, sondern Grundlage strafrechtswissenschaftlichen Bemühens, soweit es sich der freiheitsgesetzlichen Dimension des Gegenstandes bewußt ist.[15]

8 Vernünftigerweise bildet die Reflexion über die „diesseitigen" Zwecksetzungen sogar die Basis, an die eine Bewertung der freiheitsrelevanten Folgen anzuknüpfen hat.

9 Vgl. *Dencker,* StV 1988, 264 f.; zur vorbeugenden Verbrechensbekämpfung aus prozeßrechtlicher Sicht vgl. *Weßlau,* Vorfeldermittlungen.

10 Strafrechtlich relevant ist danach jedes Verhalten, das für ein Rechtsgutsobjekt gefährlich sein kann, bevor es „verletzt" oder durch einen Angriffsversuch unmittelbar gefährdet wird. Vgl. Weber, Vorverlegung, S. 15 ff., der die „Vorfeldtatbestände" sehr weit faßt (S. 5): „Tatbestände, in denen die Gefahr strafbegründend ist", vgl. auch *Dencker,* StV 1988, 263 f.

11 Vgl. nur *Dahs,* NJW 1976, 2145 ff.; *Stree,* NJW 1976, 1177 ff.; *Rudolphi,* JA 1979, 1 ff.; *ders.,* ZRP 1979, 214 ff. (zu strafrechtlichen Maßnahmen gegen terroristische Gewalt); *Hassemer,* JuS 1987, 257 ff. (zur BTM-Gesetz-Novellierung). Zum Wirtschaftsstrafrecht vgl. *Müller-Gugenberger,* Wirtschaftsstrafrecht, § 3, Rn. 25 ff., 33 ff. m. w. N. Zum Umweltstrafrecht vgl. *Meinberg,* ZStW 100, 112 ff.; *Bloy,* ZStW 100, 485 ff.

12 Umfassend zur Unrechtsbegründung und -differenzierung *Wolff,* Abgrenzung, S. 137 ff.

13 ZStW 97, 751 ff.

14 *Jakobs,* ZStW 97, 251.

15 Hierzu aufschlußreich: *Köhler,* Die bewußte Fahrlässigkeit, S. 134 f.; *Radbruch,* Autoritäres oder soziales Strafrecht, S. 63 ff.; *Gallas,* Beiträge, S. 1 ff. (16 f.).

In der gegenwärtigen Strafrechtsdogmatik scheint die Vorfeldproblematik — jedenfalls explizit — nicht zu existieren. So ist etwa die Antwort auf die Frage, was die ‚Vollendung' oder den ‚Versuch' einer Straftat inhaltlich charakterisiere, formeller Natur und nach geläufigem Verständnis[16] abhängig von der jeweiligen Tatbestandsformulierung. Auch die Frage, was ein Verbrechen sei und wie sich dieser Strafrechtssachverhalt etwa von der Vorbereitungshandlung begrifflich unterscheide, wird unter Hinweis auf einen gleichermaßen formellen Verbrechensbegriff abgeschnitten.[17] Scheinbar unproblematisch und ebenso zwingend[18] wird das Verbrechen zur positiv-rechtlich bestimmten Straftat: es ist tatbestandsmäßiges, rechtswidriges, schuldhaftes menschliches Verhalten.[19] Das Problem der Verhaltenspönalisierung und gleichermaßen der Vorverlagerung der Strafbarkeit gerät damit freilich zu einer routinemäßigen Bearbeitung des zwar mitunter steinigen, aber fruchtbaren, weil ‚handhabbar' zu machenden Strafrechtsfeldes selbst. Hierin — vor dem Hintergrund der notwendigen Bestimmung und Abgrenzung strafrechtlichen Unrechts — eine ‚Prinzipienlosigkeit' zu sehen[20], scheint zumindest voreilig zu sein. Prinzipienlos verführe die hergebrachte Dogmatik lediglich, wenn die Ausblendung der Vorfeldproblematik tatsächlich Ausdruck fehlenden Problembewußtseins wäre. Davon kann jedoch aufgrund der wesentlich positiv-rechtlichen Ausrichtung nicht ausgegangen werden. Ihrem Selbstverständnis nach, betrachtet es die Strafrechtsdogmatik als vorrangige Aufgabe, den Normenbestand nicht nur zu systematisieren und zu interpretieren, sondern jegliche ‚Neuzugänge' unverzüglich zu integrieren. Die Ursache für die Nichtbefassung mit dem Vorfeldproblem ist in der selbstgewählten Bereitschaft zu suchen, den Normenbestand zu integrieren. Eben hierin liegt das Prinzip! Die fortwährend zu erbringende Integrationsleistung — so viel sie auch als Ordnungsleistung für sich hat — setzt allerdings ein „kompromißhafte(s) Sich-Anpassen an das positive Strafrecht" voraus und „führt zu einem Verlust an Eigenständigkeit, an Unparteilichkeit der allgemeinen Straftatlehre."[21] Die gegenwärtige Strafrechtsdogmatik kann die zunehmende Vorverlagerung der Strafbarkeit nicht adäquat erfassen, weil sie selbst wesentlich einer (general-)präventiven Straftheorie anhängt und auf der Grundlage dieses Vorverständnisses die Vorfeldnormen wohl formal zu integrieren, nicht aber inhaltlich zu kritisieren und zu bewerten vermag.[22]

---

16 *Sch / Sch,* Vorbem. §§ 22, Rn. 2, 12.

17 Vgl. *Sch / Sch,* Vorbem. §§ 13, Rn. 12 ff.

18 Vgl. *Naucke,* Grundlinien, S. 5 ff., der sich eingehend mit der Bedeutung der allgemeinen Straftatlehre für die Gesetzesanwendung auseinandersetzt: „Hätte man nur das Gesetz, so wäre Gesetzesanwendung im Strafrecht ein recht ungeordnetes Tasten von Problem zu Problem" (ebenda, S. 6). Die Notwendigkeit, sich der Voraussetzungen der Straftatlehre zu vergewissern, besteht schon für den scheinbar einfachsten Strafrechtssachverhalt: „. . . das schwierigste Problem, das die allgemeine Straftatlehre stellt, (ist) ihr Verhältnis zum Strafgesetz" (ebenda, S. 12). Zum insoweit gesteigerten Reflektionsbedarf im Bereich der Vorfeldkriminalisierung sogleich.

19 Vgl. *Sch / Sch,* Vorbem. §§ 13 ff., Rn. 12; *D / T,* Vorbem. § 13, Rn. 2.

20 So *Jakobs,* ZStW 97, 751 f.

21 *Naucke,* Grundlinien, S. 32.

2. Begriff und Kontext der Vorfeldkriminalisierung

Die Problematik vorfeldbezogener Strafgesetzgebung betrifft schon die Verständigung über den Begriff selbst, — also die Frage nach einer Gegenstandsbestimmung. Anders formuliert: Was ist eigentlich — in einem ersten Zugriff[23] — unter ‚Vorfeldkriminalisierung' zu verstehen?

In einem allgemeinen Sinn meint das Wort *‚Vorfeld'* zunächst einen raumzeitlich bestimmten Bereich, der dem in Bezug genommenen Objekt oder Ereignis vorgelagert ist oder vorhergeht.[24] Insofern läßt sich etwa von ‚Gesprächen im Vorfeld einer Konferenz' oder von ‚Planungen im Vorfeld einer beabsichtigten Baumaßnahme' sprechen. Das eigentliche ‚Feld', der Bezugsgegenstand der Aussage, ist also ein bestimmtes Ereignis oder Objekt. Als ein wesentlich relationaler Begriff ist das Wort ‚Vorfeld' in einem spezifisch strafrechtlichen Verständnis nur sinnvoll zu verwenden, wenn ein Bezugsgegenstand angegeben wird. Das positive Strafrecht kann ein solcher Bezugsgegenstand nicht sein; als positivierte Strafnorm ist auch der Vorfeldtatbestand verbindliches Recht und insoweit mit dem ‚Feld' identisch. Bezugsgegenstand für die Beurteilung eines normierten Bereiches kann nur sein, was als Maßstab geeignet ist, um (vorverlagertes) Kriminalunrecht zu identifizieren.

Ein solcher *Maßstab* könnte der Begriff des Rechtsguts sein.[25] Materielles Strafrecht ist — jedenfalls auch — Rechtsgüterschutz.[26] Unter welchen näheren Voraussetzungen der *Rechtsgutsbegriff* die ihm angesonnene Maßstabfunktion wahrnehmen kann, soll hier noch unerörtert bleiben.[27] Soweit sich der Rechtsgutsbegriff als tragfähig erweisen sollte, folgt hieraus, daß auch jede Vorfeldnorm in einem strikten Bezug zu einem bestimmten Rechtsgutsobjekt stehen muß.

---

22 Vgl. *Naucke*, S. 32: „Die Legitimation für eine allgemeine Straftatlehre wird gegenwärtig aus dem positiven Recht gezogen. Umgekehrt aber müßte es sein."

23 Eingehender werden die Probleme in Kap. II behandelt.

24 Vgl. Wörterbuch der Deutschen Gegenwartssprache, Bd. 6. Zur ursprünglich ausschließlich militärischen Begriffsverwendung: *Grimm*, Dt. Wörterbuch, 12. Bd. Zum dynamischen Element der Begriffsverwendung vgl. *Der große Brockhaus*, 19. Bd.: „Die Einführung des Vorfeldes (durch Hindenburg und Ludendorf) bedeutete den Bruch mit dem bisherigen starren Verteidigungsverfahren in *einer* Linie. An seine Stelle trat ein bewegliches Verfahren, das Verluste ersparte. Der Feind wurde gezwungen, sich zunächst durch das Vorfeld durchzuarbeiten, bevor er an die Hauptkräfte des Verteidigers herankam." Zum Zusammenhang zwischen präventiver Strafgesetzgebung und der ursprünglichen Wortbedeutung treffend *Güde*, Probleme, S. 13 f.: „Was sachlich damit gemeint ist, hat man . . . mit Bildern aus dem militärischen Bereich zu veranschaulichen versucht: Es gelte, den Feind im Glacis, im Vorfeld, in der Annäherung an sein Angriffsziel zu stellen und unschädlich zu machen."

25 *Würtenberger*, Das System, insbes. S. 209 ff. (rechtshistorische Untersuchung); *Sina*, Dogmengeschichte (begriffsgesch. Exegese); *Marx*, Der Begriff; *Amelung*, RGS, S. 258 ff.; *Hassemer*, Theorie, S. 98 ff.

26 *SK-Rudolphi*, Vor § 1, Rn. 3 ff.; *Baumann / Weber*, StR AT, § 12 II.3; *Maurach / Zipf*, StR AT, § 19, Rn. 4 ff. (Rn. 6).

27 Vgl. Kap. III.5, Kap. IV.

Desweiteren ergäbe sich hieraus, daß die Pönalisierung eines menschlichen Verhaltens nur legitim sein kann, soweit es in einer bestimmten Weise rechtsgutsbeeinträchtigend wirkt.[28] Im Blick auf die Vorfeldkriminalisierung wäre schließlich zu folgern, daß ein Verhalten, welches keinen oder einen unbestimmt-beliebigen Rechtsgutsbezug aufweist, nicht pönalisiert werden darf.

Besteht die Aufgabe des Strafrechts in einem je konkreten Rechtsgüterschutz und in der Ahndung der konkreten Rechtsgutsbeeinträchtigung, so verfällt jede Strafgesetzgebung, die (beispielsweise) den ‚öffentlichen Frieden', ‚die Rechtssicherheit' oder die ‚öffentliche Ordnung' insgesamt durch einzelne Generalnormen zu schützen behauptet, der Kritik[29] einer freiheitsgesetzlichen Strafrechtskonzeption. Jene Zustände höchster Allgemeinheit herzustellen und gegen eine widerstrebende Wirklichkeit zu behaupten, ist Aufgabe des strafrechtlichen Rechtsgüterschutzes in der jeweils konkreten Ausgestaltung durch die einzelnen Strafnormen und zugleich das fortwährende Produkt institutioneller und direkt intersubjektiver Anstrengungen. Der angestrebte Schutz dieser komplexen Zustände mittels Generalnormen verdankt sich dagegen der trügerischen Hoffnung, den mitunter schwierigen Weg der Rechtsgutsbestimmung abzukürzen; überdies wird so der Anschein erweckt, Rechtssicherheit sei wesentlich ein Produkt materieller Strafnormgesetzgebung.[30] Ganz abgesehen davon, daß sich die Wirklichkeit menschlichen Zusammenlebens derartig eindimensional auch unter dem Aspekt abweichenden Verhaltens kaum angemessen erfassen läßt, ist eine rechtsgutsgelöste Strafgesetzgebung unter einer freiheitsgesetzlichen Perspektive zugleich bedenklich. Auf der Grundlage eines an dem Ideal umfassender Rechtssicherheit orientierten, wesentlich präventiv ausgerichteten Strafrechtsverständnisses, tendiert die Gesetzgebung dazu, die intersubjektive Verhaltensfreiheit tiefgreifend zu beschneiden. Überdies führt sie zu einer beständigen Verunsicherung des in einem ‚sicherheitsrelevanten' Bereich agierenden Subjekts darüber, ob das jeweilige Verhalten noch strafrechtlich unerheblich oder schon strafnormbedeutsam ist. Die handlungsleitende Bedeutung eines klar und bestimmt gefaßten Rechtsgutsobjekt fehlt hier ebenso wie die Möglichkeit, durch die Aneignung eines Kanons von Sorgfaltsregeln rechtsgutsbeeinträchtigende Situationen zu vermeiden. Stattdessen besteht die latente Gefahr, daß sich um der ideellen Rechtssicherheit willen, ein Zustand realer Rechtsunsicherheit einstellt.

Ausgangspunkt einer sinnvollen Verwendung des strafrechtlichen Vorfeldbegriffes soll eine als manifest gedachte Rechtsgutsbeeinträchtigung sein.[31] Nach welchen Kriterien ist aber die Vorfeldpönalisierung von dem herkömmlichen Verständnis strafrechtlichen Rechtsgüterschutzes zu unterscheiden, das sich pri-

---

[28] Hiervon ist die Frage, wer das Monopol legitimer Rechtsgutsbestimmung hat, zu trennen; vgl. *Amelung*, RGS, S. 207, der hier eine Domäne des Gesetzgebers sieht.

[29] So im Grundsatz zutreffend: *Ostendorf*, NJW 1985, 1062 f.

[30] Vgl. *D / T*, § 46, Rn. 6; *Sch / Sch*, Vorbem. §§ 38 ff., Rn. 2.

[31] So zutreffend *Jakobs*, ZStw 97, 751; 773 f.; *Dencker*, StV 1988, 263.

mär an der tätig verletzenden Einwirkung auf das Schutzobjekt ausrichtet und darüber hinaus lediglich den Versuch als aktuelle Rechtsgutsgefährdung in die Strafbarkeit einbezieht?

Jakobs[32] führt die verbreitete Akzeptanz einer Kriminalisierung im Vorfeld der Rechtsgutsverletzung auf mehrere Gründe zurück. Zunächst sei eine ‚Subjektivierungstendenz' zu beobachten, die das strafrechtliche Unrecht als eine genuin personale Kategorie begreife. Desweiteren führe ein pragmatisches, *präventiv-polizeiliches Interesse* zu einer Vorverlegung der Strafbarkeit, die den möglichst frühen polizeilichen Zugriff ermöglichen soll. Schließlich liege der Grund für die Vorverlagerung im Prinzip des Rechtsgüterschutzes selbst, weil es den Bürger lediglich als eine Gefahrenquelle für das Rechtsgut betrachte.[33] Eine Strafrechtskonzeption, die sich präventiv auf das Vorfeld der Rechtsgutsverletzung erstrecke, sei daher als ‚Feindstrafrecht' zu bezeichnen.

Dencker[34] bezieht sich in seinem Aufsatz „Gefährlichkeitsvermutung statt Tatschuld?" auf diese Ausführungen und bezeichnet als ‚Feindstrafrecht' bzw. ‚Gefährlichkeitsstrafrecht' ein Strafrecht, „das nicht am Bild des fehlgegangenen Bürgers ausgerichtet ist, sondern an dem des zum Bösen entschlossenen Feindes der Rechtsordnung."[35] Bedenklich sei nicht nur die einzelne, vorfeldbezogene Strafnorm, sondern deren — auf das Strafrechtssystem insgesamt einwirkende — Verallgemeinerungstendenz: „Eine Regelung, die auf den politischen Feind gemünzt ist, entwickelt sich zum allgemeinen Grundsatz und bedroht so Bürgerstrafrecht weit über das politische Konfliktfeld hinaus, auf dem sie entstanden ist."[36] Es ist zuvor deutlich geworden, daß eine generalpräventiv orientierte Straftheorie eine solche Entwicklung durchaus forciert; ihre Integrationsfunktion besteht in der Einordnung jeder neuen Strafnorm in das System des vorhandenen Bestandes. Dieser Prozeß ist durchaus ambivalent. Er betrifft nicht nur die zu integrierende Norm, sondern unterwirft auch das Strafrechtssystem selbst einer Veränderung, die — nimmt man die vorgetragenen Bedenken ernst — womöglich eine im Kern transzendierende Wirkung entfalten kann. Ein kurzer *historischer Rekurs* soll verdeutlichen, daß diese Befürchtung keineswegs aus einer Überzeichnung gegenwärtiger Entwicklungstendenzen des Strafrechts resultiert. Zugleich ist angestrebt, den Begriff des strafrechtlichen Vorfeldes aus historischer Perspektive noch genauer zu konturieren.

---

32 ebenda 752.

33 Vgl. *Jakobs*, ZStW 97., S. 752 ff.; Ziel des Rechtsgüterschutzes ist für *Jakobs* allerdings ein Zustand sozialer Integrität durch die Intaktheit von Rechtsgütern (753); hierzu Kap. IV.5.3.

34 StV 1988, 262 ff.; der Autor befaßt sich eingehend mit dem Referentenentwurf „eines Gesetzes zur Änderung des StGB, der StPO, des VersG und zur Einführung einer Kronzeugenregelung bei terroristischen Gewalttaten".

35 So *Dencker*, StV 1988, S. 263.

36 *Dencker*, StV 1988, S. 266.

Während der nationalsozialistischen Herrschaft in Deutschland stand die Problematik der Vorfeldkriminalisierung in engem Zusammenhang mit der beabsichtigten Überwindung des liberal-rechtsstaatlichen Strafrechts.[37] Obwohl hier — wie auch in anderen Bereichen — keine vollständige Umgestaltung gelungen ist, läßt sich die generelle Tendenz doch anhand der Vorarbeiten recht genau erfassen. Eine zentrale Bedeutung, insbesondere hinsichtlich ihrer Aufnahme durch das Schrifttum, erlangte die „Denkschrift des Preußischen Justizministers"[38] aus dem Jahre 1933. Sie entstand unter Federführung des damaligen Staatssekretärs *Freisler* und behandelt in systematischer wie konzeptioneller Hinsicht die beabsichtigte ‚nationalsozialistische Strafrechtserneuerung'. Nicht nur aus einer rückblickenden Perspektive wird man die Schrift gewissermaßen als den Programmentwurf einer umfassend vorfeldbezogenen Strafgesetzgebung betrachten dürfen, dessen Ausführungen auch deshalb erhellend für die aktuelle Strafrechtsentwicklung sind, weil er gegenüber einer vorverlagerten Anwendung des Strafrechts eine vollständig affirmative Haltung einnimmt.

Die Autoren der Denkschrift schlagen vor, den Rechtsgüterschutz dadurch zu optimieren, „daß die Tatbestände der strafbaren Handlungen . . . nicht als Verletzungs-, sondern als Gefährdungstatbestände ausgebaut werden."[39] Für ein ‚Gefährdungsstrafrecht' bilde nicht der Verletzungserfolg, „sondern das gefährliche Verhalten des Täters"[40] den Ausgangspunkt der Pönalisierung. Ein solches Strafrecht sei zugleich ‚Willensstrafrecht', da dem Täter „berechtigterweise" nur die Betätigung des verbrecherischen Willens, also die herbeigeführte Gefahr des Erfolgseintrittes, nicht aber der „zufällig" eingetretene Erfolg selbst vorgeworfen werden könne.[41] In gesetzestechnischer Hinsicht wird daher die Formulierung von Unternehmensdelikten vorgeschlagen, die eine Unterscheidung zwischen Versuch und Vollendung überflüssig mache; ferner sei darauf abzustellen, daß die zu pönalisierenden Handlungen lediglich „geeignet" sein müssen, einen rechtsgutverletzenden Erfolg herbeizuführen.[42] *Freisler*[43] hat die Grundtendenz dieser Strafrechtskonzeption, den Strafrechtsschutz systematisch vorzuverlagern, so formuliert: „Das Strafrecht verlegt das Kampffeld nach vorn"; es habe die Aufgabe, „so früh wie möglich und gleich mit aller Kraft vorzugehen."[44] Fragt

---

37 Vgl. hierzu die umfassende theoriegeschichtliche Arbeit von *Marxen,* Der Kampf gegen das liberale Strafrecht, insbes. S. 167 ff. (182 ff.); Ausmaß und Wirksamkeit der Umgestaltung des Rechts werden erst gegenwärtig wissenschaftlich erfaßt, vgl. *Werle,* NJW 1988, 2867 ff.

38 Nationalsozialistisches Strafrecht. (Denkschrift) Zur Rezeption im Schrifttum: *Schaffstein,* ZStW 53, 603 ff.; *Lobe,* DJZ 1934, Spalte 247 ff.; *Mezger,* DJZ 1934, Spalte 97 ff.

39 Denkschrift, S. 123.

40 Denkschrift, S. 123

41 Denkschrift, S. 123, 124.

42 Denkschrift, S. 123.

43 In *Gürtner / Freisler,* Das neue Strafrecht, S. 136.

44 Ebenda, S. 137; ebenso *Gürtner,* ebenda, S. 27: „Das künftige Strafrecht wird also die Verteidigungslinie des Staates nach vorn verlegen."

man nach den Gründen dieser Ausweitung, so sind vor allem drei Gesichtspunkte als bedeutsam hervorzuheben. *Kerrl*[45], der damalige preußische Justizminister, bemerkt in dem Vorwort zur Denkschrift: „Schon in der Vorkriegszeit reichte nach allgemeiner Überzeugung das geltende Strafgesetzbuch nicht mehr aus, um die durch die unaufhaltsam fortschreitende Zivilisation sich immer schwieriger und verwickelter gestaltenden Lebensverhältnisse der Nation hinreichend zu schützen und zu sichern." Neben dieser allgemeinen, die strafrechtliche Anpassung an komplexer gewordene Lebensverhältnisse einfordernden Stellungnahme, ist ein zweites Motiv spezifischer: „Andererseits ist es die Aufgabe der nationalsozialistischen Führung, durch die Betonung des Gefährdungsprinzips die Volksanschauung erzieherisch zu beeinflussen und das Volksgewissen zu schärfen."[46] Schließlich erfolge die ‚Neugestaltung' des Strafrechts auch, um „die Herstellung eines Gleichklanges zwischen Strafrecht und sittlichen Anschauungen des Volkes"[47] zu erreichen.

Lobe[48] hat, als einer der wenigen Autoren, die sich kritisch mit dem Inhalt der Denkschrift auseinandersetzten, seine Bedenken gegen ein konsequent durchgebildetes Gefährdungsstrafrecht so zusammengefaßt: „Die Überspannung der Strafbarkeit schon für eine unternommene Straftat als Regel lediglich aus dem Grunde, weil bei ihr der schuldhafte Wille gleichstark sich betätigt hat wie bei vollendeter Verletzung, würde eine so beträchtliche Vermehrung strafrechtlich zu verfolgender Handlungen bringen, daß dadurch eine Vermehrung auch der Straforgane des Staates und der Gefängnisse unvermeidlich würde. Die Ausübung der Strafgewalt des Staates ist aber nicht nur ein Recht, sondern auch eine Pflicht, und zwar eine sehr lästige und kostspielige Pflicht, die man dem Staat nur in den Grenzen des unbedingt Notwendigen auferlegen soll, d. h., wenn es die Rechtsgeltung erfordert, um ihre Machtstellung aufrechtzuerhalten."

Zwar gelangt *Lobe*[49] zu der — vor dem Hintergrund der damaligen Situation bemerkenswerten — Feststellung, daß „Vorbereitungshandlungen . . . im allgemeinen straflos zu lassen" sind, gleichwohl fordert er, ihre Strafbarkeit für einzelne Handlungen „erheblich zu erweitern, namentlich bei Delikten, die den Schutz der Staatsordnung bezwecken."

Auch nach 1945 besteht eine *Grundtendenz* zu ausweitender Vorfeldstrafbarkeit; einzelne Begründungsmuster lassen gar den straftheoretischen Bezug auf ‚nationalsozialistisches' Gedankengut erkennen. So heißt es etwa in einem Regierungsentwurf zur geplanten Einführung der ‚Staatsgefährdungsdelikte' vom

45 Denkschrift, S. 3.

46 Denkschrift, S. 124.

47 Denkschrift, S. 116; *Schaffstein*, ZStW 53, 609, hebt in diesem Zusammenhang die „allgemeine ethisierende Tendenz der Denkschrift" hervor und erblickt in der Ausrichtung des Strafrechts auf das ‚Volksempfinden' gegenüber der ‚erzieherischen' Funktion einen Widerspruch; gegen die Grundtendenz erhebt er keine Einwände.

48 DJZ 1934, Spalte 247 ff. (251).

49 DJZ 1934, Spalte 252.

30.5.1950, daß „der moderne Staat neuer Schutzvorschriften (bedürfe), die seine Verteidigungslinie in den Bereich vorverlegen, in dem die Staatsfeinde unter der Maske der Gewaltlosigkeit die Macht erschleichen.“[50] Trotz der Liberalisierung des Strafrechts in den 50er und 60er Jahren[51] scheint diese Tendenz der Strafbarkeitsvorverlegung auch in der Gegenwart fortzubestehen. Insbesondere in der Terrorismusbekämpfung ist der Strafgesetzgeber bestrebt, durch neue Straftatbestände Gefahren für den ‚Gemeinschaftsfrieden‘ sowie die ‚innere Sicherheit‘ frühzeitig abzuwehren und dadurch zugleich „die Aufklärung bereits im Vorfeld erheblich (zu) verbessern.“[52]

Darüber hinaus wird die Vorverlagerung der Strafbarkeit, unter Hinweis auf die Erziehungsfunktion des Strafrechts, damit begründet, „daß mit dem Abbau und Bedeutungsverlust alter informeller Kontrollstrukturen im Familien-, Haus- und Nachbarschaftsbereich sowie mit der wachsenden Komplexität und Anonymität der modernen Gesellschaft vor allem dem Recht eine Kontrollfunktion angesonnen wird.“[53] Das Strafrecht habe — neben anderen Formen der rechtlichen Regulation — die Aufgabe, „den erwünschten sozialen Wandel rechtlich durchzusetzen und zu sichern.“[54] Zwar ist *Kaiser*[55] zuzustimmen, daß „auch das Recht... zu seiner Funktionstüchtigkeit auf die Übereinstimmung der ihm vorgegebenen menschlichen Grundwerte, auf den sogenannten Basiskonsens und d. h. auf die Gebundenheit der Menschen, nicht verzichten“ kann, — es dürfte aber zweifelhaft sein, ob das Strafrecht ein geeignetes Vermittlungsinstrument zur (Wieder-)Aneignung der Grundwerte darstellt.[56]

Eine mit dem Erziehungsmotiv vergleichbare, aber nicht identische Begründung für die Vorfeldkriminalisierung hat *Jakobs*[57] gegeben. Der Schutz von Rechtsgütern ist seiner Ansicht nach auch durch (flankierende) Vorfeldnormen zulässig, wenn durch sie „die Geltungsbedingungen der Hauptnormen“ garantiert würden. Die Normgeltung habe „einen eigenen positiven Inhalt, nämlich Normvertrauen“. Nicht nur durch den — rechtsgutsverletzenden — Bruch der Hauptnorm, „sondern überhaupt durch jegliche Beeinträchtigung des Normvertrauens der Betroffenen“ könne die Normgeltung beeinträchtigt werden. Die Vorfeldkriminalisierung dient damit der Normgeltungsdemonstration gegenüber den Betroffenen und der Allgemeinheit. Ob diese Begründung, die wesentlich Resultat generalpräventiver Überlegungen ist, für die Legitimation von Vorfeldnormen zureichend ist, wird noch zu erörtern sein.[58]

---

50 Zitiert nach *Mertens*, Politische Strafjustiz, S. 112 f.

51 StVÄndG (BGBl I 1964, S. 1067); 1. StRG (BGBl I 1969, S. 645); 2. StRG (BGBl I 1969, S. 717).

52 Zitiert nach *Dencker*, StV 1988, 262.

53 So *Kaiser*, ZStW 86, 354.

54 So *Kaiser*, ZStW 86, 354.

55 ZStW 99, 683.

56 Vgl. hierzu Kap. VII.3.

57 ZStW 97, 775 (und zum folgenden); aufschlußreich hierzu auch *Lobe*, DJZ 1934, Spalte 248 f.

3. Gang der Untersuchung

Eine Kriminalisierung im Vorfeld der manifesten Rechtsgutsbeeinträchtigung dient vornehmlich präventiven, auf die Abwehr von Gefahren für das Schutzobjekt ausgerichteten Zwecken. Mit diesem Präventionszweck soll zugleich der zunehmenden gesellschaftlichen Komplexität und der damit einhergehenden Störungsanfälligkeit Rechnung getragen werden. Schließlich soll ein Vorfeldstrafrecht auch pädagogische Funktionen erfüllen, da — beispielsweise — die ‚Rechtssicherheit' oder die ‚öffentliche Ordnung' nicht (mehr) in ausreichendem Maße durch dem Recht vorgelagerte Kontrollmechanismen zu gewährleisten seien.

Inwieweit diese und andere, dem Vorfeldstrafrecht angesonnenen Funktionen die umfassenden präventiven und erzieherischen Ziele erreichen können, und ob diese Funktionen mit Grundbestimmungen eines freiheitsgesetzlichen Strafrechts in Übereinstimmung zu bringen sind, wird eingehend zu untersuchen sein.

Zuzugestehen ist, daß ein verbreitetes Verständnis von der Aufgabe des Strafrechts, einem Denken in vorherrschend präventiven Kategorien entgegenkommt. Es obliegt danach dem Strafrecht, die Gesellschaft vor Angriffen zu schützen und sozialschädliche Verhaltensweisen zu bekämpfen.[59] Auf die Schutzfunktion reduziert, dient es der Vorbeugung künftiger Friedensstörungen und wäre — dem Polizeirecht vergleichbar — auf die Gefahrenabwehr ausgerichtet.[60] Auf diese Weise soll es die Rechtsordnung schützen und einen unentbehrlichen Beitrag zur Aufrechterhaltung der Ordnung leisten.[61]

Die postulierten Ordnungs-, Schutz- und Vorbeugungsfunktionen erhellen einen bedeutsamen Sachverhalt: ‚Strafrecht' beginnt nicht erst mit der polizeilichen bzw. staatsanwaltlichen Ermittlungstätigkeit oder gar erst mit der Hauptverhandlung vor dem Strafgericht.[62] Hinter dieser — scheinbar banalen — Feststellung verbirgt sich eine keineswegs banale Erkenntnis: „Ein Recht, das lediglich in die Zukunft blickt, wäre kein Strafrecht, sondern präventives Polizeirecht."[63]

Ob diese Beurteilung nur das Problem der formalen Abgrenzung zweier Rechtsgebiete, nicht aber strafrechtstheoretischer Grundlagen, betrifft, wird in Kapitel II zu untersuchen sein. Hier werden die generalpräventiven Theorien kurz dargestellt und auf ihre Leistungsfähigkeit hin überprüft.

Im dritten Kapitel wird versucht, eine Kehrseite der Vorfeldkriminalisierung zu thematisieren: die i. w. S. freiheitsbeschränkende Wirkung des Strafrechtssatzes auf die ihm unterworfenen Rechtssubjekte. Der in Wirksamkeit befindliche

58 Vgl. Kap. II.4, IV.3.

59 Vgl. *SK-Rudolphi*, Vor § 1, Rn. 1.

60 So *SK-Rudolphi*, Vor § 1. Rn. 1.

61 So *Sch / Sch*, Vorbem. §§ 38 ff., Rn. 1.

62 Ebenso *Lüderssen* in *Hassemer*, Hauptprobleme, S. 64.

63 So *Neumann / Schroth*, Neuere Theorien, S. 6.

Strafrechtssatz ist — zwangsrechtlich betrachtet — wesentlich *Strafandrohung*. In diesem Bereich ist die Legitimität der Generalprävention, soweit sie sich mit dem Adjektiv ‚positiv' versieht, nahezu unumstritten. Es wird zu zeigen sein, daß generalpräventive Konzeptionen Legitimitätserwägungen gegenüber indifferent sind und daher einen Maßstab für Umfang und Grenzen zulässiger Vorfeldkriminalisierung nicht enthalten: Der Strafzweck heiligt die Mittel.[64]

Demgegenüber ist die Begründungsbedürftigkeit auch der Strafandrohung zu erinnern[65] (Kapitel III). Zum Verständnis und zur Verständigung ist eine vertiefende Auseinandersetzung mit der freiheitskonstituierenden Bedeutung der Rechts- und Unrechtsbegründung erforderlich (Kapitel IV und V).

Die Auswirkungen pragmatisch-vorfeldorientierten Strafrechtsdenkens und die zugrundeliegenden Realfaktoren lassen sich in ihren zwar ‚traditionellen', aber durchaus nicht unflexiblen Formen im Bereich der sog. politischen Delikte demonstrieren. Hier werden wichtige Aspekte dieses — nicht bloß strafrechtlich relevanten — Deliktsbereiches vorgestellt (Kapitel VI).

Zum Verständnis der — überwiegend — vorfeldbezogenen Konzeption des politischen Strafrechts erscheint eine Analyse der ‚Wirklichkeitsbedingungen', die diesen Deliktsbereich prägen, erforderlich. Hierbei stehen das Bedrohungsmoment und das unrechtskonstituierende Gefährlichkeitsurteil im Mittelpunkt der Erörterungen. Diese Kategorien sind in jüngster Zeit als (auch) für die Strafgesetzgebung relevante Größen herausgestellt worden [66] (Kapitel VII).

In Kapitel VIII erfolgt eine Bestimmung von Rechtsgütern des politischen Strafrechts auf freiheitsgesetzlicher Grundlage, sodann wird die Problematik des Gefährlichkeitsurteils erörtert, und — exemplarisch — eine anzustrebende Konfliktlösung im Vorfeld der Kriminalisierung vorgestellt.

Schließlich befaßt sich die Untersuchung mit wichtigen Deliktsgruppen des politischen Strafrechts. Vorangestellt ist ein Schema (Kap. IX), das eine handlungsbezogene Systematisierung der nachfolgend zu besprechenden Deliktsgruppen ermöglichen soll. Im Anschluß werden die Deliktstatbestände zum Schutz der (formalisierten) politischen Willensentäußerung und -vermittlung (Kapitel X), die Äußerungsdelikte (Kapitel XI) und die Organisationsdelikte (Kapitel XII) näher betrachtet, wobei hier — in Anbetracht der umfassenden Kommentierungslage — wesentlich die exemplarische Anwendung der zuvor erzielten Ergebnisse im Mittelpunkt der Erörterung steht.

---

64 Vgl. *Naucke* in *Hassemer,* Hauptprobleme, S. 13.
65 Vgl. *Lüderssen* in *Hassemer,* Hauptprobleme, S. 77.
66 Vgl. *Hassemer,* Theorie, S. 158 f., 170.

II. Vorfeldkriminalisierung und generalpräventive Strafzwecktheorien

1. Aspekte der Vorfeldkriminalisierung

Eine grundsätzliche, auch rechtsbegriffliche Auseinandersetzung mit dem Phänomen ‚Vorfeldkriminalisierung', ‚Vorfeldverlagerung der Strafbarkeit' oder ‚Vorverlegung des Strafrechtsschutzes' ist bisher — von Ausnahmen abgesehen [1] — unterblieben. Dieser Befund ist angesichts der Komplexität der Materie nicht überraschend.

Schon die Frage danach, was die Begriffe ‚Vorfeld, Vorverlagerungen, Vorverlegung' eigentlich bedeuten, kann nur beantworten, wer das ‚Feld', das ‚Lager', den ‚Standort' kennt und zu beschreiben vermag. Es scheint also um Grenzbestimmungen — hier zunächst einschränkend: um Begriffsbestimmungen — zu gehen. Nur wer die Grenzen begrifflich anzugeben vermag, kann etwas zu Grenzüberschreitung und Felderweiterung sagen.

— ‚Feld' kann einmal — normbestandsbezogen — die Gesamtheit der jeweils bestehenden materiellen Strafrechtsnormen bedeuten. Dann stellt jede neue Strafrechtsnorm, die einen Lebenssachverhalt — erstmals oder erneut — pönalisiert, eine Vorfeldkriminalisierung dar, weil der Strafrechtsschutz in einen strafrechtlich bisher nicht regulierten Bereich vorverlegt bzw. -verlagert wird. In dieser Hinsicht ist die Geschichte des modernen Strafrechts auch als eine mächtige Bewegung zunehmender Kriminalisierung deutbar. [2] Zugleich erhellt sich, warum aus dieser Entwicklung ein lediglich formaler Verbrechensbegriff hervorgehen mußte.

— Im Blick auf die konkrete Strafnorm und das durch sie geschützte Rechtsgut [3] resultiert eine Vorverlagerung der Strafbarkeit ferner aus der Preisgabe des Verletzungserfordernisses. Die Bestrafung wegen ‚versuchter' Rechtsgutsverletzung, (konkreter oder abstrakter) Rechtsgutsgefährdung, einschließlich gefährdender Vorbereitungshandlungen, ist insofern als Kriminalisierung einer — vorfeldbezogenen — als fix gedachten Rechtsgutsverletzung interpretierbar. [4] Immerhin gelangt unter der Perspektive des Rechtsguts eine normative Komponente ins Spiel, die eine zunehmende Kriminalisierung nicht nur als

---

[1] Vgl. *Jakobs,* ZStW 97, 751 ff.; *Weber,* Vorverlegung, S. 5 ff.

[2] Vgl. *Vogler,* ZStW 90, 133 f.

[3] So *Jakobs,* ZStW 97, 751 ff.

[4] *Jakobs,* ZStW 97, 751.

historisches factum brutum registriert und integriert, sondern als Wertungsproblem aufnimmt und zur dogmatischen Stellungnahme zwingt.

— Schließlich kann die Ausdehnung der Strafbarkeit auch ausdrücklich unter gesellschafts- und rechtstheoretischen Aspekten sowie auf ihre Wirkungen hin betrachtet werden.[5] Diesen Zusammenhang scheinen die Begriffe ‚Vorverlegung', und ‚Vorverlagerung' zutreffend herzustellen, während der Begriff ‚Vorfeld' eher die strafrechtliche Binnenperspektive hervorhebt. Deutlicher als die beiden zuvor genannten Blickrichtungen thematisiert diese Perspektive das Phänomen einer sich ausdehnenden Kriminalisierung nicht lediglich als faktisches, der dogmatischen Systematisierung und Integration bedürfendes Problem, sondern versucht es als Legitimationsproblem zu erfassen.

Der materiell rechtliche Vorfeldbegriff des Strafrechts hat somit folgende Aspekte:

— er bezeichnet das Faktum vorverlagerter Kriminalisierung und macht es straftheoretisch bewußt;

— er verdeutlicht die Legitimationsbedürftigkeit von Vorfeldnormen in rechtsgutsbezogener Hinsicht;

— er mahnt die Notwendigkeit normativer Grenzziehungen an.

2. Der Strafzweck in der Strafandrohung

In den Beiträgen[6], die sich mit der Thematik befassen, wird betont, es sei Aufgabe der Rechtswissenschaft, die Grenzen legitimer Kriminalisierung von Verhaltensweisen zu bestimmen. Wer allerdings befürchtet, nun müsse sogleich der Streit über die Straftheorien erneut beginnen, ist angesichts der eindeutigen Stellungnahme enttäuscht: „Für die Frage, wo die Grenzen dessen verlaufen, was der Gesetzgeber dem Bürger bei Strafe verbieten soll, kommt . . . nur der generalpräventive Strafzweck in Betracht."[7] Die Strafandrohung liege zeitlich vor der Tatbegehung durch den Täter, so daß dieser einer spezialpräventiven oder vergeltenden Reaktion noch gar nicht unterworfen sei.[8] Soweit mithin generalpräventive Erwägungen eine Pönalisierung gebieten, scheint die Vorverlagerung des Strafrechts ohne weiteres zulässig zu sein. Umgekehrt wird damit zugleich behauptet, die Theorien der Generalprävention hielten hinreichend Kriterien für die Grenzziehung zwischen legitimer und illegitimer Kriminalisierung

---

[5] Vgl. *Marx*, Der Begriff, S. 24 ff.; *Amelung*, RGS, S. 330 ff.; *Hassemer*, Theorie, S. 98 ff.; *Calliess*, Theorie, S. 122 ff.

[6] *Vogler*, ZStW 90, 142; *Wolff*, Abgrenzung, S. 139; *Achenbach*, JuS 1980; 86 ff.; vgl. auch *Jakobs*, ZStW 97, 755 ff.

[7] So *Vogler*, ZStW 90, 142.

[8] *Vogler*, ebenda, S. 142 (Anm. 58).

bereit. Diesen Annahmen und der oben genannten Schlußfolgerung soll umfassend nachgegangen werden.

Im folgenden wird aber zunächst über den historisch wirklich gewordenen und aktuellen Stand der (General-)Präventionstheorien zu referieren sein.

3. Generalpräventive Strafzwecktheorien im historischen Rückblick

Die Präventionstheorien haben eine lange, — hinsichtlich ihrer Rezeption und Ausgestaltung wechselvolle — Geschichte hinter sich[9]. In einem ersten Zugriff lassen sich die Theorie der ‚negativen' Generalprävention, die auf den Abschreckungsgedanken *Feuerbachs* zurückgeht, und die Theorie der ‚positiven' Generalprävention, die die norm- und gesellschaftsstabilisierende Funktion des Strafrechts hervorhebt, voneinander unterscheiden.[10] Beide Präventionsrichtungen können den drei Teilbereichen des Strafrechts zugeordnet werden.[11] Während die von der Strafnorm ausgehende Androhung der Strafe eine warnende, etwaige Tatimpulse unterdrückende Kraft entfalte, schrecken Strafurteil und -vollzug durch Mißbilligung und Leidzufügung gegenüber dem Täter andere Personen von der Begehung weiterer Taten ab. In ihrer ‚positiven' Funktion wirke die Strafandrohung erziehend, Strafurteil und -vollzug normstabilisierend auf die Allgemeinheit ein.

3.1 Feuerbach

In seinem Bemühen, dem Strafrecht eine rationale Grundlage zu geben, hat *Feuerbach* der klassischen (heute sog. ‚negativen') Generalprävention ihren systematischen Ort in der Strafandrohung zugewiesen. Danach sollen die Normen des Strafgesetzes durch klare, scharf umrissene Handlungsbeschreibungen potentielle, tatgeneigte Täter mittels wirkungsvoller Strafdrohungen von der Tatbegehung abhalten.[12] Nicht der — aus tatsächlichen und rechtsstaatlichen Gründen abzulehnende — physische, sondern der normvermittelte psychologische Zwang soll die Freiheit der Bürger vor einer Beeinträchtigung durch kriminelle Handlungen sicherstellen.[13] Dieser Zwang wendet sich an einen die Folgen seiner Handlungen rational abwägenden Adressaten, — mithin an das Ideal des dem aufgeklärten Menschenbild entsprechenden Bürgers.[14] Die Abschreckungswirkungen der

---

9 Umfassend hierzu *Müller*, Generalprävention, S. 28 ff.

10 Vgl. *Otto*, Generalprävention, 254 f.; *Neumann / Schroth*, Neuere Theorien, S. 33; *Hassemer* in ders., Hauptprobleme, S. 38 f.

11 Vgl. *Roxin*, JuS 1966, 381; *Maurach / Zipf*, StR AT, § 6, Rn. 6.

12 Vgl. *Rohrbach*, Schuld und Strafe, S. 47.

13 Vgl. *Neumann / Schroth*, Neuere Theorien, S. 35.

14 Ebenda.

Strafandrohung hat *Feuerbach* keineswegs als gleichsam naturgesetzlich gegeben angesehen. Er hat sie vielmehr als — in mehrfacher Hinsicht — voraussetzungsreiches Produkt rationaler Normgesetzgebung dargestellt. So beschränkt er die Normen seines Strafgesetzbuches einerseits auf scharf umrissene — äußere — Handlungen und verbannt religiöse und moralische Gesinnungsmerkmale aus dem Straftatbestand. Auf diese Weise erhielt der strafrechtliche Fundamentalsatz ‚nulla poena, nullum crimen sine lege' seine bis heute tragende Bedeutung für das Strafrecht. Andererseits erlangt die Strafrechtsnorm erst mit ihrer spezifischen Gesetzesform die Grundlage für die Wirksamkeit der postulierten Abschreckung: das klar formulierte und öffentlich bekanntgemachte strafbewehrte Ge- oder Verbot vermag motivierend auf die Adressaten einzuwirken, indem zugleich für den Fall der Zuwiderhandlung eine bestimmte Art von Rechtsfolge angedroht wird.[15]

Genaugenommen sind die genannten Voraussetzungen dieser Abschreckungsprävention nicht ausschließlich psychologischer, empirisch konstatierbarer Natur, sondern betreffen externe normative Bedingungen rationaler Ge- bzw. Verbotsvermittlung. Die *Hegel'sche* Polemik[16], diese Theorie „... behandle den Menschen wie einen Hund ...", trifft daher nur das durch die Strafandrohung hervorzubringende Verhaltensresultat jeder Allgemeinverbindlichkeit beanspruchenden Normsetzung, nicht aber den normvermittelten Einwirkungsprozeß auf das rational handelnd gedachte Subjekt. Das Subjekt zwingt sich in seiner Entscheidung gegen die Straftat, während der Entscheidungsprozeß seiner Autonomie anheimgestellt ist. Aufgrund der Gesetzesform und strikten Tatbestandsbestimmtheit der jeweiligen Strafnorm darf dem Vernunftvermögen des Subjekts dieser Zwang auch zugemutet werden. Eine solche Annahme gilt jedenfalls für den Fall, daß die zweckmäßige Strafandrohung auch die vernünftige und gerechte ist.[17] Über die Disqualifizierung moralischer und religiöser Gesinnungsmerkmale hinaus behandelt *Feuerbach* die mit diesem Problem verbundenen Fragen nicht. So sehr er mit seiner Feststellung, im Bereich der Strafandrohung sei das Strafrecht dem Zweckgedanken verhaftet[18], Gespür für die Motive der Gesetzgebungspraxis bewiesen hat, so wenig scheint ihm das Legitimitätsproblem als Voraussetzung seiner Theorie des psychologischen Zwanges bewußt gewesen zu sein.

Darüber hinaus ist auch die Exklusivität der Generalprävention durch bloße Strafandrohung nicht recht in Übereinstimmung zu bringen mit der folgenden Bemerkung *Feuerbachs*[19]: „Der Zweck der Zufügung derselben (d. h.: der Strafe; der Verf.) ist die Begründung der Wirksamkeit der gesetzlichen Drohung, inwie-

---

15 *Rohrbach*, Schuld und Strafe, S. 47.

16 Rph, § 99 (Zusatz).

17 Diesen Vorbehalt des Rechts als „Sanktion der Vernunft" macht auch *Feuerbach*, Kritik, S. 261.

18 So auch *Naucke* in *Hassemer*, Hauptprobleme, S. 16.

19 *Feuerbach*, Lehrbuch, § 16, S. 39.

fern ohne sie diese Drohung leer (unwirksam) sein würde." Als ein Ergebnis der *Feuerbach'schen* Theorie ist jedenfalls festzuhalten, daß der praktisch-politische Einfluß des Präventionsdenkens auf das Strafrecht — genauer: die jeweilige Strafnorm — nicht mehr für diskussionsbedürftig erachtet wurde.[20]

3.2. v. Liszt

Infolge der sich nachhaltig durchsetzenden *Liszt'schen* Strafrechtsschule rückt in Deutschland vor allem der erzieherische, spezialpräventive Zweck des Strafrechts in den Vordergrund der wissenschaftlichen Erörterungen.[21] Die Aufmerksamkeit wandte sich daher verstärkt den Wirkungen von Strafurteil und Strafvollzug zu. Generalprävention erschien von diesem Ansatz aus nur noch als Reflexwirkung spezialpräventiver Sanktionsverhängung und -vollziehung.[22]

3.3 H. Mayer

Erst H. *Mayer*[23] konnte im Jahre 1936 den Begriff der Generalprävention mit einem veränderten Inhalt erneut in die wissenschaftliche Diskussion einbringen. Er führte die grundlegende generalpräventive Wirkung der Strafe — anders als *Feuerbach* — nicht mehr auf ihre abschreckende, sondern auf ihre sittenbildende, konformitätserzeugende Kraft zurück. Nach seiner Vorstellung hat die Strafe eine bedeutsame pädagogische Wirkung; sie forme und festige das Gemeinschaftsurteil, indem sie die durch die Sozialisation vermittelten kollektiven Wertvorstellungen vor nachhaltigen Beeinträchtigungen schütze. *Mayer* zog mit diesem erweiterten Verständnis der Generalprävention die Konsequenzen aus einem — nach neueren psychoanalytischen Erkenntnissen wenig plausiblen — Abschreckungsgedanken.[24] Eine Konsequenz lag in dem Zugeständnis an die überwiegend deterministische Sichtweise, mit der man nunmehr die menschliche Handlung betrachtete: die Handlung, verstanden als wesentlich soziale Handlung mußte zugleich ein Strafrechtsverständnis nahelegen, das sich selbst als bedeutsamer Bestandteil des Gesamtsozialisationsprozesses begreift. Nicht die sanktionsbezogene Verhinderung von Verbrechen, sondern die Stabilisierung der Gesellschaft überhaupt ist das Ziel der Generalprävention. Die andere Konsequenz dieser veränderten Interpretation der Präventionszwecke tritt dagegen weniger deutlich zutage. Sie bezieht nämlich ihr Selbstverständnis nur vordergründig aus der Ausdehnung des Präventionsdenkens auf den gesamten Strafrechtsbereich

---

20 *Naucke* in *Hassemer*, Hauptprobleme, S. 17.

21 Vgl. *Otto*, Generalprävention, S. 12 f.

22 Vgl. *Kohlrausch / Lange*, StGB, 5 ff.

23 Strafrecht, S. 26.

24 *Otto*, Generalprävention, S. 14.

(Strafdrohung, -urteil und -vollzug), beschränkt sich also nicht auf die Strafdrohung. Vielmehr ist die Betonung der sozialpädagogischen Wirkung des Strafrechts letztlich nur verständlich, wenn sie über ihre strafrechtliche Binnenwirkung hinaus betrachtet wird. In seinem umfassenden Sinn erschließt sich das Neuverständnis der Generalprävention erst vor dem Hintergrund einer Gesellschaftsanalyse, die den traditionellen Sozialisationsinstanzen — Familie, Nachbarschaft, Betrieb — in der bisher vorausgesetzten Leistungsfähigkeit weitgehend skeptisch gegenübersteht. Diese Präventionstheorie konzediert die *Defizienz traditioneller Ordnungs- und Anpassungsleistungen* und folgert auf der Grundlage dieser Prämisse die Notwendigkeit eines erweiterten strafrechtlichen Anwendungsfeldes. Ihr Ziel ist es, auf diesem Wege das Entstehen eines (destabilisierenden) Ordnungsvakuums zu verhindern.[25]

3.4 Exkurs: Durkheim

Während *Mayer* gleichsam aus der strafrechtlichen Binnenperspektive zu seinem Verständnis der Generalprävention gelangte, existiert seit *Durkheim* ein — in Ansatz und Begründung — abweichendes Präventionsverständnis.[26] Diese genuin soziologische Theorie betrachtet die Gesellschaft nicht aus einer, die jeweilige Wertorientierung und das soziale Selbstverständnis schon voraussetzenden Innenperspektive, sondern von außen, — als einen „Zusammenhang tatsächlichen Geschehens".[27]

Aus dieser Perspektive heraus lassen sich vor allem zwei Fragen formulieren, die bisher nicht thematisiert wurden. Einerseits wird die Frage nach der ‚positiven' Funktion[28] des Verbrechens für die Gesellschaft grundsätzlich legitim, wenn man die allgemeine Bedeutung der Kriminalität (abweichenden Verhaltens überhaupt) untersucht. Andererseits gelangen aus dieser Perspektive „Taten" in das Blickfeld, die weder aus der natürlichen Struktur der Handlung — verstanden als Täterverhalten —, noch aus einer — wie immer definierten — Sozialschädlichkeit heraus verstehbar sind. Hierzu gehört etwa die Störung von Riten und Zeremonien. Sinnvoll zu deuten sind solche Taten als die „Verletzung von Kollektivgefühlen, die eine bestimmte Intensität haben und hinreichend eindeutig sind".[29]

Im Hinblick auf die von *Durkheim* und seiner Schule verwendeten Begriffe ist hervorzuheben, daß diese Präventionstheorie zu ihrer Begründung nicht auf vorpositive Werte und Rechtsgüter verweisen muß, sondern das Verbrechen

---

25 Näher hierzu *Otto*, Generalprävention, S. 244 f.

26 Vgl. hierzu *Neumann / Schroth*, Neuere Theorien, S. 99 f.

27 *Neumann / Schroth*, Neuere Theorien, S. 99.

28 Eine Sichtweise, die das Verbrechen als einen integralen Bestandteil jeder gesellschaftlichen Verfaßtheit begreift; zu den sozialen Ursachen schon *Hegel*, Rph, §§ 243, 244, 245.

29 *Neumann / Schroth*, Neuere Theorien, S. 100.

schlicht als Abweichung von einer Norm definiert. Diese Begriffe bezeichnen neben denjenigen der ‚Sanktion' und der ‚sozialen Kontrolle' die grundlegenden Kategorien eines — bereits im Ausgangspunkt — gesellschaftsbezogenen Kriminalitätsverständnisses.[30]

4. Zum normtheoretischen Hintergrund der Strafandrohung

Bevor wir uns den aktuellen Erscheinungsformen generalpräventiver Theoriebildung zuwenden, ist es zunächst erforderlich, den Blick auf die *normtheoretischen Grundlagen* des Präventionskonzepts zu richten. Hier geht es primär darum, Struktur und Wirkung der Strafnorm resp. der Strafandrohung zu erhellen, ohne daß damit zugleich eine umfassende rechtstheoretische Erörterung beabsichtigt wäre.

4.1 Zur Doppelstruktur der Strafnorm

Funktional betrachtet hat die Strafnorm eine Doppelstruktur, die aus ihrem reflexiven Verhältnis zur Wirklichkeit resultiert.[31] Sie setzt einerseits bestimmte Verhaltensweisen als ‚abweichend', andererseits erlebt die Rechtsgemeinschaft diese Verhaltensweisen als nur in bezug auf die Norm als abweichend. Diese Reflexivität ist auch normtheoretisch äußerst spannungsreich. Die Spannung resultiert zum einen aus der Tatsache, daß jedes Infragestellen der Norm zu einer konkreten Gefährdung ihrer Geltung führt, insofern der beanspruchten intersubjektiven Verbindlichkeit im Einzelfall die Anerkennung versagt wird. Zum anderen erfährt die Norm sowohl durch das abweichende Verhalten selbst als auch durch die nachfolgende Sanktionierung Stabilität und Bestätigung gegen die verweigerte Anerkennung. Die Norm ist daher existentiell auf einen präsenten abweichenden sozialen Lebenssachverhalt wie auch auf die nachfolgende Sanktionierung angewiesen. Daß Normen nicht schlechthin sind, sondern als ‚Allgemeines' geltend gemacht werden müssen, verdankt sich rechtssystematischer Einsicht *Hegels*[32]; notwendige Vorstufe der Sanktionsverhängung ist aber das abweichende Verhalten selbst. Auch ihm kommt eine norm- und gesellschaftsstabilisierende Funktion zu.[33] Hieraus ergibt sich, daß nicht nur der sanktionslos realisierte Normbruch, sondern auch die ausnahmslose Normbeachtung die sozialen Existenzbedingungen der Norm beseitigen. Paradoxerweise bedarf die der Norm entsprechende soziale Wirklichkeit der normativen Regulation gerade nicht. Mit dem in das gesellschaftliche Sein aufgenommene normative Sollen

30 *Neumann / Schroth*, Neuere Theorien, S. 101.

31 Hierzu und zum folgenden vgl. *Neumann / Schroth*, Neuere Theorien, S. 101 f.

32 Rph, § 219; ferner *Willms*, Normenbegründung, S. 375.

33 Damit soll keineswegs das einzelne Verbrechen gerechtfertigt, wohl aber ein — insbesondere für die Vorfeldpönalisierung — wichtiger Aspekt thematisiert werden.

ist die Norm ihres Gegenstandsbereiches — der Möglichkeit und Wirklichkeit abweichenden Verhaltens — beraubt.

4.2 Die Normkonzeption von Luhmann

Vor allem *Luhmann*[34] hat den dargestellten normstabilisierenden Aspekt der Strafsanktion — genauer: des Verbrechens selbst — hervorgehoben. Nicht in der — präventiven — Verhinderung unerwünschter Handlungen, sondern in der — Verhaltenserwartungen stabilisierenden — Funktion besteht danach die Bedeutung von Normen. Eine Welt, die hinsichtlich der Handlungsmöglichkeiten komplex, hinsichtlich der prinzipiellen Unsicherheit eines erwartungsgemäßen Geschehensablaufs kontingent ist, erfordert nach *Luhmann* die Herausbildung erwartungsstabilisierender Strukturen. Erwartungen können zwar enttäuscht werden, entscheidend sei aber, wie diese Enttäuschungen abgewickelt werden. Während bloß kognitive Erwartungen bei Enttäuschung womöglich aufgegeben werden, erlauben normativ stabilisierende Erwartungen ein ‚kontrafaktisches' Festhalten und damit Erwartungssicherheit über das enttäuschende Verhalten hinaus. *Luhmann* definiert Normen daher als kontrafaktisch stabilisierte Verhaltenserwartungen. In differenzierten Gesellschaften erfolgt die *Stabilisierung enttäuschter Erwartungen* durch die Verhängung einer Sanktion. Sie bezeichnet den Täter als denjenigen, dessen Handlung falsch war und bestätigt so die Gesellschaft in der prinzipiellen Richtigkeit ihrer Erwartung. Die Sanktionsverhängung wird daher nicht i. S. einer Abschreckungsprävention interpretiert, sondern sie stabilisiert symbolisch die Erwartungssicherheit der anderen bezüglich des Gesamtnormensystems.[35]

4.3 Das Normverständnis bei Jakobs

Jakobs hat dieses systemtheoretische Normverständnis für seinen Begriff der Generalprävention fruchtbar gemacht. Die Sanktionierung des Normbruchs durch Strafe erfolge, um die Bedingungen sozialer Integration und Interaktion zu schützen. Dieser Schutz wirke durch *Bestätigung* der auf die Normstabilität vertrauenden *Allgemeinheit*. Das Strafrecht erfülle daher eine präventive Aufgabe.[36] Die Sanktionierung durch Strafe dürfe allerdings — ebenso wenig wie der Normbruch selbst — nicht bloß als ausschließlich äußerliches Ereignis verstanden werden. Sie bedeute vielmehr der „auf Kosten des Täters vollzogene Widerspruch gegen den Normbruch".[37] Strafe ist danach Normbestätigung und Normanerkennung.

---

34 *Luhmann*, Rechtssoziologie, S. 43.

35 *Luhmann*, ebenda.

36 *Jakobs*, StR AT, 1 / 14 ff.

37 *Jakobs*, StR AT, 1 / 10.

Jakobs[38] faßt die Wirkungen der Strafe so zusammen: Strafe erfolge zur Einübung in Normvertrauen, das allein Erwartungssicherheit ermögliche; sie erfolge ferner zur Einübung in Rechtstreue, wodurch bestimmte Verhaltensweisen nicht mehr diskutabel würden; schließlich erfolge Strafe auch um der Einübung in die Akzeptanz der Konsequenz einer Normübertretung willen. „Da diese Einübung bei jedermann erfolgen soll, handelt es sich bei dem beschriebenen Modell der Aufgabe staatlichen Strafens um Generalprävention durch Einübung in Normanerkennung . . .“.[39]

5. Strafandrohung und Generalprävention in der Gegenwart

Die generalpräventive Theoriebildung hat demnach in doppelter Hinsicht eine Erweiterung erfahren. So läßt sich zum einen festhalten, daß die Generalprävention heute für den gesamten Bereich des Strafrechts umfassende Wirksamkeit beansprucht und sich daher nicht mehr auf den Bereich der Strafandrohung beschränkt. Generalprävention ist „Aufgabe des Strafrechts“ bzw. „Aufgabe des staatlichen Strafens“ überhaupt. Darüber hinaus beansprucht das strafrechtliche Selbstverständnis einen umfassenden Geltungsbereich sowohl im Verhältnis zur gesamten Rechtsordnung als auch innerhalb des übergreifenden gesellschaftlichen Ordnungsgefüges. Unserem Arbeitsinteresse entsprechend wollen wir nunmehr der Frage nachgehen, welche generalpräventive Bedeutung der Strafandrohung vor dem Hintergrund des umfassenden Präventionsanspruches zugemessen wird.

Naucke[40] hat zu Recht darauf hingewiesen, daß das Strafrechtssystem bereits in der Strafdrohung gegenwärtig ist. Unter Strafandrohung ist die je konkrete — im Bewußtsein des Adressaten präsente — Strafnorm zu verstehen.[41] Diese gliedert sich in den ‚Tatbestand‘, der die typischen lebensweltlichen Voraussetzungen der Sanktionierung benennt, und die — zumeist als Rahmenvorgabe oder als Mindestmaß — festgelegte Strafsanktion. Fragt man unter dem Blickwinkel generalpräventiver Theorie nach den *Wirkungen der Strafandrohung*, so finden sich die bereits oben erwähnten Erwägungen auch in diesem Bereich. Ausgangspunkt der Betrachtungen ist die Aufgabe und Funktion der Strafe. Die (general-) präventiven Wirkungen von Strafurteil und -vollzug sind daher immer schon mitbeachtet, wenn die Strafandrohung betrachtet wird: „Denn die generalpräventive Kraft der Paragraphen würde in nichts zusammenfallen, wenn hinter ihr keine Realität stünde.“[42]

---

38 *Jakobs*, StR AT, 1 / 15.

39 *Jakobs*, StR AT, 1 / 15.

40 In *Hassemer*, Hauptprobleme, S. 64.

41 Zur Androhungsprävention vgl. *Müller*, Generalprävention, S. 12 f.

42 So *Roxin*, JuS 1966, 383.

Darüber hinaus wird die Strafandrohung vorrangig unter dem Gesichtspunkt kritischer Distanz gegenüber einem rein zweckhaft orientierten Strafrechtsdenken thematisiert.[43] Kern der Kritik ist die Behauptung, das Konzept der Generalprävention sage nichts über den Inhalt der zu schützenden Normen aus.[44] Es eigne sich vielmehr, prinzipiell jede positiv gesetzte Rechtsnorm durchzusetzen und zu verteidigen. Die Beliebigkeit des Normenmaterials, dessen Stabilität die Generalprävention zu gewährleisten beansprucht, scheint danach die offene Flanke dieses Konzepts zu sein; sie könne und müsse durch verstärkte Forschungsanstrengungen überwunden werden.[45] Wenn die konkrete Strafandrohung einen Lebenssachverhalt in unzulässiger Weise pönalisiert, muß sich dieser Makel durch die Anwendung dieser Norm (Strafurteil, -vollzug) zwangsläufig fortsetzen.

Diese Problematik wird im Grundsatz durchaus gesehen. Dennoch ist die vergleichsweise eindeutige Tendenz der Stellungnahmen überraschend: „Eine ad incertas personas gerichtete Strafdrohung, die an den Bestimmtheitsgrundsatz und den Prinzipien der persönlichen Zurechnung genügende Tatbestandsvoraussetzungen geknüpft ist, verletzt ... niemandes Autonomiestatus."[46] Etwas zurückhaltender formuliert *Zipf*[47]: „Die geringsten Einwände kann der strafrechtliche Liberalismus noch gegenüber der Generalprävention durch Androhung hervorbringen. Als Appell an die Selbstbestimmungsfähigkeit des Bürgers kommt diese sogar den Anforderungen an die Persönlichkeitswürde entgegen." Diese Feststellung wird allerdings nur auf die ‚positive' Generalprävention bezogen. Die *Feuerbach'sche* Abschreckungsprävention dagegen sei in dieser Hinsicht „unannehmbar".[48] Auch *Roxin*[49] erkennt die generalpräventiven Wirkungen der Strafandrohung an. Er hält generalpräventive Erwägungen für zulässig, soweit dabei weitere Voraussetzungen beachtet würden. Sie bestünden in dem Grundsatz der Subsidiarität des Strafrechts und in der Unzulässigkeit eines ‚Gesinnungsstrafrechts'. Demnach ist „die Strafdrohung nur, aber auch stets durch die Notwendigkeit generalpräventiven subsidiären Rechtsgüter- und Leistungsschutzes gerechtfertigt."[50] Die präventive Zweckhaftigkeit der Strafandrohung wird also in gegenständlicher und qualitativer Hinsicht begrenzt, ohne daß deutlich wird, welchen Stellenwert diese Begrenzung innerhalb des Präventionsansatzes hat.

Mit diesem Überblick soll die Darstellung der heute vertretenen Generalpräventionsansätze ihr Bewenden haben. Im Anschluß werden diese Ansätze auf ihre Schlüssigkeit und auf mögliche Einwände hin betrachtet.

---

43 Vgl. *Naucke* in *Hassemer*, Hauptprobleme, S. 14; *Kaiser*, Kriminologie, S. 89.

44 Vgl. *Kaiser*, Kriminologie, S. 89 f.

45 So *Naucke* in *Hassemer*, Hauptprobleme, S. 22.

46 *Lüderssen* in *Hassemer*, Hauptprobleme, S. 77.

47 In *Maurach / Zipf*, StR AT, § 6, Rn. 26.

48 *Maurach / Zipf*, ebenda, Rn. 26.

49 JuS 1966, 377 ff. (381 ff.).

50 So *Roxin*, JuS 1966, 383.

6. Zur Kritik der Präventionsansätze

Der Versuch, Einwände gegen die Generalprävention zu formulieren, sieht sich einer weitgehenden Übereinstimmung in der positiven Bewertung des Präventionsstrafrechts konfrontiert: „Der Anspruch, nicht nur den Übeltäter wieder auf die richtige Bahn zu bringen, sondern — viel ehrgeiziger — die Gesamtmenge normabweichenden Verhaltens zu reduzieren, verleiht der generalpräventiven Strafvorstellung eine hohe sozialpolitische Würde.“[51]

Zudem habe das Präventionsstrafrecht „eine feste positive Begründung aus vorausgesetzten Strafzwecken.“ Bezug genommen wird insoweit auf die Strafzumessungsvorschriften §§ 47, 56, 57 StGB.[52] Der dadurch entstandene Vorsprung sei kaum einholbar.[53]

6.1 Der „Vorsprung“ der Generalprävention

Worin besteht nun diese „Würde“ und der „Vorsprung“ der Generalprävention?

Die Würde resultiert zunächst aus dem aufklärerischen Impuls strafrechtlichen Präventionsdenkens. Es ist ein Ergebnis praktischer Aufklärung, nicht jenseitigen, transzendenten Gerechtigkeitsvorstellungen verhaftet zu sein, sondern die Aufgabe des Strafrechts einzig aus ihrer gesellschaftlichen Zweckmäßigkeit abgeleitet und auch begrenzt zu haben. Dieses Grundanliegen, die Strafe auf ihre diesseitige Notwendigkeit hin zu untersuchen, hat nichts an Aktualität eingebüßt. Auch die wissenschaftliche Herausarbeitung des Zweckgedankens im Strafrecht hat sich als erforderlich erwiesen, um sowohl die Zeitbedingtheit als auch die Allgemeinheit strafrechtlicher Reaktionen herauszustellen.[54] Allerdings kann die Aufklärung in ihren Anfängen noch der konkreten Frage ausweichen, welches denn die diesseitigen Zwecke sind, deren Schutz das Strafrecht übernehmen soll; der Vernünftigkeit des Strafrechts war mit dem Schutz der wichtigsten Rechtsgüter genüge getan.[55]

6.2 Die Zweckbestimmung in funktionalen Theorien

Hierin liegt, von dem Einwand mangelnder empirischer Überprüfbarkeit abgesehen[56], ein gewichtiges Bedenken gegen das Präventionskonzept. Neben der

---

[51] So *Hassemer* in ders., Hauptprobleme, S. 33.

[52] Vgl. *Köhler*, Zusammenhang, S. 17 ff.; *Maiwald*, GA 1983, 49 ff. (Zum Begriff „Verteidigung der Rechtsordnung“).

[53] So *Naucke* in *Hassemer*, Hauptprobleme, S. 13 f.

[54] Vgl. *Wolff*, ZStW 97, 786.

[55] Vgl. *Naucke* in *Hassemer*, Hauptprobleme, S. 12.

[56] Vgl. *Hassemer* in ders., Hauptprobleme, S. 33, der sich zugleich mit den Ursachen dieses Mangels auseinandersetzt.

dominanten gesellschaftlichen Ordnungsleistung vermag dieser Ansatz kaum ausreichend Auskunft darüber zu geben, was er eigentlich konkret schützt. Wie jede funktionale Theorie, betrachtet er inhaltliche, d. h. wertbezogene Fragestellungen als vorgegeben. Diese nicht immer klar gesehene Ausgangsprämisse macht es daher nahezu unmöglich, auf eine zentrale Frage des Strafrechts zu antworten: Unter welchen Voraussetzungen und innerhalb welcher Grenzen darf auf ein bestimmtes Verhalten mit Strafe reagiert werden, und wodurch ist die Kriminalisierung eigentlich legitimiert? *Naucke*[57] hat darauf hingewiesen, daß in einem ‚rationalen' Präventionsstrafrecht „der Zweck des Strafrechts die Mittel des Strafrechts" bestimme. Trifft es dagegen zu, daß schon die Präventionszwecke nicht theorieimmanent bestimmbar sind, so gilt dies auch für die Mittel. Auch hier ist die Generalprävention aus sich selbst heraus nicht imstande, Maßstäbe für Zulässigkeit und Grenzen (straf-)rechtlicher Praxis anzugeben.

Wir wenden uns daher der Frage zu, in welchem Verhältnis die behauptete norm- und gesellschaftsstabilisierende Funktion des Verbrechens (des abweichenden Verhaltens überhaupt) zu seiner normgefährdenden Funktion steht. Auf die Gegenläufigkeit dieser Funktionen ist schon hingewiesen worden.[58] Die ‚innovative' Bedeutung des Verbrechens hat die Gefährdung der verletzten Norm zur notwendigen Voraussetzung, während dem Widerspruch gegen die Tat in Form der Sanktion zugleich normstabilisierende (und die Erwartungssicherheit der Allgemeinheit festigende) Wirkung zukommen soll. Der Grad der generellen Normstabilität ist einerseits von der dauerhaften, in der Allgemeinheit bewußt gehaltenen Existenz abweichenden Verhaltens abhängig. Es entspricht der Logik des Präventionskonzepts, in Krisenzeiten den Strafbarkeitsbereich auszudehnen. Aus diesem Vorgehen resultiert jedoch zugleich eine Bestärkung der normgefährdenden Funktion des Verbrechens. Beispiele für ein solches gesetzgeberisches Vorgehen sind nicht selten. Sie finden sich erst in jüngster Zeit im Bereich des Demonstrations-, des Betäubungsmittel- und des Wirtschaftsstrafrechts.[59] Andererseits droht, bei partiell rückläufiger Kriminalität die erzieherische Funktion der Strafnorm destabilisiert, also die Norm gegenstandslos zu werden. Auch auf diese Situation kann grundsätzlich mit einer präventiven Auswertung des abweichenden Verhaltens reagiert werden. Prinzipiell sind generalpräventiv motivierte Strafandrohungen in ihren möglichen Wirkungen gegenläufig: „Wenn keine Kriterien dafür angegeben werden, wann das Verbrechen unter dem einen und wann es unter dem anderen Aspekt funktional ist, droht die funktionale Theorie tautologisch zu werden."[60] Dieser Einwand trifft die Präventionstheorie auch, soweit sie als Handlungsanweisung des Gesetzgebers genutzt wird. Als solche ist sie

---

[57] *Naucke* in *Hassemer*, Hauptprobleme, S. 13.

[58] Vgl. Abschnitt 4; zum Ganzen vgl. auch: *Neumann / Schroth*, Neuere Theorien, S. 111 ff.

[59] Vgl. Kap. VII.3.4 (Umwelt- und Wirtschaftsstrafrecht) und Kap. VII.5 (Demonstrationsstrafrecht).

[60] So *Neumann / Schroth*, Neuere Theorien, S. 111.

gegenüber situationsbezogenen Dezisionskriterien indifferent; sie vermag aus sich heraus nicht zu entscheiden, was funktional oder disfunktional ist.[61] ‚Funktional' ist die Generalpräventionstheorie als Hilfsmittel für pragmatische politische Entscheidungen. Danach ist offensichtlich, daß die Angabe von Kriterien, wann das Verbrechen normstabilisierende bzw. wann es normgefährdende Wirkungen zeitigt (genauer: ob und wann das Strafziel der Generalprävention erreicht wird), von wertorientierten (ethischen) Maßstäben abhängig ist. Der Einwand gegen die Generalprävention, solche Kriterien nicht zu benennen, übersteigt allerdings die hier beabsichtigte immanente Kritik. Eine Auseinandersetzung mit dieser defizienten Gestalt der Generalprävention ist dem folgenden Abschnitt vorbehalten.

Hier ist festzuhalten, daß die Theorie der positiven Generalprävention ihrer gegenläufigen Strukturelemente wegen aus sich heraus keinen konsistenten Weg aufzeigen kann, in welcher Weise sie ihre normstabilisierende Funktion zu erfüllen vermag. In der *Konsequenz* präventiven Strafrechtsdenkens (insbesondere im Bereich der Strafandrohung) liegt eine erweiternde Vorfeldkriminalisierung jedenfalls dann, wenn der Strafgesetzgeber überwiegend generalpräventiv motivierten Zielen folgt; sie sind theoretisch unbestimmbar und praktisch aufgrund der Gegenläufigkeit möglicher Präventionsziele nur unpräzise prognostizierbar.

---

61 Vgl. auch *Neumann / Schroth*, ebenda, S. 111.

III. Strafzwecksetzung und Strafzweckbegrenzung

1. Zur Bedeutung der Strafandrohung

Wir haben bereits darauf hingewiesen[1], daß die subjektrelevanten Wirkungen des Strafrechts nicht erst mit der Verhängung von Strafe und der Sanktionsvollziehung gegenüber einem Delinquenten einsetzen. Die vorliegende Untersuchung thematisiert einen Bereich des Strafrechts, in dem Ver- und Gebotsnormen ‚ad incertas personas' durch ihre bloße Existenz in Form der Strafandrohung gegenüber der Allgemeinheit wirken bzw. wirken sollen. Diese Androhungsprävention wird als weitgehend unproblematisches Anwendungsfeld generalpräventiven Gedankenguts betrachtet.[2] Insbesondere die positive Generalprävention scheint selbstsicher von der Erreichbarkeit des gesetzten Zweckes (Normanerkennung, Rechtstreue etc.) sowie von der Legitimität des in diesem Präventionsbereich eingesetzten Mittels (der Strafandrohung) auszugehen.[3]

Uns interessiert im folgenden ausschließlich die Frage nach der Legitimität der *Strafandrohung*.

Die Strafandrohung wirkt in doppelter Weise. Einmal dient sie als Handlungsanweisung für die Tätigkeit des Strafrechtsstabes (Polizei, Staatsanwaltschaft, Strafrichter, Strafvollzugsorgane). Dieser hat die einschlägigen Normen anzuwenden, d. h. — aus seiner Perspektive — erst geltend zu machen.[4] Von dieser — unter kriminologischen Aspekten nicht unproblematischen — Annahme[5] wollen wir im folgenden ausgehen. Die institutionalisierte Durchsetzung der Strafnormen und mithin der Normgeltung i. w. S. ist im übrigen in ihrer grundsätzlichen Berechtigung nicht infragezustellen. Zum anderen resultiert aus der konkreten Strafandrohung eine faktische Freiheitsrechtsminderung gegenüber den betroffenen Normunterworfenen, die der Rechtfertigung bedarf. Zwar mag diese Rechtfertigung für den Kernbereich des Strafrechts evident sein[6], weil die ihrerseits freiheitskonstituierende Wirkung eindeutig überwiegt, aber bezogen auf die behandelte Vorfeldproblematik (wenngleich auch nicht auf diese beschränkt) ist

---

1 Siehe Kap. II.5.

2 Vgl. nur *Maurach / Zipf*, Str AT, § 6, Rn. 26. Zu den sozialisationsbezogenen Voraussetzungen der Androhungsprävention vgl. *Baumann / Weber*, StR AT, § 3 II.2. (S. 16 f.).

3 Vgl. *Schmidhäuser*, StR AT, 3 / 16, 5 / 15.

4 Vgl. *Schmidhäuser*, StR AT, 3 / 22 ff.

5 Vgl. *Kaiser*, Kriminologie, S. 81 ff.

6 Vgl. GGK-*v. Münch*, Art. 2, Rn. 48, der insoweit sogar ein verfassungsrechtliches Strafbarkeitsgebot annimmt.

sie noch nicht geleistet. Jede Verhaltenskriminalisierung durch eine Strafnorm wirft bereits durch ihre bloße Existenz — also vor jeder sanktionsbezogenen Geltendmachung — die Frage nach der Zulässigkeit normvermittelter Freiheitseinschränkung gegenüber der Gesamtheit der Rechtsunterworfenen auf. Die Frage nach der Legitimität betrifft nicht nur den Strafgesetzgeber, sondern gleichermaßen Anwendung und Interpretation bestehender Strafnormen. Weder die Positivität noch die Anwendung einer materiellen Strafnorm vermögen Legitimitätserwägungen gegenüber zu immunisieren. So zeigt etwa die ‚Vergeistigung' des Gewaltbegriffs[7] und die häufig unvorhersehbar-lagebezogene Anwendung der Nötigungsvorschrift (§ 240 StGB) überhaupt[8], daß bedeutsame Bereiche einer Norm ausgeweitet oder intersubjektives Verhalten einem kaum mehr abschätzbaren Risiko strafrechtlicher Sanktion ausgesetzt sind.[9]

Im folgenden wird daher zunächst die freiheitsrelevante Wirkung der Strafandrohung zu erörtern sein; sodann werden solche Generalpräventionstheorien behandelt, die ihrerseits diese Fragestellung in ihrem Ansatz aufnehmen. Im Mittelpunkt dieses Abschnittes steht die Entwicklung eines freiheitsgesetzlichen Rechtsverständnisses.

2. Die Strafandrohung als freiheitsrelevanter Sachverhalt

Den nachfolgenden Erörterungen liegt die Behauptung zugrunde, die Strafandrohung reguliere die subjektive und intersubjektive Verhaltensfreiheit der Gewaltunterworfenen. Die damit notwendig einhergehende Beeinträchtigung resultiert aus der Struktur des Strafrechtssatzes, der Verfaßtheit staatlich organisierter Gemeinschaften und der verfassungskräftig verbürgten Selbstberechtigung der Bürger als Rechtssubjekte.

Die Strafnorm des besonderen Teils des Strafgesetzbuches kann — dem Adressaten gegenüber — eine gegenläufige Struktur haben. Als Verbotsnorm macht sie ihn darauf aufmerksam, daß er eine bestimmte Verhaltensweise nicht in die Wirklichkeit umsetzen soll; als Gebotsnorm fordert sie von ihm ein bestimmtes Verhalten.[10] Beiden Strukturen der Strafnorm ist gemeinsam, daß die Nichtbeachtung des jeweiligen Norminhalts eine — dem Rahmen nach vorgegebene — Strafsanktion nach sich zieht. Neben dieser (positiven oder negativen) Einschränkung der Verhaltensfreiheit bringt die Strafandrohung zugleich für den Einzelnen eine *Statusveränderung* mit sich: er ist potentieller Täter, weil er die ge- oder

---

[7] Vgl. hierzu *D / T*, § 240, Rn. 3; *Lackner*, § 240, Anm. 3 a); *Köhler*, FS Leferenz, S. 511 ff.; BVerfGE 73, 235 ff.

[8] Näher hierzu *Wagner*, Kriminalistik 1982, 272 ff.

[9] Diese Unsicherheit dürfte auch durch das Urteil des Bundesverfassungsgerichts vom 11. November 1986 (Sitzblockaden) nicht behoben worden sein. Vgl. BVerfGE 73, 206 ff. (259 f.).

[10] Vgl. *Hoyer*, Eignungsdelikte, S. 37.

verbotenen Handlungen regelmäßig unterlassen oder vornehmen kann.[11] Nun ist dieses in Bezug genommene Handlungspotential — genauer: die jeweils kriminalisierte Verhaltensweise — nicht so ‚natürlich' [12], wie es zunächst den Anschein hat. Es ist vielmehr in mannigfacher Weise gesellschaftlich präformiert und auf typische Situationen bezogen eingeübt. Die — insoweit sozialisationsbedingte — Habitualisierung von Verhaltensmöglichkeiten ist als Produkt zunehmender Vergesellschaftung des Menschen ihrem Sinn und Zweck nach keineswegs freiheitsbegrenzend. Den der stadt- und staatsbezogenen Vergesellschaftung vorhergehenden Naturzustand als ein Reich der unbeschränkten Freiheit zu interpretieren, hieße ihn gründlich mißzuverstehen. Der tägliche Existenzkampf bestimmt in ungleich direkterem Maße die Verhaltensvarianz, als dies durch Normen möglich ist. Der *Zivilisationsprozeß* und die damit einhergehende Verrechtlichung der intersubjektiven Beziehungen bewirkt allerdings ebenso wenig schon per se eine Erweiterung der Handlungsmöglichkeiten für die Gesellschaftsmitglieder[13]. Innengeleiteter Selbstzwang[14], Unterdrückung einzelner Gruppen von Gesellschaftsmitgliedern[15] sowie die systematische Separierung und Liquidierung ganzer Bevölkerungsteile[16] belegen die geschichtliche Wirklichkeit der janusköpfigen Erscheinung menschlicher Vergesellschaftung. Auch die Entwicklung zum modernen Territorialstaat westeuropäischer Prägung hat — inner- und zwischenstaatlich — eher zu einer Verfestigung und Steigerung des Gefährdungspotentials geführt.[17] Zwar ist es falsch, hierin das ‚Wesen' des Staates zu erblicken — zeigt sich hierin doch dessen Unwesen —, aber gleichwohl liegt dort der realgeschichtliche Hintergrund für die unverändert aktuelle Frage nach der Legitimität staatlicher Gewalt und ihrer strafrechtlichen Praxis. Überdies ist mit der zunehmenden Säkularisierung staatlicher Gemeinschaften die normvermittelte Beschränkung von Handlungsfreiheiten nicht mehr unter Verweis auf einen jenseitigen Ratschluß vermittelbar. Sie bedarf vielmehr der permanenten Legitimation gegenüber den Rechtsunterworfenen. Der in diesem Sinne innerweltliche Staat hat die Lebensmöglichkeiten der Gesellschaftsmitglieder zu erhalten und zu sichern, historisch überkommene Unterdrückungsstrukturen zu beseitigen und überdies etwaigen neuen — aus der Dynamik des Vergesellschaftungsprozesses resultierenden — ungerechten Entwicklungen zu begegnen.[18] Festzuhalten ist daher, daß die Tätigkeit des Staates ihre Legitimation auch im Blick auf die strafnormvermittelten Freiheitsbeeinträchtigungen den Subjekten gegenüber keineswegs in sich trägt, sondern sie allererst zur Diskussion und Entscheidung stellt.[19]

---

11 Vgl. hierzu *Hoerster*, FS Weinberger, S. 235.

12 Vgl. *Hoerster*, ebenda.

13 Vgl. *Montesquieu*, Vom Geist der Gesetze, 1. Buch, 2. Kap.

14 Vgl. *Elias*, Über den Prozeß, S. 312 ff.

15 Vgl. *Engels*, Zur Lage, MEW 1, S. 464 f.

16 Etwa der Umgang mit den Indianern in Amerika.

17 Ausrottung der Juden im nationalsozialistischen Deutschen Reich.

18 Vgl. *Roxin*, JuS 1966, 381; *Forsthoff*, Lehrbuch, Vorbemerkung § 19 (S. 320 ff.).

In Gestalt der traditionellen Ordnungs- und Sicherungsleistung ist die staatliche Tätigkeit isoliert betrachtet farblos, solange nicht ihr rechtlich bestimmtes Verhältnis zu den ihr unterworfenen Menschen geklärt ist. Die zentrale Leistung säkularer Verrechtlichung liegt gerade darin, die Subjektivität des Individuums zu garantieren, — mithin in der rechtlichen Absicherung des Person-Seins als eines legitim nicht mehr hintergehbaren status societatis. Erst auf der Grundlage der rechtlichen Selbständigkeit des Individuums ist die Regulierung von Freiheitssphären in intersubjektivem und (vermittelt-) institutionellem Bezug legitim.[20]

Die grundlegenden *Freiheitsrechte* des Subjekts sind in neuerer Zeit in den Verfassungen der Staaten verbürgt. Das Grundgesetz hat in den Art. 1 — 20 die materialen Grundlagen tätiger Subjektivität hervorgehoben und deren Achtung und Sicherung zur Verpflichtung aller staatlichen Gewalt gemacht. Es erscheint daher sinnvoll, das verfassungsrechtliche Schrifttum mit der Frage zu konfrontieren, ob sich Umfang und Grenzen legitimer Verhaltenskriminalisierung aus dem Grundgesetz unmittelbar ergeben. Seinem Wortlaut nach befaßt sich keine Vorschrift der Verfassung mit dieser Problematik. Art. 103 Abs. 2 GG positiviert lediglich den von *Feuerbach* her bekannten Grundsatz der Gesetzesgebundenheit im Strafrecht[21] („nullum crimen, nulla poena sine lege"). Die Zulässigkeit der Kriminalisierung wird daher, soweit die „Tat" vor der Tatbegehung „bestimmt" ist, nicht von weiteren Voraussetzungen abhängig gemacht, sondern vorausgesetzt.

Dennoch ist der Gesetzgeber in seiner Entscheidung, was er in welchem Umfang unter Strafe stellt, nicht gänzlich ungebunden. Zwar kann er grundsätzlich „jeden Tatbestand erfassen, der nach seinem Ermessen als strafwürdig zu erachten ist"[22], — mit der Folge, „daß die Verbotsnormen des Strafrechts eine allgemeine *Sperrwirkung* gegenüber jeglicher Grundrechtsausübung haben"[23]; aber angesichts der regen gesetzgeberischen Tätigkeit wird doch bezweifelt, „ob das formale Kriterium der Straffolge stets ausreicht, um die Grundrechtsbetätigung durch jede strafrechtliche Verbotsnorm als eine bei allen Grundrechten von vornherein mitgedachte (immanente) Schranke zu verkürzen"[24]. Es wird weiter konstatiert, daß „durchaus Fälle denkbar (sind), wo gerade in Frage steht, ob die Pönalisierung eines Lebenssachverhaltes vor den Grundrechten gerechtfertigt ist"[25]. ‚Immanente' Schranken aller Grundrechte sind danach nur solche Strafrechtsnormen, die materiell-rechtlich Kriminalunrecht darstellen[26]. Infolgedessen

---

19 Vgl. *Machiavelli,* Der Fürst, 17. Kap.; *Hobbes,* Leviathan, 27. Kap.; *Montesquieu,* Vom Geist der Gesetze, 12. Buch.

20 Vgl. im einzelnen unter Abschnitt 4. dieses Kapitels.

21 Vgl. *Seiffert / Hömig,* Art. 103, Rn. 6.; GGK-*Kunig,* Art. 103, Rn. 1b; AK-GG-*Wassermann,* § 103, Rn. 3.

22 *Seifert / Hömig,* Art. 74, Rn. 1.

23 So *M / D / H / S,* GG, Art. 2, Abs. 1, Rn. 76, mit dieser Hervorhebung.

24 So *M / D / H / S,* Art. 2, Abs 1, Rn. 76 a).

25 So *M / D / H / S,* Art. 2, Abs. 1, Rn. 76 a) aa).

scheidet jedenfalls eine beliebige Neukriminalisierung aus[27]. Als maßgebliches Kriterium für die Legitimität der Pönalisierung wird das Merkmal der ‚Störungsselbstverständlichkeit' herangezogen.[28] Ohne abschließend über die Brauchbarkeit dieses Merkmals für unsere Fragestellung entscheiden zu wollen, ist einzuwenden, daß es ausschließlich auf die umweltrelevante Wirkung abhebt, die mögliche Eigenberechtigung des Grundrechtsträgers zur ‚Störung' aber ausblendet. Die Konsequenzen aus diesen Erkenntnissen werden allerdings weder näher beschrieben noch in bezug auf einzelne Strafrechtsnormen gezogen.[29] Wir sind daher darauf verwiesen, das Strafrecht selbst nach Stellungnahmen zu der Frage legitimer Verhaltenskriminalisierung zu befragen.

3. Generalprävention und Freiheit des Subjekts

Wir betrachten zunächst, in welcher Weise Autoren, die Anhänger generalpräventiver Strafzweckbestimmungen sind, die Legitimationsproblematik aufgreifen.

3.1 Stellungnahmen des Schrifttums

Hassemer[30] betont, die generalpräventive Strategie habe Antwort zu geben auf die Frage, „ob und wann das Strafziel der Generalprävention die Würde des Menschen verletzt". Auf Bedenken hat bereits früher *Badura*[31] für den Bereich der Strafzumessung aufmerksam gemacht; sie sind im Schrifttum aufgegriffen worden.

3.1.1 Schmidhäuser

So hebt *Schmidhäuser*[32] hervor, daß die generalpräventive Zweckhaftigkeit der Strafe noch nichts über die ‚sittliche Rechtfertigung' aussage. Zwar setze die Frage nach dem Sinn eines Tuns die Frage nach dessen Zweck voraus[33], es bedürfe aber einer Antwort darauf, welcher sittliche Wert im staatlichen Strafen verwirklicht werde. Die Antwort lasse sich nur in Übereinstimmung mit der Rechtfertigung des Staates selbst finden. Seiner Ansicht nach liegt dessen Recht-

---

26 So *M / D / H / S*, Art. 2, Abs. 1, Rn. 76: „. . . also sich im Bewußtsein der Rechtsgenossen als ‚crimen' darstellen."

27 Betont wird dieser Gedanke insbesondere für den Bereich des Wirtschaftsstrafrechts und des Verfassungsschutzes; vgl. *M / D / H / S*, Art. 2, Abs. 1 Rn. 76 a) cc).

28 So *M / D / H / S*, Art. 2, Abs. 1, Rn. 76 a) cc)

29 Zu Ausnahmen vgl. aber *M / D / H / S*, Art. 2, Abs. 1, Rn. 76 a) cc) m. w. N.

30 In ders., Hauptprobleme, S. 39 f.

31 *Badura*, JZ 1964, 337 ff. (339 f.).

32 StR AT, 3 / 18.

33 *Schmidhäuser*, StR AT, 3 / 9.

fertigung in der Befriedungsfunktion gegenüber der Gesamtgesellschaft; das Einzelschicksal des Delinquenten habe dagegen eine nur passive Bedeutung.[34] Strafe als ,Institution' sei daher zwar gesellschaftlich sinnvoll, für den Bestraften — als bloße Übelszufügung — aber sinnlos. Unumwunden zieht *Schmidhäuser* die Konsequenzen aus seinen Prämissen: Der Bestrafte wird als *Mittel zum Zweck* für andere gebraucht; ihm wird um des friedlichen Zusammenlebens willen ein Opfer abverlangt. Maßstab und Begrenzung der Strafe und der Strafbarkeit sei der ,Rahmen des generalpräventiv Unverzichtbaren'. Im übrigen werde sich der Gesetzgeber bei der Formulierung von Strafgesetzen „bemühen, die Strafrahmen der Schwere der Tat (und) der Bedeutung des Rechtsguts gerecht anzupassen."[35]

3.1.2 Hoerster

In ähnlicher Weise beschränkt sich *Hoerster*[36] auf eine — allerdings stärker utilitaristisch geprägte — Rechtfertigung der Strafe als Institution. Bei ihm steht jedoch nicht der ,Opfergedanke' im Vordergrund, sondern eine besondere Ausprägung des ,Gleichheitsgebotes'[37]: vergleichbar schwere Taten sind gleich zu bestrafen. Durch die Präventionstheorie ist daher nur die Institution der Strafe als solche zu rechtfertigen, nicht aber das ,Wie' und das ,Ob' der Bestrafung des einzelnen Delinquenten.

Gegen die Argumentation *Schmidhäusers* läßt sich einwenden, daß sie den Sinn der Strafbarkeit eines Verhaltens mit der generalpräventiven Unverzichtbarkeit rechtfertigt. Das widerspricht aber gerade dem Ausgangspunkt, wonach Strafe über ihre Zweckhaftigkeit hinaus der Legitimation bedürfe. Überdies ist nicht einsichtig, warum der Strafzweck der besonderen Legitimation bedarf, wenn er sie schon in sich aufgenommen hat. Der weitere Einwand trifft auch die Konzeption *Hoersters,* soweit es um die Rechtfertigung der Institution der Strafe überhaupt geht. Eine ,Institution' darf nicht abstrakt, sondern muß in den konkreten Auswirkungen gegenüber den von ihr potentiell wie tatsächlich Betroffenen gerechtfertigt werden.[38] *Schmidhäuser* gesteht zu, daß die durch das Strafgesetz Betroffenen lediglich Mittel zum Zweck sind. Die naheliegende Frage, ob denn der potentielle und wirkliche Täter mit Recht zum Mittel für die Zwecke anderer degradiert werden darf, bleibt unbeantwortet. Der Verweis auf die positive Strafnorm besagt — für sich genommen — gar nichts, sondern wirft die hier zu erörternde Problematik erst auf.

Demgegenüber führt der Weg *Hoersters* über den Gleichheitsgrundsatz ebenso wenig zu einer annehmbaren Lösung des Problems: Indem die Institution der

---

34 *Schmidhäuser,* StR AT, 3 / 18, 25, 26 und zum folgenden.

35 *Schmidhäuser,* StR AT (1984) 2 / 26.

36 GA 1970, 272 ff.

37 *Hoerster,* GA 1970, 274 f.

38 So auch *Neumann / Schroth,* Neuere Theorien, S. 37.

Strafe nicht mit der Frage nach den Grenzen der Strafbarkeit konfrontiert wird, kann auch die nachträgliche Heranziehung des Gleichheitsprinzips nur zu einer zwar gleichmäßigen — insoweit formal richtigen —, in bezug auf die konkrete Strafnorm aber nur zufällig gerechten und daher nicht legitimierten Strafandrohung bzw. Bestrafung führen. Die beabsichtigte mittelbare Bestimmung der Strafbarkeitsgrenzen durch die Heranziehung eines präventionsfremden Gleichheitsprinzips ist demnach entweder gegenüber generalpräventiver Pragmatik folgenlos[39] oder sie führt zu einem Verlust der Theorieidentität[40], indem Abschrekkung bzw. Normstabilisierung nicht mehr umfassend angestrebt werden.

3.1.3 Amelung

Die genannten Ansätze haben die Gemeinsamkeit, nicht das einzelne Subjekt, sondern das Sozialsystem insgesamt zum Bezugspunkt für die Rechtfertigung der Strafe und die Grenzen der Strafbarkeit heranzuziehen. Diese Perspektive faßt *Amelung*[41] unter den Begriff der ‚Sozialschädlichkeit' zusammen. In einem gegenüber anderen ‚Systemen' abgegrenzten ‚Sozialsystem' beziehen sich die Individuen durch Handlungen aufeinander, die in sozialnützliche und sozialschädliche aufgeteilt werden können. Sozialschädliches Verhalten darf der Gesetzgeber pönalisieren, um dadurch für das Sozialsystem nützliche Gegebenheiten vor Beeinträchtigungen zu schützen. — Auch hier wird nicht unmittelbar untersucht, wie die Strafbarkeit eines bestimmten Verhaltens dem Normadressaten gegenüber gerechtfertigt werden kann, sondern welche systemrelevanten Handlungen bestraft werden dürfen. Diese Perspektive ermöglicht es einerseits, den Strafbarkeitsbereich auf solche Handlungen einzugrenzen, die ‚sozialschädlich' sind; andererseits resultiert hieraus eine Relativierung der Schutzwürdigkeit der jeweiligen Gegenstände, Zustände oder Gegebenheiten. *Amelung*[42] hält — beispielsweise — den Schutz des einzelnen Menschen nur insoweit für erforderlich, als dies aus der Perspektive des Gesellschaftssystems geboten ist. Das Strafrecht habe die Bedingungen des menschlichen Zusammenlebens nicht durch den Schutz der „Person um ihrer selbst", sondern um der „Gesellschaft willen" zu schützen.[43] Es ist aber fraglich, ob sich diese Begründung des strafrechtlichen Güterschutzes mit dem gesellschaftlichen Selbstverständnis vereinbaren läßt.[44] *Amelung*[45] sieht diese Problematik durchaus, behauptet aber, seine systemtheoretische Konzeption sei mit dem Eigenwert der Person (ihrer ‚Würde') durchaus vereinbar. Die konkrete Lösung sei unter ethischem Aspekt als politische Frage an die einschlägigen

39 Vgl. Kap. II.6.2.
40 So *Neumann / Schroth*, Neuere Theorien, S. 38.
41 RGS, S. 366 ff.
42 RGS, S. 388 f.
43 Vgl. *Amelung*, RGS, S. 389.
44 So *Neumann / Schroth*, Neuere Theorien, S. 112.
45 RGS, S. 390.

Verfassungssätze (insbes. an Art. 1 Abs. 1 GG) rückgebunden. *Amelung* ist zwar zuzugeben, daß die Bedingungen gesellschaftlichen Zusammenlebens nicht ohne die Berücksichtigung normativer Grundentscheidungen zu gewährleisten sind, aber diese Behauptung ist nicht Gegenstand seiner Erörterungen. Zum einen mag die behauptete Vereinbarkeit zwischen den Systemerfordernissen und dem Eigenwert der Person zwar herstellbar sein, über die Bedingungen der Möglichkeit dieser Umsetzung sagt *Amelung* jedoch nichts[46]. Diese Bedingungen ergeben sich nicht aus dem seinem Ansatz zugrundeliegenden Präventionskonzept selbst, sondern maßgeblich aus dem jeweiligen ‚moralischen Klima' der Gesellschaft.[47] Damit sind aber die Wertigkeiten für die Bestimmung der Strafbarkeit in krisenhaften Situationen schon determiniert: die Zweckmäßigkeit eines normativ unvermittelten Dezisionismus dominiert über verfassungsmäßig garantierte Subjektivität. Politische Erwägungen erlangen so einen Vorrang vor rechtlich vermittelter Subjektivität.[48]

Darüber hinaus ist auch die Eingrenzung der Theoriegeltung auf das bundesdeutsche Sozialsystem[49] Einwänden ausgesetzt. In formallogischer Hinsicht ist nicht einsichtig, warum sich die Legitimität des Systems aus der Verfassung — also eines Subsystems — ergeben soll. Zumindest muß dann angegeben werden, welche Kriterien dieses Subsystem für die Beantwortung der Frage nach der Legitimität einer Strafrechtsnorm bereithält. Die Konzeption ist zudem bedenklich, weil sie außer Betracht läßt, daß im einschlägigen verfassungsrechtlichen Schrifttum eine Auseinandersetzung mit der Strafbarkeitsproblematik kaum geführt wird.[50] Schließlich ist ein weiterer Einwand zu erheben: Entscheidet die Verfassung, welche Güter für den Bestand des bundesrepublikanischen Sozialsystems eines strafrechtlichen Schutzes bedürfen, so ist der Umweg über die systemtheoretische Strafnormlegitimation schlechthin überflüssig.

Nach dem bisherigen Stand der Untersuchung läßt sich festhalten, daß weder das verfassungsrechtliche Schrifttum noch die generalpräventiv orientierte Literatur das Problem legitimer Verhaltenskriminalisierung befriedigend behandeln. Entweder wird es einseitig auf den Aspekt der ‚Sozial(system-)schädlichkeit' reduziert oder unvermittelt grundgesetzlicher Wertentscheidung anheimgestellt. Beide Vorgehensweisen verkennen indessen die grundlegende Bedeutung der Subjektivität des von der Verhaltenskriminalisierung Betroffenen.

---

46 Vgl. hierzu *Müller-Dietz,* FS Jescheck, S. 820 f.

47 Vgl. *Müller-Dietz,* FS Jescheck, S. 821.

48 Zur Bedeutung des Strafrechts für die Innenpolitik vgl. *Hassemer* in ders., Hauptprobleme, S. 34 f.

49 Vgl. *Amelung,* RGS, S. 363, (Anm. 67).

50 Vgl. Abschnitt 2. dieses Kapitels.

3.1.4 Jakobs

Zu den Autoren, die trotz ihres genuin generalpräventiven Ansatzes eine vertiefte Auseinandersetzung mit der Legitimitätsproblematik führen, gehört *Jakobs*[51]. Er begegnet der Einsicht, daß eine Begrenzung der Verhaltenskriminalisierung auf der Grundlage der Präventionstheorien nicht möglich ist, mit dem Hinweis auf die Unterscheidung zwischen privatem und öffentlichem Verhalten. Seiner Ansicht nach betrachtet der allein auf das (Straf-)Rechtsgut fixierte Ansatz den potentiellen Täter lediglich als Gefahrenquelle, als „Feind des Rechtsguts"[52]. Das Strafrecht habe unter diesem Gesichtspunkt die Aufgabe, schon „früheste Gefahrenanzeichen" zu bekämpfen[53]. Diesem Verständnis setzt *Jakobs* seine Definition des „Täters als Bürger" entgegen. Der potentielle Delinquent wird danach nicht bloß als Gefahrenpotential für die Güter anderer gesehen, „sondern er soll von vornherein auch durch sein Recht auf eine von Kontrolle freien Sphäre definiert werden."[54] Kritisch gegenüber einem ausschließlich naturalistisch gefaßten Subjektbegriff beschreibt er als ‚Bürger' dasjenige Individuum, dessen normativ bestimmte Privatsphäre durch die Ordnung des Grundgesetzes geschützt werde[55]. Infolgedessen entziehe sich die private Sphäre — ebenso wie das ‚forum internum' — der Verhaltenskriminalisierung, solange sie nicht mit der Privatsphäre eines anderen Menschen konkurriere[56]. Daher ist die deliktsvorbereitende soziale Beziehung — wie jede andere — privater Natur und gehört dem Internbereich an[57]. Wo die Grenze zwischen der internen und der öffentlichen (externen) Sphäre verläuft, „entscheidet sich nach dem Verständnis von Gesellschaft und innerhalb einer Gesellschaft bereichsweise wieder unterschiedlich."[58] Trotz dieser Abgrenzungsschwierigkeiten stellt *Jakobs* eine klare Beziehung zwischen objektiver Tatseite und subjektivem Täterinternum her. Was aus dem privaten Bereich entlassen wird, ist bei „objektiver Gefährlichkeit" Grund genug, „den Täter auf seine subjektive Tatseite verbindlich festzulegen."[59] Als grundlegendes Prinzip seiner Kritik hebt *Jakobs* hervor, daß ohne ein äußerlich störendes Verhalten niemand auf seine interne Verhaltensmotivation festgelegt werden darf: „Die Frage nach den Interna ist nur zur Interpretation sowieso schon störender Externa erlaubt."[60] Für die praktische Anwendung ergibt sich hieraus, daß ein Verhalten, das erst auffällt, wenn die Motivation des Täters bekannt ist, nicht als Delikt erfaßt werden darf.[61]

51 ZStW 97, 751.
52 Ebenda, 753.
53 Ebenda, 753.
54 Ebenda, 753.
55 Ebenda, 755.
56 Ebenda, 756.
57 Ebenda, 757.
58 Ebenda, 755.
59 Ebenda, 766 f.
60 Ebenda, 761, 773.

Jakobs' Kritik der (Vorfeld-)Kriminalisierung erinnert die herausragende Bedeutung des normativen Subjektbegriffs[62], nachdem dieser innerhalb der generalpräventiven Strafrechtskonzeption nur mehr zum Mittel der Normstabilisierung verkümmert ist. Die Notwendigkeit einer verstärkten Betonung des Subjekts im Strafrechtssystem erhellt sich allerdings vollständig erst in Hinblick auf die Vorfeldproblematik selbst. Nach neuerem Verständnis kann dem Delinquenten als eigenständiges Rechtssubjekt der Bürgerstatus legitim nicht abgesprochen werden, ohne zugleich den Rechtscharakter des Strafrechts zu beseitigen.[63] Im Zentrum der *Vorfeldproblematik* steht daher weniger die Alternative zwischen dem Täter als Feind und dem Täter als Bürger, sondern eher die zwischen dem Bürger als Täter resp. Feind und dem Bürger als selbstberechtigtes — auch öffentlich handelndes — Subjekt. Diese Perspektive muß aufgrund der Unterscheidung zwischen öffentlicher und privater Sphäre weitgehend unerkannt bleiben. Zwar stellt *Jakobs* das einseitig störungsorientierte Rechtsgutsverständnis in Frage, versäumt es aber, diesen Ansatz durch eine das Subjekt einbeziehende Rechtsgutstheorie fruchtbar zu machen.[64] Vor diesem Hintergrund ist es nicht überraschend, daß er die aus seinem Konzept des ‚Bürgerstrafrechts' gezogene Schlußfolgerung, „die im StGB auffindbaren Vorfeldkriminalisierungen (sind) zu nennenswerten Teilen in einem freiheitlichen Staat nicht legitimierbar"[65], im zweiten Teil seiner Abhandlung wieder zurücknehmen muß. Indem er nämlich durch die Bildung von ‚Rechtsgutssplittern' eine Vorfeldkriminalisierung[66] zu legitimieren glaubt, orientiert er sich an eben jenem, zuvor zutreffend als einseitig störungsgerichtet identifizierten Rechtsgutsbegriff. Indessen wird durch diese Verfahrensweise deutlich, daß es unzureichend ist, eine in sich beschränkte Rechtsgutstheorie lediglich mit der Handlungsfreiheit des Subjekts zu konfrontieren. Erforderlich ist vielmehr eine Rechtsgutstheorie, die die Subjektivität des potentiellen Delinquenten bereits im Grundansatz in sich aufzunehmen in der Lage ist.

Andererseits besticht die von *Jakobs*[67] geleistete Herausarbeitung der objektiven Tatseite als eines wesentlichen Kriteriums legitimer Kriminalisierung: Der ‚ex re' strafbedürftige, weil nachhaltig störende äußere Sachverhalt, der allererst die Untersuchung der subjektiven, täterbezogenen Interna zulasse. Welche Konsequenzen hieraus für die Fassung der Strafandrohung, verstanden als Typisierung eines Lebenssachverhaltes, zu ziehen sind, soll hier noch offen bleiben.[68] Wir

61 Ebenda, 762.

62 Hierzu sogleich (Abschnitt 4.1 dieses Kapitels). Zu den Einwänden gegen einen naturalistischen Subjektbegriff vgl. *Jakobs,* ZStW 97, 754.

63 vgl. *Köhler,* Zusammenhang, S. 33 ff.

64 Vgl. hierzu *Marx,* Der Begriff, S. 62 ff.

65 So *Jakobs,* ZStW, 751.

66 Ebenda, 773 ff.

67 Ebenda, 761.

68 Vgl. hierzu Kap. 4.2.

wollen zunächst noch weitere Ansätze zur Verhaltenskriminalisierung betrachten, die die Eigenberechtigung des Subjekts in sich aufnehmen.

3.2 Der vermittelnde Ansatz von Naucke

Naucke[69] ist der Ansicht, die Frage nach der Strafbarkeit von Verhalten — verstanden als Freiheitsfrage — sei gegenwärtig nur durch einen Rückgang auf KANT beantwortbar. Für diesen sei strafbar nur der Gebrauch der eigenen Freiheit zur Verletzung der Freiheit des Mitbürgers.[70] Wenngleich diese Einsicht von dem heutigen „sprachlichen und politischen Klima weit entfernt" sei und auch Reformulierungsversuche nur „ausweichend Kompromißformeln"[71] zuwege gebracht hätten, so sei der richtige Weg dennoch eingeschlagen. Schon im Grundsatz unterscheide sich das *Kantische* Rechtsverständnis von der Konzeption strafbaren Verhaltens als ‚sozialschädliche Rechtsgutsverletzung'.[72] Diese Konzeption interpretiere entweder nur den Gesetzestext oder rekurriere auf außerhalb ihrer Prämissen liegende Maßstäbe (Kulturwerte, Allgemeinheit, Erwartungen einer mächtigen Minderheit). Gerade in diesem Fall bestehe die Gefahr irrationaler Tatbestandsbildung; ihr gelte der Einwand *Kants*, die präventive Strafandrohung mache den Menschen zum Mittel für die zufälligen Zwecke anderer.[73]

Allerdings habe *Kant* selbst nur wenige Strafwürdigkeitsprobleme erörtert, so daß sein Rechtsbegriff entsprechend unterschiedlich interpretiert werden könne. Abgesehen von den Vorwürfen der mangelnden Ergiebigkeit bzw. der Unpraktikabilität, ist es nach Ansicht *Nauckes*[74] vor allem die fehlgeschlagene Wortlautinterpretation, die *Kant* nicht gerecht werde. Die Forderung, der Mensch dürfe durch die Bestrafung nicht „nur" als Mittel zu den Zwecken anderer benutzt werden, glaube man schon dann gerecht zu werden, wenn der Delinquent die Möglichkeit habe, sich an das positive Gesetz zu halten. Gegen dieses Verständnis bringt *Naucke* drei Einwände vor.[75] Unbeantwortet bleibe die Frage, welche Verhaltensweisen durch das positive Recht verboten werden dürften. Zweitens nehme das positive Recht unter Umständen an dem „Richtigkeitspathos" der *Kantischen* Lehre teil, ohne daß dies sachlich gerechtfertigt wäre. Schließlich werde die Problematik generalpräventiver Strafbarkeitsbegründung individualisiert, indem sie „nur noch ein Problem der Subjektivität von Einzeltätern oder Tätergruppen"[76] sei. Entscheidend sei aber nicht, „welche Täter Handlungen

---

69 In *Hassemer*, Hauptprobleme, S. 9 ff. (23 ff.).

70 Ebenda, S. 25 und zum folgenden.

71 Ebenda, S. 25 f.

72 Ebenda, S. 24 f.

73 Vgl. auch *Hoyer*, Eignungsdelikte, S. 37, der diesen Gedanken ebenfalls thematisiert.

74 *Naucke* in *Hassemer*, Hauptprobleme, S. 26.

75 Ebenda, S. 26.

gegen irgendein positives Recht begangen haben, (sondern) . . . welche Handlungen diese Täter begangen haben.“[77]

Obwohl *Naucke* nicht beabsichtigt, die herausgearbeitete Problematik einer Lösung zuzuführen, können wir seinem Ansatz doch wichtige Orientierungen für das weitere Vorgehen entnehmen. Ebenso wie *Jakobs*[78] betont er die Bedeutung des äußeren Verhaltens für die Frage nach der Legitimität der Strafbarkeit, ohne allerdings wie jener die problematische Unterscheidung zwischen öffentlicher und privater Sphäre heranzuziehen. Darüber hinaus hegt *Naucke* gegen die täterbezogene Subjektivierung seitens der Generalpräventionstheorie Vorbehalte, denen wir nachgehen müssen. Für beide Problembereiche erhoffen wir, auch bei *Kant* selbst Lösungsmöglichkeiten auffinden zu können.

Der Ausgangspunkt für die Fragestellungen und die jeweiligen Arbeitsperspektiven sollen hier noch einmal kurz rekapituliert werden. Wir haben gezeigt, daß eine rein generalpräventiv orientierte Theorie auch im Bereich der Strafandrohung weder ihren Zweck näherhin zu konkretisieren vermag (Rechtsgüterschutz, Abwehr sozialschädlicher Verhaltensweisen etc.), noch Ausmaß und Grenzen legitimer Verhaltenskriminalisierung beschreiben kann. Dieser Befund rechtfertigt es, die Grundlagen rechtlich vermittelter Intersubjektivität zu erinnern und Inhalt und *Grenzen rechtlicher Regulierungsleistung* aufzuzeigen. Hierbei werden die einschlägigen Schriften von *Kant* und *Hegel* sowie neuere rechtstheoretische Erkenntnisse herangezogen. Es ist zu hoffen, daß auf diesem Wege brauchbare Kriterien für die nähere Erfassung des Kriminalunrechts und für die Beantwortung unserer Ausgangsfrage zu gewinnen sind.

4. Versuch einer freiheitsgesetzlichen Rechtsbegründung

Für die beabsichtigte Erörterung der grundlegenden Kriterien legitimer Verhaltenskriminalisierung ist es aufschlußreich, sich zunächst zu vergewissern, worin die Funktion rechtlicher Konstitution besteht. Die Erfassung von Aufgabe und Wirkungsweise des Rechts setzt aber dessen Existenz immer schon voraus. Ebenso vorausgesetzt ist damit auch die Zulässigkeit der Regulierung eines Lebensbereiches in der spezifischen Form der rechtlichen Regelung. Zumindestens von dieser Voraussetzung kann in der Gegenwart nicht mehr fraglos ausgegangen werden. Denn mit dem Wegfall des Glaubens an ein dem Menschen vorgegebenes Naturrecht schwindet auch dessen legitimatorische Wirkung für das konkrete Rechtssystem. Ist damit die Untersuchung der Konstitutionsbedingungen des Rechts auf den positiv-rechtlichen Bestand der Normen beschränkt? Unseres Erachtens ist diese Frage zu verneinen, enthüllt doch der Wegfall eines gültigen

---

76 Ebenda, S. 26.

77 Ebenda, S. 26.

78 ZStW 97, 761.

Naturrechts lediglich die grundwesentliche Einsicht des aufgeklärten Denkens, daß jegliches Recht Produkt menschlicher Tätigkeit ist. Nicht beantwortet ist damit die Frage, welche Aufgaben das Recht erfüllen soll und welche Konstitutionsbedingungen deren dauerhafte Erfüllung ermöglichen. Erst diese — sowohl vom positiven Recht als auch von vordergründigen Nützlichkeitserwägungen absehende — Fragestellung ermöglicht Aussagen zur Vernünftigkeit und Legitimität des geltenden Rechts.

4.1 Der Gesellschafts- und Subjektbezug des Rechts

Grundsätzlich läßt sich die Aufgabe des Rechts unter zwei — scheinbar entgegengesetzten — Perspektiven untersuchen: der gesellschafts- und der subjektbezogenen. Beide Perspektiven müssen sich allerdings nicht notwendig ausschließen. Der übergreifend gesellschaftsbezogene Blickwinkel betont berechtigterweise die ordnende, stabilisierende und statische Regulierungsleistung des Rechts. Ihn interessiert das Ergebnis, das ‚output' des Rechts. Die Verwirklichungsbedingungen der angestrebten Ordnungsleistung und die subjektbezogenen Auswirkungen spielen demgegenüber eine nachgeordnete Rolle.

Wird dagegen nach den Betroffenen des Rechts und nach der Art und Weise gefragt, wie das Rechtssystem mit ihnen umgeht, so fällt der Blick auf die einzelnen Subjekte. Nur soweit diesen eine konstitutive Bedeutung für die Begründung des Rechts zukommt, vermag es auch seine verbindlich, ordnende Seite legitim zu behaupten. Dieses Postulat ist keineswegs nur bedeutsam unter dem Aspekt der ‚Akzeptanz' eines Rechtssystems. Hierin gelangt vielmehr in erster Linie die historisch wirksame Bedeutung der wechselseitigen Anerkennung des *allgemeinen Subjektstatus* zum Ausdruck.[79] Der Subjektstatus ist wesentlich normativ geprägt; zugleich weist er notwendig eine empirische Komponente auf. Im Unterschied zu der gemeinschaftsbezogenen Betrachtung des Menschen in vorherrschenden soziologischen Kategorien, betont der Subjektbegriff den Eigenwert und die Eigenbedeutsamkeit des einzelnen menschlichen Individuums innerhalb der objektiven Systeme des gesellschaftlichen Gefüges. Subjekt ist zunächst — normativ — die Person, die „frei und zwar für sich frei ist und sich in den Sachen Dasein gibt."[80] Damit ist der Anspruch des Individuums gesetzt, seine Vernunft selbstberechtigt in der tätigen Beziehung zum Anderen zu gebrauchen. In dieser Ausprägung gewährleistet der Subjektbegriff die Eigenberechtigung des Individuums gegenüber Gemeinschaftsbildungen jeglicher Art und macht so die Möglichkeit und Wirklichkeit von Übergriffen erst identifizierbar.

Freilich ist nicht zu verkennen, daß das empirische Subjekt in seiner Eigenbedeutsamkeit vereinnahmender Tendenzen des Zivilisationsprozesses ausgesetzt ist. Der Subjektstatus muß daher anerkannt und rechtlich geltend gemacht werden.

---

79 Hierzu aufschlußreich *Wolff*, Abgrenzung, S. 137 ff. (insbes. S. 178 ff.).

80 Vgl. *Hegel*, Rph, § 33 (Zusatz).

Hierin liegt begründet, daß die Individuen nicht bloß Objekte, sondern wirkliche Akteure des Rechtsprozesses sind.

Die Umsetzung dieser — normativ begründeten — Forderung in die historische Wirklichkeit war und ist ein voraussetzungsreiches Unternehmen.

Ihre Verwirklichung setzt die fortwährende Anstrengung eines auf die Entwicklung der Selbstbestimmung hin angelegten Sozialisationsprozesses voraus. Die bloß selbstermächtigte Entlassung aus dem Objektstatus führt nicht friktionslos und schon gar nicht naturgesetzlich zur Autonomie. Daher läßt sich dieser Prozeß kaum angemessen als ausschließlich oder auch nur vorherrschend rechtlich bestimmter begreifen.[81] Es ist vielmehr die intersubjektive Praxis der Individuen, die Autonomie einfordert und gegen Dritte durchzusetzen bestrebt ist. So verstanden ist die Forderung nach Anerkennung des Subjektstatus praktischer Ausdruck eines Erkenntnisprozesses, in dem sich die Individuen als ursprünglich gleiche Wesen erfassen, deren rechtliche und moralische Gleichheit durch die Realität nur verdeckt war.[82]

Hegel[83] hat diesen Anerkennungsprozeß — zwar auf das Herr-Knecht-Verhältnis beschränkt, in seiner Dramatik aber durchaus zutreffend — beschrieben: „Das Verhältnis beider Selbstbewußtsein(e) ist also so bestimmt, daß sie sich selbst und einander durch den Kampf auf Leben und Tod bewähren." Am Ende dieser Auseinandersetzung steht nicht notwendig die Befreiung aus der Knechtschaft. Immerhin zeigt *Hegel* anschaulich, daß der Knecht durch den Arbeitsprozeß selbst in einen Reflektionsprozeß verstrickt wird: „... das arbeitende Bewußtsein kommt also hierdurch zur Anschauung des selbständigen Seins, als seiner selbst."[84] Die wechselseitige Anerkennung der Kontrahenten als selbstberechtigte Subjekte ist mithin noch unverwirklicht. Die Realisierung des Prinzips der Rechtsgleichheit und die Umsetzung in eine verbindliche Form ist und bleibt, da historisch kontingent, gefährdet.[85]

Nach diesen Erörterungen läßt sich vorläufig die folgende Bestimmung des Rechts treffen: Das Recht vermittelt und begrenzt die Beziehungen der Subjekte, soweit diese sich als Personen anerkennen. Während die Vermittlungs- und Begrenzungsleistung die Ordnungs- und Stabilitätsfunktion des Rechts in sich aufnimmt, betont der Anerkennungsgedanke den Subjektbezug rechtlicher Regulierung. Auf diese Weise erscheinen die gesellschafts- und die subjektbezogenen Betrachtungen des Rechts in formaler Hinsicht als durchaus miteinander vereinbar.

---

81 Vgl. *Hegel,* Rph, § 36.

82 Vgl. auch *Ellscheid,* Das Problem, S. 101.

83 PdG, S. 116.

84 *Hegel,* PdG, S. 120.

85 In Südafrika etwa zeigt sich noch in der Phase der schrittweisen Aufhebung der Apartheidsgesetze, wie latent gefährdet die friedliche Realisierung der Rechtsgleichheit ist.

Aus der Rechtssubjektivität der Individuen lassen sich auch Folgerungen über den Gegenstand und die Reichweite des rechtlicher Regulation Zugänglichen ziehen. Dieser Aspekt ist bis heute Ausgangspunkt des Nachdenkens über das Recht.[86] Ein zentraler Topos — insbesondere für die Frage nach der Strafbarkeit eines Verhaltens — ist in diesem Zusammenhang die Unterscheidung zwischen dem ‚forum internum' und dem ‚forum externum'.[87] Während dieser Bereich grundsätzlich rechtlicher Regelung zugänglich ist, steht jener grundsätzlich außerhalb des zwangsrechtlichen Zugriffs.

4.2 Der Kantische Rechtsbegriff

Auf die rechtskonstitutive Bedeutung dieser Unterscheidung hat vor allem *Kant*[88] aufmerksam gemacht: „Der Begriff des Rechts ... betrifft erstlich nur das äußere und zwar praktische Verhältnis einer Person gegen eine andere, sofern ihre Handlungen als facta aufeinander (unmittelbar oder mittelbar) Einfluß haben können." Mit dieser Bestimmung wird der Tatsache Rechnung getragen, daß Menschen sich in vielfältiger Weise zueinander verhalten können. Intersubjektive Beziehungen sind — insbesondere im Nahbereich — überwiegend emotionaler Natur, d. h. von Gefühlen der Zuneigung oder Abneigung oder auch einer Gemengelage aus beidem dominiert. Als psycho-physisch vermittelte Vorgänge sind die affektiven Beziehungen in hohem Maße labil, daher störungsanfällig und wegen der hieraus folgenden Belastung der beteiligten Individuen zumeist auf wenige Personen beschränkt. In ihrer Eigenart vereinen sie so ambivalente Strebungen wie Eigensinn und Einfühlungsvermögen, Spontaneität und Gleichmut. Diese Strebungen sind als Handlungsmotive den Handlungen vorgelagert und können als Haltungen bezeichnet werden.

4.2.1 Die Seite der intersubjektiv-äußeren Relevanz der Handlung

Kant hat klar gesehen, daß die Sprunghaftigkeit der Haltungen zwar die Befindlichkeit des anderen beeinträchtigen kann, aber auf die ‚äußere Freiheit', verstanden als die Fähigkeit zu autonomer Willensbetätigung, keinen Einfluß hat. Die Freiheit zur Herstellung einer angemessenen, von Affektionen weitgehend freien Distanz bleibt erhalten. Aus diesem Sachverhalt ergibt sich jedoch die Notwendigkeit einer *Versachlichung* der über den Nahbereich hinausgehenden intersubjekti-

---

86 Vgl. *Kaufmann,* Rechtstheorie 1986, 257 ff., 273 ff.; zum ‚Unrecht' vgl. *Wolff,* Abgrenzung, S. 137 ff., 162 ff.

87 Vgl. hierzu *Thielicke,* Theologische Ethik, 2. Bd., S. 193, Rn. 982 ff.; *Radbruch,* Einführung, S. 16.

88 MdS, Einleitung in die Rechtslehre, § B, S. 337; im Gegensatz etwa zum objektivistischen Ansatz *Hegels* (vgl. hierzu Rph, § 29, Anm.), der die praktisch-notwendige Vermittlungsleistung verkennt: Recht als Idee im Gegensatz zum Recht als Dasein praktischer und praktizierbarer Freiheit auf der Grundlage intersubjektiver Anerkennung.

ven Beziehungen. Sollen diese Beziehungen auf Dauer stabilisiert und damit verläßlich gemacht werden, so ist dies nur möglich durch Regeln, die sich auf ein äußeres, klar erfaßbares Merkmal intersubjektiven Verhaltens beziehen: die Handlung. Nur die Handlung als eine Möglichkeit intersubjektiven Verhaltens ist daher rechtlicher Regulierung zugänglich.[89] Sie ist das von *Kant* bezeichnete „äußere und zwar praktische Verhältnis". Es ist für die *Kant*ische Rechtsauffassung charakteristisch, daß das Recht nur die äußere Handlung betreffen darf und von dem internen Motivationsprozeß absehen muß.[90] Das ist insofern folgerichtig, als die Verrechtlichung nicht Freiheit an sich oder umfassende Selbstverwirklichung erstrebt, sondern nur die Grundvoraussetzungen der äußeren Betätigung von Subjektivität garantieren will: einen bestimmten Raum äußerer Handlungsfreiheit. Hierin liegt zugleich — gegen einen ausufernden Handlungsbegriff — die Forderung nach der Relevanz der ‚Handlung' für andere. Wo niemand betroffen ist oder betroffen werden kann, scheidet jedenfalls eine verbindliche rechtliche Regelung aus.[91]

4.2.2 Die zweite Seite: Legalität intersubjektiver Beziehungen

Aus der Rechtssubjektivität der Person folgt weiterhin, daß nur die autonomer Willensbetätigung entspringenden Handlungen rechtlich erfaßbar sind. Hierzu gehören zum Beispiel emotionale Zuwendungen und Nächstenliebe nicht. *Kant*[92] sagt daher: „Aber zweitens bedeutet er (der Rechtsbegriff; der Verf.) nicht das Verhältnis der Willkür auf den Wunsch ... des anderen, ... sondern lediglich auf die Willkür des anderen." Er faßt mit diesem Satz einen für das Rechtsverständnis grundlegenden Sachverhalt zusammen: den Unterschied zwischen Legalität und Moralität.[93] Während die Legalität (Gesetzmäßigkeit) die Übereinstimmung einer Handlung mit dem Gesetz meint, ohne daß es insoweit auf den inneren Motivationsprozeß ankommt, der die Handlung hervorgebracht hat, umfaßt die Moralität zugleich die Pflicht aus dem Gesetz als „innere Triebfeder der Handlung". *Kant* verwirft daher ein Rechtsverständnis, das über die äußere (objektive) Pflichtgemäßheit hinaus die Gesinnung und Haltung in seinen Begriff aufnimmt. Indem der Legalitätsbegriff auf die Willkür der sich rechtlich zueinander verhaltenden Subjekte, nicht aber auf deren Wünsche und Bedürfnisse abhebt, dient er dazu, den Aufgabenbereich des Rechts in seiner Reichweite zu beschränken.[94] Das Recht hat daher die legitime Funktion, die „Reichweite heteronomer

---

89 Deutlich auch *Hegel,* Rph, § 159, (Zusatz; am Beispiel des Rechts der Familie); vgl. ferner § 213.

90 Vgl. hierzu *Gößl,* Untersuchungen, S. 22.

91 Etwa die innere Haltung zu einer Person oder Institution.

92 MdS, S. 337.

93 *Kant,* MdS, S. 324 f.

94 Vgl. *Gößl,* Untersuchungen, S. 34.

Moral und Sittlichkeit einzugrenzen."[95] In einem weiteren — umfassenderen — Sinne entfaltet diese Eingrenzung des Rechtsbegriffs ihre Wirksamkeit nicht nur gegenüber personalen Rechtssubjekten, sondern ebenso gegenüber Institutionen.[96] Daher verbieten die versachlichten Beziehungen zwischen den an der Tätigkeit der Institution Beteiligten und der von deren Tätigkeit Betroffenen ein verbindliches Einfordern von Liebe, Treue, Gefolgschaft etc. Gefühlsdominierte Nähebeziehungen darf das Recht weder unmittelbar forcieren noch an deren Vorhandensein oder Fehlen per se Rechtsfolgen knüpfen.[97]

4.2.3 Die dritte Seite: Die Formalität des ‚Allgemeinen Gesetzes'

Schließlich betont *Kant*[98] einen weiteren Aspekt des intersubjektiven Verhältnisses: „Drittens in diesem wechselseitigen Verhältnis der Willkür kommt auch gar nicht die Materie der Willkür, d. i. der Zweck, den ein jeder mit dem Objekt, was er will, zur Absicht hat, in Betracht, ... sondern nur nach der Form im Verhältnis der beiderseitigen Willkür, sofern sie bloß als frei betrachtet wird, und ob (da)durch die Handlung eines von beiden sich mit der Freiheit des anderen nach einem allgemeinen Gesetz zusammen vereinigen lasse."

Diese dritte Stufe der Begriffskonkretion bereitet — insbesondere in ihrem zweiten Teil — dem Verständnis einige Schwierigkeiten. Die Schwierigkeiten rühren daher, daß *Kant* hier scheinbar das zurücknimmt, was er als ‚inhaltliche' Voraussetzung in den ersten Satz der Rechtsbegründung implizit aufgenommen hat: das fundamentale Postulat der Rechtsgleichheit aller Subjekte. Wir haben gezeigt, daß die Subjektivität sich historisch gegen Widerstände geltend machen muß und so die Voraussetzung wechselseitig anerkannter, weil rechtlich regulierter Wirksamkeit herbeiführt. Die rechtlich formalisierte Anerkennung ist in ihrer Leistungsfähigkeit zwar grundsätzlich von dem autonomen Nachvollzug der Subjekte abhängig, sie durchläuft aber in doppelter Hinsicht einen Transformationsprozeß. Dieser Vorgang läßt sich als Verallgemeinerung und Versachlichung der Anerkennungstätigkeit beschreiben; er hat für die einzelnen Subjekte entlastende und im wechselseitigen Verhältnis wesentlich freiheitsbedeutsame Qualität. Überdies ermöglicht er, gelegentlichen Verweigerungen der wechselseitigen Anerkennung mit jenem Maß an Sachlichkeit zu begegnen, die erforderlich ist, um deren Wirksamkeit nicht insgesamt zu gefährden. *Marx*[99] hat die andere Seite des Prozesses versachlichter Anerkennung für den großen Bereich der Austauschbeziehungen zwischen den Subjekten in der Warensphäre beschrieben. Dort

---

95 *Ellscheid,* Verrechtlichung, S. 66.

96 Hier verstanden als Einrichtungen, deren Wirken unabhängig von der Lebenszeit personaler Subjekte ist.

97 Unvereinbar damit das Institut der „Treuepflicht"; hierzu eingehend: AK-GG-*Ridder,* Art. 33, Rn. 18.

98 MdS, S. 324 f.

99 Grundrisse, S. 911 ff. (912); vgl. auch *Preuß,* Legalität, S. 39.

begegnen sich die Subjekte in rechtlicher Hinsicht als Gleiche, d. h. gleichberechtigte Individuen. Ihr Interesse ist wechselseitig auf den Gegenstand des Austausches gerichtet. Als Personen sind sie sich gleichgültig in des Wortes doppelter Bedeutung. Das für Nähebeziehungen so wichtige Element ‚einfühlender' Anerkennung des anderen tritt hier wegen des sachlichen Austauschzweckes zurück.[100]

Diese andere Seite dieses Prozesses gefährdet die Subjektivität des faktisch unselbständigen Teils der Beteiligten;[101] sie kann sogar zur vollständigen Unmöglichkeit autonomer Lebensgestaltung führen und daher die Wirksamkeit des Anerkennungsverhältnisses aufheben. Über die formalisierte, im übrigen gleichgültige Anerkennung des Subjekts hinaus besteht so beständig die Möglichkeit, daß die Reziprozität des ‚allgemeinen Gesetzes' sich nicht herstellt, weil die Beteiligten in Willenswidersprüchen befangen sind.

Die *rechtskonstitutive Leistung* des Anerkennungsverhältnisses liegt daher wesentlich darin, den möglichen und wirklichen Willenswidersprüchen der Subjekte perspektivisch Rechnung zu tragen. Aus diesem Sachverhalt ergibt sich, daß der lediglich postulierte Bezug auf den Anderen als „Prinzip aller Maximen"[102] für die Rechtskonstitution allein unzureichend ist. Denn das Kriterium des ‚allgemeinen' Gesetzes ist für sich genommen der zufälligen Durchsetzungsmacht des einzelnen Rechtssubjekts überlassen; kann man doch alles, was man gerade will, auch als allgemeines Gesetz wollen.[103] Die Allgegenwart von Selbstwidersprüchen und übersteigertem Selbstbezug, „die Neigung, ... über andere den Meister zu spielen"[104], erfordern den Aufbau eines stabilisierenden institutionellen Gefüges, das dieser geschichtlich wirksamen Dynamik entgegenzuwirken in der Lage ist und einen Mindeststandard intersubjektiver Verhaltensfreiheit für alle Subjekte gewährleistet. Die Gefährdung des unselbständigen Teils der Beteiligten ist damit jedoch nicht schon per se beseitigt. Durch die (staatliche) Institutionalisierung kann es sogar zu einer verallgemeinerten ‚Bemeisterung' des Rechtsunterworfenen kommen. Deren unhintergehbare Rechtssubjektivität und die Notwendigkeit, die Voraussetzungen der Autonomie dauerhaft herzustellen, ist die legitime Aufgabe institutionell vermittelter Rechtskonstitution. Bei dieser Aufgabe geht es „um die äußeren Bedingungen des Daseins und deren Sicherung rundum."[105] Die Legitimität der Vermittlungsstrukturen bemißt sich daran, ob ihnen die zu vermittelnden intersubjektiven Bezüge zugrundeliegen und historisch beibehalten

---

100 Anders dagegen die modernen Werbemethoden, die die Austauschbeziehung einseitig emotionalisieren.

101 Vgl. hierzu *Hegel*, Rph, §§ 189 ff., 244.

102 *Kant*, MdS, S. 338.

103 So *Ellscheid*, Das Problem, S. 95. Deutlicher noch *Marcuse*, Studie über Autorität und Familie, S. 119: „Indem der deutsche Idealismus den Begriff der Allgemeinheit an der bürgerlichen Gesellschaft expliziert, bewirkt er eine neue Rechtfertigung der gesellschaftlichen Unfreiheit."

104 So *Wolff*, ZStW 97, 815.

105 *Wolff*, ZStW 97, 816.

werden. In diesem Zusammenhang ist es selbstverständlich, daß illegitim nicht die — notwendige — Mediatisierung als solche ist. Das ergibt sich schon daraus, daß der — vornehmlich austauschvermittelte — Zustand der bürgerlichen Gesellschaft für sich genommen nicht existenzfähig ist.[106] Er bedarf sowohl zu seiner Wirksamkeit als auch zur Bekämpfung seiner Auswüchse[107] eines institutionalisierten Allgemeinen. Soweit dieses ‚Allgemeine' — nach heutigem Verständnis der säkularisierte Staat — allerdings mehr sein soll als eine die Ordnung des Austauschprozesses stabilisierende und sichernde Macht[108], hat es die Mediatisierung der rechtlichen Beziehungen um der allgemeinen Entfaltung der Subjekte willen zu entwickeln. Erhebt sich die Mediatisierung verselbständigend als Mittel über diesen Zweck, entartet sie also zum Fetischismus, ist sie unrechtlich.[109] Auf die Konkretionen und die realen Wirksamkeitsbedingungen institutionalisierter Staatlichkeit wird im Rahmen der Unrechtsbegründung zurückzukommen sein.

4.3 Ergebnis

Das Recht legitimiert sich — seiner freiheitsbedeutsamen, aber zugleich beschränkten Reichweite nach — soweit es den Rechtssubjekten einen äußeren Bereich handelnd realisierbarer Selbstbestimmung in einem zugleich vermittelten Allgemeingültigen ermöglicht. Für das Ge- oder Mißlingen dieser Vermittlungsleistung ist die Dynamik des — im übrigen freigegebenen — Vergesellschaftungsprozesses von außerordentlicher Bedeutung. Insoweit können die weiteren Verwirklichungsbedingungen rechtlicher Konstitution nur vor dem Hintergrund der konkreten Gesellschaft betrachtet und mit den notwendig abstrakten Kriterien konfrontiert werden.

---

106 Vgl. *Wolff*, ZStW, 817; *Hegel*, Rph, § 246.

107 *Hegel*, Rph, § 241.

108 Ansätze finden sich schon in der merkantilistischen Wirtschaftspolitik des Absolutismus im 17. und 18. Jahrhundert: bevölkerungspolitische Maßnahmen (Peuplierung), die auch die zwangsweise Ansiedlung von Arbeitskräften einschließt; Verschärfung der Arbeitsdisziplin; Infrastrukturmaßnahmen; Manufakturförderung; Schutzzölle.

109 Insoweit ist hier mit *Hegel*, Rph, § 258 (Zusatz), ein Deformationsmoment nicht nur zu konstatieren, sondern als beständiges Gefährdungspotential für die intersubjektive Verhaltensfreiheit zu reflektieren.

IV. Vorüberlegungen zur Bestimmung und Begrenzung strafrechtlichen Unrechts

1. Zur Problematik der Unrechtsbestimmung

Die Problematik legitimer Verhaltenskriminalisierung wird als Gegenstand straftheoretischer und rechtsphilosophischer Diskussion[1], insbesondere bei der Bestimmung des Rechtsgutsbegriffs thematisiert.[2] Die verwendeten Terminologien sind ebenso unterschiedlich wie die mit ihrer Hilfe gefundenen Ergebnisse. So ist vom Verbrechen, vom abweichenden Verhalten oder auch vom (strafrechtlichen) Unrecht bzw. ‚crimen' die Rede.[3] Hinreichend genau beschreiben läßt sich lediglich das Ziel der Bemühungen um eine begriffliche Fassung kriminellen Handelns: das Herausarbeiten *materieller Kriterien* für eine allgemeine Bestimmung der Strafbarkeit menschlichen Verhaltens. Daß darüber hinaus verbindliche Resultate kaum ausweisbar sind, mag angesichts der jeweils unterschiedlichen und die Wahl der Begriffe motivierenden Vorverständnisse nicht überraschend sein.[4] Gleichwohl ist die Situation unbefriedigend, geht es doch bei der Bestimmung des Unrechts im Strafrecht „um die Basis für ein Handeln, zu dem notwendig gehört, anderen Leid zuzufügen."[5]

Wenig hilfreich ist in diesem Zusammenhang auch der Hinweis auf das Leid der Geschädigten und Opfer strafbaren Handelns, das es durch die Verhaltenskriminalisierung zu verhüten und ggf. zu ahnden gelte. Vorausgesetzt ist hier immer schon ein Sachverhalt, den es erst zu begründen gilt: die Zulässigkeit der Strafandrohung und der Bestrafung den Subjekten gegenüber. Auf der anderen Seite scheint die Offenheit der Unrechts-Diskussion Folge eines Vorgehens zu sein, das den vergleichsweise verbindlichen Bereich der positiv-rechtlichen Strafnormen hinter sich läßt.

Der Sache nach liegt die Problematik der Unrechtsbestimmung in der Komplexität des Gegenstandes selbst. Ist das Verbrechen nichts ein für allemal Bestimmtes, keine ‚Wesenheit', die es nur zu erschauen gilt, sondern abhängig von den jeweiligen Bedingungen, unter denen ein Verhalten als abweichend kriminali-

---

1 Vgl. *Bentham,* Prinzipien der Gesetzgebung, S. 75 ff., 83 ff.; Überblick: *Sch / Sch,* Vorbem. §§ 13 ff., vor Rn. 8.

2 Vgl. *Amelung,* RGS, S. 125 ff. (zur Begriffsgeschichte); *Sina,* Dogmengeschichte, S. 39 ff.; *Marx,* Der Begriff, S. 62 ff.; *Bettiol,* ZStW 72, 276 ff.

3 Hier soll von der Übereinstimmung der Begriffsinhalte ausgegangen werden.

4 Vgl. die umfassende Darstellung von *Amelung,* RGS, passim.

5 So *Wolff,* Abgrenzung, S. 137 f.

siert wird, so schwindet zugleich die Möglichkeit, eine überzeugende eindimensionale begriffliche Bestimmung vorzunehmen.[6] Gleichwohl ist das Unterfangen insgesamt prekär: „Würde man die Legaldefinition des Verbrechens durch eine andere, subjektiv gefärbte ersetzen wollen, dann löste man nur die eine Relativität durch eine andere ab . . .“[7] *Binding* hat auf dieses Dilemma mit der Bemerkung hingewiesen: „Hinter Verboten und Geboten beginnt aber für den, der nach der Rechtswidrigkeit sucht, tiefer, undurchdringlicher Nebel.“[8]

Dennoch glauben wir, nachdrücklich auf die Berechtigung unserer Fragestellung hingewiesen zu haben. Angesichts der Möglichkeit gesetzgeberischen Irrtums und der historischen Wirklichkeit unrechter Strafnormen im Besonderen[9], ist das Strafrecht unhintergehbar aufgefordert, sich der Legitimität seiner gesetzlichen Grundlagen zu vergewissern, indem es Umfang und Grenzen zulässiger Kriminalisierung zu beschreiben versucht. Hierin liegt keine Relativierung der Verbindlichkeit des positiven Gesetzes, sondern die stetige Überprüfung der Grundlagen strafgesetzgeberischer Tätigkeit, aus der mitunter die Anmahnung einer Normkorrektur erwachsen kann.

In dem folgenden Abschnitt soll der Versuch unternommen werden, Gründe zu benennen, die einer eindimensionalen Erfassung des Unrechts entgegenstehen. Wir verfolgen damit das Ziel, durch einen Rückbezug auf *Kant* und *Hegel* Kriterien zu gewinnen, die es ermöglichen, der Komplexität des Gegenstandes gerecht zu werden. Im Mittelpunkt der Erörterungen steht zum einen das mit dem Wirklichkeitsbezug des Verbrechens zusammenhängende Problem der Gefährlichkeit, — zum anderen der Komplex der — vermittelten — Allgemeinbedeutung des Verbrechens.

2. Der Wirklichkeitsbezug des Verbrechens

Es ist auf dem ersten Blick überraschend, daß die großen Rechtssystematiker der Frage legitimer Verhaltenskriminalisierung wenig Aufmerksamkeit gewidmet haben. Bemerkenswerterweise zielen die Ausführungen hauptsächlich auf die wirklichkeitsbezogene Charakterisierung des Verbrechens als Erscheinung innerhalb des Gesamtsystems der bürgerlichen Gesellschaft. Die abstrakte — begriffliche — Fassung im rechtssystematischen Zusammenhang ist im folgenden zugrundegelegt.[10]

---

[6] Vgl. hierzu *Hassemer,* Theorie, S. 111 (Zum theoriebezogenen Aspekt des Rechtsgutsbegriffs).

[7] *Kaiser,* Kriminologie, S. 54.

[8] *Binding,* Normen, II, S. 161.

[9] Vor allem im nationalsozialistischen Deutschland; vgl. hierzu die umfassenden Nachweise bei *Rüping,* Bibliographie, S. 68 ff.

[10] Vgl. *Hegel,* Rph, §§ 80 ff. mit §§ 218, 118.

2.1 Kant und Hegel

Kant[11] beschreibt den Unterschied zwischen zivilem und öffentlichem Verbrechen folgendermaßen: „Veruntreuung, d. i. Unterschlagung der zum Verkehr anvertrauten Gelder oder Waren, Betrug im Kauf und Verkauf, bei sehenden Augen des anderen, sind Privatverbrechen. Dagegen sind falsch Geld oder falsche Wechsel zu machen, Diebstahl und Raub und dergl. öffentliche Verbrechen, weil das gemeine Wesen und nicht bloß eine einzelne Person dadurch gefährdet wird." Neben der wohl zeitbedingten deliktsspezifischen Unterscheidung[12] lassen sich für das kriminelle Unrecht vor allem zwei Momente als charakteristisch isolieren: zum einen der von bloß individueller Betroffenheit abstrahierende Bezug des Verbrechens zur verfaßten Rechtsgemeinschaft, zum anderen deren spezifische Betroffenheit durch das Verbrechen. *Hegel*[13] hat diese beiden Momente in die Bestimmung des Verbrechens aufgenommen: „Indem Eigentum und Persönlichkeit in der bürgerlichen Gesellschaft gesetzliche Anerkennung und Gültigkeit haben, so ist das Verbrechen nicht mehr nur Verletzung eines subjektiven Unendlichen, sondern der allgemeinen Sache, die eine in sich feste und starke Existenz hat. Es tritt damit der Gesichtspunkt der Gefährlichkeit der Handlung für die Gesellschaft ein, wodurch einerseits die Größe des Verbrechens verstärkt wird, andererseits aber setzt die ihrer selbst sicher gewordene Macht der Gesellschaft die äußerliche Wichtigkeit der Verletzung herunter und führt daher eine größere Milde in der Ahndung derselben herbei."

Die staatliche verfaßte Gesellschaft macht nicht bloß die rechtsförmige Anerkennung des Subjekts und seiner Güter zu ihrer Angelegenheit, sondern übernimmt auch die Reaktion auf verletzende Eingriffe durch das Verbrechen. Zwar verändert die Tatsache, „daß in einem Mitgliede der Gesellschaft die andern alle verletzt sind, die Natur des Verbrechens nicht nach seinem Begriffe"[14], aber der empirischen Existenz des Unrechts kommt eine Bedeutung über die Einzeltat hinaus zu. Der Grund für die Verletzung aller Gesellschaftsmitglieder kann nicht in der augenscheinlichen Beeinträchtigung eines ‚Objekts' durch die Tat selbst liegen. Beeinträchtigt durch das Verbrechen sind vielmehr „Vorstellung und Bewußtsein von dem Gelten der Gesetze."[15] Die Größe oder Qualität des Verbrechens bestimmt sich in der fortgeschrittenen systematischen Reflektion nach dessen „Gefährlichkeit für die bürgerliche Gesellschaft" und ist deren „Zustand" entsprechend veränderlich. Die Rückbindung des Verbrechens seiner Qualität nach dürfte näherhin sowohl den abstrakt-systematischen Stand freiheitsgesetzlicher Vergesellschaftung als auch die *historisch-konkrete Situation* des einzelnen

---

[11] MdS, Rechtslehre, S. 452.

[12] Wohl in Anlehnung an das damalige Gerichtswesen; vgl.: H. *Mayer*, Strafrecht, S. 66.

[13] Rph, § 218; zur vorausgesetzten systematischen Grundlegung vgl. §§ 82 ff.

[14] Rph, § 218 (Erläuterung unter Hinweis auf § 96).

[15] *Hegel*, Rph, ebenda.

bürgerlichen Gemeinwesens berücksichtigen. Der Versuch, Umfang und Grenzen legitimer Kriminalisierung zu bestimmen, darf daher nicht bei einer abstrakten Begriffsbestimmung stehenbleiben. Ein begründetes Urteil über diesen Bereich hat vielmehr die genannten Wirklichkeitsbezüge mitzuberücksichtigen.[16]. Was Verbrechen ‚ist', hängt insofern sowohl von rechtlicher Institutionalisierung überhaupt als auch von den gesellschaftsbezogenen Wirkungen eines Verhaltens im Rückbezug auf den konkreten Zustand ab. Diese — vordergründige — Unbestimmtheit des Verbrechens wollen wir näher betrachten.

2.2 Das Verbrechen bei Hegel

Weder ist das Verbrechen selbst noch dessen Wirklichkeitsbezug bloß empirisch, d. h. ohne begriffliche Fixierung erfaßbar. So hat *Hegel*[17] der Beschreibung des Verbrechens in der bürgerlichen Gesellschaft einen — aus seiner Rechtsbegründung entwickelten — Unrechtsbegriff vorangestellt.[18] In diesen Verbrechensbegriff sind die abstrakten Bestimmungen der Rechtsbegründung bereits mitaufgenommen.

Durch das Verbrechen ist nämlich „das Recht als Recht verletzt, . . ., durch welches nicht nur das Besondere, die Subsumption einer Sache unter meinem Willen (§ 85), sondern zugleich das Allgemeine . . ."[19] negiert wird. Diese begriffliche Seite des Verbrechens ist in den oben aufgezeigten Wirklichkeitsbezügen immer schon mitgedacht und schließt sich mit der besonderen Seite der „Gefährlichkeit" zusammen. Erst durch die Verletzung — und die Verletzbarkeit! — der „allgemeinen Sache" erlangt der Gesichtspunkt der „Gefährlichkeit" seine Bedeutung.

Wie ist die *Verletzung des Allgemeinen* zu denken?[20] Aufschluß darüber gibt *Hegel* durch die Unterscheidung zwischen bürgerlichem und strafrechtlichem Unrecht.[21] Im Mittelpunkt steht hier das Anerkennungsverhältnis, nunmehr in seiner unrechtskonstitutierenden Form. Das bürgerliche Unrecht bezeichnet die Verweigerung eines bestimmten Anspruches, unter grundsätzlicher Anerkennung der allgemeinen Verbindlichkeit des Rechts: „Diese Kollision, in der die Sache aus einem Rechtsgrunde angesprochen wird . . . enthält die Anerkennung des Rechts als des Allgemeinen und Entscheidenden, so daß die Sache dem gehören soll, der das Recht dazu hat."[22] Das Verbrechen hingegen betrifft den Bestand

---

16 Wohlgemerkt: Hierin liegt keine begriffliche Verflüssigung des Kriminalunrechts, sondern die Hineinnahme von Realfaktoren in den Begriff, also seine Konkretisierung!

17 Rph, §§ 82 ff., 90 ff.

18 Vgl. *Hegel*, Rph, § 96 (Erläuterung) sowie Hegels Notizen zu § 96.

19 *Hegel;* Rph, § 96.

20 Hierzu eingehend: *Köhler*, Die bewußte Fahrlässigkeit, S. 324 ff. (328 f.); *Seelmann*, JuS 1979, 689 ff.

21 Rph, §§ 82 ff.

des Rechts in seinen Grundlagen, indem es das konkrete intersubjektive Anerkennungsverhältnis freiheitsverletzend negiert. Es bestreitet dem anderen die Basis wechselseitiger Anerkennung: seine aus der Rechtsgleichheit folgende Subjektivität. Auf der Stufe staatlich verfaßter Vergesellschaftung tritt diese Bedeutungsebene der Verletzung des Rechts in ihrer Ausschließlichkeit zurück. Zu der institutionsbedingten Versachlichung der intersubjektiven Beziehungen kommt im Strafrecht die professionelle Verarbeitung der — über die individuelle Betroffenheit hinausgehenden — Verletzung und (für das Subjekt noch folgenreicher) der auf sie folgenden Reaktion notwendig hinzu.

Die spezifische Form der Verarbeitung des Verbrechens hat ihren Grund in der beschriebenen Versachlichung des Anerkennungsverhältnisses. Deren Existenz scheint durch das Verbrechen in seiner stabilisierenden und die Subjekte entlastenden Funktion infragegestellt bzw. gefährdet zu sein. Angesprochen ist hier also die freiheitssichernde Bedeutung institutionell vermittelter Rechtsnormen. Die aus der Verletzung des ‚Allgemeinen' resultierende Gefährdung des Rechtssystems insgesamt erscheint hier unter der Perspektive eines die Tat zum Anlaß nehmenden, aber zukunftsgerichteten Urteils über die Normgeltung. Seinen Ursprung hat das *Gefährlichkeitskriterium* in der realen — über die konkrete Tat hinausweisenden — Verunsicherung der Rechtsgemeinschaft. *Hegel*[23] hat diesen Sachverhalt so beschrieben: „Man sagt: Wenn dieses gilt, so gibt es überhaupt keine Sicherheit mehr ..." Der Gesichtspunkt der Gefährlichkeit artikuliert also wesentlich ein abstraktes Normgeltungskriterium, mit dessen Hilfe sich im günstigsten Fall ein rational begründetes Wahrscheinlichkeitsurteil über die Wirkungen eines Verhaltens formulieren läßt, das aber ggf. auch zu manipulatorischer Verwendung offensteht.

Wie unterscheiden sich die konkrete, subjektgerichtete Anerkennungsbeeinträchtigung einerseits und die — auf das Allgemeine bezogene — Normgeltungsschwächung andererseits in ihrem Rückbezug zur verbrecherischen Handlung? Erstere beschreibt die aktuelle, letztlich auf die Willkür des Opfer-Subjekts bezogene Beeinträchtigung, während letztere perspektivisch ein Gefährlichkeitsurteil formuliert. Es besteht zudem ein weiterer Unterschied, der die für das Strafrecht so wichtige Zurechnung der Tat zu einem Tätersubjekt betrifft.[24] Für die aktuelle Anerkennungsbeeinträchtigung des Opfers kann der Täter selbst etwas; er hat die unmittelbar körperliche oder sonstwie ‚gegenstandsvermittelte' Subjektivität — kurz: die Rechtsgüter — des Anderen tätig verletzt. Ausmaß der aus der Tat resultierenden Geltungsbeeinträchtigung — insbesondere soweit

22 Rph, § 86.

23 Vorlesungsnachschrift, S. 177, 1 ff.

24 Vgl. *Hegel,* Rph, §§ 115, 118, in denen die Voraussetzungen der Tatzurechnung genannt werden. Hierzu gehört die tätige Veränderung eines ‚vorausgesetzten' äußerlichen Gegenstandes, die der Täter willentlich vorgenommen hat (§ 115), wobei ihm nur die von ihm bezweckten Folgen seiner Handlung zuzurechnen sind (§ 118). Zur Problematik der Zurechnung von Tatfolgen vgl. Kap. V.3.2.2.

sie die friedensstiftende Funktion des Staates betrifft — entziehen sich dagegen weitestgehend seinem Einfluß. Weder die Bewertung der Tatschwere und die Häufigkeit der Begehung vergleichbarer Taten durch andere Delinquenten, noch die Art und Weise ihrer Bekanntmachung Dritten (der Öffentlichkeit) gegenüber — kurz: die öffentliche Verarbeitung der Tat — läßt sich planmäßig durch den Täter gestalten. Daher erfaßt der Aspekt der Geltungsgefährdung[25] (Rechtssicherheitsbeeinträchtigung) die Tat primär als einen Anlaß für zukunftsgerichtete Reaktionen, mithin zur ‚Demonstration' der Normstabilität und -verbindlichkeit.

Die Gefahr besteht nun darin, daß diese weitere Bedeutung des Verbrechens zu seiner grundwesentlichen Bestimmung gerät. Als Ausdruck einer solchermaßen abstrakt-isolierten Unrechtserfassung tritt dann die „gerade in der Mißachtung der Norm liegende Pflichtverletzung"[26] in den Vordergrund der Verbrechensbetrachtung. Für die normbezogene Pflichtverletzung steht nicht mehr der Unrechtssachverhalt selbst im Mittelpunkt der Zurechnung, sondern der — in der rechtlich mißbilligten Willensbetätigung liegende — besondere ‚Handlungsunwert' und der — die konkret tatbezogene Willensbetätigung verallgemeinernde — ‚Gesinnungsunwert'. Die in der Verabsolutierung des Normgeltungskriteriums liegenden Konsequenzen sollen hier kurz angedeutet werden.[27]

Schon zu Beginn der 30er Jahre plädierte Erik *Wolf*[28] für eine Abwendung von einer primär tatbezogenen Betrachtung des Verbrechens. Er beschreibt die Rechtsgutsverletzung als Störung staatlicher Integration durch „Verselbstung innerhalb des lichten Stromes gemeinsamen Fühlens, Wollens und Handelns der rechtlich intendierten Staatsgemeinschaft." Nur eines kleinen Schrittes bedurfte es, um von dieser Auffassung zur Ablösung des Rechtsgutsbegriffes durch das Merkmal der Pflichtwidrigkeit zu gelangen. Nach *Gallas*[29] liegt das Wesen des Verbrechens in seiner Gemeinschaftswidrigkeit, so daß die gemeinschaftswidrige Gesinnung das Unwerturteil über die Person des Täters bestimme.[30] Dieser extremen ‚Subjektivierung' des Verbrechens auf der Täterseite entspricht eine ebenso nachhaltige ‚Objektivierung' auf der Opferseite: „Wird dagegen der Einzelne nicht als solcher, sondern nur in seiner Gliedhaftigkeit geschützt, so bestimmt sich seine Schutzbedürfigkeit nicht nur dem Umfang, sondern auch dem Gegenstand nach, aus dem Wesen der Gemeinschaft und der Gliedstellung, die er darin einnimmt."[31] Diese Hegemonie des Normgeltungsaspekts betont gleichfalls die

25 Hierin liegt zugleich das Moment der ‚Unbotmäßigkeit' (des Ungehorsams), auf das *Hassemer*, Theorie, S. 46 hinweist. Zutreffend sieht er hierin ein formales, weil mit jeder Verletzung eines Rechtsgutsobjekts einhergehendes Kriterium.

26 Die sich daher wesentlich als Verletzung einer allgemeinen (Unterlassungs-)Pflicht zu normgeltungsstabilisierendem Verhalten erweist. Zur Pflichtverletzung vgl. *Sch / Sch*, Vorbem. §§ 13, Rn. 11; *D / T*, § 13, Rn. 5.

27 Hierzu eingehend im Rahmen der Erörterung des Rechtsgutsbegriffs Kap. IV.5.

28 Typen der Tatbestandsmäßigkeit, S. 36.

29 Zur Kritik, S. 67.

30 So *Gallas*, Zur Kritik, S. 65.

‚positive' Generalprävention. Auch sie greift einseitig diese Seite des Kriminalunrechts auf, um sie für die Erklärung des Gesamtprozesses der staatlichen Strafe zu verwerten. Im Strafprozeß kann die von der Tat ausgelöste Normdestabilisierung strafschärfend berücksichtigt, im Strafvollzug einem Sicherungsbedürfnis der Allgemeinheit durch besondere Vollzugsarten Rechnung getragen werden.[32]

3. Verbrechen, Strafandrohung und Normgeltungsbeeinträchtigung

Für die Strafandrohung durch die Strafnorm wollen wir die Seite der Geltungsallgemeinheit näher betrachten. Bei Entstehung der Strafnorm bestimmen einerseits Qualität und Ausmaß der Subjektivitätsbeeinträchtigung, andererseits schwer faßbare (d. h. quantifizierbare) generalpräventive Erwägungen[33] den Rahmen einer möglichen Sanktion sowie die Sanktionsart. Zu dem Problem der legitimen Kriminalisierung von Lebenssachverhalten tritt insoweit die Frage nach der Bedeutung der — antizipierten — Normgeltungsbeeinträchtigung. Ist diese Beeinträchtigung überhaupt quantifizierbar? Es ist oben gezeigt worden, daß neben der subjektbezogenen Verletzung konkreter Anerkennungsallgemeinheit die Normgeltungsverletzung sich unter dem Gesichtspunkt der Gefährlichkeit wesentlich als Wahrscheinlichkeitsurteil artikuliert. Eine tatgelöste Quantifizierung der Geltungsbeeinträchtigung vornehmen zu wollen, hieße die Begrenztheit des Verbrechens auf den konkreten Sachverhalt zu verkennen. Die Tat ist aus sich heraus nicht gefährlich, sondern als strafbarer Normverstoß einfachhin in der Welt. Sie verletzt mit dem geschützten ‚Gegenstand' jeweils notwendig und in gleichem Ausmaß die Geltung der Norm in konkreter Allgemeinheit. *Hegels* Gefährlichkeitsargument „Wenn dieses gilt, so gibt es überhaupt keine Sicherheit mehr ..."[34] gibt zwar zutreffend der Befürchtung eines Rückfalls in naturzuständliche Gemeinschaftsformen Ausdruck, ist aber als Argument gegenüber verfaßter Staatlichkeit unzutreffend. Der Gefahr einer Verallgemeinerung der verbrecherischen Handlung in dem Sinne, daß sie Bestand haben solle, ist durch die Institutionalisierung eines seiner selbst und der Anerkennung der Bürger sicher gewordenen staatlichen Gewaltmonopols die Schärfe genommen.[35] Die Restitution der Geltungsbeeinträchtigung beschränkt sich daher auf die Wiederherstellung des durch die Tat gestörten Rechtsgleichheitsverhältnisses. Hierin — und nicht in der Beschwörung des Naturzustandes — zeigt sich die Berechtigung einer die Normstabilität gewährleistenden Staatstätigkeit.

---

31 *Gallas;* Zur Kritik, S. 63.

32 Vgl. §§ 46 ff. StGB; hierzu kritisch: *Köhler,* Zusammenhang, passim. Zu besonderen Vollzugsarten vgl. §§ 89, 91, StVollzG.

33 Vgl. hierzu: *Hassemer,* JuS 1987, 258 ff. (am Beispiel des BTM-Gesetzes)

34 Vorlesungsnachschrift, S. 177, 1 ff.

35 Vgl. *Amelung,* RGS, S. 361.

Zutreffend ist das Verbrechen — als Unrecht — zu bestimmen als die „aktuelle Negation des *konkreten Normallgemeinen*"[36]. Erst hierdurch erhält es seine bestimmte Bedeutung. Für die bewußtseinsvermittelte Bedeutungsbeeinträchtigung rechtlicher Geltungsallgemeinheit überhaupt bei den anderen hat der Täter dagegen ebenso wenig einzustehen wie für jede andere Befindlichkeit seiner Mitmenschen. Der Wunsch nach einem von Kriminalität freien Dasein und die mit der realen Existenz des Verbrechens verbundene Enttäuschung kann sich als solche nicht an das Tätersubjekt wenden. Auch für die strafrechtliche Unrechtsbegründung gilt, daß nur das „äußere und zwar praktische Verhältnis" zwischen Personen zum Gegenstand rechtlicher Verbindlichkeit gemacht werden darf. Die lädierte Normgeltung zu beseitigen, ist vorrangig Aufgabe der staatlichen Institutionen, der sie sich nicht dadurch zu entledigen vermögen, daß sie den Täter zum Objekt präventiver Stabilisierungsmaßnahmen machen.

Doch ist die Gefahr des Objektmachens nicht von der Hand zu weisen. In ihr liegt der tiefere Grund für die fundamentalen Bedenken, die gegen ein ‚Täterstrafrecht' vorgebracht werden. Dieses Strafrecht orientiert sich nur scheinbar an dem äußeren Unrechtssachverhalt und an dem auf ihn bezogenen Täterwillen. Es betont vielmehr durch die einseitige Hervorhebung des zukunftsgerichteten Gefährlichkeitskriteriums die ‚gesinnungsbedingte' Persönlichkeit des Täters. Daher rührt auch die Neigung, in dem Täter den Feind des Rechts schlechthin zu sehen, — eine Betrachtungsweise, die in jedem Delinquenten einen potentiellen Hang- oder Berufskriminellen zu erkennen glaubt. Wird also die Normgeltungsbeeinträchtigung in ihrer institutions- d. h. staatsaufgabenbezogenen Seite zu stark hervorgehoben, so unterstellt man einen von der Tat lediglich veranlaßten Enttäuschungsvorgang bei Dritten, dem Willen des Täters, während die äußere Tatseite in den Hintergrund gerät.[37] Nun mag diese Gefahr bei Strafnormen, die einen bestimmten, klar faßbaren Unrechtssachverhalt beschreiben, vergleichsweise gering sein, trägt doch das der Tat folgende Strafverfahren weitestgehend zur Versachlichung und zu einer emotionslosen Untersuchung des Vorgangs bei.[38] Diese Vorgehensweise erscheint dagegen bei solchen Delikten gefährdet, deren Tatbestände ausschließlich oder überwiegend der vorgelagerten Abwehr von Normgeltungsbeeinträchtigungen dienen. So läßt sich etwa das Ausmaß präsumptiver Beeinträchtigungen, die eine Demonstrationsteilnahme in Parlamentsnähe (§ 106a StGB) oder durch das Aufstellen störender Behauptungen über die Streitkräfte (§ 109d StGB) bewirkt wird, schwerlich aus dem Verhalten selbst, sondern vorrangig durch den Bezug auf komplexe Sicherheitslagen, Stimmungsbeurteilungen und Bedrohungsängste bestimmen. Diese vom Täter nicht zu beeinflussenden Umstände werden ihm gleichwohl zugerechnet bzw. als Handlungsunwert

---

36 So *Köhler*, Die bewußte Fahrlässigkeit, S. 328 (Hervorhebung von mir).

37 So etwa die öffentlichen Stellungnahmen anläßlich schwerer Verbrechen; vgl. auch *Wittke*, Terrorismusbekämpfung, S. 125 m. w. N.

38 Vgl. hierzu eingehend *Naucke*, Grundlinien, S. 33 ff.

seinem Verhalten untergelegt. Auf die einzelnen Momente der Subjektivierung komplexer Vorgänge durch Vorfeldnormen wird noch zurückzukommen sein.[39]

4. Zwischenergebnis

Kant und *Hegel* sehen übereinstimmend die Besonderheit des strafrechtlichen Unrechts der bürgerlichen Gesellschaft in der Verletzung der Geltungsallgemeinheit des Rechts als Recht. Die nähere Exiplikation des Merkmals der ‚Allgemeinheit' hat drei Bezugspunkte offengelegt. Es beschreibt einerseits die tätige Beeinträchtigung des konkreten Rechtsgleichheitsverhältnisses gegenüber einem durch die Strafnorm geschützten Subjekt: Verbrechen ist insofern Verletzung der Anerkennungsallgemeinheit in intersubjektiver Hinsicht. Andererseits bedeutet die Verletzung auch die Beeinträchtigung des Vertrauens der Bürger in die Allgemeinverbindlichkeit der Strafnorm. Diese Seite des Verbrechens richtet sich wesentlich an die staatlichen Institutionen. Sie beinhaltet die Verpflichtung, die Normgeltung wiederherzustellen. Schließlich hat das Verbrechen auch die Seite, als Produkt normativer gesellschaftlicher Verständigung in Erscheinung zu treten. Die in diesem Zusammenhang auftretenden Gefahren einer Verselbständigung und Absolutsetzung des Gefährlichkeits- und Geltungskriteriums liegen vor allem in der einseitigen Zurechnung vom Täterwillen unabhängiger Gegebenheiten zu Lasten des Tätersubjekts. Der Täter gerät so zum Objekt der Normgeltungsdemonstration und zum Rechtsfeind schlechthin.

5. Der Rechtsgutsbegriff als Maßstab der Unrechtsbestimmung

In diesem Abschnitt soll versucht werden, auf der Grundlage der Rechtsgutsdiskussion aussagefähige Kriterien für die Bestimmung des strafrechtlichen Unrechts zu gewinnen. Der Rechtsgutsbegriff hat sich dogmengeschichtlich als Instrument zur Bestimmung des materiellen Unwertes einer Handlung herausgebildet.[40] Von den verschiedenen Aspekten dieses Begriffes sollen hier — mit *Rudolphi*[41] — lediglich zwei herausgestellt werden. Übergreifend steht der Rechtsgutsbegriff für die Forderung der strafrechtlichen Reformbewegung, die legitime Aufgabe des Strafgesetzgebers allein auf den Schutz von Rechtsgütern zu beschränken. Ferner zeichnet er sich durch seine Fähigkeit aus, einen allen rechtswidrigen Verhaltensweisen gemeinsamen Unrechtskern zu erfassen und daher als Maßstab der strafrechtlichen Unrechtsbegründung dienen zu können. Ob diese Anforderungen zutreffend sind, bedarf allerdings erst noch des Nachweises in begriffsge-

---

39 Vgl. Kap. VIII.4.

40 *Sch / Sch*, Vorbem. §§ 13 ff., Rn. 10; SK-*Rudolphi*, Vor § 1, Rn. 3, jeweils m. w. N.

41 In FS Honig, S. 151.

schichtlicher (5.1) und aktuell-strafrechtsdogmatischer Hinsicht (5.2). Sowohl die Begrenzung der Fragestellung als auch die umfassende Darstellung in der Literatur[42] lassen es ausreichend erscheinen, beide Bereiche lediglich in ihren — Vollständigkeit nicht beanspruchenden — Grundlinien vorzustellen und zu erörtern.

5.1 Historische Grundlagen des Rechtsgutsbegriffs

Aus aufgeklärtem Staats- und Rechtsdenken entwickelte sich der Vorläufer des liberalen Rechtsgutsbegriffs: die Lehre von dem Verbrechensobjekt.[43] Nach der naturrechtlich fundierten Lehre vom Gesellschaftsvertrag[44] übertragen die Menschen ihre umfassend gedachte Freiheit auf den Staat mit dem Ziel, gegen wechselseitige Übergriffe umfassend gesichert zu sein. Die legitime staatliche Aufgabe erschöpft sich nach diesem Modell in dem Schutz und der Sicherung der Rechte der rechtsunterworfenen Bürger. Hierzu gehört vor allem die Intervention nach dem einseitigen Zugriff eines Individuums auf die Rechte seiner Mitbürger. Die Verletzung subjektiver Rechte ist demzufolge das grundlegende Merkmal jedes Verbrechens.

Bemerkenswert ist die strikte Begrenzung der staatlichen Gewalt und mithin der Strafgewalt auf die Funktion der Erhaltung und Sicherung des gesellschaftlichen Friedenszustandes. Weder kann der Staat „Selbstzweckhaftigkeit" für sich beanspruchen noch hat er die Berechtigung, sich in die moralischen oder religiösen Belange der Bürger einzumischen.[45] Verstöße gegen bloße Anstandsregeln oder sogenannte Religionsverbrechen können danach keine Verbrechen im materiellen Sinn sein.

In der Folgezeit wird das subjektive Recht als Gegenstand strafrechtlichen Schutzes durch das Rechtsgut abgelöst. Es ist vornehmlich *von Liszt,* der diesen Wandel in die Wege leitet. Seiner Ansicht nach sind Rechtsgüter der Rechtsordnung zwar vorgegebene, aber durch sie erst rechtlich geschützte Lebensinteressen. Als Gegebenheiten des sozialen Lebens der Menschen sind sie — im Unterschied zur Lehre von den subjektiven Rechten — von einem ohnehin bloß fiktiven Gesellschaftsvertrag unabhängig. Auch hier beschränkt sich die Aufgabe der Strafgewalt auf den Schutz inhaltlich bereits vorstaatlich existenter Güter.[46]

Als Ergebnis ist hier festzuhalten, daß der materiell-inhaltserfüllte Rechtsgutsbegriff anfangs einen in der Tendenz den Strafgesetzgeber auf den Schutz elementarer Lebensgüter festlegenden Gehalt aufweist. Abgesehen von einem fiktiven

---

42 *Marx,* Der Begriff, S. 11 ff.; *Sina,* Dogmengeschichte, S. 39 ff.

43 Vgl. *Rudolphi,* FS Honig, S. 154 f.

44 Vgl. *Hobbes,* Leviathan, 17. und 21. Kap.; *Rousseau,* Gesellschaftsvertrag, Erstes Buch, 6. Kap.

45 Vgl. *Hobbes,* Leviathan, 27. Kap. (S. 224).

46 Vgl. auch *Rudolphi,* FS Honig, S. 155.

Rückbezug auf den Gesellschaftsvertrag bzw. der bloß faktischen Verankerung in den Lebensinteressen der Individuen, fehlt diesem Gutsbegriff die begründete, d. h. rechtlich fundierte Verknüpfung mit der Subjektivität der über das Gut Verfügenden. Gleichwohl liegt in dem naturrechtlich abgeleiteten Gesellschaftsvertrag die rechtskonstitutive Leistung gegenseitiger Anerkennung der Subjekte und ihrer gegenständlich vermittelten Freiheit; ein Aspekt, der neben der abgeleiteten Aufgabe sich entwickelnder Staatlichkeit ein andauerndes Bemühen der Subjekte zum Ausdruck brachte. In den zusehends komplexer werdenden gesellschaftlichen Beziehungen und dem damit einhergehenden Mißtrauen gegen die rechtskonstituierende Selbständigkeit der Subjekte mögen Gründe für die Tendenz liegen, auf die *Amelung*[47] hingewiesen hat und die die weitere Entwicklung des Rechtsgutsbegriffs maßgeblich mitbestimmen sollte. Das ,Rechtsgut' erhält zwar einen festen Platz in der Strafrechtsdogmatik, aber sein liberaler, subjektbezogener Inhalt wird paralysiert, zum Teil in sein Gegenteil verkehrt. Mit der Anerkennung des Staates und auch der Gesellschaft als Interessenträger ist die Tür für einen am staatlichen Eigeninteresse orientierten Güterschutz aufgestoßen. Die zuvor zumindest theorieimmanente Selbstbeschränkung staatlicher Strafgesetzgebung weicht einer umfassenden, am Bestands- und Machtkalkül orientierten Rechtsgutskonstruktion. Seinen adäquaten Ausdruck findet diese Entwicklung in der These von der ,Selbstzweckhaftigkeit' des Staates und im Reichsstrafgesetzbuch von 1871. Vor allem die Positivierung nahezu ausschließlich am staatlichen Eigeninteresse ausgerichteter ,Gemeinschaftsgüter' (§§ 80 ff. RStGB) führt in der Folgezeit zu der Herausbildung eines formalen teleologischen Rechtsgutsbegriffs. Mit der Begründung, der Gegenstand der Rechtsgutslehren sei jeder materiellen Bestimmbarkeit unzugänglich, bezeichnet *Honig*[48] das geschützte Rechtsgut als den vom Gesetzgeber in den Strafrechtssätzen anerkannten Zweck in seiner kürzesten Formel. Die — angesichts des positiven Normbestandes — konsequente Formalisierung vollzog nun auch strafrechtsdogmatisch die Öffnung des Rechtsgutsbegriffs für eine inhaltliche Ausfüllung beliebiger Art. Eigentlich mußte dieser Rechtsgutsbegriff schon nicht mehr abgelöst werden durch das ausschließlich an der ,Pflichtwidrigkeit' orientierte Unrechtskriterium, hatte er doch bei genauerer Betrachtung seine Bedeutung, als Maßstab für die Legitimität von Verhaltenskriminalisierung zu dienen, längst verloren.[49] Auch dieser Rechtsgutsbegriff hat aber die nicht geringe Funktion, bei der Auslegung strafrechtlicher Tatbestände behilflich zu sein.[50]

---

47 RGS, S. 59 f.

48 Einwilligung, S. 94.

49 Zu den Gründen: *Amelung*, RGS, S. 136 f.

50 So auch *Rudolphi*, FS Honig, S. 154.

5.2 Rechtsgutsverletzung und „personales Unrecht"

Der Anspruch, mit Hilfe des Rechtsgutsbegriffs zu einem einheitlichen Kern des strafrechtlichen Unrechts vorzustoßen, wurde jedoch nicht aufgegeben. Wir haben bereits darauf hingewiesen, daß in den 30er Jahren solche Impulse von der ‚personalen' Unrechtslehre ausgegangen sind.[51] Danach behauptet der — in der rechtlich mißbilligten Willensbetätigung liegende — besondere Handlungsunwert, eine eigenständige Unrechtsvoraussetzung neben dem durch die Rechtsgutsverletzung herbeigeführten Erfolgsunwert zu sein. Zwar schütze das Strafrecht bestimmte Güter durch die Sanktionierung von Verhaltensnormen, aber erst die in der Mißachtung der Norm liegende Pflichtverletzung mache die bloß kausale Rechtsgutsverletzung zum Verbrechen. Dabei dient der Verweis auf das positive Recht, wonach Gutsverletzungen auch in anderen Rechtsgebieten auffindbar sind, als Begründung für die Behauptung, daß (im Strafrecht) gerade die in der Mißachtung der Norm liegende Verletzung einer Pflicht den Unwert ausmache. Nicht recht deutlich wird, warum das Kriterium der Pflichtwidrigkeit für das strafrechtliche Unrecht — und nicht für das Unrecht überhaupt — charakteristisch sein soll. Diese Unklarheit besteht im Grundsatz auch für das sog. Handlungsunrecht, hat doch jede rechtlich mißbilligte, wenn nicht jede menschliche Handlung überhaupt, die Eigenart, willensgesteuertes Verhalten zu sein.

Fragt man nach dem Gegenstand der Pflichtverletzung, so zeigt sich, daß ein konkretisierbares Objekt fehlt. Ein prinzipiell am Ungehorsam gegenüber einer Norm ausgerichteter Unrechtsbegriff benötigt selbst einen bloß formalen Rechtsgutsbegriff nicht mehr. E. *Wolf*[52] hat diese Konsequenz in dem Gedanken zusammengefaßt, daß eine Rechtsgutsverletzung wesentlich ‚reiner Rechtserfolg', ‚Rechtslageänderung' ist. Bezugsobjekt der Rechtslage ist die „rechtlich intendierte Staatengemeinschaft", deren innere Integration durch abweichendes Verhalten beeinträchtigt wird.[53] *Gallas*[54] bestimmt das ‚Wesen' des Verbrechens daher in seiner Gemeinschaftswidrigkeit, wobei der eigentliche Unwert in der gemeinschaftswidrigen Gesinnung des Täters liege. Wie alles Recht soll sich auch das Strafrecht „auf die konkrete Gemeinschaft als seinen Träger und zugleich als seine höchste Norm"[55] beziehen. An diesen Grundgedanken konnte die (die nationalsozialistische Weltanschauung rezipierende) „Kieler Schule" nahezu bruchlos anknüpfen.[56] Zwar verwirft diese Auffassung den Rechtsgutsgedanken nicht gänzlich, macht ihn aber durch das Merkmal der ‚völkischen Pflichtenstellung' nahezu gegenstandslos. Strafrechtliches Unrecht ist demnach auch hier

---

51 Vgl. *Sax*, Grundsätze, 913 ff.; *Hardwig*, JZ, 1969, 459 ff. (kritisch zur „Personalität" des Unrechts").

52 Typen der Tatbestandsmäßigkeit, S. 36.

53 So *Wolf*, Typen der Tatbestandsmäßigkeit, S. 36.

54 Zur Kritik, S. 67, 63.

55 So *Larenz*, Rechtserneuerung, S. 6.

56 Vgl. *Sax*, Grundsätze, S. 914, Fn. 11 m. w. N.

wesentlich ‚Pflichtverletzung', allerdings noch unbestimmter erfaßt: als Mißachtung gegenüber der Gemeinschaft bestehender Treuepflichten.

Ihre heutige Gestalt hat die ‚personale' Unrechtslehre wesentlich *Welzel*[57] zu verdanken. Auf der Grundlage seiner ‚finalen Handlungslehre' kritisiert er die Reduktion der Rechtsgutsverletzung auf die bloße Verursachung eines Verletzungserfolges. Alles Handeln sei notwendig sinnhaftes, finales Handeln und von daher Handlung eines bestimmten Täters. Dieser zeige durch sein Verhalten einen tätigen „Abfall von den rechtlichen Gesinnungswerten", sei es dadurch, daß er vorsätzlich einen Tatbestand verwirklicht oder — bei Fahrlässigkeitsdelikten — dadurch, daß er das allgemeingültige Mindestmaß finaler Verhaltensbestimmung nicht einhält. Diese Handlungsseite ist daher das charakteristische Moment bei der Verbrechensbestimmung: „Der personale Handlungsunwert ist der generelle Unwert aller strafrechtlichen Delikte."[58] Der Sachverhaltsunwert — als Gefährdung oder Verletzung des Rechtsguts — ist nach dieser Auffassung bei vielen Delikten nur unselbständiges Element des Unrechts.

Sax[59] hat darauf hingewiesen, daß diese Lehre — trotz der notwendigen Auseinandersetzung mit der einseitig am Verletzungsdogma orientierten traditionellen Auffassung — eine Position einnimmt, die „das Wesen strafrechtlichen Unrechts, wie es vom strafgesetzgebenden Staat her gesehen werden muß, verfälscht." Der Staat kann die Gemeinschafts-‚Werte', ihre Bestimmbarkeit vorausgesetzt, kaum in umfassender Weise vor Beeinträchtigungen schützen, will er das soziale Leben nicht zum Stillstand bringen. Er wird daher schon aus pragmatischen Gründen die Tatbestandsbildung an den menschlichen Handlungsvollzügen orientieren. In dieser Hinsicht erfolgt die Einbeziehung subjektiver Elemente bei der notwendigen Unrechtstypisierung nur zu dem Zweck, die Rechtsgutsverletzung ‚greifbar' zu machen. Nicht die Absicht oder Gesinnung des Subjekts ist Ausgangspunkt der Unrechtserfassung, sondern der erkennbare Sachverhalt selbst. Die Wahrheit der Absicht ist die Tat.

Anerkennt man, daß Rechtsgüter nicht in jeglicher Beziehung vor lädierenden Beeinträchtigungen geschützt werden und werden können, so sind subjektive Merkmale im Bereich des Unrechts nicht als solche, sondern nur vor dem Hintergrund eines verletzenden äußeren Sachverhalts bedeutsam. Das Merkmal des ‚Handlungsunwerts' enthält daher tatsächlich nichts anderes als den — durch die Handlungstypisierung mittelbar vertypten — ‚Erfolgsunwert'.[60]

Gewichtiger noch ist ein weiterer Einwand gegen die personale Unrechtslehre. In dem Maße, wie sie das Unrecht subjektiviert, verobjektiviert sie die Gutszuordnungen. Die Verlagerung der Unrechtserfassung vom Sachverhalts- auf den Akt-

57 Strafrecht, S. 56 ff.

58 *Welzel*, Strafrecht, S. 57.

59 Grundsätze, S. 916.

60 So *Sax*, Grundsätze, S. 917 f.

unwert erfolgt vor dem Hintergrund des präventiv-erzieherischen Zieles der „Bewährung rechtlicher Gesinnung"[61], deren Grundorientierung wiederum „die Kraft und der Bestand des Staates" ist. An der Herausarbeitung eines den Strafgesetzgeber in dieser umfassenden Ordnungs- und Stabilisierungsfunktion beschränkenden inhaltserfüllenden Rechtsgutsbegriffs kann die personale Unrechtslehre daher kein Interesse haben. Die Vorstellung, mit strafrechtlichen Mitteln am Pathos eines notwendigen Bildungsprozesses der gewaltunterworfenen Subjekte teilnehmen zu können, bringt die personale Unrechtslehre zugleich in ein ‚verhängnisvolles Zwielicht'.[62] Sie mutet dem Staat zu, eine Einrichtung zur Beförderung der Moralität zu sein, ohne diesen Rückfall in voraufklärerische Zeiten den Bürgern gegenüber legitimieren zu können.[63]

5.3 Zur aktuellen Rechtsgutsdiskussion

Wir wollen uns nun der aktuellen Rechtsgutsdiskussion zuwenden und dabei insbesondere die folgenden Fragen thematisieren:

— Was sind taugliche Objekte des Rechtsgüterschutzes, und worin besteht ihre Funktion im Strafrechtssystem?

— Auf welche Weise kann deren Schutz legitim gewährleistet werden?[64]

Von der Beantwortbarkeit dieser Fragen hängt es entscheidend ab, ob unser Ziel — Unrechtsbestimmung und -begrenzung — mittels des Rechtsgutsbegriffs zu verwirklichen ist.

Marx[65] beantwortet die Frage nach den typischen Objekten des Güterschutzes durch den Verweis auf einen vorpositiven, metajuristischen Bereich. Rechtsgüter sind Objekte, deren (objektives) Substrat der ‚*Gegenstand*' ist. Der Begriff des Gegenstandes bezeichnet eine innere Sinneinheit, die als Maßstab des Rechtsguts nicht dem positiven Gesetz entnommen werden kann.[66] Die subjektbezogene Betrachtung des Rechtsgutsbegriffs allein ermögliche, vorhandene und geplante strafrechtliche Tatbestände zu kritisieren.[67] Rechtsgüter sind demnach diejenigen Gegenstände, die der Mensch zu seiner freien Selbstverwirklichung braucht. Im Grundsatz ist diese Gutsbestimmung geeignet, im Strafrechtssystem die Funktion eines Maßstabes für die Unrechtsbestimmung zu erfüllen. Zutreffend hebt *Marx* den gutskonstituierenden Subjektbezug hervor, ohne daß allerdings dessen intersubjektive und institutionelle Seite näher erörtert würde.

---

61 Vgl. *Welzel*, FS Kohlrausch, S. 112.

62 So *Sax*, Grundsätze, S. 918.

63 *Sax*, Grundsätze, m. w. N., (Anm. 30).

64 Hierbei zurückgehend auf die Anregung von *Hassemer*, Theorie, S. 111.

65 Der Begriff.

66 Vgl. *Marx*, Der Begriff, S. 17.

67 Der Begriff, S. 62.

Rudolphi[68] ist der Ansicht, die — grundsätzlich erforderliche — Formulierung eines materiellen Rechtsgutsbegriffs könne wegen ihres vorpositiven Bezuges lediglich in einem rechtspolitischen Gewande auftreten. Das Problem der mangelnden Verbindlichkeit müsse daher durch einen Rekurs auf verfassungsrechtliche Grundbestimmungen (Art. 1 Abs. 1, Art. 20 GG) behoben werden. Auf diese Weise gelange man zu einem zwar vorstrafrechtlichen, aber verfassungsrechtlich verbindlichen Rechtsgutsbegriff. Danach sind Rechtsgüter diejenigen Gegenstände, die die Voraussetzung für ein auf Freiheit und Verantwortung des Einzelnen aufbauendes, gedeihliches gesellschaftliches Leben bilden.[69] Ob sich Freiheit und Verantwortung auch güterkonstituierend auswirken, erörtert *Rudolphi* nicht; in Anlehnung an *Welzel* hebt er lediglich auf die aus der Zuordnung des Gegenstandes zur Person resultierende „soziale Funktion“[70] hervor. Diese dem Grunde nach institutionelle Gutsbestimmung verliert daher im Ergebnis den zunächst hergestellten Subjektbezug aus ihrem Blickfeld: legitimes Rechts- bzw. Schutzgut „der Strafdrohungen sind allein die für den Bestand unserer Gesellschaft in ihrer konkreten Ausgestaltung erforderlichen und deshalb werthaften sozialen Funktionseinheiten.“[71]

Einen an der Handlungskategorialität des Subjekts orientierten Ansatz bei der Unrechtsbestimmung verfolgt *Sax*[72] mit seinem Rechtsgutsbegriff.

Bei der Auswahl der abstrakt schutzbedürftigen ‚(Kultur-) Werte‘ richte sich der Strafgesetzgeber bei der Straftatbestandsbildung nach den typischen *menschlichen Handlungsvollzügen.*[73] Die Rechtsgüter seien nicht letzte „sittliche Grundwerte“, deren Schutz durch alle Mittel zu rechtfertigen wäre, sondern „Mittelwerte“.[74] Der strafrechtliche Rechtsgüterschutz konkretisiere insofern die grundgesetzliche Wertordnung, indem er — ausgerichtet an den typischen Verletzungshandlungen — nur den Kernbereich vorgegebener sozialethischer Werte vor Beeinträchtigungen schütze. Das strafrechtliche Unrecht erfasse daher nur „Rechtsgutsverletzungen, die angesichts ihres Gehalts an mittelbarer oder unmittelbarer Wertverletzung strafwürdig sind, d. h. Strafe verdienen und ihrer bedürfen.“[75] Mit der ‚Strafwürdigkeit‘ und ihren Komponenten[76] zieht *Sax* demnach Merkmale zur Bestimmung des strafrechtlichen Unrechts heran, die den Rechtsgutsbegriff aus seiner zentralen Stellung verdrängen. Denn nicht mehr er, sondern die ‚Strafwürdigkeit‘ wird somit zum „Maßprinzip“[77] bei der Bestimmung und

68 In FS Honig, S. 154 f.
69 Vgl. *Rudolphi,* FS Honig, S. 161 f.
70 *Rudolphi,* FS Honig, S. 163 f.
71 *Rudolphi,* FS Honig, S. 166.
72 Grundsätze, S. 916, 919.
73 Vgl. *Sax,* Grundsätze, S. 916.
74 *Sax,* Grundsätze, S. 913.
75 *Sax,* Grundsätze, S. 919.
76 Das sind: „Strafe bedürfen“ und „Strafe verdienen“; vgl. *Sax,* Grundsätze, S. 928.
77 *Sax,* Grundsätze, S. 925.

Begrenzung legitimer Verhaltenskriminalisierung. Gleichwohl fordert dieses Maßprinzip insbesondere in seiner zweiten Komponente („Strafe verdienen") Beachtung, folgt hieraus doch, daß die „Wertverletzung, . . . als solche allgemein erkennbar und anerkannt" sein muß.[78] Dies bedeutet aber, daß sich die wesentliche Unrechtsbestimmung bereits aus dem Rechtsgutsbegriff selbst ergeben muß.

Einen weiteren Aspekt der Rechtsgutsbestimmung hebt *Schmidhäuser*[79] hervor. Auf der Grundlage des der allgemeinen Wertlehre zugehörigen Begriffs des ‚Guts' bestimmt er das Rechtsgut als ‚*Achtungsanspruch*', auf dessen unerlaubte Verletzung die staatlichen Organe mit Rechtsfolgen reagieren. Ohne auf die näheren Voraussetzungen dieses — reflexiv zu denkenden — Achtungsverhältnisses zwischen den Subjekten einzugehen, beschreibt *Schmidhäuser* dessen zwangsrechtliche Seite, d. h. die jeden mit dem Rechtsgut in Beziehung gesetzten Menschen treffende Pflicht (Unterlassungs- oder Handlungspflicht) zur Gutsbeachtung. Umfang und Grenzen dieser Achtungsverpflichtung bleiben jedoch entweder unbestimmt oder — durch den Hinweis auf in der Sozialmoral verankerte Institute — jedenfalls undeutlich.[80]

Aufschlußreich ist dagegen eine Unterscheidung zwischen Rechtsgut und Rechtsgutsobjekt. Das Rechtsgut als Achtungsanspruch ist phänomenologisch zu trennen von dem konkreten Tat- oder Rechtsgutsobjekt, an dem sich die Rechtsgutsverletzung ‚niederschlägt'.[81]

Der wichtige Aspekt der rechtsgutskonstituierenden Subjektbeziehungen wird auch in der Arbeit von *Jakobs*[82] zur Legitimität der Vorfeldkriminalisierung erörtert. Im ersten Teil der Abhandlung stellt er fest, daß „die im StGB auffindbaren Vorfeldkriminalisierungen zu nennenswerten Teilen in einem freiheitlichen Staat nicht legitimierbar sind . . ."[83], soweit ein — einseitig am Bild des Täters als Feind orientierter — Rechtsgutsbegriff zugrundegelegt werde. Der zweite Teil der Arbeit behandelt die Frage, ob die an sich illegitime Kriminalisierung des Vorfeldverhaltens nicht durch den Schutz vorverlagerter Rechtsgüter neutralisiert werden könne.[84] Üblicherweise werde die Rechtsgutsverletzung nur als täterseitige Anmaßung des Verhältnisses zwischen Opfer und Rechtsgut verstanden. Zerlege man aber das Rechtsgut in diverses Partialunrecht, so zeige sich, daß die Anmaßung des Täters hier in der Bestimmung des Verhältnisses zwischen Opfer und Hauptnorm liege.[85] Hier werde also die kognitive Sicherheit hinsichtlich der Geltung der Hauptnorm beeinträchtigt. Eine Pönalisierung der vom Täter

---

78 *Sax*, Grundsätze, S. 928.
79 StR AT, 2 / 30.
80 Vgl. *Schmidhäuser*, StR AT, 8 / 28.
81 *Schmidhäuser*, FS Engisch, S. 444; ders., StR AT, 2 / 31.
82 ZstW 97, 751 ff.
83 ZStW 97. 751.
84 Vgl. *Jakobs*, ZStW 97, 773 ff.
85 ZStW 97, 775.

verursachten Normgeltungsverletzung sei allerdings nur zulässig, soweit er Zwang angewendet habe.[86]

Dieser Ansatz ist mehreren Einwänden ausgesetzt. Zwar wird zutreffend die gutskonstituierende Geltungsallgemeinheit hervorgehoben, aber deren Bedeutung für die Erfassung des Unrechtsbegriffs überhaupt verkannt. Solange das spezifische Kriterium für die Legitimierung an sich unzulässiger Vorfeldkriminalisierung unklar ist, setzt sich die Konzeption dem Vorwurf aus, in dem gesamten Vorfeldbereich nur ein einziges ‚Rechtsgut' zu schützen: eben die kognitive Geltungsbeziehung (zwischen potentiellem Opfer und der ‚Hauptnorm').[87] Auch die Konsequenzen der Entwertung des Rechtsgutsbegriffs sind unübersehbar: „An die Stelle des Gutsschutzinteresses müßte das verschwommene Interesse am Fortbestand der ... Ordnung treten, womit das Rechtsgut sich im allgemeinen Begriff der Rechtsordnung auflösen, zugleich aber damit seine für die Auslegung von Norm und Tatbestand sowie für das Rechtswidrigkeitsurteil ... so bedeutsame Rolle völlig einbüßen würde."[88]

Als wesentliche Ergebnisse des gegenwärtigen Standes der Rechtsgutsdiskussion lassen sich die folgenden Stichworte festhalten: Bei der Gutsbestimmung ist das Rechtsgut vom Gegenstand des verletzenden Eingriffs — dem Rechtsgutsobjekt — zu unterscheiden *(Schmidhäuser)*; wesentlich für die Gutszuordnung ist die Beziehung zu einem personalen Subjekt, wobei die Art der Vermittlung noch näher bestimmt werden muß (*Marx*, im Ansatz auch *Rudolphi*); die nähere Bestimmung der Gutsbeeinträchtigung hat sich an den typischen menschlichen Handlungsvollzügen zu orientieren *(Sax)*; gutsbestimmend ist ferner in intersubjektiver Hinsicht die wechselseitige Anerkennung (‚Achtungsanspruch') der Zuordnung *(Schmidhäuser)*.

---

86 ZStW 97, 777.

87 Vgl. hierzu *Marx*, Der Begriff, S. 67.

88 So *Maurach / Zipf*, StR AT, § 19, Rn. 12; für das Wirtschaftsstrafrecht vgl. *Tiedemann*, Tatbestandsfunktionen, S. 122: „Aber diese Oberwerte (z. B. Leistungsfähigkeit der Wirtschaft; der Verf.) sind ganz ebenso wie die Rechtsordnung und das Interesse an ihrem Bestand als ‚das' Rechtsgut der einzelnen Wirtschaftsstraftaten auszuscheiden und nur Bezug und Legitimation der einfachen Gebotsregelung, nicht aber ihr Inhalt oder Substrat."

V. Grundbestimmungen des Kriminalunrechts

1. Die Ausgangssituation

Im Mittelpunkt der folgenden Ausführungen steht die Frage, welche Anforderungen an die Konstitution strafbaren Unrechts zu stellen sind[1], wenn und soweit damit mehr umfaßt ist, als die formalisierte Entschließung des Strafgesetzgebers. Das in dieser Hinsicht voraussetzungslose Vorgehen will keineswegs die Leistungen des Gesetzgebers infragestellen, insbesondere soweit sie die Grundlage eines geordneten und relativ stabilen gesellschaftlichen Zusammenlebens bilden. Nur wird dieser Aspekt auf das zurückgeführt, was ihn einzig adelt, nämlich auf die notwendige, gleichwohl aber technische Regulierungsleistung.[2] Auch der Strafgesetzgeber ist grundsätzlich der Möglichkeit des Irrens ausgesetzt, zumal in diesem Bereich Umfang und Grenzen der rechtlichen Regulierung inhaltlich durch die „faktischen Machtverhältnisse"[3] bestimmt werden.

2. Zu den erkenntnisleitenden Prämissen

Es ist hier nicht beabsichtigt, ein so komplexes Phänomen wie das Kriminalunrecht umfassend zu beschreiben, sondern lediglich, einige Grundmomente zu erinnern.

Die Sorgfalt des Gesetzgebers, für strafbar erachtete Sachverhalte präzise zu beschreiben, ist nur vor dem Hintergrund der ‚ultima-ratio'-Funktion des Strafrechts verständlich. Ginge mit der Unrechtsvertypung nicht zugleich notwendig die allgemeine und besondere Freiheitsrechtsminderung einher, so unterschiede sie sich kaum von sonstigen verhaltensregulierenden Normen. Neben ihrer sozialethischen Tadelswirkung hat die Strafe über ihre Androhung und Vollziehung hinaus diskriminierende Wirkungen, die über den Kreis der unmittelbar von ihr Betroffenen und über die Zeit der Strafverbüßung weit hinausgehen.[4] Sowohl der strafende als auch der mit Strafe drohende Eingriff hat sich daher auf das „unerläßlich Notwendige"[5] zu beschränken. Grundlage jeder Unrechtskonstitution muß daher das Prinzip der strikten Begrenzung des pönalisierten Bereichs

---

[1] Vgl. *Rudolphi*, FS Honig, S. 157.

[2] Vgl. *Radbruch*, Rechtsphilosophie, S. 357.

[3] So auch *Ellscheid*, Das Problem, S. 32.

[4] Zu denken ist hier an die Angehörigen des Betroffenen (insbesondere seine Familie) sowie die Stigmatisierungswirkung. Vgl. hierzu *Sax*, Grundsätze, S. 924.

[5] So *Sax*, Grundsätze, S. 924.

sein. Die Wahrung des gesellschaftlichen Friedenszustandes erfordert die Einhaltung grundlegender Verhaltensstandards, deren immer mögliche Verletzung einer kontrollierten und relativ gleichförmigen Abwicklung durch das Strafrecht bedürfen, um direkt gewaltförmige Selbsthilfe zwischen den Subjekten zu verhindern. Hierin liegt — richtig verstanden — die friedensbewahrende Bedeutung des Strafrechts und zugleich die Begrenztheit seiner Aufgabe. Das Strafrecht würde sich, wie jegliches Recht, dann selbst aufheben, wenn es seine grundlegend freiheits- und friedenssichernde Funktion dadurch pervertierte, daß es durch eine Ausweitung seines Anwendungsbereiches potentiell oder real diejenigen Freiheitsbeeinträchtigungen reproduzierte, die zu unterbinden oder zu vermindern zu seinen allein legitimen Aufgaben gehört.

Das Prinzip der strafbarkeitsbegrenzenden Unrechtskonstitution läßt sich nach drei Seiten hin näher bestimmen:

2.1 Autonomiebezug

Dieses Prinzip ist sinnvoll und notwendig nur in einer aktuellen gesellschaftlichen Totalität, in der Verhaltensfreiheit und Autonomie der Subjekte möglich und im Grundsatz wirklich sind. Würde stattdessen Gewißheit, daß die Subjekte in ihren Lebenszusammenhängen vollständig fremdbestimmt leben, so erschiene die Forderung nach Limitierung der Strafbarkeit angesichts eher gradueller Unterschiede zwischen strafnorm- und sonst gesellschaftlich vermitteltem Zwang im mindesten unglaubwürdig, wenn nicht zynisch.

2.2 Gesellschaftsbezug

Ferner ist vorauszusetzen, daß eine komplexe, möglicherweise gegenüber früheren Formationen störungsanfälligere Gesellschaftskonstitution[6] ihre Existenz nicht legitim durch Ausweitung der Strafbarkeitszonen, also durch allgemeine und besondere Eingriffe in die Verhaltensfreiheit der Subjekte sichern darf, sondern einzig durch „Reduktion von Komplexität“[7] ihrer Bestandsbedingungen, d. h. durch die Besinnung und den Rückgang auf ihre freiheitsgesetzliche Bestimmung.

2.3 Norminhaltsbezug

Jenseits dieser Prämissen soll ein weiterer, den Strafnorminhalt betreffender Gedanke die Bedeutung des Begrenzungsprinzips veranschaulichen. Ein lediglich formaler Unrechtsbegriff tendiert mit einer gewissen Zwangsläufigkeit zu einer Ausweitung des Strafbarkeitsbereichs. Potentiell kann danach alles irgendwie

---

6 Vgl. hierzu *Amelung*, RGS, S. 387.

7 Vgl. *Luhmann*, Rechtssoziologie, S. 212 f.

‚Disfunktionale' — insbesondere in gesellschaftlichen Krisenlagen — zum Gegenstand einer Strafnorm werden.[8] Diese Entwicklung läßt sich treffend als Phänomen des ‚Unrechts im Allgemeinen' bezeichnen. Dieses Unrecht ist nicht bestimmt und bezieht sich nicht auf konkretisierte Unrechtsmerkmale, die dem Willen des Täters zur Schuld zugerechnet werden können. Arthur *Kaufmann*[9] hat diese Unrechtskonzeption auf das dem kanonischen und gemeinen Recht entlehnte Institut des ‚versari in re illicita' zurückgeführt. Eine nicht rechtswidrige Verhaltensweise kann auch dann nicht zum Gegenstand der Pönalisierung werden, wenn sie gefahrenträchtig ist und diese Gefahren sich anschließend im Kriminalunrecht manifestieren. Nur dieses Kriminalunrecht, nicht das neutrale Vorverhalten, kann unrechtsbestimmend sein. Auf die Vorschrift des § 323a StGB angewendet, bedeutet dies, daß der Strafgrund nicht im Sichberauschen liegen kann, da ein solches Verhalten zwar moralisch verwerflich, aber nicht rechtswidrig ist. Wäre hier materielles Unrecht gegeben, so müßte konsequent schon gegen dieses Verhalten Nothilfe zulässig sein.[10]

3. Zu den Konsequenzen einer freiheitsgesetzlichen Rechtsbegründung für die Bestimmung des Kriminalunrechts

Als grundlegend für die Unrechtskonstitution erweist sich die ihr vorausgehende Auffassung einer legitimen Rechtsbegründung. Hierauf sind wir bereits vertiefend eingegangen[11], so daß eine kurze Rekapitulation genügen soll.

3.1 Rekapitulation

Recht läßt sich legitimerweise nur auf die Regulierung des äußeren Verhältnisses zwischen Personen beziehen und hat näherhin die Form wechselseitiger Willkür zum Gegenstand. Zugleich hat die rechtliche Konstitution der Gesellschaft (d. h. die institutionelle Vermittlung) einerseits den immer möglichen Willenswidersprüchen der Subjekte sowie andererseits der, jeglicher institutionellen Vermittlung innewohnenden Tendenz einer einseitig an technischer Rationalität und Machterhaltung orientierten Ausrichtung von Gewaltverhältnissen gegenüber Mensch und Natur Rechnung zu tragen. Die gesamte Rechtsordnung ist daher durch die Leistung legitimiert, einen realen Raum der Verhaltens- und Entfaltungsfreiheit für und durch die Subjekte zu erbringen. Demnach hat sich auch die Unrechtsbestimmung auf freiheitsgesetzlicher Grundlage daran zu orien-

8 Vgl. hierzu und zur Auflösung des Rechtsgutsbegriffs: *Maurach / Zipf,* StR AT, § 19, Rn. 13.

9 JZ 1963, 426 f. m. w. N. (für das Delikt der Volltrunkenheit).

10 Vgl. *Kaufmann,* JZ 1963, S. 428.

11 Vgl. oben Kap. III.4.

tieren, daß nur die in subjektiver wie in intersubjektiver Hinsicht fundamental störenden, äußeren Verhaltensweisen pönalisiert werden dürfen.

3.2 Grundmomente der Unrechtsbestimmung

In einem ersten Zugriff lassen sich die Grundmomente einer Unrechtsbestimmung folgendermaßen näher beschreiben.

3.2.1 Der Verhaltensbezug

Aus dem Moment des äußeren Verhaltensbezugs folgt zunächst, daß die unrechtsbegründende Handlung „die rechtsgesetzliche Freiheit anderer, i. w. S. intersubjektiv-äußere Verhaltensfreiheit" beeinträchtigen muß.[12] Als willensgetragenes menschliches Verhalten umfaßt die Handlung grundsätzlich auch zeichenhaft vermittelte Entäußerungen des Subjekts. Soweit diese Verhaltensweisen in ehrverletzender oder die Freiheit der Willensbildung / -entschließung anderer beeinträchtigenden Weise intersubjektive Relevanz erhalten, können sie zum Gegenstand der Unrechtsbestimmung werden. Auszuscheiden sind dagegen solche Äußerungen des Subjekts, die unterhalb dieser Erheblichkeitsschwelle bleiben. Diese Einschränkung ergibt sich einmal aus dem wechselseitigen Anerkennungsverhältnis selbst, dessen Dasein sich wesentlich über sprachlich vermittelte Intersubjektivität herstellt und reproduziert. Zum anderen folgt die Einschränkung aus der prinzipiellen, willensgeleiteten Selbstbestimmung des anderen Subjekts. Schließlich können intersubjektive Planungs-, Organisations- und Willensbildungszusammenhänge nur insoweit unrechtsrelevant sein, als sie bereits nachhaltig beeinträchtigend nach Außen in Erscheinung treten. Nur dann ist die Erörterung von Absichten, Motiven und sonstigen subjektiven Tendenzen zulässig.[13]

3.2.2 Die Folgenzurechnung

Mit dem Bezug auf das äußere Verhalten geht zugleich eine gewisse Folgenorientierung in die Unrechtsbestimmung ein. Darauf, daß die unrechte Handlung vielerlei Folgen aufweist, die ebenso notwendig wie zufällig sein können, hat *Hegel*[14] eindrucksvoll hingewiesen: „Die Folgen, als die Gestalt, die den Zweck der Handlung zur Seele hat, sind das Ihrige (das der Handlung Angehörige), — zugleich aber ist sie, als der in die Äußerlichkeit gesetzte Zweck, den äußerlichen Mächten preisgegeben, welche ganz anderes daran knüpfen, als sie für sich ist und sie in entfernte fremde Folgen fortwälzen. Es ist ebenso das Recht des

---

12 So *Köhler*, NJW 1985, 2389.

13 So zutreffend *Jakobs*, ZStW 97, 761, 773.

14 Rph, § 118.

Willens, sich nur das erste zuzurechnen, weil nur sie in seinem Vorsatze liegen." Die Dialektik der Subjekthandlung zwischen notwendiger und zufälliger Folgenverwirklichung wird daher grundsätzlich zu Lasten des handelnden Täterindividuums aufgelöst. Gleichwohl hieße es, diese Individualisierung in ihr Gegenteil verkehren, wenn sie zu einer Entlastung der Gesellschaft von komplexen, selbstgesetzten Verursachungszusammenhängen gebraucht würde. Die durch heteronome (staatliche oder gesellschaftliche) Bearbeitung der Tat bewirkten weiteren Folgen können nicht als unrechtsrelevant anerkannt werden. Dies gilt auch für die Formulierung des Unrechtstatbestandes selbst. Bloß mögliche, weit entfernt liegende Folgen, können einer Unrechtsvertypung nicht zugrundegelegt werden. Mit den ‚Befürchtungen' Dritter hat die Handlung des Täters nichts zu tun, da diese das Unrecht seiner Handlung nicht zu begründen vermögen. Die jeweils konkrete Tatwirkung, nicht aber die über ihren Kontext hinausgehende pragmatische ‚öffentliche Verarbeitung' bestimmt daher das Kriminalunrecht. Nur auf dieser Grundlage hat das verfassungsrechtliche Bestimmtheitsgebot aus Art. 103 Abs. 2 GG einen die bloße Formalität übersteigenden Sinn.

3.2.3 Der Rechtsgutsbezug

Als weiteres Grundmoment der Unrechtserfassung ist schließlich die Notwendigkeit der Gegenstandsbestimmung (Rechtsgutskonstitution) hervorzuheben. Sie entscheidet darüber, ob eine Handlung vorliegt, die als Unrecht angesehen werden kann. Bereits auf der Ebene der Unrechtsvertypung ist — wo eben möglich — eine Abwägung zwischen den Interessen der durch ein Verhalten unmittelbar oder institutionell-mittelbar Betroffenen zu vollziehen. [15] Da keine Gutszuordnung von intersubjektiver Anerkennung unabhängig Bestand haben kann, folgt schon von hierher die notwendige Begrenzung des Schutzumfangs nach Inhalt und Ausmaß.

Bei der nun folgenden genaueren Betrachtung der unrechtskonstituierenden Merkmale werden vorrangig die Rechtsgutsbestimmung und die Beeinträchtigungsmodalitäten erörtert. Der Unrechtsgehalt des Versuchs sowie die Abgrenzung zwischen Kriminal- und Ordnungsunrecht bleiben außer Betracht. [16]

---

15 So auch *Neumann / Schroth*, Neuere Theorien, S. 48.

16 Zum Unrechtsgehalt des versuchten Delikts vgl.: *Sch / Sch* Vorbem. § 22, Rn. 17 ff.; SK-*Rudolphi*, Vor § 22, Rn 11 ff. Zur Abgrenzung zwischen Kriminal- und Ordnungsunrecht vgl.: *Wolff*, Abgrenzung, S. 214 ff. Zur umfassenden allgemeinen Bestimmung des Verbrechens eingehend: ebenda, S. 196 ff.

4. Der Rechtsgutsbegriff und das Verletzungserfordernis

4.1 Rechtsgutstheoretische Grundannahmen

Wir haben oben[17] festgehalten, daß bei der Gutsbestimmung das Rechtsgut selbst vom Gegenstand des verletzenden Eingriffs zu unterscheiden ist. Der Begriff des Gegenstandes bezeichnet ein für schutzwürdig erachtetes Objekt, das sowohl körperlicher Natur (der menschliche Körper, Sachen) als auch eine kognitiv präsente, ideelle Gegebenheit sein kann (Ehre, Privatsphäre, Freiheit der Willensbestimmung und -betätigung, Hausfrieden etc.). Neben der positiven Bewertung ist den Objekten die intersubjektiv-äußere Relevanz gemeinsam. Aus diesem Grund können sie Gegenstände der rechtlichen Regulation, also Rechtsgüter sein.

Liebe, Treue, Achtung und edle Gesinnung mögen zwar Objekte der Wertschätzung sein, rechtlich reguliert geraten sie jedoch bestenfalls zur Karikatur ihrer selbst.[18]

Im Unterschied zum Rechtsgut als des Allgemeinbegriffs ist dem Rechtsgutsobjekt die Zuordnung zu einem (personalen) Subjekt wesentlich. Während beispielsweise die Ehre oder die sexuelle Selbstbestimmung trotz permanenter Ehrverletzungen und umfassender Fremdbestimmung existent sind, besteht das jeweilige Objekt nur durch die tätige, praktische Zuordnung zu einer bestimmten Person. Demzufolge kann durch den konkreten Eingriff nur das Rechtsgutsobjekt verletzt werden. Das Rechtsgut als Gattung kann dagegen nur in seinen Geltungsbedingungen, also im Bewußtsein der anderen von der Anerkennung und Verbindlichkeit des Guts im allgemeinen, beeinträchtigt werden.[19]

Rechtsgut und Rechtsgutsobjekt sind jedoch nicht nur begrifflich voneinander abhängig. Ohne eine konkrete Zuordnung zu einem Subjekt kann kein Rechtsgut Geltung beanspruchen.[20] „Rechtsgüter" ohne bestimmbares Objekt sind daher Chimären, die zwar wirkungsmächtig sein können, aber jeglicher Maßstabfunktion entbehren.[21]

Unser Verständnis des Rechtsgutsobjekts basiert folglich auf einer der allgemeinen Gutskonstitution entsprechenden konkreten Existenz eines Objektes in

---

17 Vgl. Kap. IV.5.3.

18 Hierzu schon *Hegel*, Rph, § 213 (Zusatz): „Ebenso finden sich in älteren Gesetzgebungen viel Vorschriften über Treue und Redlichkeit, die der Natur des Gesetzes unangemessen sind, weil sie ganz in das Innerliche fallen."

19 *Köhler*, Begriff der Strafe, S. 55 (Anm. 81): „Das Verbrechen kann nicht den ansich-seienden Willen (‚das Rechtsgut') beeinträchtigen."

20 Vgl. hierzu *Hoyer*, Eignungsdelikte, S. 36 f.

21 Hierzu gehören etwa Begriffe wie „Schlagkraft der Truppe", „Innerer Frieden" oder „Reinheit der Amtsführung". Ohne eine nähere Bestimmung der Konstitutionsmomente sind sie als Generalbegriffe, die komplexe Zustände schlagwortartig zusammenfassen, für eine Rechtsgutsbestimmung ungeeignet. Vgl. hierzu Kap. VIII.2.3.3 und 2.4.3.

der sozialen Wirklichkeit. Setzt die Gutskonstitution etwa ein spezifisches Verhalten des verfügungsberechtigtes Subjekts voraus, so ist der korrespondierende Achtungsanspruch bei einer entsprechenden Gutsbetätigung gegeben. Daher existiert beispielsweise der ‚Hausfrieden' als ein der Verletzung zugängliches Rechtsgutsobjekt nicht in zum Abriß bestimmten oder aus Spekulationsgründen unbewohnten Häusern.[22] Den Grund hat diese Sichtweise in der Bedeutung, die dem Rechtsgut als Normverhalt[23] zukommt. Als Norm ist das Rechtsgut auf eine regelbare und der Regelung bedürftige Wirklichkeit angelegt und wird daher von dieser Wirklichkeit selbst beeinflußt.[24] Fehlt es demnach an einem der Verletzung zugänglichen Objekt, so können auch die Geltungsbedingungen des Rechtsguts in concreto nicht beeinträchtigt werden.

‚*Rechtsgut*' meint somit die dem Subjekt intersubjektiv verbindlich eingeräumte, objektbezogene Verhaltensfreiheit. Diese Verhaltensfreiheit ist — handlungskategorial — objektbezogene Betätigungschance.[25] Als Normverhalt bestimmt und begrenzt das Rechtsgut die Verhaltensfreiheit und damit den Umfang der objektbezogenen wechselseitigen Anerkennungs- und Vertrauensbeziehung. Rechtsgutsobjekt ist daher das praktische Verhältnis eines Subjekts zu einem Gegenstand in den Grenzen der zugrundeliegenden (allgemeinen) Gutsbestimmung.

In einem langen historischen Prozeß rationaler Reflexion und Praxis haben fundamentale personale Rechtsgüter eine vergleichsweise stabile intersubjektive Verbindlichkeit erlangen können. Leben, körperliche Integrität und Eigentum sind zumindest gegen gewalttätige, die Willensentschließung, das Eigentum und das Vermögen zum Teil auch gegen durch Täuschung verursachte Beeinträchtigungen geschützt. Allen diesen Rechtsgütern ist gemeinsam, daß sie die Zuordnung zu den Gutsobjekten als schon vorgegeben voraussetzen können (Leben, körperliche Unversehrtheit, Ehre etc. des konkreten Menschen) oder aber das Vertrauen in den Bestand der Zuordnung zu einem bestimmten Objekt sicherstellen (Sacheigentum, Hausfrieden). Ihre Geltungsallgemeinheit verdanken diese Rechtsgüter der wechselseitigen Anerkennungsleistung der Subjekte, die in dem Wissen um die Bedeutung der eigenen Chance zur Gutsbetätigung auch die Gutszuordnungen der anderen anerkennen (beachten).

Die Geltungsallgemeinheit des Rechtsguts auch nach der Verletzung eines Rechtsgutsobjekts im Einzelfall aufrechtzuerhalten, ist in jüngerer Zeit Aufgabe des Staates. Die mit dessen Herausbildung einhergehende Institutionalisierung und die bei Großverbänden generelle Tendenz zu einer ausgeprägten Versachli-

---

22 Vgl. hierzu *Engels*, DuR 1981, 293 ff. (299); andererseits: *Sch / Sch*, § 123, Rn. 2 m. w. H.

23 Zum Normbegriff als Normverhalt vgl. *Fleischer*, Ethik, S. 116 ff.

24 Vgl. *Hassemer*, Theorie, S. 105 ff.

25 Zu allgemein *Calliess*, Theorie, S. 143, der Rechtsgüterschutz als „Schutz von Partizipationschancen in der Gesellschaft" begreift.

chung der Subjektbeziehungen forciert notwendig die Anerkennung von Rechtsgütern, die den Bestand und die Wirksamkeit einer gesellschaftlichen Formation schützen sollen. So führt die schon beschriebene Versachlichung der gesellschaftlichen Austauschbeziehungen[26] zu der Notwendigkeit, das intersubjektive Vertrauensverhältnis normativ zu entlasten und zu stabilisieren. In wirtschaftlicher Hinsicht ist es beispielsweise erforderlich, das Vertrauen in die Echtheit der Geldzeichen und in die täuschungsfreie Vornahme von Vermögensdispositionen zu gewährleisten. Der Rechtsverkehr zwischen den Subjekten ist darauf angewiesen, stofflich verkörperte Erklärungen als Beweismittel zu benutzen und sich darauf zu verlassen, daß der Aussteller der Urkunde die in ihr enthaltenen Erklärungen auch tatsächlich abgegeben hat.[27] Der Erwerb von Lebensmitteln muß, trotz der Unsicherheit über Herkunft und Verarbeitung, für die Subjekte weitgehend risikofrei sein; es soll darauf vertraut werden dürfen, daß der Verzehr ohne nachhaltige Wirkungen auf die Gesundheit bleibt.

Ist für diese Rechtsgüter der *personale Bezug* überhaupt noch sinnvoll herstellbar? Diese Frage ist zu bejahen. Schon genuin personale Rechtsgüter sind — wie oben gezeigt wurde — nur kraft intersubjektiver Anerkennung existent. Jede Zuordnung Subjekt-Rechtsgutsobjekt hat nur auf dieser Grundlage Bestand. Die Anerkennungsleistung der Subjekte ist aber nicht auf die individuelle Zuordnung auf ein Objekt beschränkt. Sie umfaßt gleichermaßen die Konstitution von Objekten, die wesentlich wegen ihrer allen Bürgern zugute kommenden Bedeutung positiv bewertet werden. Rechtsguts- und daher normkonstitutierend ist auch die prinzipiell subjektbezogene *‚Teilhabe'* an den Rechtsgutsobjekten. Ein Rechtsgut bezeichnet folglich die auf der Basis wechselseitiger Anerkennung eingeräumte — ausschließliche oder gleichberechtigte — Betätigungschance der objektbezogenen Verhaltensfreiheit eines Subjekts.

4.2 Zu den Verletzungsmodalitäten und zur Schutztechnik

Die Herausarbeitung der Beeinträchtigungsmodalitäten hat von der handlungsbezogenen Rechtsgutsdefinition auszugehen. Verletzend sind regelmäßig Verhaltensweisen, die aufgrund der verfolgen Nahziele[28] mit den aktuellen oder potentiellen Betätigungschancen des gutsberechtigten Subjekts unvereinbar sind oder die gleichberechtigte Teilhabe aller Subjekte nachhaltig beeinträchtigen. Maßgeblich für die Auswahl typischer Verhaltensweisen und insbesondere für deren erkennbar eindeutige Erfassung in einem Unrechtstatbestand ist die Orientierung an den menschlichen Handlungsvollzügen. Die diesen intentional zugrundeliegenden Nahziele bestimmen die Angriffsrichtung und damit zugleich das Objekt

---

26 Vgl. oben Kap. III.4.2.3.

27 *Sch / Sch,* § 267, Rn. 1; *D / T,* § 267, Rn. 1 ff.; *Lackner,* § 267, Anm. 1.

28 So *Sax,* Grundsätze, S. 912, 916.

der Beeinträchtigung. *Sax*[29] hat darauf hingewiesen, daß für die Unrechtsbestimmung in der Regel die Beschreibung der Verletzungshandlung selbst ausreichend ist. Hiermit gelangt die Prädominanz der intersubjektiv-äußeren Beeinträchtigungsweise für die Unrechtsbestimmung zum Ausdruck. Rechtsgutsbezogen ist weiter zu fragen, welche Qualität die verletzende Verhaltensweise haben muß. *Hegel*[30] hat gezeigt, daß es für die objektiv-äußere Seite des Verbrechens bedeutsam ist, „ob solches Dasein oder dessen Bestimmtheit überhaupt in ihrem ganzen Umfang, hiermit in der ihrem Begriffe gleichen Unendlichkeit (wie in Mord, Sklaverei, Religionszwang usf.) oder nur nach einem Teile sowie nach welcher qualitativen Bestimmung verletzt ist." Setzen wir hier — der Verständigung wegen — ‚Dasein' mit dem konkreten Rechtsgutsobjekt gleich, so folgt hieraus, daß die entsprechenden Betätigungschancen vollkommen beseitigt werden, wenn der verletzende Eingriff das Subjekt seiner Verhaltensfreiheit aktuell umfassend beraubt. So ist etwa bei der Tötung, der Freiheitsberaubung und der gewaltsamen Willensbeugung in ihren schweren Formen deliktsspezifisch schwerstes Unrecht verwirklicht.

Ehrverletzungen, Vermögensschädigungen oder Sachbeschädigungen beeinträchtigen die sonstige Verhaltensfreiheit regelmäßig nicht. Hieraus läßt sich eine gewisse, das Unrecht dem Grunde nach bestimmende Rangfolge der Rechtsgüter herleiten.

Hinsichtlich der Qualität der Beeinträchtigung ist sowohl die eigentliche Verletzung als auch die bloße Gefährdung des Rechtsgutsobjekts unrechtskonstitutiv.[31] Näherhin ist erforderlich, daß der Täter durch sein Verhalten eine konkrete Gefahrenlage schafft, die das Rechtsgut — als Objekt der Gefährdung — in eine verletzungsträchtige Situation bringt.[32] Ebenso wie bei der Verletzung ist auch bei der Gefährdung auf die Beeinträchtigung der Betätigungschancen in bezug auf das Schutzobjekt abzustellen. Werden die Bedingungen der Gutsbetätigung aktuell beeinträchtigt und wird so eine Verletzungstendenz hervorgebracht, liegt ein unrechtsbegründender Sachverhalt vor. Hieran knüpft die Strafbarkeit des Versuchs und der *konkreten Gefährdungsdelikte* berechtigterweise an. Die Freiheit anderer wird konkret dem Zufall ausgesetzt. Auch die konkreten Gefährdungsdelikte sind in einem spezifischen Sinne Erfolgsdelikte[33]; der Gefährdungserfolg enthält die Schädigung des betreffenden Rechtsgutsobjekts nicht als Faktum, sondern als konkrete Möglichkeit.[34]

---

29 ebenda, S. 916.

30 Rph, § 96.

31 Vgl. hierzu auch *Hoyer*, Eignungsdelikte, S. 37 f., der allerdings auf das schwer faßbare Moment der ‚realen Verschlechterung der Lage' bzw. auf eine ‚akute Krisensituation' abstellt.

32 So *Gallas*, FS Heinitz, S. 175.

33 Vgl. *Schünemann*, JA 1975, 773.

34 So *Gallas*, FS Heinitz, S. 176.

Dagegen läßt sich für die *abstrakten Gefährdungsdelikte*[35] eine solche Beeinträchtigung der Betätigungschancen gerade nicht feststellen. Sie pönalisieren lediglich die erhöhte Wahrscheinlichkeit einer Gutsgefährdung. Die abstrakten Gefährdungsdelikte begegnen uns in zwei Formen[36]: der Gesetzgeber kann entweder von der generellen Gefährlichkeit des von ihm im Tatbestand beschriebenen Verhaltens ausgehen oder er kann es — mit Rücksicht auf die Vielgestaltigkeit der relevanten Lebensverhältnisse — mittels einer Generalklausel dem Richter überlassen, ein Verhalten als generell gefährlich zu qualifizieren. Beide Formen pönalisieren ein Verhalten, das aus dem Grunde als Quelle ‚typischer' Gefahren gilt, weil es erfahrungsgemäß die Aussicht einer Verletzung von Rechtsgütern bestimmter Art in ernst zu nehmender Weise erhöht.[37] Dagegen liegt — im Gegensatz zu den konkreten Gefährdungsdelikten — noch keine aktuelle Beeinträchtigung rechtsgutsbezogener Handlungsbedingungen vor, kann doch die ‚abstrakte' Gefährdung nur in Verbindung mit weiteren Tatumständen (‚allgemeinen Bedingungen') zu einer konkreten Gefährdung des Rechtsgutsobjekts führen.

Soweit sich das Strafrecht abstrakter Gefährdungsdelikte bedient, bestraft es Verhaltensweisen, die die Besorgnis einer zukünftigen Rechtsgutsbeeinträchtigung begründen. Mit der exemplarischen Funktion des Strafrechts[38] ist diese Vorfeldkriminalisierung nicht vereinbar. Gegen die Kriminalisierung dieser Verhaltensweisen spricht ein weiterer Einwand, auf den *Wolff*[39] aufmerksam gemacht hat. Das einzig handlungsleitende Gefahrenurteil ist nicht das des Täters, sondern dasjenige der normgebenden Dritten. Abstrakte Gefährdungsnormen sind daher mit dem Schuldgrundsatz kaum vereinbar. Als Beispiele mögen hier die Vorschriften der §§ 145 d (Vortäuschen einer Straftat) und 265 b StGB (Kreditbetrug) genannt werden.[40]

Diese Beurteilung läßt sich jedoch nur insoweit aufrechterhalten als der Täter nicht ein Mittel verwendet, das grundsätzlich oder aktuell unbeherrschbar ist und daher die Betätigungsbedingungen für die Rechtsgüter anderer konkret verschlechtert. Dies wird in der Regel für die Brandstiftung gelten, da der Täter weder die Wirkung des Feuers voraussehen, noch die Gefährdung anderer ausschließen kann. Auch das in betrunkenem Zustand geführte Kraftfahrzeug ist nicht mehr beherrschbar und aktualisiert aufgrund der gegebenen Bevölkerungs- und Verkehrsdichte die Gefahr für Rechtsgüter Dritter. Dagegen bezweckt der überwiegende Teil der abstrakten Gefährdungsdelikte den präventiven Schutz im Vorfeld konkreter Rechtsgutsgefährdung. Der Sache nach verfolgen diese

---

35 Vgl. *Jakobs*, StR AT, 6 / 86.

36 Vgl. *Gallas*, FS Heinitz, S. 174 f.; ferner *Schröder*, ZStW 81, 7 ff.

37 Vgl. *Gallas*, FS Heinitz, S. 175, 180 („Begründung einer ernst zu nehmenden Verletzungsaussicht").

38 So *Schünemann*, JA 1975, 792.

39 Abgrenzung, S. 216.

40 Hierzu näher *Wolff*, Abgrenzung, S. 215 ff.

Normen legitime pädagogische Ziele mit unzulässigen strafrechtlichen Mitteln. Insbesondere bei denjenigen abstrakten Gefährdungsdelikten, die als Tatbestandsmerkmal auf die ‚Geeignetheit' einer Verhaltensweise abstellen, kommt hinzu, daß sich der Unrechtsmaßstab wegen der Bezugnahme auf ein Erfahrungswissen des Richters in intersubjektiv kaum nachprüfbarer Weise verflüssigt.

Schließlich ist strafrechtliches Unrecht nicht denkbar ohne die in dem verletzenden Verhalten liegende — fahrlässige oder vorsätzliche — Willensbetätigung. Unrechtes Verhalten ist so gesehen Verhaltensunrecht. Das jeglicher menschlicher Handlung innewohnende Willensmoment ist jedoch kein spezifisch strafrechtliches Faktum. Unrechtes rechtswidriges Verhalten wird nicht durch das Wollen, durch die Willkürtendenz, sondern durch das Gewollte als Resultat (‚Erfolg') willensgerichteter Tätigkeit (straf-)rechtlich relevant.[41] Schon *Nowakowski*[42] hat diesen Sachverhalt auf die zutreffende Formel gebracht, daß der Wille zwar auf etwas Rechtswidriges gerichtet, niemals aber selbst rechtswidrig, sondern nur schuldhaft ist.

Davon zu trennen ist die Frage, ob für die hinreichende Typisierung des Unrechts die Heranziehung der Tendenz, Gesinnung, Absicht und inneren Einstellung erforderlich ist, mit der der Täter die äußere Handlung vollzieht. Diese Merkmale sind nur insoweit relevant, als ein ohnehin verletzendes äußeres Verhalten vorliegt. Die subjektiven Unrechtsmerkmale haben auf dieser Grundlage zwei Funktionen. So dienen sie — bei den Absichtsdelikten — der kriminalpolitisch für zweckmäßig erachteten Fixierung des Unrechts in einem frühen Zeitpunkt. Materiell unrechtsbegründend ist beispielsweise bei der überwiegenden Zahl der unmittelbar nach der Wegnahme entdeckten Diebstähle die versuchte Enteignung. Unrechtsbegründend ist aber schon der die Enteignung einleitende Wegnahmeakt als solcher, soweit er typischerweise überhaupt als verletzender Eingriff in Erscheinung tritt. Darüber hinaus erfüllen die subjektiven Unrechtsmerkmale die Funktion, das jeweilige Unrecht vollständig und charakteristisch zu erfassen.[43] So dient das Merkmal ‚roh' des § 223 b StGB der Kennzeichnung einer objektiv besonders gewalttätigen Mißhandlung, die einen erhöhten Unrechtsgehalt offenbart.

5. Folgerungen

Ein intersubjektiv-äußeres Verhalten darf nur insoweit kriminalisiert werden, als es einen verletzenden oder konkret gefährdenden Rechtsgutsbezug (im fortentwickelten Begriff) aufweist. Der mit jeder Strafandrohung einhergehende Eingriff in die intersubjektive Verhaltensfreiheit ist nur legitim, wenn die ausschließliche oder gleichberechtigt eingeräumte Betätigungschance der objektbezogenen Verhaltensfreiheit Dritter beeinträchtigt ist.

---

41 Vgl. *Lampe*, Personales Unrecht, S. 48; *Nowakowski*, ZStW 63, 316.

42 ZStW 63, 316.

43 Vgl. auch *Sax*, Grundsätze, S. 917.

Folglich dürfen einerseits Handlungen im Vorbereitungsstadium[44], soweit sie äußerlich farblos, d. h. unrechtsunspezifisch sind, auch dann nicht pönalisiert werden, wenn ihnen durch Zugrundelegung einer bestimmten Tätervorstellung eine deliktische Tendenz unterzulegen wäre.

Auf der anderen Seite können bloß rechtsgüterfeindliche Planungen — so scheint es — ohnehin nicht wirksam pönalisiert, weil nicht als solche erkannt werden.[45] Fährt jemand mit öffentlichen Verkehrsmitteln in die Innenstadt, um dort in Warenhäusern Diebstähle auszuführen, so ist die äußere Handlung als solche unrechtsunspezifisch, soweit die Betrachtung auf die Ortsveränderung beschränkt wird. Erweitert man die Perspektive — etwa auf einschlägige Vorstrafen, die aktuelle Vermögenslage, das soziale Umfeld etc. —, so objektiviert sich die Verkehrsteilnahme zu einer — hinsichtlich der konkreten Objekte allerdings noch unbestimmten — rechtsgutsgefährdenden Verhaltensweise. Unter einer störungskategorialen Prämisse dürfte es unschwer möglich sein, nahezu jede Handlung unter Heranziehung weiterer Umstände als irgendwie riskant für Rechtsgutsgattungen festzulegen.[46] Dennoch wird niemand ernsthaft eine Strafvorschrift erwägen, diesen Verkehrsteilnehmer — etwa aufgrund seiner Mittellosigkeit, seiner Kleidung und Fahrtrichtung — wegen abstrakter Gefährdung der Eigentumsordnung zu bestrafen. Soweit indessen hochabstraktive Generalien (der innere Frieden, die äußere Sicherheit, die öffentliche Ordnung) undifferenziert als Rechtsgüter zugrundegelegt werden, deren Konkretion in der sozialen Wirklichkeit eine differenzierte Analyse voraussetzt, besteht eben doch die Versuchung, objektiv neutrale Handlungen unter Heranziehung weiterer Umstände als Störungen zu bewerten. So mag beispielsweise die Einbindung eines Menschen in Organisationszusammenhänge nahelegen, seine Handlungen als im wesentlichen durch die Organisationsziele motiviert zu betrachten. Diese Problematik wird uns vor allem bei den Organisationsdelikten begegnen und dort eingehend zu erörtern sein.[47]

Schließlich offenbart die bereits angesprochene Abhängigkeit der Strafnormgesetzgebung vom Zustand der bürgerlichen Gesellschaft[48] ein gegen die intersubjektive Verhaltensfreiheit gerichtetes Gefahrenpotential, das sich mitunter in einer formationsspezifischen Tatbestandsbildung Wirklichkeit verschafft.[49] Aktuell konstatierbarer Zwang zu demonstrativer Politiktätigkeit rekurriert dabei vorrangig auf Bedrohungsängste, die als Begründung für pönalisierende Ausgrenzung

---

[44] Vgl. hierzu auch *Hoyer*, Eignungsdelikte, S. 53 f., der — unter Hinweis auf das rechtsstaatliche Bestimmtheitsgebot — andernfalls die Grenze zum Gesinnungsstrafrecht überschritten sieht.

[45] So *Hoyer*, Eignungsdelikte, S. 54.

[46] Vgl. *Hegel*, Rph, § 234 (Zusatz 4).

[47] Vgl. Kap. XII.

[48] Vgl. Kap. IV.2.1.

[49] Vgl. *Hassemer*, Theorie, S. 158 ff.; zur ‚Anti-Terror-Gesetzgebung': *Rudolphi*, ZRP 1979, 214 ff.; *ders.*, JA 1979, 1 ff.

i. S. einer Freund-Feind-Identifikation herhalten müssen.[50] An sich legale, daher unrechtsindifferente Verhaltensweisen geraten in dieser Perspektive zum Vehikel einer tatsächlichen oder vermeintlichen Enthüllung ‚rechtsgutsfeindlicher' Intentionen und Gesinnungen.

Im Vorgriff auf die im Anschluß beabsichtigte Befassung mit den politischen Delikten lassen sich diese Wirklichkeitsbezüge verhaltenskriminalisierender Normgesetzgebung präzisieren.

Soweit die genannten Momente als wirkungsmächtig nachweisbar sind, wäre an der *‚Zweckhaftigkeit'* einer vorfeldbezogenen Verhaltenskriminalisierung kaum zu zweifeln. Diese Zweckhaftigkeit ist hier näherhin so zu bestimmen, daß eine vorherrschend am Machtkalkül[51] orientierte Politik situationsbezogen ein in sein Gegenteil verkehrtes Subjektverständnis zum Anknüpfungspunkt ihrer Praxis macht, indem es den tatsächlichen oder vermeintlichen Gegner einseitig in der Täterperspektive wahrnimmt und dieser Wahrnehmung in einer Strafnorm Dasein zu geben sucht. So werden beispielsweise im Bereich der kommunikativen Auseinandersetzung vergleichsweise differenzierte Subjektvorstellungen einseitig auf die — grundsätzlich nicht auszuschließenden — Störungswirkungen für ein — weit gefaßtes — Schutzobjekt festgelegt (vgl. § 89 StGB, ‚Einwirken' auf Sicherheitsorgane). Eine irgendwie krisenhafte Befindlichkeit des Schutzobjekts forciert eigentümlicherweise die Bestimmung der subjektiven Verhaltensseite und gerät so in den Bereich bloß fiktiver Zuschreibung. Im Blick auf i. w. S. gruppenbezogenes Verhalten werden dem Subjekt mögliche rechtsgutsfeindliche Planungszusammenhänge einer Organisation zugerechnet, auf die es möglicherweise weder tatsächlich Einfluß zu nehmen vermag noch sich zu eigen gemacht hat (vgl. hierzu §§ 129, 129 a StGB: ‚werben . . . unterstützen').

In dem folgenden Teil der Untersuchung werden wir die Frage nach der Legitimität von Verhaltenskriminalisierung exemplarisch für den Bereich der politischen Delikte erörtern. Zunächst erweist es sich als erforderlich, den spezifischen Charakter dieses Deliktsbereichs zu identifizieren.

---

[50] Vgl. hierzu näher *Schmitt,* Der Begriff des Politischen, S. 27.

[51] Vgl. hierzu (im Vorgriff auf die Thematik des politischen Strafrechts): *Güde,* Probleme, S. 8 ff.

VI. Politisches Strafrecht: Verfassungs- oder Staatsschutz? Aspekte eines Deliktsbereichs

1. Überblick

Betrachtet man die Vorschriften des besonderen Teils des StGB, so fällt auf, daß die klassischen Staatsschutzdelikte (Hoch- und Landesverrat) — erweitert um eine Gruppe von Gefährdungsdelikten — an den Anfang gestellt sind (§§ 80 ff. StGB). Wie es scheint, soll hierdurch die grundlegende Bedeutung unterstrichen werden, die der Gesetzgeber dem Schutz des Staates und seiner Institutionen zumißt. Näherhin behandeln der erste und zweite Abschnitt die Abwehr von Beeinträchtigungen, die die Existenz und die Sicherheit des Staates nach innen und außen betreffen[1] (§§ 80 ff., 93 ff. StGB).

Der dritte Abschnitt (§§ 102-104a StGB) bezweckt den Schutz ausländischer Staaten vor Angriffen gegen deren Institutionen und Vertreter, ferner (durch den Schutz vor Ehr- und Symbolverletzungen) mittelbar die Bewahrung der Bundesrepublik vor internationalen Konflikten.[2]

Dem Wortlaut der Überschrift nach betrifft der vierte Abschnitt (§§ 105-108d StGB) die Strafbarkeit von Eingriffen, die die staatsgerichtete Willensbildung durch Wahlen und Abstimmungen zu beeinträchtigen drohen.[3] Traditionell besonders umfassend geschützt ist die bewaffnete Macht[4] (§§ 109-109k StGB). Die einschlägigen Strafnormen erfassen Angriffe gegen deren personellen und sachlichen Bestand sowie gegen ihre Funktionsfähigkeit i. w. S.[5]

Der sechste Abschnitt (§§ 110-122 StGB) pönalisiert Verhaltensweisen, die die vollstreckende Tätigkeit von Staatsorganen in dem Bereich direkt-personaler Konfrontation mit dem Bürger beeinträchtigen.[6] Diese Vorschriften suchen die rechtmäßige hoheitliche Tätigkeit von Vollzugs-, insbesondere Polizei- und Strafvollzugsorganen sicherzustellen.

---

1 Vgl. *Sch / Sch,* Vorbem. §§ 80, Rn. 1; SK-*Rudolphi,* Vor § 80, Rn. 2; *D / T,* Vor § 80, Rn. 1 ff.

2 Vgl. *Sch / Sch,* Vorbem. §§ 102-104a, Rn. 2; *Lackner,* Vorbem. § 102.

3 Zu weitgehend daher *Sch / Sch,* Vorbem. §§ 105 ff., Rn. 1.

4 Vgl. (für das vorkonstitutionelle Strafrecht) *D / T,* Vorbem. § 109.

5 So *Sch / Sch,* Vorbem. §§ 109, Rn. 1 m. w. H.; *D / T,* Vorbem., § 109, Rn. 2.

6 Auszunehmen ist § 111 StGB.

Die Vorschriften des siebenten Abschnitts pönalisieren Handlungen, die gegen sehr verschiedenartige Rechtsgüter gerichtet sind. So schützen etwa die §§ 123 und 142 StGB eindeutig individuelle Rechtsgüter.[7] Der Überschrift nach ist allerdings die ‚Öffentliche Ordnung' der Schutzgegenstand der Vorschriften. Trotz der uneinheitlichen Deliktsstruktur mag die Gemeinsamkeit der Bestimmungen darin liegen, daß sie Verhaltensweisen mit Strafe bedrohen, die wegen ihres spezifischen Öffentlichkeitsbezuges die freiheitssichernde Staatstätigkeit und ihren Geltungsanspruch im öffentlichen Raum beeinträchtigen oder zu beeinträchtigen drohen. Soweit dagegen die §§ 132-139 StGB unmittelbar staatliche Aktivitäten schützen, dürfte die systematische Zuordnung in den sechsten Abschnitt sinnvoller sein.

Der neunte Abschnitt hat demgegenüber den begrenzten Bereich judikativer Rechtsfindung zum Gegenstand (§§ 153 ff. StGB). Hier wird die staatliche Rechtspflege nicht schlechthin vor beeinträchtigenden Verhaltensweisen geschützt, sondern nur insoweit als die Wahrheitsermittlung mit Hilfe von Beweispersonen durch falsche Aussagen beeinträchtigt zu werden droht.[8]

Der kurze Überblick zeigt, daß die Strafnormen der genannten Abschnitte des StGB wesentlich Verhaltensweisen kriminalisieren, die die selbstgesetzte Aufgabenerfüllung staatlicher Institutionen sowohl in ihren sächlichen und personellen Grundlagen als auch im Bewußtsein der Bürger beeinträchtigen oder zu beeinträchtigen drohen. Auffallend ist — nicht nur von der Anzahl der Vorschriften her — der *umfassende Schutzanspruch*, den der Staat für sich geltend macht. So erscheint das Hochverratsunternehmen (§ 81 ff. StGB) ebenso pönalisierungsbedürftig wie das Vortäuschen einer Straftat (§ 145d StGB) und die Nötigung von Verfassungsorganen (§§ 105 f. StGB). Angriffe auf die Grundlage der Staatlichkeit stehen neben unnützer Inanspruchnahme staatlicher Organe, direkt-personale Hausfriedens- und Vermögensbeeinträchtigungen neben gewalttätiger Einflußnahme auf die Entscheidungsbildung von Verfassungsorganen. Diese Spannweite der Kriminalisierung wirft schon im Grundsätzlichen die Frage nach der Vereinbarkeit mit dem allgemein anerkannten Postulat der ‚ultima-ratio'-Funktion des Strafrechts auf. Diesbezüglich sind nachhaltig Zweifel geäußert worden[9], denen hier allerdings im einzelnen nicht nachgegangen werden soll. Wir haben diese Problematik bereits oben[10] näher erörtert und in dem Prinzip der strikten Begren-

---

[7] Vgl. *Sch / Sch,* § 123, Rn. 1 (Hausrecht als ein Stück lokalisierter Freiheitssphäre). *Sch / Sch,* § 142, Rn. 1 (Interesse jedes Unfallbeteiligten an der Aufklärung der Unfallursache).

[8] Hierzu umfassend *Vormbaum,* Der strafrechtliche Schutz, S. 141 ff., 166 ff., 262 ff.; vgl. auch *Sch / Sch,* Vorbem. §§ 153 ff., Rn. 2.

[9] Vgl. nur *Hellmer,* Das ethische Problem, S. 49; ders., JZ 1981, 156 (158 f.). Zum Ganzen: *Albrecht,* KritV 1988, 182 (200 ff.), für den es in der Logik des Interventionsstaates liegt, „nicht nur den strafrechtlich relevanten Bereich in alle Sektoren individueller und kollektiver Lebenstätigkeit vorzuverlegen, sondern auch den polizeirechtlichen Begriff der ‚Gefahrenabwehr' dieser Vorverlagerung anzupassen." (S. 202) Der Staat gewinnt somit real ein Moment von gesellschaftlicher Allgemeinheit.

zung des Strafbarkeitsbereichs zusammengefaßt. Grundlegend ist auch für den Bereich des politischen Strafrechts von einem „notwendigen = unverzichtbaren Existenzschutz" institutioneller Staatlichkeit[11] auszugehen. Darin liegt, daß auch hier das ‚ultima-ratio'-Prinzip Geltung beansprucht.

Im folgenden werden wir dieses Prinzip für den Bereich des politischen Strafrechts fruchtbar zu machen suchen. Die notwendige Präzisierung setzt allerdings voraus, daß über einen abgegrenzten Gegenstand verfügt werden kann. Was also ist das: ‚politisches Strafrecht'? Einer Antwort auf diese Frage werden wir uns in drei Schritten zu nähern suchen.

Erstlich ist genauer zu erörtern, worin die Besonderheiten der oben — noch dem allgemeinen Sprachgebrauch entsprechend — als Staatsschutzdelikte bezeichneten Normengruppen gegenüber den sonstigen Strafbestimmungen des besonderen Teils bestehen. Der Abschnitt beschränkt sich auf die Herausarbeitung typischer Unterschiede, und zwar in rechtsguts- und verhaltensbezogener Hinsicht. Folglich wird das Ziel der Gegenstandsbestimmung nur mittelbar verfolgt: über die Typizität einzelner Delikte und Deliktsgruppen.

In einem zweiten Schritt soll die Annäherung an den Gegenstand der politischen Delikte erfolgen. Hier ist besonders auf die spezifischen Beziehungen zwischen ‚Recht' und ‚Politik' einzugehen, um das genuin ‚politische' Element dieser Normen herauszuarbeiten. Ebenso wie die Bezeichnung ‚Staatsschutzdelikte' eine möglicherweise voreilige Festlegung von Schutzrichtung und Schutzgegenstand vermuten läßt, besteht auch bei unserem Vorgehen die Gefahr, gewisse anwendungsbezogene Aspekte dieser Delikte zu deren Bestimmung per se zu verallgemeinern. Dieser Gefahr sind wir uns bewußt.

Schließlich erfolgt in einem dritten Schritt die begriffliche Erfassung des Untersuchungsgegenstandes.

Im Anschluß daran werden wir die Diskussion um die generalpräventiven Strafbestimmungsgründe vor dem Hintergrund der gesellschaftspolitischen Bedeutung des politischen Strafrechts wieder aufnehmen. Dieser Zusammenhang wird zuletzt in seiner historischen Dimension anhand des Verhältnisses von politischem Strafrecht und Ausnahmezustand zu verdeutlichen sein.

Die Antwort auf die eingangs gestellte Frage nach der Bestimmung des politischen Strafrechts soll es überdies ermöglichen, die aufgeworfene Legitimitätsproblematik vorfeldbezogener Verhaltenskriminalisierung wieder aufzugreifen und präziser zu erörtern als dies im Rahmen der Unrechtsbegründung möglich war.

---

10 Kap. V.2.3.

11 So zutreffend *Baumann*, JZ 1966, 329.

2. Zu den Besonderheiten der ‚Staatsschutzdelikte'

Bereits eine nur oberflächliche Betrachtung der Deliktstatbestände des ersten bis siebenten Abschnitts des besonderen Teils des StGB läßt drei wesentliche Abweichungen von einem konzedierbaren strafrechtsdogmatischen Grundbestand erkennen. Hiermit ist nicht gemeint, daß sich derartige Abweichungen nicht auch für andere Deliktsgruppen feststellen ließen, sondern lediglich, daß diese im Bereich der ‚Staatsschutzdelikte' signifikant sind.

2.1 Die Schutzobjektbestimmung

Der erste Unterschied betrifft die Schwierigkeit, für den einzelnen Tatbestand ein Schutzobjekt zu bestimmen.[12] Wenn die Aufgabe des Strafrechts wesentlich in dem Schutz bestimmter oder doch bestimmbarer Rechtsgüter und Rechtsgutsobjekte besteht, dann läßt sich dieses Erfordernis nicht unter Hinweis auf ein Makrosubjekt (den ‚Staat') oder auf Begriffe höchster Allgemeinheit (‚öffentliche Ordnung' oder die ‚öffentliche Sicherheit') befriedigend erfüllen. Die strafbarkeitsbegrenzende, weil -bestimmende Funktion des Rechtsgutsbegriffs ist strikt abhängig von der konkreten Erfassung eines Schutzobjektes. Verletzt oder gefährdet werden kann nur ein bestimmtes Rechtsgutsobjekt, während ein Rechtsgut als solches in seiner noch abstrakten Unbestimmtheit einer derartigen Beeinträchtigung per definitionem nicht zugänglich ist. Zwar haben wir festgestellt, daß das Rechtsgut gedanklich zum Bezugspunkt positiver Wertschätzung für eine Gesamtheit von intersubjektiv-äußerlich relevanten Gegenständen wird, aber die verletzend-tätige Nichtanerkennung bezieht sich notwendig auf die je konkrete Gutszuordnung zu einem Subjekt. Hier gelangen die herausgestellten beiden Aspekte des Rechtsgutsbegriffs[13] — die Beschränkung des Strafgesetzgebers auf den Schutz von Objekten vor tätigen Beeinträchtigungen und die Maßstabsfunktion des Rechtsgutsbegriffes bei der Erfassung des Unrechtskerns — zur praktischen Anwendung.

Von einer solchen, vergleichsweise klaren Ausgangslage kann bei den Staatsschutzdelikten nicht die Rede sein. Soweit diese Problematik überhaupt angesprochen wird, geht die Kritik dahin, daß in diesem Bereich die Schutzgüter miteinander vermengt und daher nicht ausreichend voneinander zu unterscheiden sind.[14] Die Deliktstatbestände über die ‚Staatsgefährdung' (§§ 88f StGB) sind bei genauerer Betrachtung Bestimmungen des strafrechtlichen ‚Verfassungsschutzes'. Als solche sind sie dem — am Hochverratsunternehmen orientierten — Staats-

---

[12] Vgl. *Schwagerl*, Verfassungsschutz, S. 33 f.

[13] Vgl. Kap. IV.5.

[14] *Schröder*, Der Schutz, S. 478 ff.; *Schwagerl*, Verfassungsschutz, S. 33; *Brückner / Schmitt*, Verfassungsschutz, S. 228 (generalklauselartige, unbestimmte und unbestimmbare Rechtsbegriffe).

schutz weit vorgelagert[15] und schwerlich dem ‚Staat' als Rechtsgutsträger zuzuordnen. Der Schutzanspruch dieser Deliktsgruppe hat folglich eine *umfassende Einbeziehung* jedweder politischen Betätigung als staatsgerichtet zur Voraussetzung. Sie treten überwiegend im Gewande ‚abstrakter' Gefährdungstatbestände auf. Nicht alles aber, was in entfernterer Zukunft zu einer konkreten Staatsgefährdung erwachsen kann, ist schon in actu ein die ‚verfassungsmäßige Ordnung' tangierendes Verhalten. Die Vermutung des Grundgesetzes geht vielmehr umgekehrt von der umfassenden Zulässigkeit politischer Betätigung aus.[16] Die Fixierung auf den Staat, der als Verband intersubjektiver Innen- und Außenbeziehungen prinzipiell durch eine Vielzahl von Verhaltensweisen beeinträchtigt werden kann, verstellt dagegen den Blick auf den Schutz der Verfassung als regulativer Grundnorm und auf die Eigenberechtigung des als inkriminierungsbedürftig angesehenen Verhaltens. Die unzureichende Abgrenzung zwischen strafrechtlichem Verfassungsschutz und strafrechtlichem Staatsschutz zufolge einer defizienten Bestimmung der jeweiligen Schutzgüter ist ein Grundmangel der auf die Staatsgefährdung ausgerichteten Deliktstatbestände.

Dieser Grundmangel kann nicht ohne weitreichende, die verhaltensregulierende Funktion der Gefährdungsnormen betreffende Folgen bleiben. Ist das Schutzobjekt ungenau bestimmt oder zu weitgehend, so vermag die einzelne Strafnorm die notwendige verhaltensregulierende Wirkung entweder gar nicht oder nur um den Preis einer umfassenden Tabuierung eines ganzen Verhaltensspektrums zu entfalten. Beide Alternativen sind für das reflektierende Subjekt gleichermaßen inakzeptabel. Die Strafnorm wegen ihrer Unbestimmtheit ignorierend, setzt es sich der Gefahr der Strafverfolgung aus; die Norm trotz ihrer Unbestimmtheit akzeptierend, setzt es seiner Verhaltensfreiheit vorsichtshalber noch weit engere Grenzen als die Norm tatsächlich intendiert.[17]

Die Problematik soll anhand von Beispielen erläutert werden. Die §§ 80 ff. StGB sollen in ihrer generellen Zielrichtung den Bestand, die innere und äußere Sicherheit der Bundesrepublik Deutschland vor nachhaltigen Beeinträchtigungen bewahren. Diese Grundtendenz konkretisiert sich in ‚Schutzobjekten', wie die der ‚Sicherheit der Bundesrepublik Deutschland' (§§ 80, 80a StGB) oder der ‚Funktionsfähigkeit' bestimmter Staatsorgane (§§ 105 ff., 113 StGB). Ebenso wie bei den auf personale Subjekte bezogenen Rechtsgütern ist der Schutz dieser Objekte nicht schlechthin gewährleistet. Pönalisiert werden bestimmte Beein-

---

15 So *Schwagerl*, Verfassungsschutz, S. 32.

16 Deutlich: BVerfGE 20, 56 (98 ff.): „Das Recht des Bürgers auf Teilhabe an der politischen Willensbildung äußert sich nicht nur in der Stimmabgabe bei Wahlen, sondern auch in der Einflußnahme auf den ständigen Prozeß der politischen Meinungsbildung, der Bildung der öffentlichen Meinung" (98). Zur Komplexität dieses Prozesses vgl. BVerfGE 20, 99 f.

17 Diese Wirkung scheint — zumindest partiell — durch den Strafnormgeber oder -anwender beabsichtigt zu sein: vgl. *Grünwald*, Billigung, S. 502 (am Beispiel des § 140 StGB).

trächtigungen. So bedroht § 80a StGB (‚Aufstacheln zum Angriffskrieg') nur solche Handlungen mit Strafe, die in der Öffentlichkeit eine Erhöhung der Bereitschaft zum Angriffskrieg herbeiführen können und dadurch den Friedenszustand nachhaltig beeinträchtigen. Die §§ 94 ff. StGB pönalisieren Beeinträchtigungen der äußeren Sicherheit, die aus der Weitergabe eines Staatsgeheimnisses an bestimmte Adressaten resultieren (können); die Vorschrift des § 125 StGB pönalisiert Rechtsgutsgefährdungen oder -verletzungen, die gemeinschaftlich aus einer Menschenmenge heraus begangen werden.[18]

Die Verletzung dieser Strafnormen erhält dadurch einen spezifischen Gemeinwesenbezug, daß die staatliche Zugriffsmöglichkeit situationsbezogen herabgesetzt und infolgedessen die friedensstiftende, weil den Rechtszustand wiederherstellende Funktion des Staates über die Einzeltaten hinaus gefährdet ist.

Den genannten Tatbeständen ist zudem gemeinsam, daß sie Verhaltensweisen pönalisieren, die ein intersubjektiv bestimmtes Schutzobjekt verletzen oder konkret gefährden.

Ein solches — bestimmbares — Rechtsgutsobjekt weisen allerdings nicht alle sog. Staatsschutzdelikte auf. So ist durchaus unklar, welches Rechtsgut die Vorschrift des § 145d StGB schützt, indem sie das Vortäuschen einer Straftat durch die Inanspruchnahme polizeilicher Organe pönalisiert.[19] Deren durch Täuschung unbeeinflußte Funktionsfähigkeit als solche macht eine Privilegierung gegenüber anderen Staatsorganen nicht einsichtig. Dies gilt auch in Hinblick darauf, daß diese Organe durch ihre in der Erforschung und Aufklärung liegende besondere Aufgabe einer spezifischen Verletzbarkeit unterliegen. Diese Verletzbarkeit teilen die Staatsorgane durchaus mit anderen Institutionen, ohne daß sie deshalb als rechtsgutskonstituierend anzuerkennen wäre.

Soweit das Schutzobjekt der §§ 129, 129a StGB in der staatlichen Ordnung bzw. der öffentlichen Sicherheit / Ordnung[20] gesehen wird, ist hier einzuwenden, daß der Maßstab für die Beurteilung strafbaren Verhaltens unklar bleibt.[21] Wegen ihrer Verschwommenheit und Weite sind derartige Begriffe überhaupt ungeeignet, die unrechtsbegründende Eigenart dieser — und anderer — Delikte zu verdeutlichen. Die naheliegende Anknüpfung an die Gefährlichkeit, die von diesen Vereinigungen regelmäßig ausgeht, hat dagegen keinerlei Ausdruck in der Tatbestandsbildung gefunden. Ob diese Vorschriften nicht weitere Funktionen haben, die über die bloße Festschreibung von Kriminalunrecht hinausgehen, soll an dieser Stelle offenbleiben.[22]

---

[18] Vgl. *Sch / Sch*, § 125, Rn. 13, 15; *D / T*, § 125, Rn. 3, 4.

[19] Vgl. hierzu *Wolff*, Abgrenzung, S. 221.

[20] Vgl. *D / T*, § 129, Rn. 1b; *Lackner*, § 129, Anm. 1. Zum Schutzgut „öffentlicher Frieden" und den Konstitutionsmomenten vgl. Kap. VIII.2.3.3. und 2.4.3.

[21] Vgl. *Rudolphi*, ZRP 1979, 216.

[22] Z. B. als Instrument der Ermittlungserleichterung; näher hierzu Kap. XII.

Festzuhalten ist demnach der — sich allerdings nur beispielhafter Betrachtung verdankende — Eindruck eines gelegentlich unbestimmten, häufiger unbestimmbaren Rechtsgutsobjekts bei den Einzelbestimmungen der ‚Staatsschutzdelikte'.

2.2 Die Beschreibung der deliktstypisierenden Verhaltensweisen

In engem Zusammenhang mit einer defizienten Rechtsgutsbestimmung steht die in mehrfacher Hinsicht vom Gewohnten abweichende Beschreibung der deliktstypisierenden Verhaltensweisen. Eindeutig unrechtsindizierendes Verhalten pönalisieren beispielsweise diejenigen Tatbestände, die Nötigungshandlungen als Merkmale beinhalten (§§ 81, 82, 105, 106, 113f, 121f, 125f StGB) oder sonst Rechtsgutsverletzungen beschreiben (z. B. §§ 94f, 80, 100 StGB). Im übrigen werden dagegen häufig im objektiven Tatbestand Verhaltensweisen erfaßt, die wertneutral oder im allgemeinen Sprachgebrauch gar wertpositiv sind (z. B.: ‚einwirken' in § 89 StGB; ‚auffordern' in § 111 StGB; ‚werben, unterstützen' in §§ 129, 129a StGB). Gegen diese Charakterisierung lassen sich zwei Einwände formulieren, wobei einer die Zweckmäßigkeit der Unterteilung betrifft und der andere — die Richtigkeit der Unterscheidung unterstellend — den Status der Besonderheit gegenüber anderen Deliktsgruppen des besonderen Teils infragestellt.

Sicher ist die Unterscheidung zwischen wertpositiven / -neutralen Verhaltensweisen auf der einen und wertnegativen Verhaltensweisen auf der anderen Seite nicht unproblematisch. So läßt sich der Vorgang des ‚körperlichen Mißhandelns' (§ 223 StGB) oder der des ‚Gift oder andere Stoffe Beibringens' (§ 229 StGB) auf die farblose bzw. neutrale Entfaltung bloß körperlicher Aktivitäten reduzieren und so seines wertnegativen Bedeutungsgehaltes entkleiden. Andererseits gelingt es ohne größeren Aufwand, *farblose Verhaltensweisen* so zu betiteln, daß sie in einem deutlich negativen Assoziationszusammenhang geraten. ‚Einwirken' mag dann ‚Indoktrinieren' genannt werden, ‚werben' gerät dann zu ‚Propaganda treiben'. Auf diese Weise kann man jeden Verhaltensvorgang kontextbezogen umbenennen oder den Inhalt einer Verhaltensbezeichnung umdeuten. Hierin liegt — jedenfalls für den Bereich der öffentlichen Meinung — die wesentliche Bedeutung einer Tätigkeit, die heute mit dem Stichwort ‚Besetzen von Begriffen' bezeichnet wird. Dies zeigt aber zugleich die Schwäche des Einwandes. Das kontextbezogene Umdeuten oder das inhaltsverändernde Austauschen von Begriffen anerkennt eben doch die grundlegend zutreffende Unterscheidung zwischen wertneutralen / -positiven und wertnegativen Verhaltensweisen.

Der andere Einwand geht dahin, die genannte Unterscheidung bezeichne keine Besonderheit gegenüber anderen Strafandrohungen, die zur Unrechtsbeschreibung ebenfalls an eine Alltagsverhaltensweise (z. B.: ‚wegnehmen' in § 242 StGB; ‚in Gewahrsam haben' in § 246 StGB) anknüpfen.[23] Im Unterschied zu

[23] Vgl. *Sax*, Grundsätze, S. 917, Anm. 25.

den Delikten mit sog. ‚überschießender Innentendenz' sind die in diesen Tatbeständen bezeichneten Verhaltensweisen allerdings nicht bereits aus sich heraus störend, sondern erhalten ihren Unrechtscharakter vornehmlich aus der jeweils erforderlichen subjektiven Vorstellung des Täters, — seiner ‚staatsfeindlichen Absicht'.[24] Hier engt das subjektive Merkmal — entgegen sonstiger Praxis — den objektiven Anwendungsbereich der Norm nicht ein, sondern schafft ihn eigentlich erst.

Ob dieser Unterschied gegenüber dem Tätersubjekt Berechtigung in Anspruch nehmen kann, wird noch eingehend zu erörtern sein.[25] Halten wir an dieser Stelle fest, daß in einer Vielzahl von Bestimmungen der ‚Staatsschutzdelikte' ein an sich legales Verhalten pönalisiert wird, — das aber seinen pejorativen Charakter erst unter Einbeziehung der (‚staatsfeindlichen') Motive, Absichten oder Tendenzen des Handelnden erhält.

2.3 Die vorfeldbezogene Schutztechnik

Damit fällt der Blick auf eine dritte Besonderheit, deren Bedeutung darin besteht, die beiden zuvor genannten Unterschiede in sich aufzunehmen und ihnen einen systematischen Ort in der Strafrechtsdogmatik zuzuweisen. Eine Anzahl von Delikten des ‚Staatsschutzstrafrechts' pönalisiert nämlich nicht die Verletzung oder konkrete Gefährdung eines Schutzobjektes, sondern bedroht bereits Verhaltensweisen mit Strafe, die weit im Vorfeld einer meßbaren Gutsbeeinträchtigung liegen.[26] Die Vorschrift des § 86 StGB (‚Verbreiten von Propagandamitteln verfassungswidriger Organisationen') pönalisiert im Vorgriff und im Blick auf eine nachhaltige Gefährdung des Staatsgefüges das Verbreiten von organisationsbezogenem Informationsmaterial; ebenso ist in § 89 StGB (‚Verfassungsfeindliches Einwirken auf Bundeswehr und öffentliche Sicherheitsorgane') bereits das ‚planmäßige Einwirken' auf Sicherheitsorgane hinsichtlich einer erwarteten Funktionsbeeinträchtigung unter Strafe gestellt.

Angesichts des fehlenden konkreten Gegenstandsbezuges stellt sich die Frage, in welcher strafbegründenden Beziehung die je pönalisierte Handlung zu dem zugrundegelegten Rechtsgut selbst steht. Als dogmatische Figur, die eine Erklärung dieser weit vorverlegten Strafbarkeit leisten könnte, liegt das *abstrakte Gefährdungsdelikt* nahe. Zwar ist diese Deliktskategorie ebenfalls nicht auf den Bereich des ‚Staatsschutzes' beschränkt — wie etwa ein Blick auf die §§ 315 ff., 327 ff. StGB zeigt —, das Präventionsinteresse des Strafgesetzgebers mithin

---

[24] Vgl. hierzu: *Schroeder*, Der Schutz, S. 297 ff., 311 ff.; *Ammann*, Die Problematik, S. 130 f.; *Basten*, Von der Reform, S. 245 ff. (am Beispiel des § 129 StGB und der Anwaltstätigkeit).

[25] Näher hierzu Kap. VII.3, VIII.4.

[26] Vgl. LK-*Willms*, Vor § 80, Rn. 20: „... mehr oder minder weite Ausdehnung des Strafschutzes auf das ideologische Vorfeld von Umsturzversuchen ..."

keineswegs deliktsgruppenspezifisch, aber vor dem Hintergrund der bereits zuvor aufgezeigten Unterschiede offenbart sich doch eine bemerkenswerte Konzentration von Eigenheiten.

Die Gründe für einen umfassenden Vorfeldschutz sind in pragmatischer Hinsicht zunächst durchaus nachvollziehbar: Sowohl die nachhaltigen Folgen einer Gutsverletzung als auch — hinsichtlich des vollendeten Hochverrats — deren Irreparabilität sind Anlaß genug, um vorbeugende Maßnahmen zu treffen und bereits im Vorfeld ‚den Anfängen zu wehren'. Die Argumentationsweise könnte — mit vergleichbarem Pathos — auch in anderen Bereichen des Soziallebens und des sonstigen Strafrechts geltend gemacht werden, ohne allerdings die hierin zum Ausdruck gebrachte Fürsorglichkeit sogleich mit einem Strafanspruch zu verbinden.

Im folgenden wird daher zu erörtern sein, welche Momente den umfassenden Vorfeldschutz erklären können. Damit ist zugleich bezweckt, eine Konturierung des spezifisch politischen Elements der behandelten Deliktsgruppe zu erreichen.

3. Das ‚Staatsschutzstrafrecht' im Spannungsfeld zwischen Recht und Politik

3.1 Die Kategorie der politischen Handlung

Politische Handlungen sind gekennzeichnet durch den Willen, in gemeinwesenbezogener, d. h. intersubjektiver Hinsicht[27] eine offene Sachlage zu entscheiden und daher verändernd auf sie einzuwirken. Das Recht ist dabei gleichermaßen ihr mögliches Produkt wie ihr Orientierungsrahmen.[28] Die — äußerst formalisierten — Formen gesetzgeberischer und exekutiver Tätigkeit mögen diese beiden Seiten verdeutlichen. Politisches Handeln bedient sich hier der Mittel des Rechts, um sich sanktionierbar und mithin verbindlich zu machen. Andererseits ist politisches Handeln immer schon durch Recht reguliert. Insoweit wirkt das Recht der dem ‚Politischen' inhärenten Tendenz zum Absoluten entgegen. Diese Wirkung entfaltet das Recht aber nicht nur gegenüber den genannten Formen der Staatspolitik, sondern gegenüber politischem Handeln schlechthin. Auch dieser Bereich ist, wenngleich in geringerem Ausmaß, rechtlich präformiert.

Gleichwohl besteht ein grundwesentlicher Unterschied zwischen diesen beiden Kategorien politischen Handelns. Während Staatspolitik sich jederzeit intersubjektiv verbindlich machen kann — ja, sogar vornehmlich darauf angelegt ist —,

27 Somit scheidet eine Reduktion auf staatsbezogene Angelegenheiten („Staatsgeschäfte") aus. Sie betreffen die besondere Form institutionell-vermittelten politischen Handelns. Zutreffend ist dagegen die überkommene Charakterisierung politischen Handelns als ein auf „öffentliche Angelegenheiten" bezogenes Verhalten.

28 Vgl. *Görlitz*, Handlexikon zur Politikwissenschaft, S. 375.

resultiert aus sonstigem politischen Verhalten regelmäßig keine für andere verbindliche Entscheidungsbefugnis. Dennoch schafft dessen Wirken nachhaltig die Rahmenbedingungen und den Spielraum für die staatliche Willensbildung und -betätigung. Das Grundgesetz trägt der fundamentalen Bedeutung der ‚nichtstaatlichen' politischen Betätigung durch die Gewährleistung subjekt- und gruppenbezogener Grundrechte Rechnung[29] (Art. 1-20, Art. 21, Art. 38 GG). Die Seite der verfassungsrechtlichen Gewährleistung eines umfassenden *politischen Betätigungsfeldes* für die Subjekte und Organisationen wendet sich daher gegen einen möglichen Mißbrauch überlegener staatsvermittelter Politiktätigkeit.[30] Überdies wird dadurch ein Mindestmaß an intersubjektiver Vorhersehbarkeit politisch bewirkter Veränderung und — trotz der damit einhergehenden Dynamik — das Moment der Rechtssicherheit gewahrt.

Man kann diesen Sachverhalt dahingehend zusammenfassen, daß die grundgesetzliche Verbürgerung staatsfreier politischer Betätigungsmöglichkeiten das Dezisionsmoment der Staatspolitik konstitutionell zu zähmen bestrebt ist. Mag sich der Wille zur Veränderung noch so ungestüm darstellen, intersubjektiv verbindlich wird er erst, nachdem sich seine Vereinbarkeit mit den einschlägigen Rechtsnormen gezeigt hat.[31]

Schließlich ist der politische Prozeß auch in institutioneller Hinsicht verfassungsrechtlich abgesichert. Das Verhältnis der Staatsorgane untereinander wie auch gegenüber dem Bürger bestimmt sich grundlegend nach feststehenden — den Aufgabenbereich festlegenden — Kompetenznormen. Abgesehen von dieser verfassungsrechtlichen Ebene wird der politische Prozeß durch eine Anzahl einfacher Gesetze gewährleistet und reguliert. Beispielhaft seien hier nur das Parteiengesetz und das Vereinsgesetz genannt. Darüber hinaus muß der politische Prozeß schließlich auch durch das Strafrecht gegen solche Verhaltensweisen geschützt werden, die ihn nachhaltig beeinträchtigen oder gar partiell unterbinden.

3.2 Deliktsbezogene Systematisierung

Innerhalb des — zunächst bewußt weit gefaßten — Bereichs der ‚Staatsschutzdelikte' existiert ein Normbestand, der solche politischen Verhaltensweisen pönalisiert, die mit bestimmten — in naher oder entfernterer Zukunft liegenden — (‚verfassungsfeindlichen') Absichten verfolgt werden. Diese Deliktstatbestände

---

29 Auf die in diesem Zusammenhang bestehende Strafbarkeitsproblematik haben wir bereits in Kap. III.2 hingewiesen; vgl. auch Kap. X.1.

30 Zur Bedeutung der Grundrechte als statusbegründende und subjektive Rechte vgl.: *Hesse*, Grundzüge, § 9 II; ferner: *Doehring*, Staatsrecht, S. 137 f.

31 Daß dies nicht nur ein bloßes Postulat ist, zeigt die Errichtung einer Verfassungsgerichtsbarkeit; (vgl. Art. 99, 100 GG; § 13 BVerfGG); hierzu: *Doehring*, Staatsrecht, S. 132 ff.

finden sich vornehmlich im dritten Abschnitt (§§ 87 ff. StGB), aber auch an anderer Stelle.[32]

So bedroht die Vorschrift des § 89 StGB die Einwirkung auf Sicherheitsorgane mit Strafe, wenn sie in der Absicht vorgenommen wird, die ‚Sicherheit' oder die ‚verfassungsmäßige Ordnung' zu ‚untergraben' und sich für bestimmte Bestrebungen sicherheitsgefährdender Ausrichtung einzusetzen. Ein an sich ‚farbloses', wenngleich nicht motivationsloses, politisches Verhalten erhält durch die bestimmte Absicht des Täters eine deliktische Qualität. Auf den ersten Blick scheint es sich bei dieser Bestimmung um ein — an die individuelle Aktivität eines Einzelnen anknüpfendes — Äußerungsdelikt zu handeln. Der Rückbezug auf ‚Bestrebungen' macht allerdings deutlich, daß der organisatorische Bezug des individuellen Verhaltens im Vordergrund der Pönalisierung steht.

Eine weitere Gruppe von Tatbeständen bedroht die Fortführung von Organisationen (Parteien, Vereinigungen) mit Strafe, die durch das Bundesverfassungsgericht für verfassungswidrig erklärt oder gem. § 33 Abs. 3 ParteiG i. V. m. § 85 StGB, § 8 Abs. 2 VereinsG verboten sind (vgl. §§ 84 f StGB). Hier wird jegliche organisationsbezogene Tätigkeit, die den „organisatorischen Zusammenhalt ... aufrechterhält" inkriminiert. Hervorzuheben ist, daß der Gesetzgeber durch das sog. Feststellungsprinzip[33] die Entscheidung über ein Organisationsverbot von der Initiative der politisch Verantwortlichen abhängig macht. Durch deren Entscheidung wird das Verbotsverfahren eingeleitet.[34] Die mit der Entscheidungsverlagerung auf das Bundesverfassungsgericht verbundene Objektivierung entlastet zwar das für die Einzeltat jeweils zuständige Strafgericht, ist aber hinsichtlich der in das politische Ermessen gestellten Verbotsinitiative nicht unproblematisch.[35]

In engem Zusammenhang mit politischer Betätigung stehen die (Meinungs-) Äußerungs- bzw. Publikationsdelikte. So setzt beispielsweise die Strafbarkeit nach § 86 StGB voraus, daß das ‚Propagandamittel' von einer verbotenen Organisation oder einer Regierung oder Partei außerhalb des räumlichen Geltungsbereiches des StGB, die für die Zwecke jener Organisation tätig ist, herstammt. Auch hier pönalisiert der vormals auf die individuelle politische Betätigung zugeschnittene Tatbestand de facto ein organisationsbezogenes Verhalten.[36] Weitere Strafbestimmungen inkriminieren den argumentativen Bezug auf vergangenes (§ 140 StGB), gegenwärtiges (§§ 129, 129a StGB durch ‚werben' oder ‚unterstützen')[37] oder zukünftiges Kriminalunrecht (§ 111 StGB). Im Kern wird hier die öffentlich

---

32 Vgl. etwa § 90a Abs. 3 StGB.

33 Vgl. hierzu *Träger* u. a., Neues Staatsschutzstrafrecht, S. 228 f.

34 Vgl. *Basten*, Von der Reform, S. 36 (Anmerkung 41).

35 Hierzu näher: *Doehring*, Staatsrecht, S. 140 f. (Anmerkung 13).

36 So *Basten*, Von der Reform, S. 39; vgl. aber Kap. XII.6.

37 Zur Problematik organisationsbezogenen Unrechts vgl. Kap. XII.3 und 4.

bekundete Bezugnahme auf rechtswidrige Taten als unrechtsbegründender Akt gedacht.

Verallgemeinernd lassen sich diese Strafandrohungen dahingehend charakterisieren, daß ein durch die Absicht des Tätersubjekts bestimmtes politisches Verhalten aus dem Bereich legaler politischer Betätigung ausgegrenzt wird. Dem liegt die Vorstellung des Gesetzgebers zugrunde, auf diesem Wege sei ein Bereich legaler politischer Betätigung eindeutig bestimmbar und festlegbar. Ferner scheint das staatspolitische Handeln durch diese Straftatbestände in die Lage gesetzt zu sein, politische Grundvorstellungen in der Öffentlichkeit verbindlich zu machen. Schließlich ist diese Deliktsgruppe in starkem Maße situationsbezogenen Änderungen ausgesetzt.[38] Insoweit können sie flexibel gegen neue Formen konkurrierenden politischen Verhaltens eingesetzt werden, soweit sich die hervorgehobenen Besonderheiten als unzureichend erweisen.

Den genannten Strafnormen ist überdies gemeinsam, daß sie — jedenfalls auch — politische Handlungen pönalisieren, die unter einem prinzipiellen grundrechtlichen Schutz stehen. Die politische Betätigung einer Vereinigung i. w. S. wird durch Art. 9 Abs. 1 GG, diejenige einer Partei durch Art. 21 GG geschützt. Art. 5 Abs. 1 GG gewährleistet die individuelle Meinungsäußerung, soweit der Grundrechtsträger dieses Recht nicht nach Art. 18 GG verwirkt hat.

3.3 Zum deliktsspezifischen Gefahrenpotential für nichtstaatliche politische Handlungen

Im Spannungsfeld grundlegender verfassungsrechtlicher Verbürgungen offenbaren die — beispielhaft genannten — Strafnormen ein Gefahrenpotential für ‚nichtstaatliche' politische Handlungen, das nicht bloß marginale Bedeutung hat. Wenn politisches Handeln nicht allein Aufgabe weniger, Politik ‚als Beruf' betreibender Personen, sondern zugleich — i. S. praktisch gemeinwesenbezogener Intersubjektivität — ein permanenter, keineswegs staatsdominierter Willensbildungsprozeß ist, bedarf es hier einer besonderen gesetzgeberischen Sensibilität. Wir gelangen damit wieder zu einer Grundaussage unserer Untersuchung zurück, wonach sich die Legitimität der rechtlichen Regulierungsleistung nicht beliebig herstellen läßt, sondern in der wechselseitigen Anerkennung der Personen als Rechtssubjekte erst Wirklichkeit beanspruchen kann.[39] Damit ist postuliert, daß sich der grundlegende Anerkennungsgedanke auch in institutionell-staatlicher Hinsicht Geltung verschaffen soll und gegenüber machtbedingten Versuchungen behauptet.

Das Grundgesetz hat in subjektbezogener und institutioneller Hinsicht die notwendigen Voraussetzungen für das Gelingen dieses *Vermittlungsprozesses*

---

38 Anschauliches Beispiel ist die sog. Anti-Terrorismus-Gesetzgebung; vgl. hierzu *Rudolphi*, JA 1979, 1 ff.; *Dahs*, NJW 1976, 2145.

39 Vgl. oben Kap. III.4.

geschaffen, soweit dies eine Verfassung als solche überhaupt kann. Als eine angewandte und gelebte Verfassung anerkennt es die aus der Gegenüberstellung von staatsfreier politischer Tätigkeit und Staatspolitik resultierende Dialektik von Konflikt und Konsens.[40] Ist die Grundrechtsbetätigung im subjektiven und intersubjektiven Zuordnungsverhältnis daher unserem Verständnis nach mehr als ein bloßes Barometer für die Durchsetzbarkeit von Staatspolitik, so lassen sich hieraus auch für die Strafgesetzgebung Folgerungen ziehen:

Es darf danach erstlich nicht Aufgabe von Staatspolitik sein, Nonkonformismus und gesellschaftlich relevante Konflikte als bedeutsame Bewegungsmomente des politischen Prozesses zu unterdrücken.[41] Soweit sich die Staatspolitik dieser Aufgabe aber annimmt, schafft sie einer — dem ‚Politischen' eigenen — Tendenz zum Absoluten unausweichlich Wirklichkeit. Schon die Weigerung, einen gesellschaftlich relevanten Konflikt zur Kenntnis zu nehmen, leugnet dessen Existenz bzw. diskriminiert den offenen Diskurs darüber. In aller Regel resultiert aus diesem Politikverständnis das Gegenteil des zumeist zugrundeliegenden Ordnungsgedankens.[42] Am Ideal prästabilierter Harmonie ausgerichtet, forciert es die Manifestation von Gegensätzen, die sich dann möglicherweise gewaltsam aufzulösen suchen.[43]

Aber nicht erst das Resultat dieser spezifischen Form der Staatspolitik, sondern bereits das je verwendete Mittel ist es, das die rechtliche Grundkonstitution zu beeinträchtigen droht. Werden — grundsätzlich freigegebene — Verhaltensweisen zum Gegenstand repressiven Vorgehens, so gerät „die geschützte Verfassung ... zur geschützten Regierung, die Regierungsopposition wird Verfassungsfeind."[44] Die Instrumente dieses Vorgehens beschränken sich keineswegs auf das Strafrecht, wenngleich es zu den schärfsten Zugriffsmitteln der Staatsgewalt gehört. Gleichermaßen repressiv wirkt schon die bloß beobachtende und Informationen sammelnde Tätigkeit der Polizeiorgane, ferner die nach politischer Organisationszugehörigkeit oder politischer Betätigung selektierende Beschränkung des beruflichen Zugangs im staatlichen Bereich.[45] Es verbietet sich in Anbetracht unserer begrenzten Fragestellung, zur Berechtigung dieser sonstigen Instrumente

---

40 Vgl. *Görlitz*, Handlexikon, S. 192 ff. (196): „In pluralistischen Gesellschaften überkreuzen sich Konflikte statt zu kumulieren ..."

41 Vgl. *Görlitz*, ebenda, S. 340.

42 Vgl. *Wiethölter*, Rechtswissenschaft, S. 111: „Wirkliche und strukturelle Konflikte entwickeln zwangsläufig (eine) Dynamik, bei der Oppositionen erstarken und sich auf die Dauer trotz strafrechtlichen ‚Staatsschutzes' durchsetzen ..."; vgl. auch *Neumann / Schroth*, Neuere Theorien, S. 88 ff.; ferner: *Sack*, Politische Delikte, S. 329.

43 *Wagner*, Politischer Terrorismus, S. 56 ff., 88 ff. (326) hat diese Dynamik am Beispiel des Vorgehens gegen die Sozialdemokratie seit 1871 eingehend erörtert: „Nicht vereins-, versammlungs-, presse- und strafrechtliche Bestimmungen waren unzulänglich. Verhängnisvoll waren allein die teilweise uferlose Ausdehnung ihrer Anwendungsbereiche durch die Rechtsprechung und die politisch motivierte Anwendungspraxis."

44 So *Wiethölter*, Rechtswissenschaft, S. 110 f.

45 Vgl. *Azzola / Crössmann*, DuR 1986, S. 277 f.; ferner *Simon* u. a., ZRP 1989, 180 f.

abschließend Stellung zu nehmen. Unbestreitbar darf kein politisches System auf seine Selbsterhaltung und die insofern erforderlichen Maßregeln verzichten. Freiheitsgesetzlich entscheidend ist jedoch, wie sich das Gemeinwesen durch die Subjekte konstituiert hat, sich in dieser Vermittlung bewährt sowie welche Mittel es im Umgang mit seinen Gegnern anwendet. Aus dieser Perspektive scheint das politische Strafrecht eines Staates ein wesentlicher Indikator für den Spielraum zu sein, innerhalb dessen abweichende politische Betätigung möglich ist.[46]

4. Zum Begriff des ‚Politischen Strafrechts'

4.1 Zur Problematik des Intentionskonzepts

Nunmehr ist die Frage zu erörtern, ob der Bereich des politischen Strafrechts auf den positiven Normenbestand zu beschränken ist, oder ob nicht die begriffliche Erfassung dieses Gegenstandes einen umfassenderen Bezug erfordert. Wir haben gesehen, daß die Anzahl derjenigen Delikte, denen ein spezifisch politischer Handlungsbezug zugrundegelegt werden kann, wesentlich geringer ist als die Gesamtzahl der sog. Staatsschutzdelikte. Ein Blick auf die übrigen Deliktsbereiche kann aber schon genügen, um festzustellen, daß auch dort eine politisch motivierte Begehung nicht schlechthin ausgeschlossen ist. Das Beispiel des *St. Crispinus* zeigt, daß Eigentumsdelikte aus uneigennützigen, auf das Wohl Dritter bezogenen Motive begangen werden können.

Nicht uneigennützige, gleichwohl mit einem gesellschaftspolitischen Akzent begangene Taten, lassen sich gegenwärtig im Bereich des Hausfriedensbruchs, der Nötigung[47] und der Sachbeschädigung[48] lokalisieren. Der Bruch des Hausfriedens gerät so absichtsvoll zur Demonstration gegen einen spekulativen Eigentumsgebrauch; die verkehrsbehindernde Sitzblockade zum symbolischen Protest gegen eine hypertrophe Rüstungspolitik auf atomarem Gebiet. Wird dieses Verhalten[49] zu den politischen, weil politisch motivierten Delikten gerechnet, die individuelle *Bedürfnis- und Motivationslage* somit zum Anknüpfungspunkt einer Begriffsbestimmung erhoben, so wäre die begriffliche Erfassung dieses Deliktsbereiches entwertet. Die politischen Delikte diffundierten damit potentiell den Gesamtbereich des materiellen Strafrechts und verlören insoweit ihre Eigenbedeutung. Ein an der individuellen Motivation anknüpfendes Intentionskonzept hat aber darüber hinaus einen weiteren gravierenden Nachteil. Es führt in der

46 Zu dem Zusammenhang zwischen administrativem Verbot und Strafandrohung vgl. unter historischem Aspekt *Wagner*, Politischer Terrorismus, S. 357.

47 Gemeint sind die sog. Sitzblockaden; hierzu näher: *Weingärtner*, Demonstration, S. 67 ff.

48 Beispiele sind hier etwa das Anbringen von politischen Parolen oder Plakaten an in fremdem Eigentum stehenden Wandflächen.

49 Soweit überhaupt eine strafbare Handlung gegeben ist.

Konsequenz zu einer Politisierung auf der einen, zu einer Instrumentalisierung auf der anderen Seite: „Politische Motive können unterstellt, geleugnet, simuliert oder vorgegeben werden, und damit werden sie zu einem Spielball der politischen Auseinandersetzung mit der permanenten Tendenz der Entgrenzung des kriminellen Konflikts."[50]

Das Phänomen der objektiven Entgrenzung durch eine unbestimmte und unabgeleitete Subjektivierung der Tat haben wir als Moment einer täterbezogenen Strafrechtskonzeption identifiziert.[51] Es kann kaum überraschen, daß diese Konzeption in einem solchermaßen erweiterten Verständnis der politischen — i. S. wechselseitig politisierter — Straftaten ein bedeutsames Anwendungsfeld findet. So zeigt der Vorgang des ‚wilden Plakatierens', daß ein mutmaßlich politisch motiviertes Verhalten — unter Preisgabe eindeutiger, an der Substanzintegrität und der bestimmungsgemäßen Verwendbarkeit orientierten Kriterien — als Sachbeschädigung gewertet wird.[52] Auf diese Weise werden politisch unerwünschte Verhaltensweisen kriminalisiert, um mittelbar auch nonkonforme Inhalte indiskutabel zu machen. Ein vergleichbarer Instrumentalisierungsprozeß läßt sich für die Nötigungs-Vorschrift nachweisen.[53] Politisch motiviert ist hier nicht nur die jeweilige Tathandlung, sondern wesentlich die institutionelle Reaktion auf dieses Verhalten.

4.2 Der Gegenstandsbereich des politischen Strafrechts

Eine an die Intention des Subjekts anknüpfende Erfassung politischer Delikte mag zwar in wirklichkeitsbezogener Hinsicht erhellend sein, die begriffliche Fixierung bewirkt jedoch — über die hervorgehobene Gefahr der Entgrenzung, Politisierung und Subjektivierung tatsächlicher oder vermeintlicher Delinquenz hinaus — den Verlust rechtlicher Bewertungsmaßstäbe und beschränkt sich auf den zwar notwendigen, aber unzureichenden Aufweis empirischer Faktizität. Ein solcher Positivismus vermag vieles zu erklären, aber kaum etwas zur Berechtigung der aufgewiesenen Fakten zu sagen.

Wenn im folgenden der Versuch einer begrifflichen Erfassung der politischen Delikte erfolgt, so soll damit der Notwendigkeit eines objektivierbaren Beurteilungsmaßstabes Rechnung getragen werden. Da es, wie die vorausgegangenen Erörterungen gezeigt haben, keinen wirklich umfassenden Begriff politischer Kriminalität gibt[54], ist dieses Bemühen auf die Übereinkunft angewiesen, die sich aus historischen und normativen Bezügen ergibt. Hierzu scheint einmal der

---

50 So *Sack*, Politische Delikte, S. 326.

51 Siehe oben Kap. IV.3.

52 Vgl. Hamburg JZ 1951, 727 f.; Bremen MDR 1976, 773 f.; Oldenburg JZ 1978, 70, 450; Celle MDR 1978, 507.

53 Vgl. BGHSt 23, 46 (Straßenbahnblockade); jüngst BVerfGE 73, 206 (Sitzblockade).

54 So auch *Grünwald*, Aspekte, S. 21.

juristische Begriff des ‚Staatsverbrechens'[55] und dessen Vorläufer, das ‚crimen laesae maiestatis', geeignet. Entscheidend ist insofern nicht schon die — in der Vorstellung des Subjekts — politisch motivierte, sondern die durch den Strafgesetzgeber *politisch definierte Kriminalität;* sie bildet den notwendigen Anknüpfungspunkt für eine sachgemäße begriffliche Erfassung des politischen Strafrechts. Dieser Bereich umfaßt daher die Pönalisierung

— von existenzgefährdenden Eingriffen in die — verfassungsmäßig errichteten — staatlichen Institutionen. Hierzu gehören die Hochverratstatbestände (§§ 81, 82, 83 StGB). Politisches Strafrecht dient insofern dem Existenzschutz der Verfassungsorgane;

— von bestimmten Eingriffen in staatsgerichtete und staatliche Leistungsfunktionen. Hierzu gehören die Agenten- (§§ 87, 98, 99 StGB) und Sabotagetatbestände (§§ 88, 109e StGB); ferner die Tatbestände zum Schutz politischer Willensentäußerung und Willensvermittlung (§§ 105-108b StGB). Politisches Strafrecht dient hier dem Schutz der Leistungsfähigkeit und Leistungstätigkeit des politischen Gemeinwesens;

— von bestimmten Verhaltensweisen, die das intersubjektive Vertrauen der Bürger in die Leistungsfähigkeit des politischen Gemeinwesens nachhaltig erschüttern können. Hierzu gehören Äußerungs- (§§ 86, 86a, 88a a. F., 89-90b, 109d, 111, 126, 130, 130a, 130b, 140 StGB) und die Vereinigungstatbestände (§§ 84, 85, 129, 129a, StGB). Politisches Strafrecht dient hier dem Schutz der Integrationsfunktion des Gemeinwesens.

Wir haben gesehen, daß darüber hinaus auch politisch unspezifische Strafnormen dem politischen Strafrecht zugeschlagen werden. Dieser — nicht durch den Strafgesetzgeber erfolgende — Definitionsprozeß soll etwas genauer betrachtet werden.[56] Die polizeiliche Kriminalstatistik erfaßt unter „XI" als Staatsschutzdelikte auch „sonstige Straftaten, die ein bedeutsames politisches Element enthalten, das sich aus dem Motiv des Täters oder aus der Zielsetzung der steuernden bzw. begünstigten Organisation ergibt."[57] Aus dieser Einordnung wird zunächst deutlich, daß der leitende Gesichtspunkt für die Erfassung nicht schon in der Strafbarkeit der jeweiligen Tathandlung liegt, sondern bestimmte, nicht systemkonforme Zielsetzungen von Handlungen registriert werden sollen. Aus diesem Grunde, nicht aber primär wegen des zugrundeliegenden Verletzungssachverhalts, werden die jeweiligen Handlungen verfolgt.[58] Welche Relevanz dieses ungeschriebene subjektive „Tatbestandsmerkmal" für die Intensität der Strafverfolgung und die Höhe des Strafmaßes hat, soll hier nicht untersucht werden. Jedenfalls erscheint

---

55 Vgl. *Blasius,* Geschichte, S. 18.

56 Vgl. hierzu *Sack,* Politische Delikte, S. 332 ff.; *Schwagerl,* Verfassungsschutz, S. 35 (Anm. 37).

57 So *BKA,* Polizeiliche Kriminalstatistik 1987, S. 7.

58 Vgl. *Ridder,* Grundgesetz, S. 27.

uns die Einbeziehung dieser kontext-, nicht aber tatbezogenen Gruppe von Straftaten in den Bereich der politischen Delikte auch aus quantitativen Gründen nicht zwingend. Sie umfaßt zwar nahezu 75 % der polizeilicherseits erfaßten ‚Staatsschutzdelikte'[59], aber die einzelnen Delikte sind — abgesehen von ihrer gesonderten statistischen Erfassung — von sonstiger ‚normaler' Kriminalität nicht zu unterscheiden. Daher bleibt diese Gruppe im folgenden außer Betracht.

4.3 Begriffsbestimmung

Das politische Strafrecht pönalisiert existenzgefährdende Eingriffe in staatliche Institutionen, ferner nachhaltige Eingriffe in staatsgerichtete und staatliche Leistungsfunktionen sowie bestimmte Verhaltensweisen, die die Integrationsfunktion des politischen Gemeinwesens nachhaltig erschüttern können.

5. Politisches Strafrecht und praktizierte Generalprävention

5.1 Die Präventivfunktion

Es bedarf keines Scharfsinns, um zu erkennen, daß wesentliche Teile des politischen Strafrechts im Blick auf ihre weit vorverlagerte Strafbarkeitsbegründung einer präventiven Strafzweckkonzeption folgen. *Copic*[60] hat die Präventivfunktion des politischen Strafrechts pointiert auf die „Technik der Vorwegnahme und Vorwegwürdigung der möglichen Auswirkungen eines zwar objektiv systemkonformen, aber subjektiv systemfeindlichen Handelns" zurückgeführt. Der Zusammenhang zwischen Präventionszwecken und politischem Strafrecht läßt sich leicht herstellen. Der für nicht systemkonform gehaltene innenpolitische Gegner sucht die politische Auseinandersetzung mit prinzipiell den gleichen Kampfmethoden wie die legalen (systemtreuen) Konkurrenzparteien.[61] Damit es zu einer wirklichen Auseinandersetzung um die Macht erst gar nicht kommen kann, ist es erforderlich, den als Systemfeind definierten Gegner bereits im Vorfeld unschädlich zu machen, d. h. seine Betätigungsmöglichkeiten einzuschränken oder zu beseitigen. Diese Vorgehensweise ist dadurch charakterisiert, daß sie den Begriff des Politischen einseitig aus der Sicht staatlicher Souveränität heraus interpretiert und praktiziert; sie reduziert — auf Carl *Schmitt* zurückgehend — politische Praxis auf die Fähigkeit eines Herrschaftssubjekts, Freund und Feind

---

59 So für das Jahr 1977: *Sack,* Politische Delikte, S. 332.

60 Grundgesetz, S. 11.

61 Vgl. *Wiethölter,* Rechtswissenschaft, S. 110. Zu den Kampfmitteln am Beispiel des sog. Sozialistengesetzes vgl. *Wagner,* Politischer Terrorismus, S. 355: „Die politischen Ziele des Gesetzes ... waren die Zerstörung der sozialdemokratischen Arbeiterbewegung und eine Veränderung der Machtverhältnisse ..." Zum Instrument des Strafrechts in der Innenpolitik erhellend: *Naucke,* Entwicklungen, S. 27 (39).

zu identifizieren.[62] Nach C. *Schmitt*[63] ist ein Verhältnis immer dann politisch, wenn die reale Möglichkeit oder Tatsächlichkeit des Kampfes gegeben ist. Gleichwohl ist die Bestimmung des politischen Feindes lediglich formaler Natur. Politischer Feind ist „der Andere, der Fremde, und es genügt zu seinem Wesen, daß er in einem besonders intensiven Sinne existentiell etwas anderes und Fremdes ist, so daß in extremen Fällen Konflikte mit ihm möglich sind." Diese Perspektive legt eine an den *Kategorien des Feindstrafrechts* orientierte Verfahrensweise mit dem Gegner nicht nur nahe, sondern forciert sie mit der ihr eigenen Dynamik. In der Zuspitzung ist daher der Ausnahmezustand die ‚ultima ratio' innenpolitischer Auseinandersetzung mit dem Gegner. Hier bestimmt nicht mehr die (Straf-) Rechtsnorm das intersubjektive Verhältnis der Beteiligten, sondern die naturzuständliche Regelung in Form der Maßnahme.[64]

Demgegenüber ist mit Nachdruck auch für den Bereich der politischen Deliktstatbestände die grundsätzliche Bedeutung rechtlicher Verhaltensregulierung in ihrer die intersubjektive Freiheitssphäre konstitutierenden und dynamisierenden Form zu erinnern. Auf die Notwendigkeit dieser Erweiterung des Problemzusammenhangs hat bereits *Hegel*[65] — am Beispiel der Pönalisierung publizistischer Betätigung — aufmerksam gemacht: „Übrigens indem, ..., das Element, in welchem die Ansichten und deren Äußerungen als solche zu einer ausgeführten Handlung werden und ihre wirkliche Existenz erreichen, die Intelligenz, Grundsätze, Meinungen anderer sind, so hängt diese Seite der Handlungen, ihre eigentliche Wirkung und die Gefährlichkeit für die Individuen, die Gesellschaft und den Staat (§ 218) auch von der Beschaffenheit dieses Bodens ab, wie ein Funke auf einen Pulverhaufen geworfen eine ganz andere Gefährlichkeit hat als auf feste Erde, wo er spurlos vergeht."

In dieser doppelten Vermitteltheit — potentiell Auswirkungen auf das Denken und Handeln anderer als auch auf den konkreten geschichtlichen Kontext staatspolitischen Handelns zu haben — oszilliert Sein und Sollen des politischen Delikts. Damit ist ein wichtiges Element der Allgemeinbedeutung dieser Deliktsgruppe angesprochen; die Pönalisierung politischen Verhaltens kann zur reflektionslosen Subsumtion des agierenden Subjekts unter die Schablone unabgeleiteter Gefährlichkeitsannahmen geraten.[66] Dabei bleibt unberücksichtigt, daß das Subjekt allererst selbst die Gefährlichkeit der Situation zu reflektieren in der Lage sein muß. Die unbedingte Priorität einer Verhinderung staatsschädlicher Wirkungen erscheint in der Gestalt des alten Kampfkonzepts eines ‚praevenire hostem'.[67] Wer politischer Feind ist, wird nach dem kaum objektivierbaren Gefährlichkeitsurteil

---

62 Siehe hierzu *Schmitt*, Der Begriff des Politischen.

63 Der Begriff des Politischen, S. 27.

64 Näher hierzu: Abschnitt 6.2 dieses Kapitels.

65 Rph, § 319 (Anm.).

66 Hierzu eingehend Kap. VI.3.

67 Vgl. hierzu *Copic*, Grundgesetz, S. 10 ff. (13).

des Staates bestimmt[68] und entspringt dessen Sicherungsbedürfnissen. Der Sicherungszweck des politischen Strafrechts tritt jedoch in seiner Unmittelbarkeit und Absolutheit nicht offen zutage. Er ist vielmehr schon jederzeit dadurch verhüllt, daß ein am wechselnden Staatsinteresse formuliertes Gefährlichkeitsurteil in seiner ganzen Kontingenz subjektiviert und in die Vorstellung des Delinquenten — als ‚animus hostilis' — projiziert wird.[69] Vorherrschend ist folglich nicht die Prävention realer Gefahren für das verfaßte Gemeinwesen, sondern die vermutete Bedrohung durch die ‚feindliche Gesinnung' des Subjekts. Insoweit scheint die Frage, welche Momente das Gefahrenurteil eigentlich begründen und ob diese Gründe sich in der Vorstellung des Delinquenten bei der Tatbegehung widergespiegelt haben, in den Hintergrund gedrängt. Die Erörterung der subjektiven Tatbestandselemente (‚staatsfeindliche' Gesinnung, Absichten, Tendenzen) ist nur auf der Grundlage eines objektiv feststehenden bzw. als feststehend gedachten *Gefährlichkeitsurteils* sinnvoll und praktikabel. Ist der Gegenstand, auf den sich die subjektiven Tätervorstellungen beziehen, aber selbst ‚verflüssigt', unbestimmt und kontingent, weil der wechselnden Staatsräson unterworfen, so gerät der Zurechnungsvorgang in die Nähe eines Glücksspiels, dessen Ausgang schon ex ante feststeht.

Sind daher die Konstitutionsmomente des Gefährlichkeitsurteils in aller Regel nicht Gegenstand der Reflexion, so bleibt auch die unseres Erachtens entscheidende Frage unbeantwortet, ob die Einschränkung der (subjektiven und intersubjektiven) politischen Verhaltensfreiheit überhaupt gerechtfertigt ist. Schon in der konstitutionellen Übergangszeit hat *v. Schirach*[70] auf diesen Mißstand hingewiesen: „Die Stellung des Bürgers ist jetzt eine ganz andere als früher ... (Es) kommen manche Handlungen vor, die früher leichter verboten werden konnten, während jetzt, nachdem das Hauptrecht gestattet ist, bei der Ausübung desselben die Erkenntnis der Gränze des Erlaubten schwierig ist und selbst der Freund des Rechts getäuscht oder in der Aufregung gegen seinen Willen weiter geführt werden kann."

Das im politischen Strafrecht prädominierende Präventionsprinzip und der verdeckte Sicherungszweck blenden den Zusammenhang mit der eigenberechtigten Subjektbetätigung und deren legitime öffentliche Wirkungen aus. Insofern konsequent, hat die Rechtsliteratur durch die sog. ‚Hintergründigkeitsthese'[71] die

---

68 Vgl. *Träger* u. a, Neues Staatsschutzrecht, S. 247, die für die geheimdienstliche Agententätigkeit ein weiteres Zufallsmoment beschreiben: „Maßgeblich ist jedenfalls die Gefährlichkeit der Mitteilungen. Sie kann für die gleichen Erkenntnisse verschieden zu beurteilen sein, je nachdem, ob sie in politisch ruhiger Zeit oder etwa in einer besonderen Krisensituation dem fremden Geheimdienst vermittelt werden."

69 Mithin wohl unzutreffend *Copic,* Grundgesetz, S. 13, der von einem „sachlogisch unausweichlichen Zwang zum Rückgriff auf den ‚animus hostilis'..." spricht.

70 Über politische Verbrechen, S. 326.

71 Vgl. *Ammann* u. a., Die Problematik, S. 130 f. Nach dieser ‚These' „handelt auch derjenige in verfassungsfeindlicher Absicht, der selbst die staatsfeindlichen Ziele nicht teilt, sich aber bewußt ihnen zuordnen läßt." (S. 131).

verfassungsfeindliche Absicht nicht in Haltungen gesucht, die aus dem erkennbaren politischen Handeln überhaupt nicht abzuleiten sind, sondern sie als angeblich hinter diesem Handeln stehend lokalisiert.

5.2 Sein und Sollen des politischen Strafrechts in der Demokratie

Diese Sichtweise hat durch die Entwicklung der Staatsverbände zur modernen Demokratie und der einhergehenden konstitutionellen Garantie praktisch-politischer Subjektivität keineswegs eine nachhaltige Korrektur erfahren oder auch nur zu einem Umdenken hinsichtlich der Grundlagen des politischen Strafrechts geführt.[72] Vielmehr wird gerade dieser Prozeß zum Anlaß genommen, die mit den verfassungsrechtlich garantierten Freiräumen für politische Aktivitäten erst mögliche und wirkliche intersubjektive Willensvermittlung einseitig in ein neues Gefährdungspotential umzudeuten.[73] Zwar bietet ein freiheitliches System tatsächlich größere Angriffsflächen für eine gewaltlose ‚Umwälzung‘[74], aber diese Gefährdungslage ist eben nicht Resultat der politischen Betätigung, sondern immanentes Moment der freigegebenen Dynamik.[75]

Die in politischer Betätigung liegende Verwirklichung auch systemtranszendenter Ziele ist in einem freiheitlichen System gerade eingedenk der Gefährdungsmomente legitim und legal.

Dieser Zusammenhang kann nicht gründlicher verkannt werden als durch den apodiktischen Satz „Keine Freiheit den Feinden der Freiheit“.[76] Vor dem Hintergrund der Maxime gerät das politische Strafrecht mit einer gewissen Zwangsläufigkeit zu einem ‚reinen Abwehrinstrument‘[77] oder — deutlicher —: zu ‚Koerzition, reine Sicherung‘[78]. Auf diesen, den Präventionsgedanken auf seinen Kern reduzierenden Sicherungsgedanken, weist *Schroeder*[79] hin. Wesentliche Teile des politischen Strafrechts (die ‚Klimaschutzdelikte‘) seien auch unter einem an positiver Generalprävention orientierten Gesichtspunkt nicht zu erklären. Den

---

[72] Vgl. *Copic*, Grundgesetz, S. 1 - 15.

[73] Vgl. *Basten*, Von der Reform, S. 33, Anm. 34.

[74] *Wiethölter*, Rechtswissenschaft, S. 110: „Moderne Revolutionen sind lautlose, legale, kalte Revolutionen, sie zielen auf den Bewußtseinswechsel der Bürger, nicht ihren Gehorsamswechsel, sie kämpfen als Konkurrenz-Parteien mit etablierten Parteien um den Einfluß auf die Macht.“

[75] Diese Möglichkeit anzuerkennen fällt naturgemäß leichter, soweit das eigene Gemeinwesen ausgenommen wird.

[76] Vgl. *Hesse*, Grundzüge, § 20 m. w. N.; zur Formel von der „Streitbaren Demokratie“ vgl. auch BVerfGE 28, 36 (48 f.), 28, 51 (55); 30, 1 (19 f.); vgl. auch *Baumann*, MDR 1963, 87 ff. (91).

[77] So *Ridder*, Grundgesetz, S. 15; vgl. auch *Baumann*, JZ 1966, 329.

[78] So *Wegner*, FS Frank, S. 152.

[79] Siehe: Tagungsbericht, ZStW, 97, 926 f.; ferner *Schroeder*, Die Straftaten, S. 12 ff., 28 f.

‚Klimaschutzdelikten'[80] lägen vielmehr „augenscheinlich Sicherungszwecke zugrunde."[81]

5.3 Die Ambivalenz der Präventivfunktion

Neben den zuvor angesprochenen, eher ideologischen Motiven scheinen uns die Gründe für die wesentliche strafrechtlich realisierte Dominanz präventiver Sicherungszwecke sehr vielschichtig und ambivalent zu sein. Sie liegen einmal in den historisch manifesten, am Obrigkeitsstaat orientierten Denkmustern, die — einem bestimmten Fortschrittsmodell verhaftet — einer modernen Arbeits- und Kapitalgesellschaft Wirklichkeit verschaffen wollen. Diese Gesellschaftsformation ist in bisher nicht gekanntem Ausmaß auf die Zustimmung und auf die eigenverantwortliche Mitwirkung der Subjekte angewiesen. Die damit notwendig einhergehende Verrechtlichung aller wesentlichen gesellschaftlichen Beziehungen betrifft grundlegend den Schutz der Subjekte vor der Gefahr der Übermächtigung durch objektive Prozesse. Davon kann mit Grund kein Teilbereich der Gesellschaft ausgenommen werden. Politische Straftaten werden in einem rechtsstaatlich geordneten Verfahren verhandelt und geahndet. Abgesehen von besonderen Zuständigkeitsregelungen[82], wie sie auch in anderen Rechtsgebieten nicht unüblich sind, gelten die allgemeinen Regeln des Prozeßrechts.[83] Schließlich ist nicht zu übersehen, daß das 8. StÄG[84] von dem sichtlichen Bemühen getragen war, die Eigenberechtigung des politischen Subjekts zu stärken.

Als Ergebnis dieses Abschnittes ist festzuhalten, daß die Präventivfunktion des politischen Strafrechts in ihrer umfassenden Entfaltung wie in ihrem Ausgangspunkt durch einen profunden Grundmangel gekennzeichnet ist. Auch hier vermag das Präventionsdenken das (politische) Verhalten des Subjekts schon im Ansatz nur einseitig als Gefährdungspotential gegenüber einem — statisch erfaßten — Staatsinteresse zu interpretieren. Die Eigenberechtigung subjektiver wie intersubjektiver politischer Betätigung in einem nicht unmittelbar staatspolitischen Bereich wird insoweit nicht oder nur unzureichend bedacht. Die allgemeine Entfaltung dieses Mangels führt im Bereich der Vorfelddelikte ebenso zu einer Überbetonung des der Pönalisierung zugrundeliegenden Gefahrenurteils wie zu einer Überspannung und Formalisierung des dieses Urteil nachvollziehenden Subjektbewußtseins.

---

80 Vgl. hierzu die der Diskussion zugrundeliegenden Ausführungen von *Jakobs*, ZStW 97, 773 ff. (774) sowie die Erörterungen in Abschnitt 6.1. dieses Kapitels.

81 So *Schroeder*, in: Tagungsbericht, ZStW 97, 927.

82 Vgl. §§ 74a, 120, 142a GVG.

83 Dies besagt allerdings für sich genommen wenig, wenn der allgemeine Standard als unbefriedigend zu kennzeichnen ist; vgl. *Rudolphi*, JA 1979, 1 ff.; *Dahs*, NJW 1976, 2145 ff.

84 Vgl. hierzu *Krauth* u. a., JZ 1968, 577 ff.; *Maihofer*, Der vorverlegte Staatsschutz, S. 186 ff.

6. Politisches Strafrecht und Ausnahmezustand

6.1 Die ‚Klimaschutzdelikte'

Die bisherigen Erläuterungen haben deutlich gemacht, daß das politische Strafrecht wie kaum ein anderes Rechtsgebiet abhängig ist von den jeweiligen gesellschaftspolitischen Bedingungen[85], unter denen politisches Verhalten stattfindet und die es — staatlich wie nichtstaatlich vermittelt — maßgeblich mitgestaltet. Insbesondere unter dem Eindruck veränderter parteipolitischer Ausrichtungen und den damit einhergehenden Verschiebungen im Bereich traditioneller politischer Betätigung scheint der Präventivfunktion des politischen Strafrechts im Blick auf nonkonformes politisches Verhalten wieder eine zunehmende Bedeutung zuzukommen.

Jakobs[86] hat mit den sog. Klimaschutzdelikten einen Bereich des politischen Strafrechts identifiziert, der den spezifisch strafrechtlichen Umgang mit dieser Entwicklung zu verdeutlichen geeignet ist. Diese Deliktsgruppe bezwecke nicht den Schutz eines bestimmten Rechtsgutes; sie pönalisiere vielmehr Verhaltensweisen, die geeignet seien, ein ‚Klima' zu schaffen, in dem die Bereitschaft zur Verwirklichung bestimmten Kriminalunrechts gefördert werde. Hierzu gehören etwa Delikte, welche die Androhung (§ 126 StGB) oder Billigung (§ 140 StGB) von Straftaten pönalisieren.[87] Gemeinsam ist den Deliktstatbeständen dieser Gruppe der argumentative und planungsorientierte Bezug auf eine vergangene, gegenwärtige oder zukünftige Unrechtsverwirklichung.

Führt man sich die Gründe für diese Verhaltenskriminalisierung vor Augen, so ist der Bezug auf den Begriff des ‚Klimas' nicht sehr erhellend. Soweit damit — schon vergleichsweise einschränkend — die „Integrität der Rechtsordnung sowie das ungebrochene Vertrauen der Bürger in deren friedenserhaltende Funktion"[88] gemeint ist, bietet die Lektüre einer beliebigen Tageszeitung zureichende Gelegenheit, sich Sachverhalte zu vergegenwärtigen, die als solche oder in der Art ihrer medialen Verarbeitung, partiell desintegrierend wirken oder zu wirken vermögen. Die Integrität der Rechtsordnung und das in ihre Leistungsfähigkeit gesetzte Vertrauen der Bürger ist insoweit immer schon bedingt durch eine defiziente, weil von Kriminalität und anderen Friktionen geprägte Wirklichkeit. Vertrauensstabilisierend und -erhaltend ist dagegen die unverzügliche Verfolgung und Ahndung wirklicher Rechtsgutsverletzungen, nicht aber die bereichsspezifische Pönalisierung eines Verhaltenspotentials, aus dem Gutsbeeinträchtigungen nur möglicherweise erwachsen können. Die Kriminalisierung eines dem Krimi-

---

[85] So *Baumann* , JZ 1966, 329.

[86] ZStW 97, 774.

[87] *Jakobs*, ZStW 97, 774, zählt hierzu auch folgende Vorschriften;: §§ 241, 130, 131, 80a, 111, 129, 129a StGB.

[88] Hierzu näher: *Sch / Sch*, § 125, Rn. 3.

nalunrecht vorhergehenden Verhaltens verdeckt überdies nur allzu leicht eine unzureichende Bekämpfung im Bereich der durch massenhafte Deliktsbegehung bewirkten tatsächlichen Desintegrationstendenzen.[89] Bezogen auf die ‚Klimaschutzdelikte' ist überdies auf einen weiteren Aspekt aufmerksam zu machen. Deren *vorverlagernder Strafrechtsschutz* resultiert nur vordergründig aus einem Interesse an der — vollständig ohnehin nicht erreichbaren — Integrität der Rechtsgüterordnung, sondern aus einem „Bedürfnis nach Standardisierung" und Kontrolle, im Kern also aus mangelndem Vertrauen in die Fähigkeit der Bürger, unerwünschte Verhaltensfolgen autonom zu vermeiden.[90] Abgesehen von der — dem Täter gegenüber — unzureichenden Begründung des spezifischen Unrechtsgehalts der Tat, wird deutlich, daß dieser Deliktsgruppe auch ein eigenartiges Verständnis des ‚Bürgerstatus' zugrundeliegt. Der Bürger wird einseitig auf seine naturhafte Potentialität als Gefahrenquelle, auf seinen möglichen Täterstatus festgelegt; wenigstens aber wird seine Fähigkeit zu einer selbstbewußten, einsichtsvermittelten Verhaltenssteuerung negiert und daher zur Unmündigkeit verkehrt. Der ‚mündige Bürger' erhält so nachgerade die Gestalt seines historischen Antipoden: des, der kommunikativen Einwirkung wehrlos ausgelieferten, daher gefährdeten und des für sie empfänglichen, daher gefährlichen Untertans.[91] So betrachtet verdanken die ‚Klimaschutzdelikte' ihre Existenz keineswegs vorrangig der Sorge um das Vertrauen der Subjekte in die Integrität der Rechtsordnung, sondern grundwesentlich dem Mißtrauen ihrer Selbständigkeit gegenüber.

Dieser Befund wirkt noch befremdlicher, wenn man sich bewußt macht, daß Selbständigkeit, Autonomie und Verantwortungsfähigkeit als Praxisvermögen sich allererst in Situationen verwirklichen, denen ‚Versuchungen' und Unsicherheiten als heteronome Momente immanent sind. Schon der Blick auf den in der bürgerlichen Gesellschaft zentralen Bereich der beruflichen Betätigung des Arbeitsvermögens verdeutlicht, daß — trotz überwiegender Fremdnützigkeit — die Selbständigkeit der Arbeitsentäußerung und der eigenverantwortliche Umgang mit den Arbeitsmitteln zu den Grundgegebenheiten *praktischer Subjektivität* gehören. Dieser — historisch komplexe — Prozeß wurde und wird wesentlich durch das Vertrauen in die produktiven Folgen eigenverantwortlicher und selbstbestimmter Subjektivität getragen, nicht aber durch ein Mißtrauen ihr gegenüber. Ein solches Mißtrauen sollte grundsätzlich auch innerhalb der institutionellen Vermitteltheit des Staates keinen Platz haben.

Vor diesem Hintergrund ist es allerdings zugleich bemerkenswert und ernüchternd, wenn *Jakobs*[92] den ‚Klimaschutzdelikten' eine Berechtigung jedenfalls für Krisenzeiten „genauer: für Legitimationskrisenzeiten, in denen eine vorüberge-

---

89 Ähnlich *Hellmer*, JZ 1981, 153 (156).

90 So *Jakobs*, ZStW 97, 767.

91 Vgl. nur *Wagner*, Politischer Terrorismus, S. 355 ff. (Zur Begründung des 1. Entwurfs zum sog. Sozialistengesetz).

92 ZStW 97, 782 f.

hende Suspendierung der Freiheit zum Zweck ihrer umso stärker gesicherten Wiederherstellung toleriert werden muß" zugesteht. Ernüchternd ist diese Stellungnahme hinsichtlich der — auch von *Jakobs* — postulierten Subjektivität des Individuums, die sich umfassend erst in Grenz- und Gefährdungssituationen als solche erweisen kann. Hinter der „Schürze der Mutter" bleiben Selbständigkeit und Autonomie lediglich theoretische Größen, die Unselbständigkeit dagegen aktuelle, defiziente Wirklichkeit.

Bemerkenswert ist die genannte Stellungnahme in Anbetracht der den politischen Delikten zugedachten Zweckbestimmung. Sie dienen augenscheinlich als Antwort auf eine Situation kommunikativer Konfrontation, in der eine Auseinandersetzung mit den entgegengesetzten Auffassungen weder gewollt noch — ohne Gesichtsverlust — möglich ist. In einer Legitimationskrise befinden sich die Vertreter eines politischen Systems, das auf allen Ebenen institutioneller Vermittlung durch die Subjekte berechtigt zu sein beansprucht, wenn sie für substantielle Bereiche ihres Handelns keine befriedigenden Erklärungen auf vorgetragene Einwände haben. Der einseitige Abbruch der Kommunikation ist schon für sich genommen mancherlei Einwänden ausgesetzt und daher erklärungsbedürftig, jedenfalls vermag er die Legitimationsdefizite nicht einfachhin aus der Welt zu schaffen. Klimaschützende Normen haben hier die wesentliche Aufgabe, systemoppositionelle Kritik zu unterbinden, d. h. ihre Äußerung, die organisatorische Bündelung sowie die Teilnahme am Prozeß der Willensbildung zu pönalisieren, bevor diese Kritik stark genug ist, sich autonom durchzusetzen. Sind die ‚Klimaschutzdelikte' als Teil des politischen Strafrechts somit der Sache nach Instrumente zur Regelung nicht von Krisen schlechthin, sondern — spezifischer — zur ‚Bewältigung' von Krisen staatspolitischer Willensvermittlung, so drängt sich die Frage auf, in welchem Verhältnis dieser Bereich des strafrechtlich organisierten politischen Prozesses zum Ausnahmezustand steht.

6.2 Vom historischen Antagonismus zur praktischen Konkordanz

Das politische Strafrecht beansprucht, substantieller Bestandteil des Rechts als genuin freiheitsgesetzlicher Formation zu sein. Damit hat es teil an einem verbindlichen Verfahren, das auf die Negation rechtlicher Geltungsallgemeinheit hin an der Grundlage intersubjektiver Anerkennung festhält. Auch das politische Strafrecht erteilt danach jeder ausschließlich pragmatisch-naturzuständlichen Reaktionsweise auf Unrecht eine Absage. Im Ausnahmezustand bestimmen dagegen Zweckmäßigkeitsüberlegungen Inhalt und Ausmaß des staatlichen Handelns. Den *Ausnahmezustand* prägt somit wesentlich das maßnahme-, nicht das rechtsvermittelte staatliche Handeln.[93] Es gelangt hier die einem Denken in Notstandskategorien eigentümliche Maxime zum Ausdruck: Die Aufrechterhaltung der

---

[93] Vgl. *Schmitt*, Politische Theologie I, S. 11.

Ordnung erfordert die (vorübergehende) Einschränkung der subjektiven Freiheitsverbürgungen! Schon *Montesquieu*[94] bekannte, „daß ich nach dem Brauch der freiesten Völker, die es auf Erden gab, an Fälle glaube, in denen man einen Moment lang einen Schleier über die Freiheit werfen muß — wie man die Statuen der Götter verhängt."

Folgt nun das politische Strafrecht dem Primat der rechtsförmigen Konflikterledigung, so dürfen Überzeugung und Gesinnung rechtlich auch dann nicht kriminalisiert werden, wenn sie ‚gefährlich' sind. Gleichwohl ist die Abgrenzung zum Ausnahmezustand nicht so klar, wie es zunächst den Anschein hat. Wie wir gezeigt haben, hat *Jakobs*[95] dem Begriff der ‚Krise' eine unspezifische Bedeutung gegeben. Es ist durchaus unklar, ob die ‚Legitimationskrise' eigentlich der gesellschaftlichen Normallage oder eher dem Ausnahmezustand entspricht. Ebenso unbestimmt ist die Ansicht von *Ruhrmann*[96], daß in „extremen krisenhaften Ausnahmesituationen" der Regelungsbereich des politischen Strafrechts in den Gesinnungs- und Überzeugungsraum hinein erweitert werden dürfe. Wir wollen diese Problematik ein wenig näher betrachten, indem wir den historischen Zusammenhang in Erinnerung rufen.[97]

Ursprünglich war der Ausnahmezustand durch die Übertragung der vollziehenden Gewalt an einen Militärbefehlshaber gekennzeichnet. Mit dem nachhaltigen Eingriff in die subjektiven und intersubjektiven Freiheitsrechte waren zugleich auch drastische Verkürzungen des gerichtlichen Rechtsschutzes verbunden.[98] Das klassische politische Strafrecht ist demgegenüber ein ständig geltender und anwendbarer Bestandteil des normalen Strafrechts gewesen. Die Unterscheidbarkeit beider Institute hat sich während der Weimarer Republik und — nachhaltiger — während des NS-Faschismus wesentlich vermindert.[99] Die Anwendung des Art. 48 Abs. 2 WRV verdeutlicht die Dramatik dieses Übergangs eindringlich. Die aufgrund dieser Ermächtigung ergangenen ‚Notverordnungen' waren mit scharfen Strafbestimmungen versehen, die im Falle des Ungehorsams gegen die jeweiligen Anordnungen verhängt wurden. Die politischen Delikte erfuhren so, obwohl in ihren Tatbestandsfassungen nur wenig geändert, eine erhebliche Ausdehnung ihres Anwendungsbereiches.

Erst das Grundgesetz nimmt eine grundlegende Neuordnung vor, die — jedenfalls vorübergehend — ein Verhältnis beider Institute recht eindeutig bestimmt. Der Ausnahmezustand war konstitutionell nicht geregelt, konnte mithin als abgeschafft betrachtet werden.[100] Zentrale Vorschriften sind in diesem Zusammenhang

---

94 Vom Geist der Gesetze, 12. Buch, 19. Kap.

95 ZStW 97, 782 f.

96 NJW 1957, 1900; gegen diese Charakterisierung: *Schroeder*, Der Schutz, S. 483.

97 Vgl. auch zu folgendem: *Ridder*, Grundgesetz, S. 11 ff.

98 *Ridder*, Grundgesetz, S. 8 f., Fn. 4.

99 *Ridder*, Grundgesetz, S. 11 ff.; LK-*Willms*, Vor § 80, Rn. 2 ff.

100 *Ridder*, Grundgesetz, S. 21, m. w. N. (Anm. 21).

die Art. 9 Abs. 2, 18 und 21 GG. Sie begrenzen das politische Strafrecht, indem sie das Verbot parteibezogener politischer Betätigung und individueller Grundrechtsausübung von einer konstitutiven Entscheidung des Bundesverfassungsgerichts abhängig machen.[101]

Mit der Verabschiedung der ‚Notstandsgesetze' im Jahre 1968 hat der Ausnahmezustand — umfassend kodifiziert — Aufnahme in die Verfassung gefunden.[102] Die bewußt in Abgrenzung zu der Notstandskompetenz des Art. 48 Abs. 2 WRV konzipierten Befugnisse können hier nicht skizziert werden.[103] Man wird allerdings nicht fehlgehen in der Vermutung, daß die detaillierten Regelungen des Grundgesetzes zum Notstand den exzessiven Gebrauch der Befugnisse kaum verhindern können. Nicht unwahrscheinlich erscheint es, daß gerade der Perfektionismus selbst Auslegungsprobleme vorprogrammiert, die durch situationsbezogene Handlungszwänge entschieden werden. Auf einen Zusammenhang zwischen Ausnahmezustand und politischem Strafrecht hat damals *Ridder*[104] hingewiesen: „Ohne ein entsprechendes spezielles politisches Strafrecht von hohem Abschreckungsgehalt wird die Verwirklichung der vorgesehenen Notstandsregelungen, ..., kaum denkbar sein." Den damit verbundenen Fragestellungen gelten die Erörterungen des folgenden Kapitels, das sich mit den Grundbestimmungen des politischen Strafrechts befassen wird. Hier soll lediglich auf die Ambivalenz einer Entwicklung hingewiesen werden, die einerseits zu einem detailliert geregelten Notstandsrecht geführt hat und andererseits — in Gestalt der ‚Klimaschutzdelikte' — ein schon gegenwärtig geltendes *Krisenstrafrecht* zur Verfügung stellt. Diese Deliktsgruppe scheint jedenfalls geeignet, die sicher geglaubten Grenzen zwischen politischem Strafrecht und Ausnahmezustand zu verwischen.[105]

---

101 Vgl. Art. 18 S. 2, 21 Abs. 2 S. 2 GG; zur Grundrechtsverwirkung und zum Parteiverbot vgl. *Hesse*, Grundzüge, § 22.

102 Vgl. nur Art. 11 Abs. 2, 12a, Abs. 5, 87a, Abs. 3 GG; zum gesellschaftspolitischen Hintergrund erhellend: *Görlitz*, Handlexikon zur Politikwissenschaft, S. 437 f.

103 Näher hierzu: *M / D / H / S*, Art. 91, Rn. 1-3; AK-GG-*Hase*, Art. 91, Rn. 5 ff., 15 f.

104 Grundgesetz, S. 42.

105 Auch für die Deliktstatbestände der §§ 129, 129a StGB dürfte diese Einschätzung zutreffen. Vgl. hierzu *Gräßle-Münscher*, DuR 1991, 223 ff. (233) m. w. N.

VII. Zur Bedeutung der Wirklichkeitsbedingungen im politischen Strafrecht: Über den Zusammenhang zwischen Bedrohungsmoment und Gefährlichkeitsurteil

1. Problemstellung und Vorgehen

Das Recht, verstanden als die Form freiheits- und friedenserhaltender Verhaltensregulation, ist fortwährend darauf angewiesen, Norminhalte und widerstrebende Wirklichkeit miteinander zu vermitteln. Schon aus diesem Grunde verbietet sich eine konsequent methodendualistische Trennung von Rechtsidee und Faktizität.[1] Es hat sich gezeigt, daß die Konstitutionsbedingungen des Rechts innerhalb der bürgerlichen Gesellschaft immanenten Gefährdungen ausgesetzt sind; diese aufzunehmen und zu minimieren ist eine wesentliche Aufgabe institutionalisierter Staatlichkeit, soweit diese intersubjektiver Verhaltensfreiheit ‚Wirklichkeit' zu verschaffen beansprucht.[2] Doch ist auch die staatlich gewährleistete Rechtsordnung beständig durch faktische Machtverhältnisse geprägt, die ihrerseits der rechtlichen Legitimierung und kompetenzieller Begrenzung bedürfen.

Auf den spezifisch strafrechtlichen Aspekt dieser Problematik sind wir bei der Bestimmung des Kriminalunrechts eingegangen und haben dort auf die Ambivalenz aufmerksam gemacht, die das wirklichkeitsbezogene Gefährlichkeitsurteil für den Normbruch in seiner konkreten Allgemeinbedeutung hat.[3] Die nähere Beschreibung dieser Ambivalenz ist zwar unterblieben, dennoch konnte in zweifacher Hinsicht ein latentes Deformationspotential aufgezeigt werden. Einerseits neigt die entwickelte Staatlichkeit dazu, die in jedem Kriminalunrecht verwirklichte Geltungsschwächung der mißachteten Norm unvermittelt zum ‚Wesen' des Verbrechens schlechthin zu hypostasieren, indem sie den zugrundeliegenden realen Verletzungssachverhalt in seiner intersubjektiv-rechtsgutsbezogenen Dimension unterbewertet.[4] Dogmengeschichtlich läßt sich dieser Befund unter Hinweis auf die Auf- und (tendenzielle) Ablösung des Rechtsgutsbegriffs belegen.[5] Infolgedessen bestimmt nicht etwa die konkrete Tatwirkung selbst, sondern die pragmatische öffentliche Verarbeitung den Inhalt und das Ausmaß des Kriminalunrechts. Andererseits zeigt sich das Deformationspotential gleichermaßen im Umgang mit der Person des Täters. Ein an der Prädominanz der Normgeltungs-

---

1 So zutreffend *Ellscheid,* Das Problem, S. 32.

2 Vgl. Kap. III.4.2.3 (a. E.).

3 Vgl. Kap. IV.2.1.

4 Vgl. Kap. V.4.

5 Hierzu und zu den Grundlagen des Rechtsgutsbegriffs: Kap. IV.5. m. w. N.

schwächung orientiertes Strafrechtsdenken tendiert zu einer Zuschreibung weit entlegener Tatfolgen. Soweit sich in dem zugrundeliegenden Gefährlichkeitsurteil ein vages Bedrohungsmoment geltend macht, stellt sich die Frage, ob die verbindliche Zuschreibung (Subjektivierung) möglicher Tatwirkungen dem Täter gegenüber berechtigterweise erfolgt.

Eine gleichgelagerte Problematik konnte — dem Grunde nach — für den Bereich des politischen Strafrechts nachgewiesen werden. Die Überbetonung des den einschlägigen Strafandrohungen zugrundeliegenden Gefährlichkeitsurteils kann sowohl zu einer mangelhaften Abgrenzung der jeweils geschützten Rechtsgüter als auch zu einer — einseitig an der Subjektvorstellung ausgerichteten — defizienten Tatbestandsbildung führen.

Bislang ist allerdings die Relevanz der einzelnen *Wirklichkeitsbedingungen* (‚Gefährlichkeit', ‚Bedrohungsmoment') in der systematischen Entwicklung noch ungeklärt geblieben. Es wird daher nachfolgend zu erörtern sein, unter welchen Voraussetzungen diese Realfaktoren in die Strafnorm einfließen und ob dies in zulässiger Weise erfolgt.

Ob eine Strafandrohung legitim ist, bemißt sich grundlegend daran, ob sie ein konkretes oder konkretisierbares Schutzobjekt zum Gegenstand hat. Hierin liegt eine notwendige, wenngleich nicht auch zureichende Bedingung strafrechtlichen Güterschutzes.[6] Am Beispiel der sog. Klimaschutzdelikte ist deutlich geworden[7], daß vergleichsweise eindeutig bestimmbar lediglich die spezifische Schutztechnik, nicht aber die Rechtsgutsobjekte sind. Die Schutztechnik besteht in einer — am Präventions- und Sicherungszweck ausgerichteten — weit im Vorfeld einer faßbaren Rechtsgutsverletzung ansetzenden Verhaltenskriminalisierung. Angesichts dieser Sachlage wäre es gleichwohl unangemessen, die Illegitimität der Deliktstatbestände überhaupt unter Hinweis auf die unzureichenden Rechtsgutsbestimmungen festzustellen. Vielmehr ist zu vermuten, daß eine genauere Betrachtung der Schutztechnik unser Verständnis für mögliche Schutzobjekte erhöhen kann. Es scheint zumindest nicht ausgeschlossen, daß die Art und Weise des Strafschutzes (einschließlich der zugrundeliegenden Realfaktoren) einen Rückschluß auf den geschützten Gegenstand zuläßt.

Überdies mag auch die genauere Erfassung der genannten Wirklichkeitsbedingungen dazu beitragen, scheinbar unbestimmte Schutzobjekte zu identifizieren. Bedenken gegen die Zulässigkeit der jeweiligen Norm könnten sich allerdings noch aus einer Unvereinbarkeit mit dem von uns entwickelten Rechtsgutsbegriff ergeben. Läßt sich feststellen, daß die politischen Delikte ganz oder teilweise keine bestimmten Rechtsgüter schützen[8], so wäre das dem Präventionszweck

[6] Vgl. hierzu *Hassemer,* Theorie, S. 216 f.: „Rechtsgüterschutz und Schutztechnik sind funktional aufeinander bezogen, und zwar unter dem Zweck- wie unter dem Wertaspekt." — „. . . allein die Existenz eines schützenswerten Gutes macht die Strafrechtsnorm noch nicht legitim."

[7] Kap. VI.6.1.

zugrundeliegende Gefährlichkeitsurteil gegenstandslos. Eine derartige Strafgesetzgebung wäre illegitim gegenüber dem potentiellen wie dem tatsächlichen Delinquenten.

2. Grundlagen des Selbstbezuges institutionalisierter Staatlichkeit

Die nähere Explikation des strafrechtlichen Unrechts — verstanden als Verletzung der Geltungsallgemeinheit des Rechts als Recht — hat zwei Momente offengelegt[9]: 1. die tätige Beeinträchtigung des je konkreten, durch das Rechtsgut erfaßten Rechtsgleichheitsverhältnisses; 2. die intersubjektive Vertrauensbeeinträchtigung bezogen auf die konkrete Allgemeinverbindlichkeit der Strafnorm. Demnach hat das strafrechtliche Unrecht eine rechtsgutsbezogene Verletzungsseite und eine intersubjektiv-vertrauensbezogene Geltungsseite. Dieser Geltungsseite wollen wir im folgenden unsere Aufmerksamkeit zuwenden.

Zu Beginn gilt es jedoch, ein mögliches Mißverständnis auszuräumen. Die durch das Verbrechen bewirkte Beeinträchtigung des intersubjektiven Vertrauens in die Geltungsallgemeinheit der je verletzten Strafnorm ist rechtssystematisch wie tatsächlich nicht bloß (negative) „Enttäuschung" anläßlich der durch den Delinquenten begangenen Tat.[10] Zentralisierte Sanktionsinstanzen haben ja gerade die Aufgaben dem naturzuständlichen Potential dieses Enttäuschungsvorganges den Boden zu entziehen. Charakteristisch für die aufgrund der Normgeltungsbeeinträchtigung entstandene Vertrauenskrise der anderen (der ‚Allgemeinheit') ist vielmehr — positiv — die Erwartung, die staatlichen Institutionen werden ihrer Verpflichtung zu rationaler Konfliktverarbeitung nachkommen, d. h. neben der notwendigen Effektivität der Strafverfolgung zugleich der Subjektivität des Täters zu ihrem Recht verhelfen. Hier liegt die umfassende Aufgabe staatlicher Strafrechtspflege, die so wesentlich regulatives Instrument zur Überwindung naturzuständlicher Konfliktbewältigung ist. Wenn sich in dieser Aufgabenzuweisung (strafrechtsbezogen) die freiheits- und friedenssichernde Bedeutung des Staates zeigt, so liegt es nahe, daß dieser — vornehmlich unter dem Eindruck aktuell-tatbezogener, daher emotionserfüllter Erwartungen — einseitig um den Nachweis effektivitäts- und ordnungsgemäßer Aufgabenerfüllung bemüht ist.

---

8 Zum Streit über die Existenz rechtsgutsloser Delikte vgl. *Amelung*, RGS, S. 281 f., dem darin zuzustimmen ist, daß ein rechtsgutsloser Tatbestand entsteht, wenn an der Aufrechterhaltung einer Strafnorm niemand mehr interessiert ist (S. 283); darüber hinaus gibt es eine weitere Fallgruppe: wenn sich kein Rechtsgut bestimmen läßt, dessen Schutz die Strafnorm dient. Gerade hierin gelangt die Maßstabsfunktion des Rechtsguts zum Ausdruck, nämlich Straftatbestände zu identifizieren, die materiell kein Kriminalunrecht erfassen.

9 Vgl. Kap. IV.3 und IV.4.

10 Hierzu schon *Hegel*, Rph, § 99: „Die positive Existenz der Verletzung ist nur als der besondere Wille des Verbrechers" sowie die Anmerkung, ebenda.

Diese Reaktion vermag der umfassenden Aufgabenstellung nicht gerecht zu werden. Die in ihr notwendig begründete Dialektik von effektivitätsgerichteter Strafverfolgung und Täterschutz kann allerdings weder aufgelöst noch aufgehoben, sondern muß als gegeben anerkannt werden. Die Errichtung einer *staatlichen Strafrechtspflege* resultiert historisch aus der realen Erfahrung und der theoretischen Reflektion der gesellschaftsschädlichen Folgen eines Verletzungsprogresses ‚ins Unendliche' [11] gegenüber Tätern, Opfern und Angehörigen. Dieser Fortschritt [12] droht durch eine — einseitig normgeltungsbezogene — Aufgabenerfüllung rückgängig gemacht zu werden.

Im politischen Strafrecht kann sich diese Einseitigkeit aufgrund der ‚staatsnahen' Verortung potentieller Schutzobjekte noch verschärfen. Hier finden sich — wie gezeigt — Strafandrohungen, die Ausdruck eines auf die Effektivität der Strafverfolgung ausgerichteten präventiven Vorfeldschutzes sind.

Der umfassende Vorfeldschutz scheint allerdings nicht nur Resultat einer gesteigerten Bedeutung dieser Deliktsgruppe für die intersubjektive Verhaltensfreiheit zu sein, sondern zugleich — und in seinem Ausmaß noch unbestimmt — Ausdruck staatlichen Eigeninteresses. Im Gegensatz zu der an dem Schutz individueller Rechtsgüter ausgerichteten Strafrechtspflege agieren staatliche Institutionen hier in einem Bereich, der sie auf den ersten Blick vornehmlich selbst angeht. Hier kümmert sich der Staat um die Sicherung seines ‚Bestandes' vor Gefährdungen und sonstigen ‚Beeinträchtigungen'. [13]

Wie ist dieses ‚Eigeninteresse' näherhin zu charakterisieren? Für *Hegel* [14] hat die „Idee des Staates ... unmittelbare Wirklichkeit"; der einzelne Staat ist „als sich auf sich beziehender Organismus Verfassung oder inneres Staatsrecht." Betont wird die Selbstbezogenheit des Staates in § 271 der ‚Rechtsphilosophie': „Die politische Verfassung ist ... die Organisation des Staates und der Prozeß seines organischen Lebens in Beziehung auf sich selbst." ‚Staat' ist hier als ein sich selbst organisierendes und steuerndes Subjekt gedacht. Es kann hier dahinstehen, wie *Hegel* [15] sich den Vermittlungsprozeß zwischen diesem Subjekt und den eigenberechtigten Individuen vorstellt; bemerkenswert ist, daß er die Problematik des ‚selbstbezogenen' Strafrechtsschutzes jedenfalls partiell gesehen hat. Zu den Äußerungsdelikten sagt *Hegel* [16] nämlich unzweideutig: „Die Unbestimmtheit des Stoffes und der Form läßt die Gesetze darüber diejenige Bestimmtheit nicht erreichen, welche vom Gesetz gefordert wird, und macht das Urteil, indem

---

11 Vgl. *Hegel*, Rph, §§ 102, 103.

12 Zu den Veränderungen und deren Relevanz für eine allgemeine Straftatlehre vgl. *Naucke*, Grundlinien, S. 20 ff.

13 Vgl. *Sch / Sch*, Vorbem. §§ 80 ff., Rn. 1-3; *D / T*, Vor § 80, Rn. 3.

14 Rph, § 259.

15 Vgl. hierzu Rph, §§ 260-320.

16 Rph, Anm. zu § 319; dessen ungeachtet bejaht *Hegel* die Pönalisierung von Äußerungsdelikten, obwohl deren Unrechtsgehalt unabgeleitet bleibt.

Vergehen, Unrecht, Verletzung hier die besonderste subjektivste Gestalt haben, gleichfalls zu einer ganz subjektiven Entscheidung."

Diese Einsicht läßt sich unseres Erachtens verallgemeinern und präzisieren. Wir finden im Bereich der politischen Delikte jenes Grundmuster selbstbezogenen Handelns vor, dessen Überwindung nachgerade Hauptmotiv für die Entwicklung zentralisierter Staatlichkeit war: den Anspruch auf umfassenden (strafrechtlich gewährleisteten) Schutz ‚eigener' Interessen. Diesem Bestreben ist die auf den anderen bezogene Abwägung nicht selbstverständlich, sondern sie schließt sie aus.

Nun scheint diese Sichtweise ihrerseits nicht frei von Überzeichnung und Einseitigkeit, verkürzt sie doch die historische Komplexität der Staatswerdung. Gleichwohl findet sie sich bestätigt, wenn man das zentrale Wirklichkeitsmoment moderner Staatlichkeit — die *Staatsräson* — heranzieht. Die Staatsräson ist keineswegs ausschließlich im Verhältnis souveräner Staaten untereinander relevant. Als ebenso wirkungsmächtig hat sie sich im Bereich der Innenpolitik erwiesen.[17] In Gestalt des Obrigkeitsstaates und einer am ‚konkreten Ordnungsdenken' und am Ausnahmezustand orientierten Staatsauffassung[18] hat sie auch Eingang in das politische Strafrecht gefunden. Aus der damit einhergehenden Verneinung der freiheitskonstituierenden Bedeutung des politischen Vermittlungsprozesses resultierte eine einseitige Ausrichtung des politischen Strafrechts an der Gefährlichkeitsprämisse. Deren Ursprung ist vornehmlich ein nur negatives, verunsichertes staatliches Selbstverständnis. Die wirkliche wie die (aus übersteigertem Selbstbezug resultierende) vermeintliche Gefährdung institutionalisierter Staatlichkeit speist sich daher aus derselben Quelle ideologisch überhöhten Eigeninteresses.

Hassemer[19] ist der Ansicht, daß im Bereich der ‚Staatsschutzdelikte' viele Bestimmungen nur dann verständlich werden, wenn man als „ideologischen Faktor in der Kriminalisierung"[20] auf das ‚Herrschertabu' rekurriere. Dieses Tabu hat sowohl die Seite der Überhöhung des Herrschers[21] als auch diejenige der Belastung des Herrschers mit Widrigkeiten des Gemeinschaftslebens (Schutzfunktion). Der umfassende Schutz staatlicher Interessen ist vor dem Hintergrund der ansonsten zurückhaltenden Reaktion bei der Verletzung von Individualrechtsgütern kaum nachvollziehbar. Erklärbar wird dieser Schutzumfang erst, wenn man sich eingesteht, „daß auch die normative Verständigung unserer Gesellschaft

---

17 Über den Zusammenhang zwischen ‚Staatsräson' und Polizeitheorie: *Foucault*, Lettre 1988, 58 (63); vgl. auch *Fraenkel*, Der Doppelstaat, S. 171 ff.

18 Vgl. *Schmitt*, Politische Theologie I, S. 11 ff. (Zum Ausnahmezustand); ders., Über die drei Arten, S. 62 f.; vgl. ferner *Schwinge / Zimmerl*, Wesensschau, S. 17 ff.

19 Theorie, S. 161 ff. m. w. N.

20 So *Hassemer*, Theorie, S. 163.

21 Gemeint sind hier sowohl die Fremd- als auch die Selbsteinschätzung.

magische Elemente aufweist und daß eine Rechtsgutslehre diesen Sachverhalt verarbeiten muß."[22]

Dies läßt sich anhand der Bestimmungen des Symbolschutzes zeigen (§§ 90a, 90b StGB). Danach ist etwa die Beschädigung einer Flagge schon Anlaß, den Strafrechtsschutz weit im Vorfeld meßbarer Gefahren anzusiedeln. *Hassemer*[23] zufolge „benötigt der Staat ein gewisses Ambiente an emotionaler gesellschaftlicher Zustimmung, das sich auch an Symbolen und Symbolträgern festmacht und das durch eine Minderung der Symbolkraft beeinträchtigt werden kann." Daß der strafrechtliche Symbolschutz allerdings deshalb gerechtfertigt wäre, weil ansonsten das Bewußtsein der Allgemeinheit in seiner staatsbejahenden Grundhaltung beeinträchtigt zu werden drohe[24], ist kaum überzeugend zu begründen.

3. Prävention entfernten Unrechts oder Manifestation des Rechts?

3.1 Die verletzte Geltungsallgemeinheit als erschüttertes Selbstvertrauen

Wir haben oben gezeigt[25], daß die Gefährlichkeit sowohl rechtstheoretisch als auch wirklichkeitsbezogen eine für die Bestimmung des Kriminalunrechts bedeutende Größe ist. Dies gilt in gleicher Weise für den ‚Zustand' der bürgerlichen Gesellschaft als einer in freiheitsgesetzlicher Entwicklung befindlichen Rechtsformation, wobei dieses Merkmal allerdings stärker das historisch-soziologische Moment des Kriminalunrechts hervorhebt.[26] Schon *Hegel*[27] hat aber nachdrücklich darauf hingewiesen, daß die Wirklichkeitsseite des Unrechts niemals aus sich heraus und unverbunden (-vermittelt) neben der rechtskategorialen Unrechtsbestimmung stehen oder gar diese Grundbestimmung verdrängen darf: „Manche qualitativen Bestimmungen, wie die Gefährlichkeit für die öffentliche Sicherheit, haben in den weiter bestimmten Verhältnissen ihren Grund, aber sind auch öfters erst auf dem Umwege der Folgen statt aus dem Begriffe der Sache aufgefaßt; wie eben das gefährlichere Verbrechen für sich, in seiner unmittelbaren Beschaffenheit, eine dem Umfange oder der Qualität nach schwerere Verletzung ist."

---

22 *Hassemer*, Theorie, S. 170.

23 Ebenda, S. 175.

24 *Hassemer*, ebenda, nimmt einen ‚Schaden' im Bewußtsein der Allgemeinheit an, ohne dies zu begründen; ähnlich *Schroeder*, JR 1979, 89 (90), der allerdings subjektbezogen argumentiert, wenn er auf die Kränkung der „Ideale" des Bürgers durch symbolgerichtete Verunglimpfungen hinweist. Näher hierzu Kap. VIII.2.3.2 und 2.4.2.

25 Kap. IV.2.

26 Zur Bedeutung der Strafrechtsdogmatik in diesem Zusammenhang: *Naucke*, Grundlinien, S. 20 ff.

27 Rph, § 96 (Anm.).

In diesem Übergangsbereich zwischen der Unrechtsbestimmung und regelungsbedürftiger Faktizität nimmt die ‚Wirklichkeit' erheblichen Einfluß auf die konkrete Erfassung des Unrechts. Gleichwohl hat die Unrechtsbestimmung nicht unvermittelt situationsbezogen zu erfolgen, sondern normativ-kategorial die „Mitte zwischen dem Einzelnen und Allgemeinen"[28] zu lokalisieren.

Die *‚Gefährlichkeit'* eines Verbrechens ist danach weder Resultante der Verletzungshandlung selbst noch bloß unbestimmte Normgeltungsbeeinträchtigung, sondern normative — d. h. an der Allgemeinheit der Vorstellung — ausgerichtete Erfassung und Bewertung eines Realvorgangs, mithin wesentlich Urteil.[29] In der Realität ist die je einzelne Delinquenz etwas Beschränktes sowohl hinsichtlich der gesamtgesellschaftlichen Wirkungen als auch hinsichtlich der umfassenden Subjektivität des Täters. An dieser Begrenztheit knüpft das tatorientierte Strafrecht auch sein Urteil über die Gefährlichkeit der Verletzungshandlung. Eine darüber hinausgehende Vorstellung der anderen von — möglichen — weiteren Wirkungen des Verbrechens vermag — einzeltatbezogen — keine Berechtigung zu behaupten. Eine solche Tatverarbeitung geht von dem Gegenteil dessen aus, was die Strafrechtspflege unserem Verständnis nach zu leisten hat: Bestrafung des Täters zwecks Wiederherstellung der in konkreter Allgemeinheit verletzten Normgeltung unter gleichbedeutsamer Achtung der Rechtssubjektivität des Täters. Nur die Negation der Leistungsfähigkeit des staatlichen Strafrechtsmonopols kann einerseits ernsthaft einen Rückfall in naturzuständliche Gesellschaftsformen befürchten und andererseits an der Normgeltung über die Tat hinaus festhalten wollen. *Hegel*[30] hat die Wirkungsmacht dieser widersprüchlichen Bewußtseinshaltung treffend artikuliert: „. . . wenn dies frei ausgeht, so halten dies alle für erlaubt." Der in diesem Räsonnement liegende Fehlschluß von dem empirischen Faktum des Verbrechens auf dessen Verallgemeinerung pro futurum, bringt — eher unfreiwillig — den Sachverhalt des durch die Tat erschütterten Selbstvertrauens in die Normverbindlichkeit zum Ausdruck. Soweit hierin eine unangemessene Psychologisierung des Gefährlichkeitsurteils gesehen wird, darf dem entgegengehalten werden, daß dieses Moment unvermeidbar mit einer tatgelösten Gefährlichkeitsbetrachtung verbunden ist. Es ist dies ein Moment, das — entgegen der geläufigen Täterfixierung — wesentlich auf der Seite der normtreuen Allgemeinheit zu verorten ist und insoweit auch seine Wirkungsmächtigkeit erklären mag.

Eine umfassende Erfüllung der Aufgaben staatlicher Strafrechtspflege erscheint umso unwahrscheinlicher, je stärker das Bedrohungsmoment zur Grundlage der gesetzgeberischen Tätigkeit wird.[31] Die Bindung des Gesetzgebers an inhaltliche Kriterien der Delinquenzbestimmung (Tatbestandsbestimmtheit,

---

[28] *Hegel,* Rph, ‚Notizen' zu § 96.

[29] Vgl. hierzu *Joerden,* Strukturen, S. 144.

[30] Rph, ‚Notizen' zu § 96.

[31] Vgl. hierzu *Hassemer,* Theorie, S. 203.

Rechtsgutsbezug, Verletzungserfordernis), droht dann durch eine bloß am Zweck der Bedrohungsminimierung ausgerichtete Vorfeldkriminalisierung gelockert zu werden.

3.2 Zur Legitimität bedrohungsorientierter Strafgesetzgebung

Kann ein derartiges gesetzgeberisches Vorgehen — dem Grunde nach — Berechtigung für sich reklamieren? Einsichtig ist zunächst, daß es gegenüber dem Täter schon deshalb bedenklich ist, weil ein Gefährlichkeitsurteil auf der Grundlage des Bedrohungsmoments seinen Bezug nicht nur in der Tat, sondern auch in einem verunsicherten Selbstvertrauen in die Allgemeingeltung der Norm hat.[32] Läßt sich eine so motivierte Strafnormgesetzgebung der — latent nachahmungsbereit gedachten — Allgemeinheit oder einzelnen Gruppen gegenüber legitimieren? Es hat den Anschein, daß die solchermaßen präventionszweckorientierte Strafandrohung eben aus Gründen der Vorsorge erforderlich und zulässig ist. Die Problematik liegt hier schon in der rein zweckorientierten Betrachtung selbst. Zum Ausdruck gelangt die Totalisierung eines Strafrechtsdenkens, die sich des Mittels der individualisierenden Strafandrohung bedient, um schon weit im Vorfeld einer Rechtsgutsverletzung pädagogisierend auf die Bürger einzuwirken. Bemerkenswert ist an dieser Konzeption vor allem, daß die Abschreckungsprävention[33] hier reaktiviert zu werden scheint, aber in einer Gestalt, die dem psychologischen Stand der Dinge wie auch *Feuerbach* selbst, nicht gerecht zu werden vermag. *Feuerbach* knüpfte nämlich die erhoffte psychologische Zwangswirkung gerade an einen Straftatbestand, der durch eine klare, scharf umrissene Handlungsbeschreibung verdeutlicht, was von dem Adressaten erwartet wird. Die strikte Tatbestandsbestimmtheit spricht daher ein Subjekt an, das sich durch den Zwang der Pönalisierung zwar motivieren, sich aber auch autonom gegen die bestimmte Tat entscheiden kann. Die moderne Vorfeld- und Klimaschutznorm droht diesen Zusammenhang zu verkehren. Das diesen Normen zugrundeliegende Unwerturteil vermittelt sich dem Subjekt gegenüber im günstigsten Fall als ein feststehendes, intersubjektiv-vermitteltes Wahrscheinlichkeitsurteil über die Gefährlichkeit neutraler Handlungen, im ungünstigsten Fall dagegen als irrationale tabuschützende Ordnungsnorm.[34]

3.3 Zu den Anforderungen an ein begründetes Gefährlichkeitsurteil

Wir wollen uns im folgenden nur mit der Konstellation befassen, die das Gefährlichkeitsurteil — im Sinne der ersten Alternative — als rational vermittel-

---

32 Vgl. Kap. IV.3.

33 Vgl. hierzu Kap. II.2.

34 *Tiedemann*, Tatbestandsfunktion, S. 125, hält eine Differenzierung für nicht erforderlich, da das politische Strafrecht eine Rechtsmaterie sei, die „latent, aber formell wirksam für Zeiten politischer . . . Krisen zur Verfügung" stehe.

bare Größe erfaßt. Diese Vermittlung stellt sich allerdings nicht von selbst ein. Sie setzt außerstrafrechtlich einen dauerhaften Bildungs- und Sozialisationsprozeß voraus.[35] Diesem Prozeß ist die Strafandrohung, wenn auch nicht gänzlich fremd, so doch eher als Indikator für sein Scheitern verbunden.[36] Im Bereich des massenhaften Individualverkehrs läßt sich dieser Grundansatz deutlich machen.[37] Die immanent gefahrenträchtige Verwendung des Kraftfahrzeugs kann nur aufgrund nachhaltiger Rücksichtnahme akzeptabel gehalten werden. Der Grad an nachvollziehender Reflektion der latenten Gefährlichkeit führt zugleich zu der erforderlichen Automatisierung der gefahrenmindernden Handlungsvollzüge und stellt sich so als gelungenes Resultat eines Lern- und Erfahrungsprozesses dar. Verstöße gegen diese gefahrenmindernde Praxis erhöhen die Gefährlichkeit der Verkehrsteilnahme nicht nur in dem Urteil der anderen, sondern auch im eigenen Urteil des abweichenden Subjekts. Hier geht auch das Straßenverkehrs(-straf-)recht zutreffend von einem das Gefahrenpotential des Individualverkehrs erkennenden und daher reflektierenden Subjekt aus.

Gänzlich anders stellt sich das ‚Gefährlichkeitsmoment' dem Subjekt gegenüber im politischen Strafrecht dar. Vermittelt[38] ist hier zunächst nur die umfassende Freigabe des nichtstaatlichen Prozesses der politischen Willensbildung und -betätigung, die durch die einschlägigen Verfassungsbestimmungen zum Ausdruck gebracht wird.[39] Wie in den übrigen Bereichen gesellschaftlicher Intersubjektivität entfaltet auch der politische Prozeß seine Wirksamkeit nur unter der einsichtigen Prämisse der Gewaltfreiheit. Dagegen bleiben weite Teile des politischen Strafrechts dem reflektierenden Subjekt unverständlich. Sowohl die Pönalisierung gewaltfreier politischer Betätigung (Meinungs- und Äußerungsdelikte) als auch die ausschließlich vorfeldbezogene Abwehr von Gefahren sind nach Grund und Ausmaß nicht Gegenstand eines *Bildungsprozesses*. Der potentielle Täter kann hier nur negativ — über die Schutztechnik selbst — nachvollziehen, daß wohl große Gefahrenpotentiale zum Gegenstand der Strafbarkeit gemacht worden sind. Sowohl die Spezifik der verletzungsträchtigen Handlungen als auch das durch sie beeinträchtigte Rechtsgut bleiben dem Vernunftsanspruch des Subjekts durchaus unklar. Anders als in dem zuvor genannten Bereich des Straßenverkehrs ist hier nicht genau auszumachen, welche Art von Sorgfaltspflichten beachtet werden müssen. Weder der heteronome Befund, der gegenwärtige Zustand der Gesellschaft sei krisenhaft, noch ein — hieraus abgeleitetes — Gefährlichkeitsurteil lassen sich mit jenem Maß an Bestimmtheit formulieren und vermitteln, das erforderlich wäre, um es zum Gegenstand einer Strafnorm zu machen. Der krisenhafte Zustand selbst ist es vielmehr, der nicht nur die Strafverfolgung,

---

35 Vgl. *Hegel*, PdG, S. 277 f.; *Calliess*, Theorie, S. 128 f.

36 Vgl. *Hassemer*, Strafrechtsdogmatik, S. 128.

37 Vgl. *Jakobs*, ZStW 97, 760; *Wolff*, ZStW 97, 829.

38 Durch Schule, Medien, Öffentlichkeitsarbeit.

39 Vgl. Art. 20, 21, 38 GG und die Grundrechte.

sondern auch das Strafmaß mitbestimmt[40] oder zumindest pragmatisch mitbestimmen kann.

Hinzu kommt, daß die strafenden Instanzen die normativen und faktischen Grundlagen des Gefährlichkeitsurteils nicht selbst nachvollziehen müssen. Die dogmatische Erfassung der Vorfelddelikte als solche ‚abstrakter Gefährdung' dispensiert sie von erforderlicher Reflektion.[41] An der Belastung des politischen Subjekts und des Strafrechtsstabes mit dem für ein begründetes Gefährdungsurteil erforderlichen Reflektionsaufwand vermag ein am Präventionszweck ausgerichtetes politisches Strafrecht naturgemäß kein gesteigertes Interesse zu haben. Seiner Existenz liegt ja gerade die unrichtige Vorstellung zugrunde, anstelle politischer Bildung und Auseinandersetzung den Strafrechtsschutz treten zu lassen.

Halten wir hier fest, daß im Bereich der vorfeldbezogenen politischen Delikte eine Grundvoraussetzung zulässiger Pönalisierung nur unzureichend zum Ausdruck gelangt: die Vermittlung der Voraussetzungen des der Strafnormgesetzgebung zugrundeliegenden Gefährlichkeitsurteils.

3.4 Exkurs: Das Gefährlichkeitsurteil im Wirtschafts- und Umweltstrafrecht

Eine vergleichbare Problematik lassen das Wirtschaftsstrafrecht und das Umweltstrafrecht erkennen.

Das Wirtschaftsstrafrecht[42] verdeutlicht in besonderer Weise die soziale Funktion eines zwar vorfeldbezogenen, aber die sonstigen Berechtigungen spezieller Adressatengruppen berücksichtigenden Strafrechtsbereiches. *Tiedemann*[43] hat zutreffend hervorgehoben, daß dem Wirtschaftsprozeß eine „besondere Gefährdungsanfälligkeit der einschlägigen Güter durch die Massierung kleinerer Verstöße im Vorfeld eben dieser Güter" zu eigen ist. Dennoch tritt hier ein Verhalten erst dann in Bezug zu geschützten wirtschaftspolitischen Gütern, wenn die durch das wirtschaftlich tätige Subjekt gelernten und reflektierten Regeln verletzt werden. Soweit mithin die Vermittlung spezifischer Gefährdungsmomente des jeweiligen Tätigkeitsbereiches wirksam erfolgt oder notwendig mit der Arbeitstätigkeit selbst verbunden ist, vermag die Verletzung der hieraus resultierenden Sorgfaltspflichten die Unrechtskonstitution mitzubestimmen. Denn durch die Handlungsvollzüge — als objektivierte Form der Pflichtmißachtung — wird regelmäßig eine Verletzungstendenz in Richtung auf das geschützte Rechtsgut hervorgerufen.

---

40 Dies entspricht durchaus der Logik des Präventionskonzepts.

41 So schon *Güde,* Probleme, S. 21.

42 Vgl. hierzu *Müller-Gugenberger,* Wirtschaftsstrafrecht, §§ 3, 4 (Rn. 33 ff.).

43 Tatbestandsfunktionen, S. 124.

Die Ansicht, im Bereich des Wirtschaftsstrafrechts trete „das Rechtsgut ... gegenüber der Rechtspflicht in den Hintergrund“[44] trifft auf den hier dargestellten Vermittlungsprozeß nicht zu. ‚Rechtspflichten‘ sind ausdifferenzierte, verhaltensbestimmende Vorsichtsmaßregeln. Inhalt der Pflicht ist nach dieser Seite der mit dem Eintritt in ein komplexes Arbeitsfeld notwendig verbundene und stark ausdifferenzierte Bildungsprozeß, dessen Resultat eine erhöhte eigene oder — organisatorisch sichergestellte — fremde Verhaltenssicherheit hervorbringt. Von einer irgendwie gearteten „Gesinnung des wirtschaftenden Rechtsgenossen“[45] ist dieses Steuerungspotential wohl zu unterscheiden; es ist Praxisvermögen, nicht wesensmäßige Durchdrungenheit! Der auf die Verwertung von Kapital ausgerichtete Wirtschaftsprozeß ist alles andere als eine karitative Veranstaltung; demzufolge kann von einem, gegen Entgelt tätigen Subjekt billigerweise keine innere Neigung, wohl aber eine professionelle Handlungspragmatik verlangt werden, die das ruhige Gleichmaß fachkundiger und gefahrenbewußter Routine mit dem — legitimen — Streben nach Gewinn in Einklang zu bringen weiß.

Die — mitunter schwierige — Abwägung zwischen divergierenden Interessen zeigt, daß im Bereich der ökonomischen Sphäre trotz sorgfältiger Vermittlung des Gefährdungspotentials das Instrument der Pönalisierung nur zur Abwehr und Ahndung nachhaltiger Beeinträchtigungen geeignet sein kann.[46] Zu groß ist das Risiko, über eine strafrechtliche Regulierung die Funktionsfähigkeit dieses Sozialbereiches selbst entweder nachhaltig zu stören[47] oder aber das Gefährdungspotential nicht wirkungsvoll zu bekämpfen.

Die letztere Entwicklung zeichnet sich im Bereich des Umweltstrafrechts[48] immer deutlicher ab. Es ist hier — von der besonderen Problematik der Rechtsgutsbestimmung und der Tatbestandserfassung abgesehen — vernünftiger Betrachtung nur schwer vermittelbar, daß der Abwägungsvorgang zwischen ökonomischer und ökologischer Gutsbestimmung überwiegend exekutiver Pragmatik anheimgestellt wird.[49] Entsprechend unverständlich ist die vorfeldbezogene Strafnormfassung auf der einen und das enorme Maß an verletzender Umweltzerstö-

[44] So aber *Tiedemann,* Tatbestandsfunktionen, S. 126.

[45] So *Tiedemann,* ebenda, S. 126.

[46] Zu bedenklichen Entwicklungen (am Beispiel des Kreditbetruges, § 265b StGB) vgl. *Wolff,* Abgrenzung, S. 215.

[47] Dieser Aspekt ist bisher kaum erörtert worden. Seine Berücksichtigung im Bereich der ökonomischen Selbständigkeit zeigt aber exemplarisch die Notwendigkeit, auch in anderen Bereichen die Folgen der Verrechtlichung zu bedenken. Vgl. hierzu etwa: *Voigt,* Verrechtlichung, S. 15 ff., der zutreffend bemerkt, „daß es sich bei der Verrechtlichung um einen hochkomplexen und zudem ambivalenten Prozeß handelt.“

[48] Vgl. *Sch / Sch,* Vorbem. 324 ff., Rn. 4 m. w. N.; *Bloy,* ZStW 100, 485 ff.

[49] Deutlich *Weber,* Vorverlegung, S. 30: „Erst recht unerträglich ist es, wenn die Verfolgung nicht aus Zufall, sondern aus Nachlässigkeit oder gar bewußt unterbleibt. Erinnert sei an Fälle verwaltungsbehördlichen ‚Wohlwollens‘ gegenüber umweltgefährdendem Verhalten von Industriebetrieben.“ Zum Merkmal „unbefugt“ vgl. *Sch / Sch,* Vorbem. §§ 324 ff., Rn. 14 ff.

rung auf der anderen Seite, die aufgrund des Genehmigungsvorbehaltes sanktionslos hingenommen werden muß oder wird. In der Rechtspraxis führt dies zu einer nachhaltigen Ermittlungstätigkeit im Bereich geringfügiger bis mittlerer Umweltverstöße. Es ist insofern keineswegs Polemik, wenn als problematisch nicht die illegalen, sondern die legalen Umweltbeeinträchtigungen angesehen werden.

Bemerkenswert ist, daß ein umfassend angelegter Vorfeldschutz angesichts der genannten Gründe weitgehend wirkungslos bleibt. Konkrete Gefährdungen, gar die offensichtliche Schutzobjektverletzung selbst, bleiben — exekutivischer Pragmatik anheimgestellt — unsanktioniert. Dieser Sachverhalt macht deutlich, daß ein ausschließlich instrumentelles Strafrechtsverständnis seine Regulativfunktion verfehlen muß, da es sich lediglich darauf beschränkt, einem Abwägungsprozeß zur Durchsetzung zu verhelfen. Solange diese Dominanz nicht fragwürdig geworden ist, muß es unverständlich bleiben, daß die Qualität des strafrechtlichen Umweltschutzes in einem umgekehrten Verhältnis zur Schwere der Verletzungs- / Gefährdungshandlung steht.

3.5 Zwischenergebnis

Das für die Vorfeldproblematik so bedeutsame Gefährlichkeitsurteil weist in Gestalt des ‚Bedrohungsmoments' ein starkes, tendenziell tatgelöstes Moment auf. Zugleich hat sich gezeigt, daß unter bestimmten, im Bildungs- und Sozialisationsprozeß zu verortenden Voraussetzungen, das Gefährlichkeitsurteil auf eine vermittelbare, rationale Grundlage gestellt werden kann. Diese Voraussetzungen, so sie vorliegen, ermöglichen es dem Subjekt, die Gefahrensituation zu reflektieren und in das eigene Urteil aufzunehmen.

Nicht erörtert haben wir bisher, unter welchen Bedingungen das Bedrohungsmoment legitimen Einfluß auf die Verhaltenskriminalisierung erlangen darf.

4. Stellungnahme zum Bedrohungsmoment

Das Bedrohungsmoment benennt einen bedeutsamen Faktor der Kriminalisierungswirklichkeit, also der Strafgesetzgebung und der Strafrechtspraxis. Ohne diese Leistung bliebe die umfangreiche Vorfeldpönalisierung jedenfalls teilweise unverstanden. Das *Bedrohungsmoment* als ambivalenter Faktor des Gefährlichkeitsurteils beschreibt ein Handlungsmotiv des Strafgesetzgebers. Unserer Kritik zufolge erfordert das begründete Gefährlichkeitsurteil die Möglichkeit des Subjekts, die zugrundeliegenden Umstände in sein Bewußtsein aufzunehmen. Die Identifizierung dieses Faktors ist zwar zunächst erhellend, aber gleichwohl unzureichend. Als Beispiele für ein bloßes Verharren in der Faktizität dieses Moments seien hier das systemtheoretische und das kommunikationstheoretische Paradigma kurz vorgestellt.[50]

Calliess[51] zufolge ermöglicht es eine systemtheoretisch orientierte Strafrechtskonzeption, „das Problem der Funktion bestimmter Verhaltensweisen im Zusammenhang sozialer Systeme deutlicher als bisher zu sehen und damit die Frage nach der Notwendigkeit und Leistung der Pönalisierung von Verhaltensweisen besser zu beantworten ... Das Strafrecht pönalisiert deshalb Verhaltensweisen, die zentrale und für die Interaktionssysteme strategisch grundlegende Techniken der Kommunikation in Frage zu stellen, durch die Aufnahme von Interaktion." Diese Konzeption hat keine Schwierigkeiten, das Bedrohungsmoment als zulässigen Pönalisierungsfaktor zu integrieren. Denn auch ‚Bedrohungsängste' können als Realfaktoren Einfluß auf „strategisch grundlegenden Techniken" haben, auch sie können als eine, die „Sicherheit der Erwartungen"[52] beeinträchtigende Größe an ein Gefährlichkeitsurteil gekoppelt werden und sich ggf. in einer Vorfeldnorm materialisieren. Die Vorschriften über die ‚Gefährdung des demokratischen Rechtsstaats' (§§ 84 ff. StGB) sind nach Ansicht *Calliess*[53] erforderlich, um „jene moderneren, in hochkomplexen Gesellschaften weit wirksameren und subtileren Methoden der Beeinträchtigung der verfassungsmäßigen Ordnung" zu verhindern bzw. zu pönalisieren. Worin die beeinträchtigende Wirkung dieser Methoden besteht und ob sie pönalisierungsbedürftig sind, bleibt unbeantwortet. Die den Deliktstatbeständen überwiegend zugrundeliegenden Gefährlichkeitsurteile werden als solche weder identifiziert noch auf ihre intersubjektive Vermittlung hin befragt, sondern affirmiert. Die Schwierigkeiten bei der Erfassung der Gefährdung sind sicher in der Sache selbst begründet; sie können aber nicht dadurch umgangen werden, daß den betreffenden Strafnormen eine universelle Schutzfunktion zugewiesen wird.

Auch das kommunikationstheoretische Paradigma, wonach die Straftat wesentlich als ‚Zeichen' Bedeutung hat[54], gelangt über die Beschreibung der Faktizität ideologischer Strafrechtsmechanismen nicht hinaus. Zwar ist diese Konzeption nützlich, um „Raffinement und Feinfühligkeit"[55] auch des Bedrohungsmoments herauszuarbeiten oder die Instrumentalisierung des Täters in diesem Zusammenhang näher zu beschreiben, gleichwohl verbleibt sie aber in einer ansatzimmanenten Deskriptivität. Eine notwendige Verhältnisbestimmung zu den normativen Momenten der Unrechtsbegründung kann von hieraus nicht erfolgen.

Hassemer[56] hat demgegenüber die Ambivalenz des Bedrohungsphänomens herausgearbeitet. ‚Rechtsgüterpolitik' könne zwar ohne Berücksichtigung des Bedrohungsmoments nicht zureichend betrieben werden, dürfe andererseits aber

---

50 Vgl. einerseits *Calliess*, Theorie, S. 122 ff. (130 ff.); andererseits *Wächter*, KJ 1984, 161 ff. (174 ff.).

51 Theorie, S. 142 f.

52 *Calliess*, Theorie, S. 143 m. w. N.

53 ebenda, S. 149.

54 Vgl. *Wächter*, KJ 1984, 175.

55 So *Wächter*, KJ 1984, 179.

56 Theorie, S. 223.

„nicht bei der Feststellung von Bedrohungsintensität verharren und sich darauf beschränken, zweckmäßige gesetzliche Reaktionen für bedrohende Ereignisse herauszuarbeiten." Die Erkenntnis, ein Konfliktfeld habe eine hohe Bedrohungsintensität, fordere vielmehr zu der Frage heraus, ob und in welcher Weise es einer (strafrechtlichen) Formalisierung zugänglich ist. An dieser Problematik kommt eine ‚Rechtsgüterpolitik' nur um den Preis einer verkürzten Entscheidungsbasis vorbei, indem sie Handlungsspielräume annehme, die tatsächlich nicht vorhanden seien. Eine Rechtsgutstheorie ist dagegen diesem Einwand nicht ausgesetzt. Nur ist es nicht die ‚Phantasie'[57], die hier einen größeren Argumentationsspielraum eröffnet, sondern das Ziel der theoretischen Auseinandersetzung: die kritische Reflektion von identifizierten Wirklichkeitsbedingungen soll allererst Begründungsdefizite aufweisen. Zutreffend hebt *Hassemer*[58] allerdings hervor, daß die Ergebnisse dieser Reflektion ihrerseits Praktikabilitätsbedenken ausgesetzt sein können. Als eine Kritik der Praxis hat sich eine Rechtsgutstheorie dem berechtigten Anspruch zu stellen, ihr Praxispotential offenzulegen.

Es gilt daher im folgenden, trotz der grundsätzlichen Bedenken, die wir gegen eine Strafgesetzgebung auf der Basis des Bedrohungsmoments vorgetragen haben, im Blick zu behalten, daß auch im Bereich der politischen Delikte eine rationale Kritik gegenüber tabu- und bedrohungsbestimmten Strafnormen nur auf die Veränderung der zugrundeliegenden Einstellungen abzielen kann.[59]

5. Die ‚symbolische Gesetzgebung': Materialisierung des Bedrohungsmoments im politischen Strafrecht

Das Bedrohungsmoment wird besonders deutlich an der Reaktion der Öffentlichkeit auf schwere Verbrechen. Zwar sind Art und Ausmaß der Betroffenheit wesentlich von der massenmedialen Darstellung abhängig, gleichwohl wäre es unangemessen, hierin ausschließlich eine Inszenierung der Unsicherheitsgefühle weiter Bevölkerungsteile zu sehen. Dennoch ist mitunter das ‚wirkliche' Ausmaß der Betroffenheit mit den Darstellungen in den Medien nicht recht in Einklang zu bringen.[60]

Uns interessiert jedoch die ‚Verarbeitung' des Bedrohungsmoments in der Strafgesetzgebung. Gesetze oder Gesetzesvorhaben, deren Schutzobjekte nur schwer lokalisierbar sind, die aber aufgrund ihrer spezifisch vorfeldbezogenen Schutztechnik wohl Ausdruck eines Bedrohungsgefühls sind, können eine wichtige gesellschaftliche Funktion erfüllen. Man kann sie als Akte ‚symbolischer

57 Vgl. *Hassemer*, Theorie, S. 241.

58 Ebenda, S. 241.

59 So auch *Hassemer*, ebenda, S. 243 f.

60 So *Neumann / Schroth*, Neuere Theorien, S. 44.

Gesetzgebung' verstehen, „als Zeichen dafür, daß der Staat etwas tut“[61], mithin dazu beitragen will, die mutmaßlich oder tatsächlich beunruhigte Bevölkerung zu beruhigen. Es gilt als Kennzeichen dieser Gesetzgebung, daß weder die Gefährlichkeit des pönalisierten Verhaltens nachgewiesen noch die Pönalisierung zur Lösung eines Sachproblems geeignet ist.[62] Der ,Nährboden für symbolische Gesetzgebung'[63] ist umso fruchtbarer, je nachhaltiger der Gesetzgeber sich durch aktuelle Bedrohungsgefühle beeinflussen läßt oder je ,sicherheitsempfindlicher' die jeweilige Regelungsmaterie ist.[64]

Diese Behauptung mag durch zwei Beispiele verdeutlicht werden, wobei hier vorausgesetzt ist, daß der Bedrohungsfaktor lediglich ein, wenn auch ,irrationales' Element der Kriminalisierung ist. Die Reform des Demonstrationsstrafrechts aus dem Jahre 1970 und die Gegenreform des Jahres 1983 / 85[65] bezweckten — abgesehen von den freiheitsrelevanten kriminalpolitischen Zielsetzungen — vorrangig die „öffentliche Bekräftigung bestimmter ordnungspolitischer Wertvorstellungen.“[66] Beide Reformen führten vor Augen, daß der Staat auf die symbolische Bedrohung durch nonkonformes Verhalten zu reagieren vermag. Man kann diese Bedrohung so erklären, daß sich der Staat seinerseits zu demonstrativem Handeln veranlaßt gesehen hat.

Ein weiteres Beispiel für eine symbolische Gesetzgebung ist die Vorschrift des § 131 StGB (Verherrlichung von Gewalt).[67] Der Schutzzweck dieser Norm läßt sich nur unzureichend dadurch erklären, daß der Einzelne oder die Allgemeinheit vor Gewalttätigkeiten geschützt werden sollen oder der Einzelne vor der Übernahme einer gewalttätigen Haltung bewahrt werden soll. Dieser Schutzzweck ist bereits durch andere Strafvorschriften (beispielsweise §§ 211 ff., 223 ff. StGB) gewährleistet oder — soweit die Haltung des Subjekts betroffen ist — legitimerweise kein Gegenstand der Pönalisierung. Erklärbar werden Sinn und Zweck dieser Norm erst, wenn auf die symbolische Funktion der Vorschrift reflektiert wird. Sie will durch die plakative Mißbilligung der in der Öffentlichkeit sichtbar gewordenen Brutalisierungstendenzen ein Signal setzen.[68] Die mit der beabsichtigten Signalwirkung notwendig verbundene, plakative Handlungsbeschreibung hat im gesetzlichen Tatbestand Ausdruck gefunden: objektiv ist lediglich erforderlich, daß der Täter „Schriften . . . öffentlich ausstellt, verbreitet . . .

---

61 So *Neumann / Schroth*, Neuere Theorien, S. 114 ff. (115).

62 Vgl. *Hassemer*, JuS 1987, 258, am Beispiel der BTM-Gesetz-Novellierung.

63 So *Hassemer*, JuS 1987, 258.

64 Zum Einfluß des Koreakrieges auf das 1. Strafrechtsänderungsgesetz vom 30.8.1951 (BGBl I, S. 739) vgl. *Copic*, Grundgesetz, S. 9 f.

65 3. Strafrechtsreformgesetz v. 20.5.1970 (BGBl I, S. 469, 632); Gesetz zur Änderung des StGB und des VersG v. 18.7.85 (BGBl I, S. 1511).

66 So *Floerecke*, KrimJ 1987, 123.

67 Vgl. hierzu auch *Rudolphi*, JA 1979, 1 (2).

68 So *Rudolphi*, JA 1979, 2.

herstellt (etc.)", die Gewalttätigkeiten gegen Menschen schildern und dadurch deren Verherrlichung oder Verharmlosung „ausdrücken".[69]

Dennoch wäre es unzureichend, die symbolische Strafgesetzgebung darauf festzulegen, ausschließlich auf Bedrohungsängste der Allgemeinheit zu reagieren; sie hat de facto auch die Funktion, den Status einer bestimmten gesellschaftlichen Gruppe symbolisch festzuschreiben.[70] Diese Funktion ist wiederholt in der Diskussion um das sog. Vermummungsverbot[71] deutlich geworden. Unverkennbar ist die *symbolische Festlegung* derjenigen Subjekte auf den Status des Gewalttäters, die sich weigern, die Pönalisierung einer bestimmten Kleiderordnung einfach hinzunehmen.[72]

Daß eine symbolische Strafgesetzgebung mitunter schnell in eine Sackgasse gerät, zeigt die häufige Novellierung der einschlägigen Normen.[73] Zugleich resultiert aus dieser Tendenz zur symbolischen Krisenbewältigung eine bedenkliche Reduktion der Kriminalpolitik auf die wechselnden Anforderungen situationsbezogener Innenpolitik.[74]

Wir wollen es mit der exemplarischen Darstellung symbolischer Strafgesetzgebung bewenden lassen. Es mag deutlich geworden sein, daß die bloße Benennung des Bedrohungsmoments auch dann unzureichend ist, wenn es neben anderen Momenten der Pönalisierung nachgewiesen wird. Der Funktionalisierung zweckgerichteten Strafrechtsdenkens ist immanent keine Grenze zu ziehen. Das Bedrohungsmoment muß daher identifiziert, darf aber nicht legitimiert werden. Es ist vielmehr Aufgabe rationaler Strafrechtspolitik, den der symbolischen Gesetzgebung zugrundeliegenden Bedrohungsängsten im Wege des aufgeklärten Diskurses zu begegnen, nicht aber durch scheinbar wertfreie Systematisierung dogmatische Weihen zu verleihen.

---

69 Näher hierzu Kap. XI.3.3.2.

70 So *Neumann / Schroth*, Neuere Theorien, S. 116 am Beispiel der Prohibition.

71 Es war bis zur Novellierung durch das Gesetz zur Änderung des StGB und des VersG v. 9.6.89 (BGBl I, S. 1059) in § 125 Abs. 2 StGB enthalten. Nunmehr ist die durch das Gesetz zur Änderung des StGB und VersG v. 18.7.85 (BGBl I, S. 1511) vorgenommene Änderung des § 125 StGB wieder beseitigt, dafür aber in §§ 17a, 27 Abs. 2 VersG eine weitreichendere Strafnorm geschaffen worden. Hierzu näher SK-*Rudolphi*, § 125, Rn. 1b).

72 Schon der Sprachgestus (passive Bewaffnung / Schutzwaffen) verrät seine Herkunft aus der Orwell'schen Begriffswelt. Zum Sinn solcher Verbote vgl. *Jakobs*, ZStW 97, 771 f.

73 Zum Demonstrationsstrafrecht vgl. *Floerecke*, KrimJ 1987, 119 ff.; *D / T*, § 125, Rn. 1.

74 Zum ganzen instruktiv: *Achenbach*, JuS 1980, 86 ff.; ferner *Naucke*, Entwicklungen, S. 15 ff.

6. Schlußfolgerungen

Die Überlegungen dieses Kapitels können wie folgt zusammengefaßt werden:

Das im Bereich der Vorfeldkriminalisierung bedeutsame Gefährlichkeitsurteil läßt sich nur legitimieren, wenn die es konstituierenden Voraussetzungen für das Subjekt nachvollziehbar sind. Bewegt sich das Subjekt in einem bestimmten, gefahrenträchtigen Tätigkeitsbereich, so ist die Pönalisierung des Verstoßes gegen schadensverhindernde Sorgfaltsregeln zulässig, soweit diese Regeln ausreichend vermittelt sind. Das Bedrohungsmoment, als ein das Gefährlichkeitsurteil mitbestimmender Faktor, trägt zwar Erhellendes zur Motivation des Pönalisierungsprozesses bei, es entbehrt aber der Berechtigung als unrechtskonstituierendes / -erhöhendes Moment. Die Realität des Bedrohungsmoments gemahnt vielmehr an die überfällige Aufklärung über zugrundeliegende Tabus und die Beseitigung von Bedrohungsängsten, die nicht vom Täter und seiner Tat herrühren. Dieser rechtspolitischen Forderung hat allerdings im strafrechtlichen Binnenbereich die erforderliche Besinnung auf die normativen Bedingungen der Strafgesetzgebung vorauszugehen. Diesen Grundbestimmungen legitimer Strafgesetzgebung werden wir uns nun — bezogen auf den Bereich des politischen Strafrechts — zuwenden.

VIII. Grundbestimmungen der Strafbarkeit der politischen Delikte

1. Die Konstitutionsmomente im Überblick

Die Erörterung des Bedrohungsmoments hat gezeigt, daß Wirklichkeitsbedingungen einen dominierenden Einfluß auch auf das politische Strafrecht erlangen können. Sie bestimmen dann den Gegenstand in einer Weise, die dessen Verständnis ohne die Kenntnisnahme dieser Bedingungen erschwert oder gar unmöglich machen kann. Die Auseinandersetzung mit den politischen Delikten darf damit jedoch nicht ihr Bewenden haben. Zwar ist es zutreffend, daß sich der Gang der Auseinandersetzung mit einem Gegenstand auch an ihm selbst zu entwickeln, ihn mithin „als Quelle von Erkenntnis“[1] zu betrachten hat; aber zugleich sind die politischen Deliktstatbestände — wie auch die sonstigen Normen des materiellen Strafrechts — Objekte der Bewertung, die es daher auf der Grundlage der entwickelten Rechts- und Unrechtsbestimmung zu beurteilen gilt. Die normativ orientierte Betrachtungsweise wollen wir nun fortsetzen.

Die normativen Grundbestimmungen werden nach zwei Seiten hin zu entfalten sein. In strafrechtsdogmatischer Hinsicht ist der — im Grundsatz dargestellte — Rechtsgutsbegriff gegenstandsbezogen zu entwickeln; es gilt ihn auf seiner intersubjektiven, teilhabebezogenen Ebene zu konkretisieren (2.). Im Rückbezug auf die bereits dargestellte[2] sowie im Vorgriff auf eine genauer zu systematisierende Schutztechnik ist auf die Problematik eines handlungsbezogenen Gefahren- und Gefährdungsbegriffs einzugehen (3.). Die Schutztechnik selbst ist in Zusammenhang mit der Behandlung der Tatbestandsbestimmtheit der Strafnormen des politischen Strafrechts zu erörtern. Dabei werden wir uns von der Frage leiten lassen, wie der betonte Präventionscharakter dieses Strafrechtsbereichs in der Fassung des Unrechtstatbestandes zum Ausdruck gelangt (4.).

Im Hinblick auf die verfassungsrechtliche Seite des politischen Strafrechts ist auch die Rechtsprechung des Bundesverfassungsgerichts von Bedeutung. Insbesondere neuere Entscheidungen[3] dieses Gerichts geben Anlaß, die Bedeutung der Grundrechte im politischen Prozeß zu überdenken (5.). Wenn die Ausführungen gleichwohl von der Skepsis gegenüber einer ausschließlich verfassungsrechtlichen Argumentation getragen sind, so aus zwei Gründen: Zum einen vermag

---

1 So *Hassemer*, Strafrechtsdogmatik, S. 124.

2 Vgl. Kap. V.4.2.

3 Vgl. BVerfGE 69, 315 (‚Brokdorf‘), 73, 206 (‚Startbahn-West‘).

der Rekurs auf das Grundgesetz eine dezidierte Begründungsleistung nicht zu ersetzen. Von daher sollte die Entlastungsfunktion nicht überschätzt werden. Gewichtiger erscheint aber die Erwägung, daß derart komplexe Sachverhalte, wie die Pönalisierung, von der Verfassung her nicht zwingend in der einen oder anderen Richtung hin entschieden werden können. Gibt es aber mehrere verfassungsrechtlich zulässige Regelungsmöglichkeiten, so ist die Begründung für eine bestimmte Auffassung eigenständig zu erbringen und redlicherweise auch geschuldet. Der Verweis auf die Verfassung erhöht die Überzeugungskraft eines Vorschlags keineswegs. Im übrigen sollte die eigenständige Leistungsfähigkeit des Strafrechts — als eines konkretisierten Verfassungsrechts — nicht unterschätzt werden.[4]

2. Rechtsgüter des politischen Strafrechts

2.1 Ausgangslage

Wir haben, um den bisherigen Stand der Rechtsgutsbestimmung kurz zu rekapitulieren, als Rechtsgut die dem Subjekt intersubjektiv eingeräumte, objektbezogene Verhaltensfreiheit definiert.[5] Dieser Rechtsgutsbegriff umfaßt daher nicht nur die ausschließlich-individualrechtliche, sondern auch die gleichberechtigte Betätigungschance auf einen Gutsgegenstand. Mittels einer personalen Rechtsgutskonzeption können daher auch solche Gutsgegenstände bestimmt werden, deren positive Bewertung ihren Grund darin hat, daß sie allen Subjekten eine *gleichberechtigte Teilhabe* ermöglichen und so die intersubjektive Verhaltensfreiheit stabilisieren (etwa durch die Sanktionierung bestimmter Verhaltensweisen im Straßenverkehr) oder erweitern (Sanktionierung spezifischer Formen täuschender Teilnahme am Wirtschaftsverkehr).[6]

Es wird sich zeigen müssen, ob dieser Ansatz auch insoweit tragfähig ist, als er im Bereich des politischen Strafrechts eine Bestimmung von Rechtsgütern ermöglicht. Zunächst ist daher die Frage zu beantworten: Was sind taugliche Rechtsgüter in diesem Teilgebiet des Strafrechts? Die Erörterung wendet sich auf der Basis des entwickelten Rechtsgutsbegriffs der Sachproblematik des Verfassungs- und Staatsschutzes selbst zu.

Soweit sich Schutzgüter identifizieren lassen, stellt sich die weitere Frage, ob und in welchem Ausmaß sie des strafrechtlichen Schutzes bedürfen bzw. ob sie bereits strafrechtlichen Schutz genießen.

---

4 Vgl. hierzu *Sax*, Grundsätze, S. 913 („eigenständige Schutzordnung").

5 Vgl. Kap. V.4.1.

6 Vgl. etwa §§ 315b, 316c; 265b StGB.

2.2 Zum Verhältnis zwischen personalen Subjekten und Staat

Welche Objekte grundsätzlich als taugliche Gegenstände eines politischen Strafrechts in Betracht kommen, hängt wesentlich davon ab, welche freiheitsrechtliche Bedeutung der Vermittlung zwischen den personalen Subjekten und dem durch sie fortlaufend zu konstituierenden Allgemeinen zuzumessen ist. Soweit hier einem — mehr oder minder — strikten Dualismus zwischen dem Subjekt in der bürgerlichen Gesellschaft einerseits und dem staatlich institutionalisierten Allgemeinen andererseits das Wort geredet werden würde[7], stellt sich das Vermittlungsproblem allenfalls als bloße rechtliche Fiktion. Versteht man dagegen ‚Staat' grundlegend als einen Prozeß stetiger Transformation des Willens einzelner und daher vereinzelter personaler Subjekte in ein Gemeinwesen, so läßt sich der genannte Dualismus nicht aufrechterhalten. ‚Staat' ist dann — in einem noch unbestimmt weiten Sinne — die Organisationsform des allgemeinen gesellschaftlichen Zusammenhangs politischer Willensvermittlung. Dessen spezifische Formqualität ist zwar in den Grundlagen verfassungsrechtlich festgeschrieben[8], aus dieser rechtlichen Manifestation der Vermittlungsstrukturen folgt aber keineswegs eine Transsubstantiation der personalen Subjekte in ein Hypersubjekt, sondern eine partielle, kompetenzbestimmte Pflichtenstellung. ‚Staat' ist insofern intersubjektiv vermittelter Normverhalt.

Hieraus resultiert freilich für die personalen Subjekte ebenso wenig eine selbstberechtigte Verfügbarkeit über staatliche Institutionen und deren Handeln wie in den sonstigen Bereichen der Gesellschaft. Das Recht regelt auch hier Inhalt und Ausmaß der Berechtigungen und Verpflichtungen der Subjekte und kennzeichnet so den Staat als „Vereinigung einer Menge von Menschen unter Rechtsgesetzen"[9] in formationsbezogener Hinsicht. Es liegt hierin nicht nur die notwendige wechselseitige Anerkennung der Personen als Rechtssubjekte, sondern zugleich die — in Flächenstaaten notwendige — versachlichte Anerkennung der zweckbestimmten Aufgabenerfüllung durch die jeweils zuständigen staatlichen Institutionen. Die Aufgabenerfüllung ihrerseits setzt die Ausstattung mit bestimmten sächlichen und personellen Mitteln voraus. Eine grundlegende Verselbständigung des Gemeinwesens (des ‚Staates') gegenüber den Subjekten ergibt sich hieraus weder im rechtlichen noch im übertragenen Sinne, wohl aber eine Eigenberechtigung der jeweiligen Institutionen in der Wahrnahme ihrer Aufgaben auch gegen widerstrebende individuelle oder gruppenbezogene Willkürbetätigung.

---

[7] So *Karpen*, JA 1986, 299 (302 ff.); vgl. andererseits: *Preuß*, Der Staat, S. 360; zur rechtlichen und faktischen Existenz des Staates vgl. *Buchheim*, Der Staat 1988, S. 1 ff.

[8] Vgl. insbes. Art. 20 Abs. 2, 38, 50, 63 f. GG.

[9] Vgl. *Kant*, MdS, Rechtslehre, § 45 (S. 431).

2.3 Die Bestimmung der einzelnen Schutzgüter

Das politische Strafrecht hat demzufolge nur dort einen legitimen Anwendungsbereich, wo es um den Schutz spezifischer — weil durch andere Strafbestände nicht oder nicht ausreichend bestimmter — Rechtsgüter geht. Infrage kommen somit Rechtsgüter, die die Bedeutung des verfassungsmäßigen Prozesses politischer Willensvermittlung zum Ausdruck bringen. Hier lassen sich drei große Bereiche unterscheiden.

So ist zunächst der Schutz der personalen Träger politischer Willensvermittlung sicherzustellen, wobei hier naturgemäß die Freiheit der Willensbildung und der Willensentäußerung im Vordergrund der Rechtsgutsbestimmung zu stehen hat. Einen gewissermaßen verselbständigten Schutzanspruch haben ferner die aus dem Vermittlungsprozeß hervorgebrachten institutionellen Objektivationen. Hier dürfte insbesondere die — von nachhaltigen Beeinträchtigungen freie — Handlungsfähigkeit der Organe von Bedeutung für die Rechtsgutskonstitution sein, soweit die Organaktivitäten durch die Verfassung(en) geschützt sind. Schließlich bedarf auch das Verfahren der Willensvermittlung selbst des flankierenden Schutzes durch das Strafrecht. Ohne die formale Richtigkeitsgewähr für Wahlen und Abstimmungen verliert der politische Willensvermittlungsprozeß seine besondere Schutzbedürftigkeit; er wäre nurmehr Fassade für politische Willensentschließungen, die ihren Ursprung außerhalb des verfassungsmäßig vorgegebenen Rahmens hätten.

Die hier aufgezeigten Anwendungsbereiche des politischen Strafrechts verdeutlichen, wie unzureichend die überkommene Fixierung auf den ‚Staatsschutz' ist.[10] Damit ist ein Teilbereich des politischen Strafrechts umrissen, — der die Objektivationen des Vermittlungsprozesses betrifft. Entscheidende Bedeutung kommt aber bereits der Vermittlungsleistung selbst in ihrer Prozeßhaftigkeit und in ihrem grundwesentlichen Rückbezug auf die personalen Träger des politischen Prozesses zu.

2.3.1 Der Schutz politischer Willensentäußerung und Willensvermittlung

Die Grundlagen für die Rechtsgutsbestimmung finden sich im Grundgesetz und in den jeweiligen Länderverfassungen. Der umfassende Schutzanspruch der personalen Träger politischer Willensvermittlung ergibt sich nicht allein aus dem Wahlrecht (Art. 38 GG), sondern wesentlich aus den grundrechtlichen Verbürgungen selbst. Ohne den Status der Gleichheit vor dem Gesetz (Art. 3 GG) sowie der Bekenntnis- (Art. 4. Abs. 1 GG) und Meinungs-(bildungs-) freiheit (Art. 5 GG) geriete das Wahlrecht zur bewußtlosen Akklamation; ohne die Presse- (Art. 5 Abs. 1 GG), die Versammlungs- (Art. 8 GG) und die Vereinigungsfreiheit (Art. 9 GG) wäre das Wahlrecht nur Instrument zur Feststellung von Stimmungslagen.

---

10 Zur Problematik vgl. *Schroeder*, Der Schutz, S. 336 ff.

Die Anerkennung des grundrechtlichen *Teilhabestatus* erfordert daher strafrechtlichen Schutz dort, wo dieser Status aufgrund der Personalität der Träger des Vermittlungsprozesses Zugriffen besonders ausgesetzt ist. Somit kommt als Schutzobjekt die — von gewaltsamer und täuschender Einflußnahme freie — Willensbildung und Betätigung der personalen Subjekte (bei Wahlen und Abstimmungen) und der Verfassungsorgane infrage.

Verfassungsorgane sind aber nur handlungsfähig durch personale Subjekte. Deren Verhaltensfreiheit ergibt sich aus der Kompetenz des Organs. Schutzobjekt ist hier näherhin die verfassungsgemäße Willensbetätigung der für das Organ tätigen natürlichen Personen. Ein über die allgemeinen Nötigungsvorschriften hinausgehender Schutz dieser Funktionsträger ist — wie *Hassemer*[11] hervorhebt — gerechtfertigt, weil aus der besonderen Art des Willenszwanges umfassende Gefahren für das Gesamtgefüge institutionalisierter Willensvermittlung entstehen können. Unter diesem Gesichtspunkt ist es gleichermaßen gerechtfertigt, die an der politischen Willensbetätigung auf ihrer normerzeugenden Ebene beteiligten Abgeordneten der Parlamente während ihrer Tätigkeit durch Bannkreisvorschriften zu schützen.

Nicht zufällig sind auch in dem Bereich des ‚Organschutzes' Rechtsgüter identifizierbar, die hinsichtlich ihrer — Verhaltensfreiheit ermöglichenden — Grundstruktur denen ausschließlich subjektbezogener Rechtsgüter ähneln. Das Gemeinwesen konstituiert sich wesentlich durch Subjekthandlungen[12], die lediglich in spezifischer Weise institutionell vermittelt werden. Handlungen personaler Subjekte müssen daher in besonderem Maße bei der Konstitution und Aufrechterhaltung des Gemeinwesens frei von Gewalt und Zwang sein. So verstanden, geben die Subjekte vermittels ihrer Handlungen dem Gemeinwesen in bestimmten Institutionen ‚Dasein'. Hierin und in der aufgabenbezogenen Tätigkeit der staatlichen Institutionen durch die Amtsträger liegt ein berechtigtes Schutzinteresse. Nicht nur die wahlberechtigten Subjekte, sondern auch die innerhalb der Verfassungsorgane tätigen Funktionäre benötigen den Schutz ihrer — von gewalttätiger Einflußnahme freien — Willensbetätigung und Willensvermittlung, um ihren weitreichenden Entscheidungen die erforderliche rationale Grundlage zu geben.

Lassen sich auch im Bereich der staatlichen Institutionalisierung Rechtsgüter vorfinden, die denen des ‚Ehren- und Privatsphärenschutzes'[13] sowie des Schutzes eines grundlegenden ‚Sicherheitsgefühls'[14] bei den personalen Subjekten entsprechen?

---

11 Theorie, S. 171 f.

12 Dies gesteht auch *Amelung*, RGS, S. 391 — seinem systemtheoretischen Ansatz durchaus entgegengesetzt — zu.

13 Vgl. §§ 185 ff., 201 ff. StGB.

14 Vgl. § 241 StGB.

2.3.2 Der politische Ehren- und Geheimnisschutz

Im Bereich des politischen Ehrenschutzes kann man daran denken, die Staatsorgane und ihre Repräsentanten vor Beleidigungen und Verunglimpfungen zu schützen (§§ 90, 90b StGB). Schützenswertes Rechtsgut scheint hier das Vertrauen in die *personale Integrität* der Repräsentanten des Verfassungsorgans zu sein. Dieser Schutz wäre aber — von der Funktionsfähigkeit des Organs aus betrachtet — bereits im Vorfeld realer Aufgabenbeeinträchtigung angesiedelt. Besonders ausgeprägt ist diese Vorverlagerung des ‚Ehrenschutzes' für den ‚Staat' sowie für staatliche Flaggen, Wappen und Hymnen (§ 90a StGB). Hier ist der Bezug zu einer objektgerichteten Betätigung intersubjektiver Verhaltensfreiheit vollkommen verschwunden. Diese ‚Gegenstände' stehen als bloße Zeichen für die freiheitssichernde Bedeutung, die das staatlich verfaßte Gemeinwesen für sich beansprucht.[15] Im intersubjektiven Verhältnis haben diese Zeichen eine Integrationsfunktion. Die hingenommene tätige Nichtanerkennung des Zeichens ist daher ihrerseits Ausdruck einer möglichen Gefährdung der Integrationsfunktion.[16] Auch hier scheint der eigentliche Grund für die Konstitution des Schutzgutes eher in einem verunsicherten Selbstvertrauen der Subjekte gegenüber der bestimmten Form der Vergemeinschaftung zu liegen denn in dem Verletzungsverhalten des Delinquenten.

Der Geheimnisschutz der staatlichen Institutionen entspricht dem Schutz der Privatsphäre im individualrechtlichen Bereich. Er erscheint legitim, soweit er zur Aufgabenerfüllung notwendig ist und die Grundlagen politischer Willensvermittlung nicht verhüllt. Der Sache nach ist darüber hinaus erforderlich, daß ein wirkliches und legales Geheimnis vorliegt. Soweit der als geheimhaltungsbedürftig angesehene Sachverhalt über den Kreis der in der jeweiligen Institution Tätigen hinaus bekannt ist[17], läßt sich der Schutz einer internen Sphäre ebensowenig rechtfertigen wie dies bei einem — illegale staatliche Tätigkeit betreffenden — Geheimnis der Fall ist.

---

15 In einem erweiterten (mitunter ausschließlichen) Sinn mag hierin auch der staatliche Souveränitäts- und Machtanspruch zum Ausdruck kommen. Dies gilt insbesondere für das Verhältnis der Staaten zueinander.

16 Zu emphatisch dagegen: *Zwiehoff*, Der Schutz der Staatssymbole, S. 108 f.; Rechtsgut des § 90a StGB sei das „Ansehen des Staates", es sei „den obersten Grundwerten ... vorgelagert, es ist ihr Vorfeld" und habe zugleich „die Qualität eines obersten Grundwertes." Vgl. auch *Schroeder*, JR 1979, 89 (90), der den Vorfeldcharakter der Vorschrift auch mit dem Hinweis auf die subjektbezogenen Wirkungen einer Verunglimpfung zu belegen sucht (Kränkung der „Ideale"). Damit bleibt jedoch die wesentliche Frage nach der Berechtigung eines Schutzes von „Idealen" unbeantwortet. Näher hierzu unter 2.4.2.

17 Insoweit dürfte das Vorliegen eines Staatsgeheimnisses dann zweifelhaft sein, wenn ein geheimgehaltener Sachverhalt vor der Tatbegehung einem (ausgesuchten) Kreis von Journalisten zugänglich gemacht worden ist.

2.3.3 Der Schutz des ‚Sicherheitsgefühls'

Nur unter Schwierigkeiten ist schließlich das ‚Sicherheitsgefühl'[18] (i. S. eines auf die friedens- und freiheitserhaltende Funktion des Gemeinwesens bezogenen Basisvertrauens[19]) in einen Rechtsgutsbezug zu bringen. Es leuchtet ein, daß eine gemeinschaftlich begangene Gewalttätigkeit gegen unbestimmte Personen oder Sachen etwas anderes ist als ein entsprechendes Geschehen, das über die spezifische Verletzungshandlung hinaus zu einer allgemeinen Verunsicherung keinen Anlaß gibt. Die Erfassung dieses undeutlich bestimmten Sachverhaltes als Rechtsgut ist deshalb gerechtfertigt, weil die allgemeine — nicht nur punktuelle — Verunsicherung des Basisvertrauens aus einer erfahrbaren Rechtsfriedensbeeinträchtigung resultiert. Auf eine kurze Formel gebracht, besteht das Schutzgut, auf welches das Sicherheitsgefühl sich bezieht, in einem Zustand, der aktuelle Gewaltsamkeit über punktuelle Tatbegehungen hinaus nicht befürchten läßt.[20] Die Gutsbeeinträchtigung führt zu der Forderung an das — durch eine gemeinschaftliche Gewalttätigkeit in seinem *friedensstiftenden Geltungsanspruch* öffentlich brüskierte — staatliche Gewaltmonopol, solcher Anmaßung zu begegnen und die intersubjektive Verhaltensfreiheit nicht in erhöhtem Maße dem Zufall zu überlassen.

2.4 Zum Umfang des Güterschutzes durch das Strafrecht

Wir wollen nun der Frage nachgehen, ob und in welchem Umfang die zuvor beschriebenen Rechtsgüter durch das Strafrecht, d. h. durch das Mittel der Strafandrohung vor Beeinträchtigungen zu schützen sind.

2.4.1 Der strafrechtliche Schutz politischer Willensentäußerung und Willensvermittlung

Vorausgesetzt ist auch in diesem Bereich intersubjektiver Gutsexistenz, daß ein umfassender Schutz und eine vollständige Absicherung den politischen Prozeß, als einen auf Verhaltensdynamik angelegten Vorgang, zum Stillstand bringen würde und daher die Vermittlungsleistung selbst beseitigt. Dieser Wirklichkeitsbereich ist davon abhängig, daß politische Vorstellungen öffentlich vorgebracht und — gegen mannigfache, konkurrierende Inhalte — geltend gemacht werden. Folglich besteht ein gesteigerter Bedarf an rechtlicher Regulation, um die organisatorischen Grundlagen für eine wirkungsvolle politische Willensvermittlung sicherzustellen. Das rechtlich bestimmte Verhältnis zwischen den Subjekten und

---

18 Auf die hierauf bezugnehmenden Güter (öffentlicher Frieden, innere Sicherheit, Rechtssicherheit etc.) ist im Abschnitt 2.4.3 einzugehen.

19 Vgl. hierzu *Wolff,* Abgrenzung, S. 194 f., 203.

20 Vgl. auch *Sch / Sch,* § 126, Rn. 2; *D / T,* § 126, Rn. 2; *Lackner,* § 126, Anm. 1.

den verfassungsmäßigen Institutionen ist insoweit nicht nur Resultat eines Verzichts auf Gewalt und Willkür, sondern vermag nur unter beständiger Einhaltung der Organisationsregeln den intersubjektiven Friedenszustand fortwährend hervorzubringen. Die dem politischen Prozeß im staatlich institutionalisierten Raum eigene Dynamik ist daher sowohl Produkt als auch — i. S. regulierter Machtausübung auf Zeit — zugleich Voraussetzung des Gewaltverbots.

Das Gewaltverbot impliziert — scheinbar paradoxerweise — ein Monopol des verfaßten Gemeinwesens, auf gesellschaftliche Konflikte nötigenfalls mit Gewalt und Zwang zu reagieren. Ohne die Monopolisierung legitimer Gewaltanwendung wäre die Ausbildung von Privatgewalten zwangsläufiges Resultat, weil weder rechts-[21] noch gewaltfreie[22] Räume in der Zeit existieren.

Aus diesem Befund ergibt sich, daß der politische Prozeß vor Gewalt und Drohung mit Gewalt geschützt werden muß. Allerdings ist angesichts der über den Gewaltbegriff herrschenden Unklarheit[23] vor möglichen Mißverständnissen zu warnen. Die ‚nachdrückliche Einflußnahme'[24] ist nichts dem politischen Prozeß Fremdes, sondern geradezu Eigentümliches. Mannigfache Entfaltung von ‚Druck', i. S. einer Einflußnahme auf die Willensbetätigung, ist auch im Bereich staatspolitischer Willensvermittlung ebenso fester Bestandteil politischen Verhaltens wie die ‚Überzeugungskraft des Wortes'.[25] Vor dem Hintergrund dieser Art der Einflußnahme auf den politischen Prozeß erscheint die einseitige Pönalisierung gewalttätigen und drohenden Verhaltens durchaus fragwürdig. Zumindest sind Zweifel angebracht, ob die Gewaltenteilung allein einen ausreichenden Schutz gegen nachhaltige Einflußnahmen nicht-gewaltsamer Art sicherzustellen vermag. Wir können auf die hier bestehenden Probleme nicht näher eingehen. Zu erinnern ist aber, daß die Gewaltlosigkeit des politischen Prozesses nicht schon durch die staatliche Institutionalisierung als solche gewährleistet ist; auch die Pönalisierung gewaltsamer Einflußnahme stellt eine wirkungsvolle und unverfälschte Willensvermittlung nicht zwangsläufig sicher. Im Grundsatz ist es gleich-

---

[21] Als Beispiel ist etwa die Verwendung von (allgemeinen) Geschäftsbedingungen und die spätere Regulation durch das AGB-Gesetz vom 9.12.1976 (BGBl. I, S. 3317) zu nennen.

[22] Dieses Faktum ist gegen manche anarchistischen und „basisdemokratischen" Gesellschaftstheorien zu betonen.

[23] Umfassend hierzu: *Bergmann*, Das Unrecht, insbes. S. 81, 200; ferner: *Köhler*, FS Leferenz, S. 511 ff.; *Meurer / Bergmann*, JR 1988, 49 ff.

[24] Etwa durch ‚pressure groups' und ähnliche verbandspolitische Einflußnehmer auf politische Entscheidungsträger.

[25] Dieser Sachverhalt ist von *Ridder*, Verfassungsrechtliche Stellung, S. 238, so beschrieben worden: „Die für die freiheitliche Demokratie lebensnotwendigen Manifestationen dieses Prozesses, die in dem Hervorbringen einer auf die Staatstätigkeit in allen ihren Verzweigungen orientierten ‚öffentlichen Meinung' bestehen, können legitimerweise durchaus in — nicht rechtlich sanktionierter — ‚Gewalt' (‚Druck', Beeinflussung, power) bestehen, vorausgesetzt, daß auch sie im vollen Umfang ‚öffentlich' sind, sich öffentlich mit der ihrerseits prinzipiell zur Öffentlichkeit verpflichteten Staatsgewalt konfrontieren."

wohl unverzichtbar, die gewaltsame oder mit Gewalt drohende Einflußnahme auf den staatspolitischen Willensvermittlungsprozeß — nicht zuletzt aufgrund der Folgen für das verfaßte Gemeinwesen als Ganzes — zu pönalisieren.

2.4.2 Der strafrechtliche Ehren- und Symbolschutz[26]

Im Hinblick auf den gemeinwesenbezogenen Ehrenschutz haben wir als Rechtsgut das Vertrauen in die personale Integrität der Repräsentanten von Verfassungsorganen herausgearbeitet.[27] Geschützt ist demnach der Achtungsanspruch der Repräsentanten nur insoweit, als die Ehrverletzung das Vertrauen der Allgemeinheit in die ordnungsgemäße Führung der Amtsgeschäfte beeinträchtigt. Hieraus folgt eine entsprechend eingeschränkte Auslegung der §§ 90, 90b StGB. Der strafrechtliche Schutz des den Repräsentanten und Organmitgliedern als Privatpersonen gebührenden Achtungsanspruches ist bereits durch die Vorschriften der §§ 185 ff. StGB ausreichend gewährleistet. Nach dieser Konzeption ist der Rückgriff auf den Begriff der ‚Staatsautorität'[28] weder legitim noch erforderlich. Ebensowenig wie sich ‚Autorität' abstrakt, d. h. gelöst von einem personalen Subjekt herstellt, ist sie abstrakt verletzbar. Dieser Grundsatz gilt in besonderem Maße für den Ehrenschutz von institutionell eingebundenen Subjekten.

Der Schutz von (staatlichen) Symbolen und Hymnen hat sich im Kern auf ihre Funktion als Integrationsfaktoren zu beziehen. Die tätige Nichtanerkennung des Zeichencharakters erhält ihren Antrieb häufig aus Lebenssachverhalten, die bereits selbst einen desintegrierenden Charakter aufweisen und auf die regelmäßig im Wege der Meinungsäußerung aufmerksam gemacht wird. Die Symbolverletzung will den desintegrierenden Charakter eines gesellschaftlichen Problemfeldes insoweit in provokativer Form verdeutlichen. Dieser politische Akt bedarf — von möglichen konkret rechtsgutsverletzenden Eingriffen abgesehen[29] — der politischen Antwort, — nicht aber einer strafrechtlichen Sanktion. Sowenig die emotionale Nähebeziehung der direkt zwangsrechtlichen Regulation zugänglich ist, sowenig darf die symbolbezogene Herabsetzung einer Nähebeziehung zum ‚Staat' Anlaß für eine Pönalisierung sein.[30] Vorausgesetzt ist dabei, daß sich schon die Vorstellung mit der Ausgestaltung eines Näheverhältnisses zwischen personalen Subjekten und (staatlichen) Institutionen schwer tut; auch als ein wirkungsmächtiges psychologisches Moment unterstellt, rechtfertigt die tätige Nichtanerkennung des Symbols für sich allenfalls die Erfassung als Ordnungsver-

---

26 Vgl. auch *Hassemer*, Theorie, S. 173 ff.; *Sch / Sch*, § 90, Rn. 1 ff.; § 91, Rn. 1 ff.

27 Siehe Abschnitt 2.3.2 dieses Kapitels.

28 Vgl. auch SK-*Rudolphi*, § 90, Rn. 1, der als Rechtsgut die „Autorität als Staatsoberhaupt" ansieht. *Sch / Sch*, § 90b, Rn. 1, ist der Ansicht, § 90b StGB bezwecke die Bekämpfung eines Angriffs auf die „Öffentliche Ordnung", da die Tat Mittel der „Staatszersetzung" sei. Hierzu sogleich.

29 Etwa einer Strafbarkeit nach §§ 303, 185 StGB.

30 Hierzu schon oben Kap. III.4.

stoß gegen gewisse obrigkeitsstaatliche Traditionen.[31] Ein Rechtsgut ‚Schwächung der Staatsmacht / -autorität' ist wegen seiner rechtlichen Unvermitteltheit ebenso wenig anzuerkennen wie der Schutz demokratischer oder rechtsstaatlicher „Ideale".[32] Ein Symbol — als zeichenhaft gegenständliche Abstraktion — vermag die widersprüchliche gesellschaftliche Realität kaum angemessen — und schon gar nicht ausschließlich positiv — zu repräsentieren. Die strafrechtliche Sanktionierung von Symbolläsionen — auch soweit die Subjekte sie „als Kränkung ihrer Ideale" auffassen — begegnet deshalb durchgreifenden Bedenken, weil der Schutz von Idealen erfahrungsgemäß umso stärker vor Kritik realer Mißstände immunisiert, je berechtigter die vorgetragenen Einwände sind. Eine die Folgen des Symbolschutzes kalkulierende Betrachtung wird konstatieren müssen, daß die Pönalisierung gutsbezogene Angriffe womöglich allererst provoziert. Hierin zeigt sich die eigentümliche Psychologie vorfeldbezogenen Symbolschutzes: Die Vergeistigung des Schutzobjekts senkt notwendig die Schwelle der Strafbarkeit, indem sie den Achtungsanspruch idealisiert und damit totalisiert.

Ein Strafrechtsschutz, der umfassend die „Einhaltung der kommunikativen Basis"[33] zu seinen Aufgaben zählt, trägt dagegen keinerlei Bedenken, auch Symbolschutz zu betreiben. Für eine freiheitsgesetzliche Strafrechtskonzeption ist ein kommunikativer Götzendienst nicht akzeptabel. Der säkularisierte Staat hat die ihm übertragenen Aufgaben zu erfüllen, aber hieraus erwachsende, dem Wechsel der Interessen und Stimmungen unterliegende Nähegefühle strafrechtlich unreguliert zu lassen, soweit sie nicht rechtsgutsverletzend sind. Für die Vorschrift des § 90b StGB bleibt danach kein Anwendungsbereich.

2.4.3 Der strafrechtliche Schutz des ‚öffentlichen Friedens'

Wenden wir uns nun der Problematik des öffentlichen Friedensschutzes durch das Strafrecht zu. Unter ‚öffentlichem Frieden' versteht man nicht nur den durch die Rechtsordnung insgesamt gewährleisteten Zustand des von Furcht freien Zusammenlebens der Bürger, sondern auch das, in dem Vertrauen auf die Fortdauer dieses Zustands begründete Sicherheitsgefühl der Allgemeinheit oder einzelner Bevölkerungsteile.[34] Die umfassende, schwer konkretisierbare Begriffsbestimmung zeigt, daß — jedenfalls im Blick auf den Strafrechtsschutz — eine nähere Bestimmung der Schutzrichtung und der Beeinträchtigungsmodalitäten unumgänglich ist.[35]

---

31 Dieser Tradition entgeht man nicht etwa schon durch den Austausch des Bezugsobjekts (vormals: monarchistischer Staat; nunmehr: demokratischer Rechtsstaat). Die Kritik richtet sich insofern gegen den Schutzanspruch von „Idealen" gleich welchen Inhalts!

32 So aber *Schroeder,* JZ 1979, 90.

33 Vgl. *Hassemer,* Theorie, S. 175.

34 So *Sch / Sch,* § 126, Rn. 1 m. w. N.

35 So auch AK-StGB-*Ostendorf,* § 126. Zu Bedenken gegen die „Unschärfe" dieses Begriffs vgl. ferner *Schroeder,* Die Straftaten, S. 12.

Zunächst gilt es sich bewußt zu machen, daß der rechtlich regulierte Friedenszustand ein Produkt fortwährender intersubjektiver Praxis ist und daher keineswegs unmittelbar aus der institutionalisierten Staatlichkeit selbst resultiert. Ein über Generationen hinweg ausdifferenzierter, sozialisationsgeleiteter Selbstzwang[36] hat das intersubjektive Autonomiepotential[37] in einer Weise strukturiert und verfestigt, die eine Selbstorientierung des Subjekts nicht nur nach seiner berechtigenden, sondern auch nach seiner verpflichtenden Seite ermöglicht. Hierin die überwiegende Leistung staatlich regulierten Zwanges zu erblicken, bedeutet eine Verkürzung der *autonomen Subjektleistung* und der Anstrengungen nichtstaatlicher Institutionen.[38]

Die umfassende intersubjektive Friedensleistung wird ferner einseitig staatsbezogen reduziert, wenn man sie in das Korsett einer polizeirechtlichen Kategorie von ‚Ruhe und Ordnung' zu zwingen sucht. Im intersubjektiven Näheverhältnis regulieren sich viele ‚Störungen' durch Ermahnung, Zureden, Verständnis und Nichtbeachtung.

Die Aufgabe der staatlichen Strafrechtspflege wird sich daher darauf zu beschränken haben, nachhaltige Beeinträchtigungen des Friedenszustandes im öffentlichen Bereich zu verhindern und zu ahnden. Diese Leistung erbringt sie überwiegend durch den Schutz tradierter Rechtsgüter. Ein zunehmend darüber hinausgehender Rechtsgüterschutz gefährdet, was er zu schützen bestrebt ist: den öffentlichen Frieden als die Summe intersubjektiver Einzelleistungen. Wenn jede Verhaltensauffälligkeit potentiell zum Gegenstand eines Ermittlungsverfahrens werden kann, dann droht, aufgrund eintretender Massierung ein Zustand öffentlicher Friedlosigkeit einzutreten. Als ein wesentlich ‚gefühlsabhängiger' Zustand ist der öffentliche Frieden auch von dieser Seite zu beeinträchtigen. Schließlich sollte beachtet werden, daß der öffentliche Frieden als ein Resultat fortwährender intersubjektiver Leistung auch von der Motivation des einzelnen Subjekts abhängig ist, diese Anstrengung zu erbringen. Es hier durch die Pönalisierung geringfügiger Friedensbeeinträchtigungen — und dem damit notwendig verbundenen Zwang zur staatlichen Tätigkeit — zu entlasten, muß zu einem Verlust sowohl der Bereitschaft als auch der Fähigkeit zur direkt-personalen Konfliktbewältigung führen.

Für den Schutz des öffentlichen Friedens als solchen verbleibt daher neben dem detaillierten Schutz der einzelnen Rechtsgüter nur wenig Raum. Hierzu gehört der gewalttätige und bedrohende Landfriedensbruch (§ 125, 125a StGB). In jüngster Zeit haben vor allem die gewaltsamen Ausschreitungen in Zusammenhang mit demonstrativer Meinungskundgabe[39] die Problematik eines einerseits

---

36 Vgl. *Elias,* Über den Prozeß, S. 316 ff.

37 Zur Genealogie des Autonomieproblems vgl. *Hilpert,* Ethik, S. 100 ff.

38 Kirchen, Parteien, Gewerkschaften, Verbände, Vereine, Familie; zur gleichwohl bedeutsamen Rolle des staatlichen Gewaltmonopols für eine stabile Orientierung: *Elias,* Über den Prozeß, S. 320 f.

effektiven, andererseits auf grundgesetzliche Gewährleistungen Rücksicht nehmenden Schutzes des öffentlichen Friedens deutlich gemacht. Die Diskussion hat hier häufig eine Wendung genommen, die der Bedeutung des Demonstrationsrechts unangemessen ist. Die verfassungsrechtlich garantierte Wahrnahme der Demonstrationsfreiheit dient der Möglichkeit staatsfreier politischer Willensbildung und -betätigung. Der mitunter[40] unfriedliche Verlauf einer Demonstration darf daher nicht dazu veranlassen, überzogen[41] zu reagieren und den Sozialvorgang der demonstrativen Willensbekundung zu stigmatisieren.[42] Das Bundesverfassungsgericht[43] hat nachdrücklich darauf hingewiesen, daß eine solche Betrachtungsweise dem Anliegen und der Berechtigung der überwiegenden Anzahl der an solchen Veranstaltungen teilnehmenden Subjekte nicht gerecht wird. Sind die Gewalttätigkeiten bei Demonstrationen in der Regel akzidentieller, nicht aber essenzieller Natur, so darf eine auf die Verhinderung und Ahndung von Gewalt abzielende Pönalisierung nicht dazu führen, daß unter Hinweis auf die Wahrung des öffentlichen Friedens die Ausübung des verfassungsmäßig garantierten Demonstrationsrechts beseitigt oder nachhaltig eingeschränkt wird.

Die Vorschriften über den Landfriedensbruch[44] beschränkten bis zum Jahre 1985 die Strafbarkeit auf solche Personen einer ‚Menschenmenge', die an Gewalttätigkeiten oder Bedrohungen teilnahmen oder zu deren Beförderung auf die Menge einwirkten. Die Vorschriften wandten sich gegen eine überkommene und heute positivierte Betrachtungsweise, die die Aktivitäten eines Teils der Demonstrationsteilnehmer auf die Veranstaltung insgesamt zu übertragen sucht.[45] Abgesehen von der Tatsache, daß sich die an einer Demonstration teilnehmenden Subjekte als willen- und antriebslose Masse nicht angemessen erfassen lassen[46], resultiert aus einer unzutreffenden Charakterisierung des Landfriedensbruchs als ‚Massedelikt' zugleich die Abkehr von tatstrafrechtlicher Zurechnung konkreter Taten einzelner Subjekte hin zu einem — tendenziell das bloße ‚Dabeisein' pönalisierenden — Gruppenstrafrecht (Täterstrafrecht).[47] Es ist verfehlt, objektiv feststellbare Rechtsgutsbeeinträchtigungen im Wege einer Fiktion solchen Sub-

---

39 Vgl. *Kühl*, NJW 95, 2379; ferner: *Strohmaier*, Die Reform, S. 21 ff.

40 Vgl. *Schubert*, DuR 1988, 253.

41 Zum Strafmaß bei Delikten gegen den Landfrieden im internationalen Vergleich: *Wesel*, Juristische Weltkunde, S. 141 f.

42 Vgl. aber die Vorbehalte von *Sch / Sch*, § 125 Rn. 1; v. § 110 Rn. 1.

43 BVerfGE 69, 315 ff. (345) (‚Brokdorf').

44 Zur Fassung v. 18.7.85 vgl. *Strohmaier*, Die Reform, S. 69 ff.; zur aktuellen Fassung des § 123: Kap. VII.5.

45 So die frühere Konstruktion des Landfriedensbruchs als ‚Massendelikt'; vgl. hierzu *Sch / Sch*, § 125, Rn. 1. Die Novellierung des § 125 StGB im Jahre 1985 hat sich — hinsichtlich der Strafbarkeit der ‚Vermummung' dieser Konstruktion wieder angenähert. Vgl. nunmehr §§ 17a, 27 Abs. 2 VersG.

46 Zur gegenteiligen Auffassung vgl. *Ortega Y Gasset*, Der Aufstand der Massen, S. 49 ff.; *Bon*, Psychologie der Massen, S. 71 ff.

47 Vgl. *Hassemer*, Theorie, S. 143 (Anm. 112), S. 144.

jekten als eigene Handlung zuzurechnen, die in zulässiger und verfassungsrechtlich erwünschter Weise demonstrativ am politischen Willensvermittlungsprozeß teilnehmen. Auch die Ansicht, die nicht an den Gewalttätigkeiten teilnehmenden Subjekte seien als ‚Schutzschild passiver Demonstranten' zu einer Verhinderung der Tätlichkeiten verpflichtet, vermag eine Strafbarkeit nicht zu begründen. Den Demonstrationsteilnehmern kann legitimerweise eine positive Handlungspflicht zur Verhinderung irgendwelcher Rechtsgutsverletzungen, die gelegentlich der Veranstaltung geschehen, nicht auferlegt werden. Die Teilnahme an Demonstrationen ist auch in den Kategorien der Garantenstellung nicht adäquat zu erfassen.[48]

Als pönalisierungsbedürftiger Verhaltensbereich verbleibt danach für den Landfriedensbruch die Teilnahme an einem verletzungsträchtigen Lebenssachverhalt, ohne daß der konkrete Gefährdungs- oder Verletzungserfolg selbst als die Tat des Delinquenten nachgewiesen werden muß. Das Mitwirken an Gewalttätigkeiten oder Bedrohungshandlungen ist nach der einen Seite Verletzung oder konkrete Gefährdung in bezug auf eine Vielzahl von Rechtsgutsobjekten (Sachen, körperliche Integrität, Verhaltensfreiheit etc.), auf der anderen Seite konkrete Beeinträchtigung des Schutzguts ‚öffentlicher Frieden'.[49]

3. Die Gefahr und das Gefährlichkeitsurteil im politischen Strafrecht

3.1 Zur Bestimmtheit der Gefährdungsdelikte

Nach Ansicht von *Schröder*[50] kennzeichnet das gegenwärtige deutsche System der Gefährdungsdelikte[51], daß es nur „... im Einzelfall und nur bei bestimmt gearteten Handlungen die Gefahr für bestimmte Rechtsgüter zum Tatbestandsmerkmal" macht. Diese Behauptung soll nicht generell infrage gestellt werden. In ihrer Allgemeinheit ist sie allerdings für die abstrakten Gefährdungsdelikte nicht haltbar, denn bei diesen Delikten fehlt gerade die Gefährdung eines bestimmten Rechtsgutsobjekts.[52] Im folgenden ist näher zu erörtern, ob diese Behauptung für den Bereich der politischen Delikte zutreffend ist. Im vorangestellten Abschnitt konnte gezeigt werden, daß in diesem Bereich schutzbedürftige Rechtsgüter vorfindbar sind und eine verhaltensverursachte Beeinträchtigung grundsätzlich möglich ist.

---

48 Zur Garantenstellung vgl. *Sch / Sch*, § 13, Rn. 14 ff.; eine Garantenstellung ließe sich lediglich dann konstruieren, wenn man in der Teilnahme an Versammlungen per se ein ‚gefährliches Tun' erblickt.

49 Zur Beeinträchtigung des Rechtsguts durch ‚Äußerungen' eingehend Kap. XI.

50 ZStW 81, 7 (27).

51 Hierzu eingehend: *Schünemann*, JA 1975, 793 ff.

52 Vgl. oben Kap. V.4.2.

Wir wollen uns nun mit der Problematik befassen, wie das Gefährlichkeitsurteil[53] im Blick auf einzelne politische Deliktstatbestände zustande kommt und in welchem näheren Zusammenhang es mit dem inkriminierten Subjektverhalten steht. Wendet sich die Strafandrohung auch insoweit als eine handlungsleitende Maxime an die Subjekte, so ist schon für die legitime Unrechtskonstitution zu fordern, daß das Gefährlichkeitsurteil bestimmt und den Subjekten als eigenes Urteil nachvollziehbar ist.

In den Vorschriften über die Agententätigkeit (§ 87 StGB) und die ‚Einwirkung' auf Sicherheitsorgane (§ 89 StGB) scheint der Strafgesetzgeber selbst von der generellen Gefährlichkeit des tatbestandlich vertypten Verhaltens auszugehen. Ein generelles Gefährlichkeitsurteil liegt auch den sog. Organisationstatbeständen (§§ 129, 129a StGB) und dem Aufforderungstatbestand des § 111 Abs. 2 StGB zugrunde. Andere Straftatbestände fordern dagegen den expliziten Nachweis einer auf das Rechtsgut bezogenen Gefahr. ‚Landesverrat' liegt nur dann vor, wenn die „Gefahr eines schweren Nachteils für die Sicherheit der Bundesrepublik Deutschland"[54] durch das Täterverhalten herbeigeführt worden ist. Schließlich kann auch eine potentielle Gefahr genügen.[55] Der Androhungstatbestand des § 126 StGB ist dann verwirklicht, wenn die Handlung des Täters geeignet war, eine Störung des Schutzobjektes zu bewirken.

Welcher Gefahrbegriff liegt den politischen Delikten zugrunde? Als ‚Gefahr' wird ganz überwiegend ein Zustand bezeichnet, bei dem eine ernstzunehmende Aussicht besteht, daß schädliche Folgen eintreten.[56] Gemeint ist damit ein „Zustand drohender Verletzung".[57] Unter handlungskategorialer Perspektive ist eine ‚Gefährdung' die „Herbeiführung eines Zustandes, in welchem ein Rechtsgut verletzt werden kann"[58] und dadurch zumindest ein Gefährdungserfolg herbeigeführt wird. Dieser Gefahrbegriff umfaßt insoweit nicht schon ganz entfernte Gefahren[59], die sich erst aus einer ungewöhnlichen Häufung von Verletzungsbedingungen ergeben können und daher zu den allgemeinen Risiken einer Gesellschaftsformation gehören.

---

[53] Zu den Anforderungen an ein begründetes Gefährlichkeitsurteil vgl. Kap. VII.3.3. Zur Präventivfunktion des politischen Strafrechts vgl. Kap. VI.5.1 m. w. N.

[54] Hierzu näher: *Sch / Sch,* § 93, Rn. 20; *D / T,* § 93, Rn. 7: Im Fall der Geheimnisoffenbarung müsse die konkrete Gefahr eines Nachteils eintreten.

[55] Vgl. *D / T,* § 126, Rn. 7.

[56] Vgl. nur *Schröder,* ZStW 81, 9; *Schünemann,* JA 1975, 793.

[57] So *Rotering,* GA 31, 266.

[58] *Rotering,* ebenda.

[59] Hierzu schildert *Rotering,* ebenda, einen anschaulichen Fall, der zugleich die Problematik des Gefahrbegriffs illustriert: „Gesetzt ein Bauwerk ruhe auf 100 Säulen und der Architekt habe berechnet, daß je 10 Säulen auf jeder der vier Seiten das Bauwerk genügend stützen, weniger denn 40 Säulen den sofortigen Einsturz befürchten lassen, so kann man von dem Diebe, welcher in jeder Nacht eine Säule abträgt, erst dann sagen, er gefährde das Gebäude in Beziehung auf einen möglichen Einsturz, wenn er gegen 60 Säulen weggenommen hat."

Der den abstrakten Gefährdungsdelikten zugrundeliegende Gefahrbegriff knüpft dagegen an die generelle Gefährlichkeit eines bestimmten Verhaltens an; diese Gefährlichkeit besteht darin, daß durch ein bestimmtes Verhalten die Verletzung noch unbestimmter Rechtsgutsobjekte (Rechtsgutsgattung) zu befürchten ist.[60] Verschlechtert werden nicht die konkreten Betätigungsbedingungen des geschützten Objektes, sondern den ohnehin bestehenden Verletzungsbedingungen wird eine weitere hinzugefügt! Die Realisierung der rechtsgutsbezogenen Verhaltensfreiheit anderer ist dadurch in einem größeren Maße dem Zufall ausgesetzt. Anders formuliert: das Vertrauen in die intersubjektiven Konstitutionsbedingungen verletzungsfreier Gutsbetätigung ist vermindert. Die abstrakten Gefährdungsdelikte sichern somit die Konstitutionsbedingungen im Vorfeld eines realen Verletzungs- oder Gefährdungserfolges. Der Verzicht auf eine wirkliche Gutsbeeinträchtigung führt jedoch zu einer Beseitigung der exemplarischen, weil auf besonders nachhaltige Beeinträchtigungshandlungen beschränkten Schutzfunktion des Strafrechts. Hierin liegt tendenziell eine Totalisierung des Güterschutzgedankens.

3.2 Die Gefahr und ihre Bedeutung im politischen Strafrecht

Worin liegen nun die spezifischen Gefahren, die aus einem politischen Verhalten resultieren und das jeweilige Rechtsgut beeinträchtigen können?

Das durch ein politisches Strafrecht geltend gemachte ‚Bestandsinteresse' bezieht sich vorrangig auf die staatlichen Institutionen[61] als Organe des rechtlich formierten Gemeinwesens, auf die Wirksamkeit des verfassungsmäßig festgeschriebenen Verfahrens der Willensvermittlung und auf das Verhältnis zu anderen souveränen Staaten.

Maßstab für die Beantwortung der Frage, ob eine nachhaltige Schadensneigung vorliegt, ist zunächst das ‚allgemeine Erfahrungswissen'.[62] Ohne diesen empirischen Rückbezug sind auch im Bereich des politischen Strafrechts fundierte Gefährlichkeitsurteile nicht möglich. Da jedoch häufig kein realer Schaden für ein Rechtsgut eintritt, muß das jeweilige Verhalten danach beurteilt werden, ob es eine Verletzungstendenz enthalten hat. Die Feststellung, ein Verhalten sei gefährlich oder ungefährlich, ist eine Prognoseentscheidung, ein Gefährlichkeitsurteil. Ob dieses Urteil zutreffend ist, läßt sich — neben dem Fundus an spezifischem Erfahrungswissen — nur unter Angabe konkreter Umstände überprüfen, die als Faktoren in die Entschließung eingegangen sind. Solche Umstände ergeben sich unseres Erachten in dreierlei Hinsicht.

---

60 So *Gallas*, FS Heinitz, S. 180.

61 Zum Verfassungsorganschutz vgl. Abschnitt 2.3.1 dieses Kap.

62 So *Schröder*, ZStW 81, 9.

3.2.1 Die intersubjektive Relevanz des Rechtsguts

Einerseits kann das Gefährlichkeitsurteil nicht ohne Rücksicht auf die intersubjektive Relevanz des betroffenen Rechtsguts gefällt werden.[63] Die Größe des bei einer Gutsverletzung eintretenden Schadens hat insofern Einfluß auf die festzulegende, verhaltensmäßig realisierte Gefahrenintensität, als sie eine etwaige Vorverlagerung des Rechtsgüterschutzes einsichtig machen kann. Der vollendete Verfassungsverrat beseitigt den inneren Friedenszustand. Der Einwand, eine vorfeldbezogene Gefährdung treffe das Rechtsgut gerade nicht nachhaltig, geht unter dieser Perspektive an der Sache vorbei. Der Grad der Verletzungstendenz (die ‚Verletzungsintensität'), also das einer Handlung innewohnende Verletzungspotential, wächst nämlich mit der allgemeinen — intersubjektive Teilhabe ermöglichenden — Bedeutung des Rechtsguts. Die rechtsgutsbezogene Betrachtungsweise zeichnet sich daher dadurch aus, daß sie auch ihr Gefährlichkeitsurteil im Rückbezug auf die an dem Gutsobjekt partizipierenden Subjekte fällt. Nicht das Glück der Subjekte, wohl aber deren selbstbestimmte Existenz, deren Versorgung mit Sachgütern und die Erhaltung einer lebensfähigen Umwelt können Anlaß für ein umfassendes, präventiv ausgerichtetes Vorgehen im Vorfeld einer nachhaltigen Rechtsgutsverletzung sein. Insofern erhellt sich auch, warum die Strafrechtsordnung sowohl hinsichtlich der intersubjektiven Relevanz eines Rechtsguts als auch im Blick auf die Gefahrenintensität eines Verhaltens in zulässiger Weise differenzieren darf.

Der Verrat eines Staatsgeheimnisses (§ 94 StGB) mag keine Nachteile für die äußere Sicherheit des Gemeinwesens herbeiführen; angesichts seiner — insbesondere auf das Verhältnis zu anderen Staaten bezogenen — generellen Gefährlichkeit, erscheint auch eine Vorverlagerung der Strafbarkeit auf die landesverräterische Agententätigkeit nicht unangemessen (§ 98 StGB).[64] Ein wesentliches Moment für ein verbindliches Gefahrenurteil ist daher die intersubjektive Bedeutung des zu schützenden Rechtsguts.

3.2.2 Konstitutionsmomente des Rechtsguts

Eng mit dem zuvor genannten Moment hängt ein weiterer Faktor zusammen. Das Gefährlichkeitsurteil läßt sich nicht unabhängig von den Konstitutionsmomenten des Rechtsguts fällen. Finden Rechtsgüter — wie der ‚öffentliche Friedenszustand'[65] — ihre Existenz einerseits in der wechselseitigen Anerkennung durch die Subjekte und andererseits in einer bestimmten Erwartungshaltung

---

[63] Zu den Gründen der Gutskonstitution anschaulich *Rotering*, GA 31, 271 f.

[64] Vgl. auch *Sch / Sch*, § 98, Rn. 1 (Vorbereitungshandlungen zum Landesverrat); *D / T*, § 98, Rn. 1 (Tätigkeit im Vorfeld des Landesverrats).

[65] Vorausgesetzt ist hier das Rechtsgut „Öffentlicher Frieden" in dem oben entwickelten Begriff (Kap. VIII.2.4.3).

gegenüber der Wirksamkeit dieser Anerkennung, so ist eine ‚Beeinträchtigung' auch durch ansonsten freigegebenes Verhalten (Äußerungen) möglich.

Daß überdies die Beeinträchtigung gutsbezogener Erwartungen strafrechtlich relevant sein kann, folgt schon aus der intersubjektiven Gutskonstitution selbst. Die — beispielsweise — mit der Existenz einer kriminellen oder terroristischen Vereinigung (§§ 129, 129a StGB) einhergehende und sich in ihrer Tätigkeit manifestierende Erschütterung des intersubjektiven Vertrauens in die Wirksamkeit des Friedenszustandes ist jedenfalls grundsätzlich geeignet, dieses Schutzgut zu beeinträchtigen.[66]

3.2.3 Die generelle Verletzungstendenz

Schließlich kann die Gefährlichkeit eines Verhaltens nicht ohne die Berücksichtigung der generellen Verletzungstendenz beurteilt werden. Die Verletzungstendenz scheint im Bereich der politischen Delikte davon abhängig zu sein, wo das Verhalten stattfindet. Auch die besondere Schutzlosigkeit oder Verletzbarkeit des Rechtsguts[67] ist in diesem Zusammenhang zu berücksichtigen. So verunsichert die öffentlichkeitsgerichtete Androhung von Straftaten (§ 126 StGB) nicht bloß ein einzelnes Individuum, sondern eine Vielzahl von Bürgern. Daher ist nicht nur der individuelle Rechtsfrieden, sondern auch der gemeinschaftsbezogene Friedenszustand betroffen, wenngleich subjektbezogen mit vergleichsweise geringerer Intensität. Die Strafbarkeit dieses Verhaltens[68] ist demzufolge zutreffend an — im Vergleich zu § 241 StGB — engere Voraussetzungen geknüpft: die Androhung muß konkret zur Friedensstörung geeignet sein und schwerwiegende Straftaten zum Gegenstand haben (§ 126 Abs. 1 Nr. 1-7 StGB).

3.2.4 Die zeitliche und die subjektbezogene Dimension des Gefährlichkeitsurteils

Damit sind die das Gefährlichkeitsurteil konstituierenden Momente für das politische Strafrecht aufgezeigt. Es ist nunmehr zu erörtern, auf welchen Zeitpunkt sich die jeweilige Gefahrenprognose im Blick auf die im Strafverfahren zu verwertenden Umstände bezieht und welche Anforderungen an die intersubjektive Verbindlichkeit der Bewertung zu stellen sind.[69]

Ist für die Beurteilung der Gefährlichkeit einer Handlung (lediglich) auf die Erkenntnismöglichkeiten zum Zeitpunkt der Tat Bezug zu nehmen oder sind auch Änderungen miteinzubeziehen, die zwischen der Tat und dem späteren

---

66 Damit ist zur Frage der Pönalisierung der Gründung dieser Vereinigungen noch nicht Stellung genommen. Hierzu eingehend Kap. XII.

67 Zum Entstehen neuer Schutzobjekte und zu den spezifischen Verletzungsmöglichkeiten vgl. *Hassemer*, Theorie, S. 74 f.

68 Hierzu näher Kap. XI.3.1.1.

69 Vgl. hierzu *Jakobs*, StR AT, 6/79.

Strafverfahren eintreten?[70] Nach der Auffassung *Schröders*[71] ist es legitim, ein Verhalten auch dann als gefährlich zu bezeichnen, wenn erst nachfolgende Erkenntnisse dieses Urteil ermöglichen. Er hält die hieraus resultierende umfassende Haftung angesichts der nachfolgenden Prüfung des subjektiven Tatbestandes für gerechtfertigt.

Eine Gefahr, die von niemandem als solche zu identifizieren ist, folglich als handlungsleitender Faktor gar nicht bewußt werden kann, existiert nicht.[72] Das Gefährlichkeitsurteil über einen Lebenssachverhalt ist unter handlungskategorialem Aspekt beschränkt auf die zum Zeitpunkt der Tatbegehung verfügbaren Erkenntnismöglichkeiten. Gefahr und Gefährlichkeitsurteil sind raumzeitlich untrennbar miteinander verbunden. Ob beispielsweise ein Verhalten zum Zeitpunkt seiner Verwirklichung für die öffentliche Sicherheit gefährlich ist, hängt von den in der konkreten Situation gegebenen, nicht aber von den erst später der Erkenntnis zugänglichen Faktoren ab. Die scheinbare Paradoxie, ein späterer Verletzungserfolg erweise doch die Gefährlichkeit des Verhaltens, löst sich auf, wenn man auf die unterschiedlichen Perspektiven der Betrachtung abhebt. Während die ‚Gefährlichkeit' eine Wertungskategorie darstellt, bezieht sich der Verletzungssachverhalt wegen seines Wirklichkeitsbezugs auf Kriterien naturgesetzlicher Kausalität.[73] Ein der Verhaltenskriminalität zugrundeliegendes Gefährlichkeitsurteil beschränkt sich also auf die Erkenntnismöglichkeiten zum Zeitpunkt der Tat. Andernfalls verliert eine Strafandrohung ihren bestimmten handlungsleitenden Charakter.

Schließlich ist zu erörtern, welche Anforderungen an die intersubjektive Nachvollziehbarkeit des Gefährlichkeitsurteils zu stellen sind. Für das politische Strafrecht ist diese Frage nicht zuletzt deshalb von Bedeutung, weil die staatlichen Institutionen hier — nach ihrem eigenen Selbstverständnis[74] — Betroffene sind und als solche sowohl ihr ‚Erfahrungswissen'[75] bilden als auch auf dieser Grundlage das Gefährlichkeitsurteil formulieren. Insoweit leuchtet es kaum ein, daß die betroffene Institution ein voraussetzungslos verbindliches Gefährlichkeitsurteil treffen darf. Hierbei macht es — grundsätzlich — keinen Unterschied, ob die jeweilige Strafandrohung systematisch als abstraktes oder konkretes Gefährdungsdelikt einzuordnen ist. Für beide Bereiche ist zu fordern, daß sowohl die Grundlagen des allgemeinen Erfahrungswissens als auch die das Gefährlichkeitsurteil konstituierenden Faktoren intersubjektiv nachvollziehbar sind.

---

70 Vgl. *Schröder*, ZStW 81, 13 f.

71 ebenda., 14.

72 Vgl. *Lackner*, Gefährdungsdelikt, S. 18 f.

73 Der Verletzungssachverhalt ist allerdings selbst Produkt aus Notwendigkeit und Zufall; vgl. Kap. V.3.2.2.

74 Vgl. hierzu *Hellmer*, Das ethische Problem, S. 49.

75 Zu den Wirkungen dieses Erfahrungswissens im Strafprozeß vgl. *Ammann*, Die Problematik, S. 165.

Der Gesetzgeber hat die Straftatbestände so zu fassen, daß die dem abstrakten Gefährlichkeitsurteil zugrundeliegenden Umstände ersichtlich werden und nachvollziehbar sind. Dieser Verpflichtung darf er sich nicht dadurch entziehen, daß er, auf der Grundlage eines unrechtsneutralen objektiven Tatbestandes, im subjektiven Bereich lediglich eine Gefährdungsabsicht fordert. Auf diese — in Zusammenhang mit der Unrechtsvertypung bestehenden — Probleme ist im nächsten Abschnitt einzugehen.

3.3 Ergebnis

Im Bereich der politischen Deliktstatbestände ist die Unrechtskonstitution von rechtsguts- und verhaltensbezogenen Voraussetzungen auch insofern abhängig, als diese das Moment der Gefährlichkeit in sich aufnehmen muß. Hieraus kann sich die Legitimität vorfeldbezogener Kriminalisierung von politischem Verhalten ergeben. Im Blick auf das Gefährlichkeitsurteil beschränken sich die in es eingehenden Umstände auf die Erkenntnismöglichkeiten zum Zeitpunkt der Tat. Sowohl das allgemeine Erfahrungswissen als auch die jeweiligen Umstände müssen — als Grundlage des Gefährlichkeitsurteils — intersubjektiv nachvollziehbar sein.

4. Die Tatbestandsstruktur politischer Delikte

4.1 Rechtsgutsbezug und Tatbestandsfassung

Copic[76] hat die Problematik der politischen Delikte — tatbestandsbezogen — folgendermaßen beschrieben: „Die Tatbestände sind so konstruiert, daß sie hypothetische, entlegene Endwirkungen einer politischen Aktivität der Machtkonkurrenten antizipieren. Der mit hohem prognostischem Risiko belastete Vorgriff auf mutmaßliche Zukunftsentwicklungen entscheidet über die Strafbarkeit gewaltloser Ausübung demokratischer Teilhaberechte durch systemfeindlich eingestellte Randgruppen. Das Ergebnis ist eine extreme Subjektivierung der Tatbestände, die so weit geht, daß objektive unrechtskonstituierende Merkmale, die mehr umschreiben als prinzipiell rechtskonformes Verhalten, nahezu vollständig fehlen.“ Die Aufweichung der Garantiefunktion des gesetzlichen Straftatbestandes wird durch eine „Durchsetzung ... mit normativen Merkmalen“[77] und eine „Koppelung normativer und subjektiver Merkmale“[78] weiter befördert.

Zunächst ist auf den notwendigen Rechtsgutsbezug hinzuweisen, der auch in der Tatbestandsfassung zum Ausdruck kommen muß. Dies mag unmittelbar, wie

---

76 Grundgesetz, S. 211; vgl. auch *Amman,* Die Problematik, S. 133.

77 *Copic,* Grundgesetz, S. 211; *Sch / Sch,* § 15, Rn. 17 ff.

78 *Copic,* Grundgesetz, S. 212.

bei den Tötungs- und Körperverletzungsdelikten, oder aber mittelbar — in Kombination mit der Bezeichnung einer die Schutzrichtung des Rechtsguts verdeutlichenden Angriffsrichtung —, wie bei den Ehrverletzungsdelikten, geschehen. Um eine Inhaltsleere und Formalität der Gutsbestimmung zu vermeiden, haben wir eine entwickelte Rechtsgutsbestimmung vorgestellt.[79] Auf dieser Grundlage sollte es möglich sein, die einem bloß systematischen Rechtsgutsbegriff nachgesagten „Nachteile eines abstrakten Allgemeinbegriffs von Rechtsgut“[80] zu vermeiden.

Vor diesem Hintergrund ist das Konzept von *Jakobs*[81] — die Zerlegung von Rechtsgütern in diverses, vorfeldbezogenes Partialunrecht — erneut zu betrachten. Die Vorfeldnormen haben nach dieser Ansicht die grundlegende Funktion, die rechtliche Konstitution (Rechtsfrieden, -sicherheit etc.) zu bestärken und dadurch — mittelbar — das Vertrauen in die Verfügbarkeit von einzelnen Rechtsgütern zu stabilisieren.[82] *Ostendorf*[83] hat dagegen den Einwand erhoben, das „allgemeine Strafziel, ein geordnetes Leben in Freiheit, kann nicht gleichzeitig das konkrete Ziel der einzelnen Strafnorm sein, wenn das allgemeine Ziel mit einem detaillierten Rechtsgüterschutz angestrebt wird“, ohne damit allerdings den tieferen Grund der ‚Detaillierung‘ zu erfassen. Die strafrechtliche Bedeutung des Rechtsgutsbegriffs beschränkt sich nicht darauf, bloßes Hilfsmittel einer Systematisierung und Auslegung von Tatbeständen zu sein. Seiner kritischen Potenz nach kann der Rechtsgutsbegriff den Gesetzgeber vielmehr veranlassen, den konkreten Subjektbezug des Schutzgegenstandes zu identifizieren und die konkreten, aus dem Täterverhalten resultierenden Beeinträchtigungen herauszuarbeiten. Dadurch wird verhindert, daß der Delinquent für etwas verantwortlich gemacht wird, das in ganz anderen Umständen seine Verletzungsursache hat oder keinerlei Beeinträchtigung von gutsbezogenen Betätigungschancen mit sich bringt. Dieser materiale Bezug des Tatbestandes gerät aus dem Blickfeld, wenn etwa das ‚Vertrauen‘ in die Rechtsgeltung in einem unbestimmt-umfassenden Sinn zum Schutzgut erhoben wird. Auf den ersten Blick scheint es nur ein dogmatischer Kunstgriff zu sein, ob das pönalisierte Verhalten in seinem Gefährdungsbezug zu einem entlegenen Rechtsgut oder das Verhalten unmittelbar auf seine geltungsbeeinträchigenden Wirkungen hin betrachtet wird. Im Gegensatz zu jener — noch an der rechtsgutsorientierten Vorfelddogmatik ausgerichteten — Konzeption verliert das Verhalten unter dieser Perspektive seine intersubjektiv erkennbare, unrechtstypische Färbung. Damit aber verliert die Strafandrohung ihre substantielle, handlungsleitende Bestimmtheit, wie Schlemihl mit dem Schatten seine Seele.

---

79 Vgl. Kap. V.4.1.

80 So *Hassemer*, Theorie, S. 66 f.

81 ZStW 97, 773 ff.

82 *Jakobs*, ZStW 97, 774 f.

83 JA 1980, 499 (500).

4.2 Legitime Vorfeldkriminalisierung durch ‚Subjektivierung' des Tatbestandes?

Voraussetzung für ein gefahrenbewußtes Urteilsvermögen ist die Vermittlung von Sorgfaltsregeln für den Bereich der politischen Betätigung. Dies sollte nicht einfachhin als Bevormundung abgetan werden, vielmehr muß ein Mangel an Vermittlung als ein Indiz dafür gelten, daß eine Strafbarkeit auf der Grundlage eines nicht nachvollziehbaren Gefährlichkeitsurteils illegitim ist. Pönalisiert eine Strafnorm Verhaltensweisen, die in keinem nachvollziehbaren Zusammenhang zu einem Rechtsgut stehen, so gelangt sie in die gefährliche Nähe zu einem — auf Gesinnungsbeförderung ausgerichteten — Strafrecht.

Wohl ungewollter, aber in seiner Verkehrung noch konsequenter Ausdruck der fehlenden Vermittlung von Gefährlichkeitskriterien, ist die Subjektivierung der Tatbestände des politischen Strafrechts. Für *Copic*[84] drückt sich hierin regelmäßig ein Symptom des Gesinnungsstrafrechts aus. Ein Charakteristikum solcher Tatbestände ist der fehlende Rechtsgutsbezug im objektiven Tatbestand (§ 88 StGB: „Wer . . . bewirkt, daß . . . durch Störhandlungen" Anlagen etc. „außer Tätigkeit gesetzt werden"). Ein solcher Bezug wird lediglich im subjektiven Tatbestand hergestellt („. . . und sich dadurch absichtlich für Bestrebungen gegen den Bestand oder die Sicherheit . . . einsetzt"), ohne daß allerdings klar würde, in welchem bestimmten Sinn die Absichten mit der Tathandlung zusammenhängen und umgekehrt. Hier wird zugleich deutlich, daß der Rechtsgutsbezug zwar notwendiges, aber doch nicht hinreichendes Unrechtsbestimmungsmoment ist, soweit er sich ausschließlich über das Täterbewußtsein herstellen läßt. Im eigentlichen Sinne sind so strukturierte Strafrechtssätze kaum noch als Tatbestände zu bezeichnen, sondern eher als Normenraster, die ein Verhalten gruppenspezifisch zu bekämpfen suchen.[85] Die im objektiven Tatbestand vertypten Verhaltensweisen sind hierzu schon deshalb ungeeignet, weil sie häufig ‚unrechtsneutral' sind oder dem Erscheinungsbild legalen politischen Verhaltens entsprechen. Folgerichtig müssen die ‚Hintergründe' und Verhaltensmotive näher erforscht werden.[86] Als solche können sie aber nicht einfachhin ‚erschaut' oder unterstellt, sondern müssen — mit dem Anspruch auf Wahrheit — ermittelt werden. Da man dieses Hintergrundwissen bei einem Richter der allgemeinen Gerichtsbarkeit nicht voraussetzen kann, sind ‚Staatsschutzkammern / -senate'[87] gebildet worden. Gleichwohl bleibt der Einwand bestehen, daß die Feststellung der staatsgefährdenden Absicht zu außerordentlichen Schwierigkeiten führt.[88]

---

84 Grundgesetz, S. 217.

85 Vgl. *Albrecht*, KritV 1988, 201 ff.

86 Vgl. *Copic*, Grundgesetz, S. 217 f.

87 §§ 74a, 120 GVG.

88 Vgl. *Ammann*, Die Problematik, S. 165; zur grundsätzlichen Problematik des Vorsatznachweises vgl. *Hruschka*, FS Kleinknecht, 191 ff.

4.3 Die ,Reobjektivierung' subjektiver Tatbestandsmerkmale als Ausweg?

Diese Erkenntnis hat das Bewußtsein für die Defizienz subjektivierender Tatbestimmung keineswegs auch hinsichtlich der in der Vorfeldkriminalisierung selbst liegenden Gründe geschärft. Der Gesetzgeber ist vielmehr dazu übergegangen, die „gesinnungsstrafrechtliche Norm ... gesetzestechnisch so zu konstruieren, daß der subjektive Tatbestand nicht in Form einer überschießenden Innentendenz über den objektiven hinaus weist."[89]

Am Beispiel der Staatsgefährdungsdelikte (§§ 87-90b StGB) läßt sich dieser Vorgang verdeutlichen.[90] Die objektivierende Erfassung der ,verfassungsfeindlichen Absicht' sollte zunächst durch die Formulierung ,In-Dienst-Stellen'[91] erreicht werden. Sie ist dann allerdings durch die Worte ,sich für Bestrebungen einsetzen' zum Ausdruck gebracht worden und fand so Eingang in die Strafnormen.

Tatsächlich ist mit dieser Änderung keine sachbezogene Lösung des angesprochenen Problems verbunden. Das subjektive Element ist lediglich einem normativen Merkmal gewichen. Was ,Bestrebungen' sind, erhellt sich nach wie vor nur aufgrund einer Erörterung bzw. Ermittlung von Lebenslauf und organisatorischer Verbundenheit des Delinquenten[92], nicht aber aufgrund des verhaltens- und rechtsgutsbezogenen, nachvollziehbaren Gefährlichkeitsurteils.

Der Weg einer ,Reobjektivierung' subjektiver Tatbestandsmerkmale erweist sich insoweit als Scheinlösung. Sie vermag die Absicht des Gesetzgebers, hinter dem erkennbaren Verhalten doch nur eine bestimmte Gesinnung zu pönalisieren, kaum zu verhüllen. Gemessen an dem positiven Gegenbild des Tatstrafrechts ist diese Art der Deliktsvertypung nicht zu retten. Sie überläßt es den wechselhaften Interessen der staatlichen Institutionen, im Wege dezisionistischer Praxis darüber zu befinden, was aktuell gefährliche ,Bestrebungen' sind.

Sowenig aber die Gefährdungshandlung beliebig weit vorverlegt werden kann, ohne das — rechtsgutsbezogene — Gefährlichkeitsurteil auf einen Glaubensakt zu reduzieren, sowenig ist diese Defizienz eben dadurch zu beheben, daß der Gefährdungserfolg internalisiert oder mit den Mitteln der Sprachkosmetik reobjektiviert wird.

---

89 So *Copic*, Grundgesetz, S. 217.

90 Vgl. *Ammann*, Die Problematik, S. 165 ff.

91 Zur Kritik an dieser Formulierung vgl. *Copic*, Grundgesetz, S. 218 f.

92 Vgl. *Copic*, Grundgesetz, S. 217.

5. Kooperative Konfliktartikulation statt Kriminalisierung im Vorfeld der Rechtsgutsverletzung

5.1 Zur Wechselwirkung zwischen rechtsförmiger Konfliktregulierung und ‚Gewaltbereitschaft'

Die genannten Grundbestimmungen der Strafbarkeit politischer Delikte bleiben unabgeleitet und hinsichtlich ihres Praxispotentials unentwickelt, wenn nicht zugleich auf die Bedingungen des Lebenssachverhalts Bezug genommen wird, der durch die jeweiligen Straftatbestände normativ geregelt werden soll. So ist der Bereich der politischen Betätigung wesentlich dadurch gekennzeichnet, daß in ihm das Bestreben vorherrscht, auf soziale Konfliktlagen aufmerksam zu machen. Dieses Verhalten ist selbst in hohem Maße konfliktträchtig. Die Konfliktverhaftetheit politischen Handelns resultiert sowohl aus der Heterogenität der Subjektbeziehungen als auch aus den konkurrierenden Lagebeurteilungen der verschiedenen politischen Gruppierungen. Es ist hier nicht der Ort, eine Theorie des politischen Konflikts[93] vorzustellen und deren gesellschaftliche Relevanz umfassend nachzuweisen; sowohl die Wirklichkeit des Konflikts als auch die Notwendigkeit des regulativen Ausgleichs sind hier vorauszusetzen. Ebensowenig soll behauptet werden, die konfliktorientierte Betrachtung biete für sämtliche Bestimmungen des politischen Strafrechts brauchbare Erklärungsansätze. Gleichwohl vermag sie nachhaltig auf die *Wechselwirkung* zwischen der Art und Weise, in der sich politisches Verhalten entäußert, und der (straf-) rechtlichen Regulation aufmerksam zu machen. Im übrigen hat schon der Hinweis auf das Demonstrationsstrafrecht[94] verdeutlicht, daß ein Bemühen um strafbarkeitsbegrenzende Bestimmungen in der entwickelten Weise überhaupt nur unter der Prämisse der (verfassungsrechtlich verbürgten) Eigenbedeutung des Subjektverhaltens im politischen Bereich ein sinnvolles Unterfangen sein kann.

Den folgenden Erörterungen liegt die Annahme zugrunde, daß eine Wechselwirkung besteht zwischen gewalttätigem politischen Verhalten und der staatlichen Reaktion hierauf, in dem näheren Sinne vorfeldbezogener Strafgesetzgebung. Diese Annahme ist vereinzelt auch Gegenstand staatspolitischer Reflektion: „Wir müssen bei dem Einschreiten gegen die Gewalt immer darauf achten, daß wir nicht selbst Ursachen für neue Gewalt setzen. Ich behaupte, daß eine Strafbewehrung der Vermummung und eine Wiederherstellung des vor 1970 geltenden Tatbestandes des Landfriedensbruchs anders als das geltende Recht geeignet ist, neue Ursachen für Gewalt zu setzen, und daß dieses nicht alle Politiker sehen wollen."[95] Die Einsicht in die Wirkungsmächtigkeit dieses Zusammenhangs ist

---

93 Vgl. *Görlitz,* Handlexikon zur Politikwissenschaft, S. 194 ff.

94 Vgl. Kap. VII.5., VIII.2.4.3.

95 So *Schnoor,* KritV 1987, 279 ff. (280); vgl. ferner *Strohmaier,* Reform, S. 21 ff.; *Kniesel,* Die Polizei 1989, 232.

keineswegs als ein Eingeständnis staatlicher Unentschlossenheit oder Schwäche zu verstehen, sondern Voraussetzung einer zumindest mittel- und langfristig erfolgreichen Praxis im Umgang mit politischen Gewalttätigkeiten.

Wir wollen diese Problematik exemplarisch für das Demonstrationsstrafrecht — und zwar unter Bezugnahme auf verfassungsgerichtliche Entscheidungen — näher betrachten, um zu verdeutlichen, daß die den gewalttätigen Auseinandersetzungen erfahrungsgemäß vorausgehendenen gesellschaftlichen Konflikte aufzugreifen sind. Eine Ausdehnung der Strafbarkeit scheint demgegenüber eine solche Vorgehensweise schon von vornherein auszuschließen.

5.2 Konfliktartikulierende Grundrechtsausübung und Kooperation

Die Verhaltensfreiheit, sich öffentlich mit anderen zu versammeln, verfolgt den legitimen Zweck der Stellungnahme in einer umstrittenen öffentlichen Angelegenheit. Vergleichbar wohl nur mit dem Recht zur öffentlichen Meinungsäußerung, ist dieses Freiheitsrecht insofern voraussetzungslos, als es — im Unterschied etwa zur Pressefreiheit — von der Verfügung über organisatorische oder sächliche Mittel unabhängig ist. Daher gehört die Versammlungsfreiheit nach Ansicht des Bundesverfassungsgerichts[96] als Freiheit zur kollektiven Meinungskundgabe „zu den unentbehrlichen Funktionselementen eines demokratischen Gemeinwesens". Die Bedeutung dieses Freiheitsrechts ist auch deshalb groß, weil es dem Subjekt ermöglicht, gemeinsam mit anderen — zwischen den Wahlakten — sach- und konfliktbezogen an der politischen Willensbildung teilzunehmen.[97] Der politische Willensvermittlungsprozeß läßt sich daher nicht einseitig auf die staatlich-institutionelle oder parteiförmige Seite festlegen. Zwar wird die Staatsgewalt nach Art. 20 Abs. 2 GG in einer besonderen, institutionell-regulierten Form ausgeübt, auf welche Weise sie aber diese bestimmte und mit verbindlicher Entscheidungsbefugnis ausgestattete Form annimmt, ist grundsätzlich dem Prozeß freier politischer Willensbildung selbst anheimgestellt.[98] Daß hier den politischen Parteien faktisch eine monopolähnliche Stellung zugewachsen ist[99], vermag über ihren diesbezüglich nur begrenzten verfassungsrechtlichen Auftrag nicht hinwegzutäuschen.[100] Die — Verhaltensfreiheit im politischen Raum und in subjektbezogener Hinsicht ermöglichende — Rolle der Versammlungsfreiheit ist insoweit auch für solche Subjekte von Bedeutung, die sich nicht oder nicht aktiv für eine politische Partei engagieren. Sowohl mit der parteiförmig organisierten als auch mit der

---

[96] BVerfGE 69, 315 ff. (344).

[97] Vgl. auch BVerfGE 69, 346 f.

[98] Hier ist jegliche Form nichtstaatlicher Meinungsbildung angesprochen.

[99] Vgl. *Zippelius*, Allgemeine Staatslehre, § 16 III.1; ferner *Kaiser*, Der politische Streik, S. 46, (Parteien als Einrichtungen der staatlichen Herrschaftsapparatur!).

[100] Gem. Art. 20 (1) GG „wirken (die Parteien) bei der politischen Willensbildung des Volkes *mit*"; vgl. auch *Seifert / Hömig*, GG, Art. 21, Rn. 7.

— auf die einzelne öffentliche Versammlung bezogenen — individuellen politischen Betätigung ist allerdings eine bloße ‚Teilhabe' am Willensbildungsprozeß, nicht schon eine Verfügung über das verbindliche Entscheidungsinstrumentarium verbunden. Hier wie dort entfaltet der Willensbildungsprozeß seine Wirksamkeit überdies nur auf der Grundlage friedlichen Verhaltens. Das Bundesverfassungsgericht[101] betont zutreffend, daß die Gefahr des gewalttätigen oder demagogischen Mißbrauchs von Demonstrationen als solche nicht maßgeblich für die friedliche politische Betätigung sein kann. Ein vereinzelter Mißbrauch von Verhaltensfreiheit kann nicht gänzlich ausgeschlossen werden, wenn der legitime Gebrauch selbst unangetastet bleiben soll. Würde diese Grundeinsicht ignoriert, so läge es in der Hand weniger Gewalttäter, die Ausübung des Versammlungsrechts der friedlichen anderen zu vereiteln.[102] Ein bedeutsamer Bereich intersubjektiver politischer Willensbildung wäre damit beseitigt. Die in diesem Zusammenhang entscheidende Frage lautet: Wie können gewalttätige Auseinandersetzungen während einer genuin konfliktträchtigen, auf Konfliktartikulation ausgerichteten Demonstration durch ein adäquates Vorverhalten der Beteiligten in einer Weise verhindert oder zumindest begrenzt werden, die diese Art der politischen Willensvermittlung nicht insgesamt desavouiert? Dabei gilt es, auch der Tatsache Rechnung zu tragen, daß eine übermächtige polizeiliche Präsenz vor und während der Veranstaltung dem angestrebten Ziel in vielfältiger Weise entgegenwirken kann.[103] Die Lösung dieser Problematik und damit die Beantwortung der gestellten Frage scheint darin zu bestehen, der erkannten Konfliktträchtigkeit von Demonstrationen kooperativ zu begegnen, d. h. mit dem erklärten Ziel, die Grundrechtsbetätigung zu ermöglichen und einem ‚Umfunktionieren' der Veranstaltung vorzubeugen.[104]

Der Vorschlag[105] des Bundesverfassungsgerichts[106] geht dahin, die vielfältigen Ursachen für einen möglicherweise gewalttätigen Verlauf der Veranstaltung durch gegenseitige Kooperation zwischen Veranstaltern und staatlichen Institutionen kontrollierbar zu halten bzw. zu isolieren. Die Art und Weise dieses ‚Zusammenwirkens' ist schon mit Rücksicht auf die konkreten Gegebenheiten verfassungsrechtlich nicht vorgeschrieben. Gleichwohl ist die staatliche Seite zur grund-

---

101 BVerfGE 69, 345.

102 Nach *Schnoor,* KritV 1987, 282, nahmen im Jahre 1986 3,65 % aller Demonstrationen einen unfriedlichen Verlauf; vgl. auch *Kniesel,* Die Polizei 1989, 231.

103 Dies gilt einmal für die unbeeinträchtigte Grundrechtsausübung selbst (vgl. BVerfGE 69, 356); zum anderen soweit ein Sachverhalt nach dem Legalitätsprinzip zu polizeilichem Einschreiten zwingt; vgl. hierzu *Albrecht,* KritV 1988, 202: „Erst der Zwang zu polizeilichem Einschreiten produziert . . . jene befürchtete Gewalt, und wird viele Demonstrationen beeinträchtigen, die bislang friedlich verlaufen sind." Hier ist insbesondere an das Einschreiten wegen des Ordnungsverstoßes gegen das sog. Vermummungsverbot (§§ 17 a, 27 Abs. 2 VersG) zu denken.

104 Zu polizeilichen Kooperationsstrategien vgl. *Kniesel,* Die Polizei 1989, 232.

105 D. h.: die Ausführungen des BVerfG geben kein zwingendes verfassungsrechtliches Gebot wieder.

106 BVerfGE 69, 354 ff.

rechtsfreundlichen Anwendung vorhandener Verfahrensregeln[107] ebenso verpflichtet wie zur Unterlassung solcher Maßnahmen[108], „die den Charakter von Demonstrationen als prinzipiell staatsfreie unreglementierte Beiträge zur politischen Meinungs- und Willensbildung ... aushöhlen würden.“[109]

Soll ein solches Gebot verhaltensbezogener Kooperation mehr beinhalten als bloßes krisenbezogenes Management, ist es unumgänglich, über die vordergründige Gegenüberstellung der Beteiligten hinaus die *Einheit* umfassender subjektbezogener Willensvermittlung — jenseits der Konfrontation mit der staatlichen Ordnungsinstitution — wieder sichtbar und intersubjektiv erfahrbar zu machen. Nicht in einem starren obrigkeitsstaatlichen Gegenüber, sondern in der Optimierung legitimer Grundrechtsausübung bestünde dann die zwar notwendig konfliktverhaftete, aber auf die Ermöglichung und Sicherung staatsfreier politischer Willensbildung hin angelegte Aufgabe aller Beteiligten.

5.3 Das Kooperationspostulat

Der aufgezeigte kooperative Verhaltensmodus ist — wie sich auch am Beispiel des Demonstrationsstrafrechts zeigen läßt — schon deshalb weit davon entfernt, eine einseitige Schutzpflicht oder ein subjektives Recht zu begründen, weil er in der Praxis auf die Kooperationswilligkeit der ‚anderen‘ Seite, letztlich der einzelnen Demonstrationsteilnehmer, angewiesen bleibt. Dennoch ist der auf Konfliktschlichtung ausgerichtete praktische Imperativ nicht der Unverbindlichkeit oder Beliebigkeit preisgegeben. Die Kooperation ist zwar keineswegs geeignet, den zugrundeliegenden Sozialkonflikt zu lösen[110], aber doch notwendige Voraussetzung, um eine — der demonstrativen Willensbildung nachfolgende — verbindliche Regulierung nicht schon im Ansatz, d. h. während der Artikulation, durch Gewalttätigkeiten zu verhindern. In der wechselseitigen Anerkennung der gewaltfreien und staatsfreien politischen Betätigung liegt daher der grundlegend verbindliche Charakter des Kooperationsmodus. Unter dieser Voraussetzung ist auf die Dauer an seiner Wirkungsmacht trotz der fehlenden verfassungsrechtlichen Verbindlichkeit nicht zu zweifeln.

Als Obliegenheit institutionalisierter Staatlichkeit muß dagegen gelten, die genannten Voraussetzungen gewaltverhindernder Kooperation nicht durch eskalationsfördernde Strafandrohungen zu beseitigen oder zu erschweren. Dies ge-

107 Gemeint ist hier das Versammlungsgesetz, insbesondere die Bestimmungen über die Anmeldung und die Auflagenerteilung.

108 Hier ist vornehmlich an übermäßige Polizeipräsenz, an verzögernde Vorkontrollen und Hubschraubertiefflüge zu denken. Zum Spektrum polizeilicher Maßnahmen vgl. auch *Kniesel,* Die Polizei 1989, 233.

109 So BVerfGE 69, 356.

110 Auch hier gilt die Erkenntnis, daß der Kooperationsmodus als eine ‚bloße‘ Verfahrensregel kein isoliertes Drittes ist, das sich gleichsam unabhängig von dem zugrundeliegenden Sozialkonflikt erfolgreich praktizieren ließe.

schieht aber in besonderem Maße durch Akte symbolischer Gesetzgebung.[111] Deren Ziel besteht nicht darin, die konfliktträchtigen Sachverhalte einer möglichen Lösung näherzubringen, sondern diejenigen, die diese Konflikte benennen, auszugrenzen. Die jüngste Novellierung des Demonstrationsstrafrechts[112] scheint diesen fatalen Weg beschritten zu haben. Das sog. Vermummungsverbot und das Verbot ‚passiver' Bewaffnung[113] sind zur Bekämpfung von Ausschreitungen bei Demonstrationen weder geeignet noch erforderlich, sondern bewirken eher das Gegenteil: die Kriminalisierung friedlicher Demonstrationsteilnehmer[114], und — formationsbezogen folgenschwerer — den Verlust staatsfreier politischer Willensvermittlung. Ohne die mit der Novellierung zusammenhängenden Probleme erschöpfend behandeln zu wollen, ist doch zu betonen, daß auf diesem Wege jedenfalls der angestrebte Rechtsgüterschutz kaum zu erreichen sein wird.[115] Bewirkt wird vielmehr, daß ein friedlich vorgebrachtes Anliegen der Demonstranten deshalb zu einem Problem für die ‚öffentliche Sicherheit' gerät, weil das ‚Herausfiltern' der Vermummten notwendig auch ‚Unbeteiligte' zu Störern werden läßt. Ungefährdeten Bestand hat die ‚öffentliche Sicherheit' dagegen dann, wenn die Teilnahme an einem demonstrativen Akt der Willensbildung trotz gewisser, den Ansammlungen von Menschen immanenter Gefahren angstfrei möglich bleibt.

Die Änderung des Demonstrationsstrafrechts dürfte darüber hinaus dazu führen, daß die stabilisierende Funktion der Versammlungsfreiheit für das repräsentative System Schaden nimmt. Sie gestattet „... Unzufriedenen, Unmut und Kritik öffentlich vorzubringen und abzuarbeiten, und fungier(t) als notwendige Bedingung eines politischen Frühwarnsystems, das Störpotentiale anzeig(t), Integrationsdefizite sichtbar und damit auch Kurskorrekturen der öffentlichen Politik möglich mach(t)."[116] Bleiben aber die den gesellschaftlichen Konflikten zugrundeliegenden Integrationsdefizite, die zu verdeutlichen auch durch die Versammlungsfreiheit gewährleistet ist, unartikuliert, so ist zu besorgen, daß vermittels strafrechtlicher Regulation die beschworenen gewalttätigen Schwarmgeister nun ihr Unwesen erst entfalten.

5.4 ‚Grauzonen' der Gesetzgebung

Die vorangegangenen Ausführungen dürften deutlich gemacht haben, welche Aufgabe das Strafrecht legitimer- und pragmatischerweise nicht übernehmen darf: die gruppenspezifische und eine gewaltförmige Eskalation befördernde

111 Vgl. oben Kap. VII.5.
112 Gesetz zur Änd. des StGB und des VersG v. 9.6.89 (BGBl I, 1059).
113 Eingehend hierzu *Bemmann*, Staatsschutz, S. 29 ff.
114 Vgl. hierzu *Bemmann*, Staatsschutz, S. 33.
115 Vgl. *Schubert*, DuR 1988, 248 ff. (252, 254 f.); *Wagner*, KrimJ 1988, S. 7.
116 BVerfGE 69, 347 m. w. N.

Stigmatisierung von Subjekten. *Ellscheid*[117] hat darauf hingewiesen, daß eine dahingehende Normgebungs- und Normanwendungspraxis eminente Gefahren für die rechtliche Verfaßtheit des gesamten Gemeinwesens mit sich bringen kann. Die friedens- und verhaltensfreiheitssichernde Bedeutung des Rechts geht „dann in Aktivitäten über, in denen Recht nur noch als verbale Begleitmusik für nicht rechtsförmige Kampfhandlungen fungiert. Auf diesem Wege könnte Verrechtlichung zur bloßen Durchgangsstation für ungefiltertes Konfliktverhalten werden." Ein solchermaßen politisiertes Recht hat nur noch eine Alibi-Funktion. Auf den Ausgleich der Interessen, auf die Wahrnehmung staatsfreier politischer Willensbildung und auf eine Vermittlung divergierender Lösungsansätze kommt es dann nicht mehr an. Mit der gegenwärtigen Fassung des Demonstrationsstrafrechts scheint der Rubikon bereits überschritten.

5.5 Zur Bedeutung der freiheitsgesetzlichen Strafrechtskonzeption

Verfehlt nach dem zuvor Erörterten eine konfliktkonservierende Pönalisierungsgesetzgebung und -praxis eine wirkliche Lösung des jeweiligen gesellschaftlichen Problems, so scheint es auch hier erforderlich, auf eine freiheitsgesetzliche Grundlegung zurückzugehen. Deren Anliegen ist nämlich nicht eine Regulation um der bloßen Ordnungsleistung oder gar um der absehbaren Konflikteskalation willen, sondern wesentlich und vorrangig die Beförderung willensvermittelter Teilhabe des Subjekts auch im nichtstaatlichen Bereich intersubjektiver politischer Betätigung. Hierauf bezogen, beschränkt sich das strafrechtliche Regime in einem demokratischen Gemeinwesen auf die Erhaltung der fundamentalen Funktionsbedingungen politischer Willensbildung und -vermittlung. Diese Bedingungen sind aber wesentlich andere als die der überlieferten, am Leitbild des obrigkeitsstaatlichen Gegenübers entwickelten, bloß symbolischen politischen Willensbildung. Ein Strafrecht, das — historisch nahezu ungebrochen — solche Bestandsbedingungen zu schützen beabsichtigt, verhindert gerade die erfahrungsbezogene politische Betätigung des mündigen Subjekts, wie es verfassungsrechtlich jedenfalls möglich erscheint.[118]

In ihrer Gesamtheit zeugen die neueren Formen politischen Verhaltens[119] von einem gereifteren Demokratieverständnis auch in ihrer mitunter überzogenen Form. Diese Entwicklung wird verkannt, wenn sie vornehmlich in ein Gefährdungspotential umgedeutet wird. In dieser Verkehrung offenbart sich die Notwendigkeit und Berechtigung eines Prozesses fortwährender Selbstbefreiung aus den Fesseln obrigkeitsstaatlicher Vorstellungen. Erst die wirkliche Beseitigung nur

---

117 Verrechtlichung, S. 58.

118 Unter verfassungsdogmatischem Aspekt aufschlußreich: *Böckenförde*, FS Eichenberger, S. 301 ff.

119 Hier ist etwa die Arbeit in Bürgerinitiativen zu nennen.

scheinbar schützender, tatsächlich bloß bevormundender Strafvorschriften vermag eine eigenverantwortliche politische Betätigung zu ermöglichen. Die Anerkennung des politischen Autonomiestatus setzt das Subjekt zugleich in den Stand, sich gegen demagogisch-manipulative wie gegen gewaltförmig-provokative Vereinnahmung gleich von welcher Seite zu verwahren. Eine den politischen Willensbildungs- und Willensvermittlungsprozeß im staatsfreien Raum behindernde Strafgesetzgebung ist daher nicht nur illegitim, sondern auch unzweckmäßig!

IX. Die handlungsbezogene Differenzierung der politischen Delikte

1. Zum exemplarischen Charakter der Einteilung

Das im folgenden vorgestellte Zuordnungsschema soll auf der Grundlage der gegebenen Begriffsbestimmungen ein erweitertes Verständnis des politischen Strafrechts ermöglichen. Das politische Strafrecht pönalisiert existenzgefährdende Eingriffe in staatliche Institutionen, ferner nachhaltige Eingriffe in staatsgerichtete und staatliche Leistungsfunktionen sowie bestimmte Verhaltensweisen, die die Integrationsfunktion des politischen Gemeinwesens nachhaltig erschüttern können.[1] Anerkannte Bestandteile dieses Strafrechtsbereichs sind die klassischen Staatsschutzdelikte (§§ 81f StGB) und die sog. Staatsgefährdungsdelikte (§§ 87 ff. StGB).[2] Das vorangegangene Kapitel und insbesondere die Ausführungen zum sog. Demonstrationsstrafrecht[3] haben aber gezeigt, daß es verfehlt wäre, ausschließlich diese Deliktsgruppen mit der Bezeichnung politisches Strafrecht zu versehen. Die vorfeldbezogene Dynamik des politischen Strafrechts offenbart vielmehr, daß die Regulation politischen Verhaltens nicht auf die Staatsgefährdungsdelikte beschränkt ist, sondern ein stark erweitertes Verhaltensspektrum betrifft. Insoweit hat die folgende Systematisierung lediglich einen exemplarischen, — die Staatsschutz- und Staatsgefährdungsdelikte im engeren Sinne ausklammernden Charakter.

Scheerer[4] hat auf diesen erweiterten Zusammenhang am Beispiel staatlicher Maßnahmen gegen den Terrorismus aufmerksam gemacht: „... (diese Maßnahmen) beginnen bei der konkreten Rechtsgutsverletzung, koppeln sich dann über die Kriminalisierung der Planung und Vorbereitung sowie der Hilfe bei Planung und Vorbereitung von der Rechtsgutsverletzung selbst ab und kriminalisieren den affirmativen kommunikativen Bezug auf radikaloppositionelle Aktivitäten; unter Strafe steht die Aufforderung, dann aber schon die nachträgliche Rechtfertigung, Billigung oder Neutralität gegenüber der Rechtsgutsverletzung. Vom Handlungsverbot geht sie über das Koalitionsverbot bis zum Sympathie- und Artikulationsverbot." Die Ausweitung der Strafbarkeit ist keineswegs inkonsequent, da sie wesentlich das Medium des politischen Handelns — die Artikulation von konfliktträchtigen Sachverhalten in der Öffentlichkeit — erfaßt. Die Meinungsäu-

---

1 Vgl. hierzu die Erörterungen in Kap. VI.4.

2 Vgl. Kap. VIII.2 und VII.4.

3 Vgl. Kap. VIII.5.

4 Gesetzgebung, S. 134 ff.

ßerung ist untrennbar mit der Information Dritter und daher im eigentlichen Sinn mit Kommunikation verbunden. Schließlich liegt die effektivitätssteigernde Bedeutung einer organisatorischen Strukturierung politischer Tätigkeit auf der Hand. Je für sich ergeben die Merkmale der Artikulation, der Kommunikation und der Organisation[5], bezogen auf das politische Verhalten, die Grundlage für ein vorfeldorientiertes Verständnis der politischen Delikte insgesamt.

2. Das Einteilungsschema

Nach den vorhergehenden Ausführungen ist eine formale Einordnung der politischen Delikte in das Schema der vorbereiteten, versuchten und vollendeten Tat[6] unzureichend — ja, verfehlt. Daß etwa die Billigung begangenen Kriminalunrechts mit der Kundgabe eines entsprechenden Sachverhaltes vollendet ist und dadurch pro futurum und bezogen auf einen bestimmten Unrechtstypus ein entferntes Rechtsgut gefährdet wird, ist vorfeldbezogen wenig aussagekräftig. Zu erfassen ist ein entsprechendes Verhalten erst unter Berücksichtigung seines Charakters als Äußerungsdelikt. Hieraus ergeben sich die eigentlich problematischen Fragen nach dem (durch das zugrundeliegende Kommunikationsverbot) geschützten Rechtsgut und den handlungsbezogenen Beeinträchtigungsmodalitäten, kurz: nach Ausmaß und Grenzen zulässiger Meinungspönalisierung. In diesem Bereich basaler intersubjektiver Verhaltensfreiheit ist eine sorgfältige Identifikation des geschützten Rechtsguts erforderlich. Herrscht hier bereits Unklarheit, ist die Bestimmung und Abgrenzung der relevanten Handlungsvollzüge kaum sinnvoll möglich. Nur soweit durch eine eindeutige Rechtsgutsbestimmung der Bezug zur verfaßten Rechtsgemeinschaft hergestellt ist, vermag eine verhaltensbezogene Pönalisierung von Äußerungen die Eigenberechtigung des handelnden Subjekts mit Grund zu negieren. Es kommt somit darauf an, das jeweilige Rechtsgut in seiner intersubjektiven Verletzungsanfälligkeit und in seiner handlungsbezogenen Schutzbedürftigkeit zu charakterisieren.

Ein verhaltensbezogenes Modell von Strafbarkeitszonen hat *Scheerer*[7] entwikkelt. Er unterscheidet tatbezogene Planungsakte, organisatorische Zusammenschlüsse, hierauf bezogene Unterstützungshandlungen, Artikulationsverbote und positive Handlungspflichten. Dieses Schema ist geeignet, den allgemeinen Handlungsbegriff gegenstandsbezogen zu differenzieren und subjektbezogen zu akzentuieren. Es ermöglicht so die Einbeziehung der oben herausgearbeiteten Bewer-

---

[5] Zur Bedeutung dieses Merkmals vgl. *Schroeder*, Der Schutz, S. 351 m. w. H.

[6] Dies unternimmt *Basten*, DuR 1981, 189 f. Im politischen Strafrecht sei eine Differenzierung feststellbar: „Die dem materiellen Recht zu entlehnenden Bezeichnungen der einzelnen Stufen sind: 1. Stufe: die Tatvollendung, 2. Stufe: die versuchte Tatbegehung, 3. Stufe: der Versuch des Versuches (bzw. der Versuch der versuchten Beteiligung), 4. Stufe: die Vorbereitung auf den Versuch des Versuches."

[7] Gesetzgebung, S. 135 ff.

tungsmaßstäbe (rechtsgutsbezogener Verhaltensrelevanz, subjektbezogene Eigenberechtigung) auch auf der Ebene der Straftatbestände. Schließlich vermag die Einteilung dem spezifisch kommunikativen Charakter des politischen Verhaltens Rechnung zu tragen. Unzureichend ist diese Klassifizierung dagegen, soweit sie — scheinbar pönalisierungsindifferent — eine Vermutung für die Rechtmäßigkeit dieser Bereiche intersubjektiven Handelns nahelegen will. Drohende, ehrverletzende[8] oder täuschende Äußerungen können unrechtsbegründende Verhaltensweisen sein. Die mangelnde Kennzeichnung der zutreffend unterschiedenen Verhaltensweisen hat darüber hinaus zur Folge, daß der große Bereich pönalisierungsbedürftiger Einwirkung auf den Prozeß politischer Willensbildung und Willensvermittlung keine Berücksichtigung findet. Die verhaltensbezogene Beeinträchtigung personaler und institutionalisierter Willensbildung und Willensentäußerung sowie des Vermittlungsverfahrens selbst (Wahlen und Abstimmungen auf der jeweiligen Vermittlungsstufe) ist ein wesentlicher Anwendungsbereich des politischen Strafrechts und muß als solcher in eine Vorfelddifferenzierung aufgenommen werden. Soweit das kommunikative und organisatorische Verhalten dagegen keinen spezifischen Bezug zu dem Prozeß politischer Willensvermittlung aufweist, hat es im Bereich der Vorfeldkriminalisierung eigenständige Bedeutung. Im folgenden werden daher zunächst die Deliktstatbestände zum Schutz politischer Willensentäußerung / -vermittlung, dann die sog. Äußerungsdelikte und schließlich die Organisationsdelikte behandelt.

---

8 Hierzu grundlegend: *Wolff*, ZStW 81, 886 (899 ff.).

X. Deliktstatbestände zum Schutz politischer Willensentäußerung und unverfälschter Willensvermittlung

1. Problemstellung

1.1 Politischer Subjektwille und institutionelle Vermittlung

Im Blick auf die das politische Gemeinwesen konstituierende und stabilisierende Betätigung[1] manifestiert sich die Selbstberechtigung des autonomen Subjekts wesentlich — wenngleich nicht ausschließlich — in der Möglichkeit, seinen politischen Willen umfassend zu bilden und in bezug auf die notwendige institutionelle Vermittlung wirksam zu entäußern. Hierin liegt die reale Voraussetzung legitimer Transformation isolierter Einzelwillen in einen vermittelten, staatlich institutionalisierten Gemeinwillen.[2] Jenseits metaphysischer Ableitungsversuche erhält dieser Gemeinwille seine Existenzberechtigung aus der politischen Teilhabe der Einzelsubjekte, einer spezifischen Form des Subjektstatus also, die historisch-prozeßhaft zugleich Voraussetzung sich entwickelnder wie Resultat aktueller Selbstbestimmung ist.[3]

Die Art und Weise wirklicher und wirksamer politischer Willensentäußerung und -vermittlung ist mit einem reduzierten Denken in Entgegensetzungen — etwa demjenigen von Staat und Gesellschaft — ebenso unvereinbar wie mit der Vorstellung immer schon vorhandener Einheit zwischen Einzel- und Gemeinwillen.[4] Zwar scheint der Bezug auf den Status der politischen Rechtsfähigkeit des Subjekts zunächst die faktische Vereinzelung und Widersprüchlichkeit individuellen Wollens zu unterschätzen, — richtigerweise liegt hierin aber kein Einwand gegen diesen Status selbst, sondern ein Hinweis auf das notwendige,

---

1 Im Unterschied etwa zum Austauschprozeß im Bereich des Arbeitsverhältnisses und des Warenverkehrs.

2 Zu den verschiedenen Formen (staats-)politischer Willensbildung und Willensvermittlung vgl. Ak-GG-*Preuß*, Art. 21, Abs. 1, Rn. 24-26; ferner BVerfGE 44, 125 (139 f.): Die „Willensbildung des Volkes und die Willensbildung in den Staatsorganen vollziehen sich in vielfältiger und tagtäglicher Wechselwirkung."

3 Mithin i. S. einer Dialektik der Selbstbefreiung; vgl. Kap. III.4.1.

4 Hierzu — im Überblick — *Görlitz*, Handlexikon zur Politikwissenschaft, S. 428 ff. Vgl. ferner *Buchheim*, Der Staat 1988, S. 1 ff. (Zur Bedeutung der Gesellschaft für die Existenz des Staates). Zutreffend bemerkt *Buchheim:* „Der Staat existiert nicht erst und nimmt dann die Aufgabe, Frieden zu stiften, in Angriff, sondern er existiert, weil er Resultat der Lösung dieser Aufgabe ist." (ebenda, S. 2).

gleichwohl nachgeordnete Verfahren autonomer Willensentäußerung und deren institutioneller Vermittlung. Einmal als unhintergehbarer Status anerkannt oder beansprucht, fordert auch die politische Mündigkeit und deren abgestufte institutionelle Vermittlung eine rechtliche Absicherung gegen mannigfache Gefährdungen durch wirkungsmächtige Entmündigungstendenzen gesellschaftlicher und staatlicher Institutionen. Der Abwehr und Kontrolle solcher und anderer Zugriffe dienen die grundlegenden verfassungsrechtlichen Verbürgungen[5] sowie besondere einfachgesetzliche Normierungen.[6]

Staatspolitisch verbindliche Formen unmittelbarer Willensentäußerungen des politischen Subjekts sind *Wahlen und Abstimmungen*. Durch diese Verfahren soll die unverfälschte Feststellung programmatischer Willensinhalte der vielen Einzelsubjekte möglich werden. Erforderlich ist daher das Vorhandensein tatsächlicher Entscheidungsalternativen. Die politische Willensentäußerung ist nur dann Akt der Selbstbestimmung, wenn der Ausgang von Wahlen und Abstimmungen ‚offen' ist. Der geläufige Terminus für derartige Formen verbindlicher Entscheidungsfindung — „Legitimation durch Verfahren"[7] — trifft den gemeinten Sachverhalt nur insoweit, als derartige Willensentäußerungen sowohl der verbindlichen Selbstfestlegung der Entscheidungssubjekte als auch der — bezogen auf die programmatischen Grundaussagen — verbindlichen Fremdfestlegung zu vermittelnder Staatlichkeit dienen.[8] Verfehlt ist dieser Begriff dagegen, soweit die Formen der politischen Willensentäußerung lediglich als Procedere erscheinen sollen, dem die Funktion zukomme, den Teilhabeakt von aller Inhaltlichkeit zu ‚reinigen'.[9] Auch der politische Wille ist hier bestimmter, wenngleich auf Einzelfragen bezogen, nicht ausdifferenzierter Wille. Gegen diese Charakterisierung spricht weder der Zweck der Willensentäußerung, der in der Konstitution des Allgemeinwillens liegt, noch die Notwendigkeit, eine Entscheidung auf der Grundlage — zumeist — programmatischer Alternativen treffen zu müssen. Der je festzustellende Allgemeinwille legitimiert sich gerade dadurch, daß er die den Alternativen zugeordneten Einzelwillen auf der Grundlage verhältnismäßiger oder an der Mehrheit orientierter Zuordnung in sich aufnimmt.

Dieser Zuordnungsmodus bewirkt unvermeidlich, daß die je einzelne Willensentäußerung eine geringe oder — womöglich — keinerlei Durchsetzungswirkung hat. Die tatsächliche Durchsetzung des politischen Willens wird noch dadurch vermindert, daß die zur Entscheidung stehenden Alternativen überwiegend nicht auf den einzelnen, konkreten Lebenssachverhalt bezogen sind[10], sondern

---

[5] Neben den Grundrechten: Art. 20 Abs. 1 und Abs. 2; Art. 38 GG.

[6] Vgl. Bundeswahlgesetz, Bundeswahlordnung, Wahlprüfungsordnung.

[7] Hierzu grundlegend: *Luhmann*, Legitimation durch Verfahren; ders., Rechtssoziologie II, S. 263 ff. (264).

[8] Gemeint ist hiermit zunächst die erste Stufe staatsgerichteter Willensvermittlung: das Parlament.

[9] So aber *Luhmann*, Rechtssoziologie II, S. 264: „Das Verfahren der politischen Wahl erzeugt die Unterstellbarkeit politischer Unterstützung für bindende Entscheidungen."

lediglich die grundlegenden Tendenzen zukünftigen politischen Bestrebens der Wahlkandidaten aufzeigen. Verbindlich, wenngleich auch nicht rechtsverbindlich[11], ist daher das Wählervotum nur für das politische Verhalten des Gewählten im Bereich der parlamentarischen Staatswillensbildung. Schließlich unterliegt auch die politische Betätigung der Gewählten im Rahmen höherstufiger institutioneller Vermittlung der zuvor genannten Relativität tatsächlicher Durchsetzung des politischen Willens.

Der besondere *strafrechtliche Schutz* staatspolitischer Willensentäußerung und Willensvermittlung erklärt sich nicht allein aus der jedem Abstimmungsverfahren immanenten Verletzungsanfälligkeit, sondern wesentlich aus der notwendigen Sicherung der intersubjektiven Entfaltungsfreiheit im staatspolitischen Raum. Hier hat das einzelne Subjekt die Möglichkeit, aus dem mehr oder minder partikulären sozialen Handlungsfeld herauszutreten und seinen Willen in einem gestuften Vermittlungsverfahren gemeinwesenbezogen geltend zu machen. Ebenso wie in anderen Bereichen intersubjektiver Verhaltensfreiheit muß auch diese Freiheitssphäre von direkt gewalttätiger, nötigender oder bestechender Einwirkung freigehalten werden. Die selbstbestimmte politische Verhaltensfreiheit würde andernfalls durch eine Instrumentalisierung der zu vermittelnden Staatstätigkeit von dritter Seite vereitelt. Richtigerweise ist daher bereits der subjekt- oder verfahrensgerichtete Einzeleingriff unter Strafe gestellt, ohne daß es zu einer dadurch bewirkten Beeinträchtigung der Staatstätigkeit kommen muß. Die fundamentale Bedeutung des Vermittlungsprozesses rechtfertigt und erfordert es daher, die Wahl- und Abstimmungsverfahren auf jeder Vermittlungsstufe — insoweit auch vorfeldbezogen — vor vermeidbar verfälschenden Einflüssen bei der Willensbildung, der Willensentäußerung und der Feststellung des Verfahrensergebnisses zu bewahren. Durchaus vergleichbar im Hinblick auf die grundlegende Bedeutung — und richtigerweise auch hinsichtlich der subjektbezogenen Ableitung[12] — des Rechtsguts sind die sogenannten Rechtspflegedelikte (§§ 153 ff. StGB) und die Amtsdelikte (§§ 331 - 336 StGB). Auch diese Deliktsgruppen dienen nicht primär einem allgemeinen Schutz des jeweiligen Verfahrens oder der betreffenden staatlichen Institution, sondern — subjektbezogen — dem Schutz der Verfahrensbetroffenen oder Dritter.[13]

---

10 Als Ausnahmen sind hier die — grundgesetzlich nicht allgemein geregelten — Abstimmungen (Volksbegehren, Volksentscheid) zu nennen. Vgl. aber Art. 28 Abs. 3 - 6 GG.

11 Vgl. Art. 38 Abs. 1 Satz 2 GG; zur Vereinbarkeit mit dem Fraktionszwang und zur Bindung an die Parteiprogrammatik vgl.: AK-GG-*Schneider*, Art. 38, Rn. 32, 35.

12 Gegen die geläufige Reduzierung der Rechtspflegedelikte auf die Gewinnung der richtigen Entscheidungsgrundlage in gerichtlichen und gewissen sonstigen Verfahren (vgl. *Sch / Sch*, Vorbem. §§ 153 ff., Rn. 2), ist hier auf den Schutz der am Verfahren beteiligten personalen Subjekte abzustellen, deren Freiheitssphäre in spezifischer Weise verfahrensabhängig ist.

13 Bei den Amtsdelikten dürfte die Gutskonstitution sich intersubjektiv (‚Vertrauen der Öffentlichkeit in die Integrität der Amtsführung', vgl. *Sch / Sch*, Vorbem. §§ 331 ff. Rn. 1) bestimmen lassen. Abgesehen vom ‚Fordern' eines Vorteils, das einen direkt

Der strafrechtliche *Schutzumfang* läßt sich nach zwei Seiten hin näher beschreiben. Auf der einen Seite bedarf das entscheidende Subjekt, um seinen Willen selbstbestimmt entäußern zu können, des Schutzes vor nachhaltigen Beeinträchtigungen. Dies gilt sowohl für die Teilnahme an Akten ursprünglicher Willensentäußerung [14] als auch für die Tätigkeit der Gewählten innerhalb der Verfassungsorgane. [15] Darüber hinaus fordert die Struktur verbindlicher politischer Willensentäußerung auf der anderen Seite den Schutz des Verfahrens vor Beeinträchtigungen, die dem Verfahrenszweck — Willensabgrenzung und -feststellung — widerstreben. Will man die — keineswegs strafrechtsspezifischen — Schutzobjekte näher bezeichnen, so geht es einmal darum, subjektbezogene Beeinträchtigungen der Willensentäußerung zu verhindern, zum anderen darum, verfahrensbezogen die verbindliche Willensfeststellung zu gewährleisten. Das Strafrecht beschränkt sich auch hier auf die Pönalisierung besonders gravierender, evidenter Rechtsgutseingriffe. Allerdings ist zu fordern, daß angesichts der Bedeutung der Rechtsgüter, etwaiges Strafunrecht auf allen Stufen institutioneller Vermittlung erfaßt wird. Gegenüber anderen Formen politischer Willensentäußerung [16] verlangt die Form staatspolitischer Willensbildung einen klaren und zugleich effektiven Strafrechtsschutz.

Im Blick auf die — zur Herbeiführung einer nachhaltigen Gutsbeeinträchtigung geeigneten — *Tatmodalitäten* kommen in subjektbezogener Hinsicht Gewalt bzw. Drohung mit Gewalt sowie List bzw. Täuschung in Betracht. *Rechtsgut* ist hier die unbeeinträchtigte und unverfälschte Teilnahme des Subjekts an den Akten staatsgerichteter politischer Willensbildung und -entäußerung. In verfahrensbezogener Hinsicht kommen als einschlägige Tathandlungen wahlfälschende und -behindernde sowie bestechende Einflußnahmen auf das Wahlsubjekt in Betracht. Geschützt wird hier näherhin das intersubjektive Vertrauen der wahlberechtigten Subjekte in ein unverfälschtes Abstimmungsergebnis, gleich auf welcher Vermittlungsstufe.

Es überrascht kaum, daß in beiden Bereichen ein Strafrechtsschutz eben zu jenen dogmatischen Friktionen und Abgrenzungsproblemen führt, die auch aus der Typisierung der Tatmittel und -handlungen in anderen Deliktsgruppen bekannt sind. [17] Namentlich zu nennen sind hier die Nötigungsmittel, deren Verwen-

---

individualrechtsgutsverletzenden Charakter hat, ist wesentlich die staatsaufgabenbezogene Vermittlungsleistung betroffen, die ein an Recht und Gesetz orientiertes Handeln der Amtsträger zur Voraussetzung hat.

14 Bundes- und Landtagswahlen; Wahlen zu den Gemeindevertretungen.

15 Die Wahl des Bundeskanzlers (Art. 63 GG), die Gesetzgebungstätigkeit (Art. 70 ff. GG) gehören hierher.

16 Etwa in Parteien und politischen Vereinigungen.

17 Zum Gewaltbegriff vgl. einerseits RGSt 64, 113 (115); 4, 129 f.; zur verfassungsrechtlichen Problematik des § 240 StGB: BVerfGE 73, 239; zur Selektion sozial unerwünschter Zwangswirkung durch § 240 StGB vgl. *Calliess,* Frankfurter Rundschau v. 1.8.1986, S. 14; kritisch zur Berücksichtigung von ‚Fernzielen' bei der Beurteilung der Verwerflichkeit des Nötigungszweckes: *Baumann,* NJW 1987, 37.

dung sowohl rechtsgrundsätzliche wie auch rechtsbegriffliche Probleme aufwirft[18], sowie die Schwierigkeiten, die eine unrechtstypisierende Erfassung des Mißbrauchs politischer Selbstbestimmung durch täuschende Einflußnahmen mit sich bringt. Erörterungsbedürftig erscheinen diese Tatmittel aufgrund einer zunehmenden Tendenz manipulativer Wahlkampfmethoden.[19] Hier wird allerdings deutlich, daß eine vorschnelle Pönalisierung derartiger Praktiken leicht mit dem Grundsatz der staatsfreien politischen Willensbildung in Konflikt geraten kann. Schließlich stellt sich auch hier die Frage nach der Legitimität eines spezifischen (Verfassungs-) Organschutzes.[20] Dem von uns entwickelten Rechtsgutsansatz entsprechend, wird darauf zu achten sein, daß der notwendige Subjektbezug jeglichen Güterschutzes nicht aufgrund eines überzogenen institutionellen Eigeninteresses reduziert oder vollständig beseitigt wird. Bedenken bestehen insoweit gegen ein verbreitetes Verständnis, das Strafrecht habe in diesem Bereich des Schutzes subjektbezogener Willensentäußerung letztlich ‚Organschutz‘[21] zu betreiben; folglich gelange hierin das gemeinsame ‚Rechtsgut‘ der gesamten Deliktsgruppe zum Ausdruck. Die angesprochenen Probleme werden teils im folgenden Abschnitt, teils in Zusammenhang mit der Erörterung des positiven Normbestands zu behandeln sein. Der folgende Abschnitt will zugleich das spezifisch politische Moment dieses Unrechtsbereichs aufzeigen, um dessen Einordnung in das politische Strafrecht — nach dem vorausgesetzten Verständnis — transparenter zu machen.

1.2 Zur Problematik der Rechtsgutsbestimmung

Entgegen unserer vorläufigen Rechtsgutsbestimmung scheint das Grundgesetz selbst eine Abkoppelung des ‚Volkswillens‘ von den Verfassungsorganen, insbesondere vom Parlament festzulegen. So bestimmt Art. 38 Abs. 1 Satz 2 GG, daß die gewählten Abgeordneten bei ihrer parlamentarischen Tätigkeit an ‚Aufträge und Weisungen‘ nicht gebunden sind.[22] Ist dadurch das Wahlsubjekt — über die Bestimmung der personellen und parteipolitischen Zusammensetzung des Parlaments hinaus — von der wirksamen politischen Willensvermittlung ausgeschlossen? Diese Ansicht ist von *Landshut*[23] in aller Schärfe vertreten worden: „Aus dem BGG (Bonner Grundgesetz, W. B.) ist das Volk als aktive politische Instanz verschwunden. Es bestellt nicht mehr den Präsidenten, es wird weder zum Volks-

---

18 Hierzu grundlegend: *Köhler*, FS Leferenz, S. 511 ff., der — gegen einen ausufernden Begriff von ‚vis absoluta‘ — die Eigenständigkeit des Nötigungstatbestandes als Willenszwangsdelikt erinnert.

19 Hierzu gehören etwa die Personalisierung der Wahlkämpfe und die suggestive Veröffentlichung von Wahlkampfumfragen vor der Abstimmung.

20 Hierzu näher Kap. VIII. 2.3.1 und 2.4.1.

21 Vgl. *Schroeder*, Der Schutz, S. 450 f.; ferner: *Maurach / Schroeder*, StR BT, § 84 I.

22 Vgl. *Seifert / Hömig*, Art. 38, Rn. 9 ff.

23 So *Landshut*, Volkssouveränität, S. 310.

entscheid herangezogen, noch kann es die Initiative in Volksbegehren ergreifen. Das BGG setzt praktisch das Volk weder als den einheitlichen Träger einer Meinung noch eines Willens mehr voraus. Es beschränkt sich auf die theoretische Feststellung in Art. 20, 2: ‚Alle Staatsgewalt geht vom Volke aus.'" — Es ist richtig, daß den Aktivbürgern des Grundgesetzes diese Rechte — im Gegensatz etwa zur Weimarer Reichsverfassung[24] — nicht mehr zustehen. Die Ansicht bestreitet aber darüber hinaus die Relevanz von Wahlen und Abstimmungen des Volkes für die Staatswillensbildung überhaupt. Auf dieser Grundlage könnte die besondere Bedeutung der subjektbezogenen politischen Willensentäußerung nicht sinnvoll behauptet werden. Auch der strafrechtliche Schutz des Wahlverfahrens verlöre erheblich an Bedeutung, da die Teilnahme der Subjekte an diesem Vorgang vorrangig rituelle und symbolische Funktion hätte, für den nachfolgenden Prozeß der staatspolitischen Willensbildung aber irrelevant, weil ohne wirkliche Folgen wäre. Als strafrechtliches Schutzobjekt käme — neben der Pönalisierung riten- und symbolstörender Handlungen — schließlich noch das ‚Bewußtsein' der Wahlteilnehmer infrage, über die Verfahrensteilnahme wirksam an der politischen Willensvermittlung mitzuwirken. Geschützt wäre damit aber die Aufrechterhaltung eines ‚falschen' Bewußtseins, denn die Annahme einer wirklichen ‚Repräsentation' bezöge sich auf eine bloße Fiktion. Eine Fiktion — mag sie auch noch so wirkungsmächtig sein — vermag aber kein Strafunrecht zu begründen. Der Schutz folgenloser Integrationshandlungen, also symbolischer Akte der Herrschaftslegitimation, ist auf der Grundlage eines subjektbezogenen Rechtsgutsbegriffs inakzeptabel.

Gleichwohl sind wir nicht genötigt, unsere Schutzobjektbestimmung aufzugeben, verkennt *Landshut* doch das dynamische und insoweit historisch relative Moment des politischen Willensvermittlungsprozesses. Über die verfassungsrechtliche Regelung und ihre Interpretation hinaus[25] enthält die gegebene Schutzgutsbestimmung wesentlich ein in die Zukunft gerichtetes, perspektivisches Moment; geschützt ist die Form der teilhabebezogenen intersubjektiven Verhaltensfreiheit in ihrer Potentialität und damit über eine — möglicherweise — defiziente Aktualität hinausgehend. In einem umfassenderen Zusammenhang hat *Habermas*[26] auf die Berechtigung einer solchermaßen erweiterten Betrachtungsweise aufmerksam gemacht: „Noch die autoritär verformten Einrichtungen, die bis heute relative Freiheiten politisch sichern helfen, haben diese Idee, nämlich die Tendenz zur Realisierung der Demokratie gleichsam mit ins institutionelle Gehäuse hineingenommen. Das übersieht, wer den demokratischen Prozeß ganz auf

---

24 Vgl. Art. 41 (Wahl des Reichspräsidenten), Art. 75 (Volksentscheid), Art. 165 (Bildung von Arbeiter- und Wirtschaftsräten auf Bezirks- und Reichsebene) der Weimarer Reichsverfassung vom 11. August 1919.

25 Hier geht es insbesondere um das Verständnis von Art. 20 Abs. 2 Satz 2 GG. Zur überwiegend restriktiven Interpretation dieser Bestimmung als Grundentscheidung der Verfassung für die mittelbare Demokratie vgl. *Seifert / Hömig*, Art. 20, Rn. 8; *Hesse*, Grundzüge, § 5 II 2.; *Doehring*, Staatsrecht, S. 142 ff.

26 Politische Beteiligung, S. 320 f.

seine tatsächliche Gestalt zurückführt und als normativen Anspruch allenfalls den eines funktionierenden Gleichgewichts durchgehen läßt."

Nicht jenes statische und unhistorische Verständnis einer umfassenden, bis in einzelne politische Entscheidungen reichenden Willensvermittlung ist der — insoweit fiktive — Gegenstand der Deliktsgruppe, sondern die dynamische, das Gemeinwesen beständig umgestaltende Kraft des politisch selbstberechtigten Subjekts. Dieser Status der politischen Rechtsfähigkeit erweist sich — hier durchaus dem Status der allgemeinen Rechtsfähigkeit ähnlich — gegenüber Manipulationen als verletzungsanfällig, aber gegen diese ‚Wirklichkeitsbedingungen' vermag sich das durch ihn berechtigte Subjekt weitgehend nur durch eine selbstverantwortliche politische Praxis zu behaupten. Lediglich besonders schwerwiegende Eingriffe sollten durch Strafnormen sanktioniert werden. Der Dynamik des politischen Willensbildungsprozesses wegen ist diese Zurückhaltung[27] jedenfalls dann berechtigt, wenn sie mit dem Verzicht auf einen überzogenen ‚Organschutz' einhergeht.

2. Rechtsgutsbestimmung

Art und Umfang der Pönalisierung im Bereich der politischen Willensentäußerung und Willensbildung sind nicht bestimmbar, ohne eine differenzierte Betrachtung des zugrundeliegenden Schutzobjektes. Erst die Beantwortung der Frage, was geschützt werden soll, ermöglicht eine Erörterung der Schutztechnik, also der näheren tatbestandsorientierten Ausgestaltung des Rechtsgüterschutzes.

Im Blick auf den Schutz staatspolitischer Willensentäußerung lassen sich in der historischen Entwicklung zwei Konzeptionen unterscheiden.[28] Versteht man den Schutz der Willensentäußerung in einem engeren Sinn, nämlich als Verhinderung von aktueller Einflußnahme während des Wahlaktes selbst, so gilt es, den Grundsatz des *Wahlgeheimnisses* effektiv zu gewährleisten. Willensbeeinträchtigende Handlungen werden dann nur insoweit pönalisiert, als dies aus Gründen des Geheimnisschutzes erforderlich ist. Es ist nicht zu bezweifeln, daß zwischen einer ‚freien' Stimmabgabe und der Gewährleistung, diese unbeobachtet und — im Hinlick auf den Inhalt des Votums — nicht nachträglich individualisierbar vollziehen zu können, ein enger Zusammenhang besteht. Die Realität des — mit einer offenen Stimmabgabe verbundenen — sozialen Drucks ist nicht von der Hand zu weisen.[29] Gleichwohl ist fraglich, ob ein solcher ‚Druck' die einzige oder auch nur wesentliche Gefahrenquelle für die autonome politische

---

27 Nicht zu rechtfertigen ist die Zurückhaltung dagegen, soweit sie die Straflosigkeit der Abgeordnetenbestechung betrifft. Hierzu sogleich näher (3.2.4.).

28 Vgl. hierzu *Breitbach,* DuR 1984, 433 f. m. w. H.

29 Hierzu *Breitbach,* DuR 1984, 434.

Willensentäußerung darstellt. Eine weitergehende Schutzkonzeption sucht daher die Möglichkeit und Wirklichkeit einer Willensbeeinträchtigung im *Vorfeld der Stimmabgabe* mit einzubeziehen und ermöglicht so die Abwehr subjektbezogener Zugriffe schon während der Willensbildung.[30] Damit scheint zunächst der Komplexität von Einwirkungsmöglichkeiten auf den Wähler wirksam Rechnung getragen.

Angesichts der Tatsache, daß die politische Willensbildung geradezu charakteristisch durch Gespräche und andere Formen wechselseitiger Einflußnahme geprägt ist, muß doch bezweifelt werden, ob hier eine klare und eindeutige Bestimmung und Begrenzung der Strafbarkeit möglich ist. Ohne die in diesem Bereich — insbesondere aufgrund der Übernahme kommerzieller Werbetechniken — bestehenden, keineswegs nur einzelne Subjekte betreffenden Gefahren bagatellisieren zu wollen, wird doch im Grundsatz daran festzuhalten sein, daß die politische Selbstbestimmung sich weder zu entwickeln noch gegen Widerstände durchzusetzen vermag, wenn sie unter einen weiten — vorfeldbezogenen — Strafrechtsschutz gerät. Eine überzogene, weil auf mangelndes Selbstbestimmungsvermögen des Subjekts rekurrierende Fürsorge ist auch hier eher dazu angetan, Strukturen der Unselbständigkeit zu manifestieren, anstatt deren Beseitigung der fortwährenden eigenen Anstrengung des Subjekts zu überlassen! Eben hierin liegt die andere Seite der Selbstbestimmung, nämlich demagogische oder sonst manipulative Einflußversuche von dritter Seite als solche zu identifizieren und zurückzuweisen.[31] Es liegt nahe, etwaigen Beeinträchtigungen der politischen Willensbildung auf politischem[32] oder außerstrafrechtlich reguliertem Weg zu begegnen, nicht aber durch eine weite — und womöglich wirkungslose — Vorfeldkriminalisierung.

Die Frage nach dem gegenständlichen Umfang des Schutzes der politischen Willensentäußerung ist noch um einen anderen Aspekt zu erweitern. Erfordert ein umfassender Schutz nicht auch, daß Wahlen und Abstimmungen in den Verfassungsorganen, also die Willensentäußerung der ‚Gewählten' mit einbezogen werden müssen?[33] Das geltende Recht beschränkt durch die Vorschrift des § 108d StGB die Strafbarkeit subjekt- und verfahrensbezogener Eingriffe auf sog. Volks- bzw. Urwahlen. Die täuschende und bestechende Einflußnahme auf Mandatsträger in den Verfassungsorganen ist insoweit nicht pönalisiert.[34] Es dürfte kaum zweifelhaft sein, daß Verfälschungen innerorganschaftlicher Wahlverfahren, die auf die genannten Formen der Einflußnahme zurückzuführen sind, mit dem Grundsatz der Volkssouveränität (Art. 20 Abs. 2 GG), als des Ursprungs

---

30 *Breitbach*, DuR 1984, 434.

31 Im Grundsatz übereinstimmend: BVerfG NStZ 1984, 407 f.

32 Zu nennen sind beispielsweise Wahlkampfabkommen zwischen den Parteien sowie ein insgesamt moderater Einsatz suggestiver Selbstdarstellung.

33 Zur historischen Entwicklung vgl. den Überblick bei *Schroeder*, Der Schutz, S. 452.

34 Vgl. im einzelnen *D / T*, § 108d, Rn. 1 f.; *Sch / Sch*, § 108d, Rn. 3; *Hartmann*, DVBl 1964, 615 f.

höherstufiger politischer Willensvermittlung[35] sowie mit dem Prinzip der ‚Strafgerechtigkeit'[36] dann in Konflikt geraten, wenn sie straflos gehalten werden. Ebenso wie bei der Wählerbestechung wird das Strafunrecht etwa der Abgeordnetenbestechung unabhängig davon begründet, ob sie im Einzelfall einen konkreten Einfluß auf das Abstimmungsergebnis hat. Denn das Rechtsgut einer unverfälschten Durchführung der politischen Willensentäußerung und -vermittlung ist hier wie dort gleichermaßen beeinträchtigt. Darüber hinaus ist der Unrechtsgehalt des Stimmkaufs innerhalb von Verfassungsorganen eher höher einzuschätzen als der bei sog. Urwahlen. Je nach der Größe des Wahlgremiums bzw. nach dem aktuellen Stimmenverhältnis führt nicht erst eine Sammelstraftatbegehung, sondern bereits die Einzeltat zu einer konkreten Gefährdung des Rechtsguts.[37] Unter dem Aspekt der zwar gemeinwesenbezogenen, gleichwohl intersubjektiven Gutskonstitution, wird man daher grundsätzlich von einem gravierenden Kriminalunrecht auch bei der Bestechung und Täuschung von Mandatsträgern auszugehen haben. Hier geht es insoweit nicht um die Kriminalisierung eines Lebenssachverhaltes im Vorfeld einer Rechtsgutsbeeinträchtigung, sondern um einen *Kernbereich* des politischen Strafrechts. Zu den Gründen, die eine Pönalisierung bisher vereitelt haben, soll nicht abschließend Stellung genommen werden.[38] Nach Ansichten des Abgeordneten *Dürr*[39] „... wollte (es) einfach nicht gelingen, eine praktikable Formulierung zu finden, die strafwürdiges Verhalten sauber abgegrenzt hätte." Die dieser Aussage zugrundeliegende Maxime wäre als Leitlinie für genuin vorfeldbezogene Strafgesetzgebung durchaus diskutabel.

Der folgende Abschnitt erörtert die einzelnen Vorschriften der §§ 105-108d StGB nicht in ihrer gesetzlichen Systematisierung, sondern nach der sachorientierten (rechtsgutsorientierten) Unterscheidung zwischen subjekt- und verfahrensbezogenen Angriffen auf die Willensentäußerung und -vermittlung.

---

35 Zur Volkssouveränität vgl. nur: BK-GG-*Wernicke*, Art. 20, II.2. a) bis c) (ohne die irdische Quelle der Volkssouveränität zureichend zu erfassen); *Schmidt-Bleibtreu*, Art. 20, Rn. 8 m. w. N.

36 Im Sinne ‚gleicher' Pönalisierung gleicher Unrechtssachverhalte.

37 A. A.: *Schroeder*, Der Schutz, 451 f.: „Es handelt sich ... um eine Vorverlegung des strafrechtlichen Schutzes auf den Einzelakt, obwohl erst eine Sammelstraftat gefährlich ist."

38 Vgl. *Klein*, ZRP 1979, 174; *Dürr*, ZRP 1979, 264.

39 ZRP 1979, 264.

3. Die Delikte im einzelnen

3.1 Subjektbezogene Eingriffe in die (formalisierte) politische Willensentäußerung

Unter einem subjektbezogenen Eingriff in die politische Willensentäußerungsfreiheit verstehen wir eine Einwirkung auf das Wahlsubjekt derart, daß es sich durch fremdbestimmte Selbstherabsetzung in der Ausübung seines Votums beeinflussen läßt. Mittel der Einflußnahme sind kompulsive Gewalt, Drohung mit Gewalt[40] und Täuschung. Direkt willensnegierende Eingriffe in die Verhaltensfreiheit des Subjekts durch ‚vis absoluta' gehören systematisch zur Gruppe der verfahrensbezogenen Einwirkungen auf die Willensvermittlung, da es hier an dem spezifischen Moment des Willenszwanges fehlt. Hier kommt im übrigen eine Strafbarkeit nach allgemeinen Vorschriften (§§ 223 ff., 239 StGB) in Betracht.

3.1.1 Wählernötigung (§ 108 StGB)

Die Tathandlung besteht in der nötigenden Hinderung eines zur Stimmabgabe Entschlossenen oder in der zwangsvermittelten Einwirkung auf ihn, sein Wahlrecht in einem bestimmten Sinn auszuüben.[41] Die Tathandlung ist auch verwirklicht, wenn jemand, der nicht zur Wahlbeteiligung bereit ist, gezwungen wird, seine Stimme abzugeben.[42]

Die vom Täter angewandten Tatmittel können — neben Gewalt und Drohung mit einem empfindlichen Übel — auch in dem Mißbrauch ökonomisch bedingter Abhängigkeitsverhältnisse bestehen. Der Sache nach handelt es sich bei letzterem um Unterarten der Subjektbeeinflussung durch Drohung.[43] Ihre besondere Erwähnung scheint nicht zuletzt deshalb gerechtfertigt, weil berufs- und wirtschaftsbedingte Abhängigkeitsverhältnisse den über ihren Bestand Verfügenden leicht zu einem Mißbrauch verführen können.

Angesichts einer ausufernden Anwendung der Nötigungsvorschrift sollte man auch Auswirkungen auf die Rechtssprechung zur Wählernötigung vermuten. Dies ist jedoch nicht der Fall.[44] Die Vorschrift ist nahezu bedeutungslos, weil die Rechtsprechung die Anforderungen an die praktisch relevante Tathandlung (den Mißbrauch von Abhängigkeitsverhältnissen) sehr hoch ansetzt.[45] Diese Bewer-

---

40 Vgl. hierzu *Köhler,* FS Leferenz, S. 518.

41 Vgl. nur *D / T,* § 108, Rn. 1.

42 *Sch / Sch,* § 108, Rn. 3.

43 So *Sch / Sch,* § 108, Rn. 6 (Spezialfall der Drohung).

44 Vgl. hierzu die ausführliche Stellungnahme von *Breitbach,* DuR 1984, 435 f.

45 AK-StGB-*Wolter,* § 108, Rn. 3 m. w. N.

tung wird durch eine Entscheidung des Bundesverfassungsgerichts[46] bestätigt, die erst jüngst in Zusammenhang mit einer Wahlprüfungsbeschwerde ergangen ist. Das Gericht hatte unter anderem zu beurteilen, ob die Äußerung eines Unternehmers gegenüber Mitarbeitern, Beschäftigtenzahl und Investitionsentscheidungen stünden unter dem Vorbehalt, daß die jetzige Bundesregierung durch die anstehende Bundestagswahl in ihrem Amt bestätigt werde[47], den Tatbestand der Wählernötigung erfülle. Nach Ansicht des Gerichts ist diese Art der Einwirkung auf einen bestimmten Kreis abhängig Beschäftigter bereits objektiv untauglich, die Adressaten zu einem bestimmten Wahlverhalten anzuhalten. Kommt es bei der Anwendung des § 240 StGB gewöhnlich darauf an, wie das Opfer die realen Wirkungen der Drohung empfindet, so scheint das Gericht diesem Aspekt für § 108 StGB keine Bedeutung zuzumessen: Es „besteht daher kein Grund zu der Annahme, daß sich Wähler im Hinblick auf die hier für den Fall eines Wahlsieges der SPD angedrohten Folgen in ihrer Entscheidungsfreiheit hätten ernsthaft beeinträchtigt fühlen können.“[48] Angesichts des Abhängigkeitsverhältnisses, in dem die Adressaten der Äußerung sich befanden, sowie der andauernden Massenarbeitslosigkeit, ist diese Ansicht des Gerichts nicht nachvollziehbar. Unter diesen Umständen war die Äußerung zumindestens objektiv geeignet, den Adressaten ein bestimmtes, wenngleich auch nicht ausdrücklich angesonnenes Wahlverhalten ernsthaft nahezulegen, ohne daß damit freilich schon über die Verwerflichkeit dieses Tatmittels entschieden wäre.

Ebenso abzulehnen ist die Auffassung des Gerichts, das Tatbestandsmerkmal ‚sonstiger wirtschaftlicher Druck‘ setze voraus, „daß der Druck für die Wähler als unausweichliche Handlungsanweisung“[49] erscheinen müsse. Soweit hiermit nicht — unzutreffenderweise — vis absoluta im strikten Sinne als ein infragekommendes Nötigungsmittel gefordert wird[50], ist das betreffende Tatbestandsmerkmal aufgrund dieser Auslegung praktisch suspendiert. Wann sollte eine nötigende Einflußnahme jemals „unausweichlich“ sein? Ganz abgesehen von den hier sichtbar werdenden Unklarheiten über die rechtsgrundsätzliche Stellung der Nötigungsvorschrift, darf weder übersehen werden, daß derartige Äußerungen betriebsinterner Wahlpropaganda jedenfalls im Grundsatz taugliche Drohungsmittel sind, noch verkannt werden, daß die Schwere des Unrechts auch durch die Zahl der Adressaten mitbestimmt wird.[51] Andererseits soll nicht geleugnet werden, daß die Subjekte auch im Arbeitsbereich ein gewisses Maß an wahlbezogener Einflußnahme als sozialadäquat durchaus hinzunehmen haben.

---

46 BVerfGE 66, 369 ff.
47 Vgl. hierzu *Breitbach*, DuR 1984, 435 f.; ferner *Oppermann*, JuS 1985, 519 ff.
48 So BVerfGE 66, 382.
49 So BVerfGE 66, 384.
50 Vgl. hierzu *Köhler*, FS Leferenz, S. 518 f.
51 In der Regel handelt es sich um größere Betriebskollektive.

3.1.2 Nötigung von Verfassungsorganrepräsentanten und -mitgliedern (§ 106 StGB)

Die Vorschrift des § 106 StGB schützt bestimmte Repräsentanten und Mitglieder von Verfassungsorganen nicht nur in ihrer — kompetenzgebundenen — Freiheit der Willensbetätigung, sondern bereits bei der Willensbildung.[52] Die Tätigkeit dieser Subjekte soll unbeeinträchtigt bleiben von bestimmten Arten der Einflußnahme, namentlich von Gewalt und Drohung mit einem empfindlichen Übel. Die Beeinträchtigung kann sowohl durch Dritte — als Nichtmitglieder — als auch durch andere Organmitglieder vorgenommen werden.[53] Eine — bezogen auf § 108 StGB vergleichbare — Erhöhung der Anforderungen an die Tatmittel — etwa dergestalt, daß die Einflußnahme als eine „unausweichliche Handlungsanweisung" erscheinen muß — ist hier nicht nachweisbar. Vielmehr ist beispielsweise ein Streik wegen seiner „weitreichenden Wirkungen"[54] unter bestimmten Umständen als Nötigung mittels Gewalt anerkannt.[55] Die weite Auslegung des Tatbestandes ist kaum überzeugend. Von professionell im Bereich der politischen Willensvermittlung Tätigen darf in stärkerem Maße als vom Wähler erwartet werden, daß sie Einflußversuchen widerstehen.

3.1.3 Nötigung von Verfassungsorganen (§ 105 StGB)

Nach § 105 StGB ist die nötigende Einflußnahme auf abschließend genannte Verfassungsorgane sowie der von ihnen gebildeten Ausschüsse unter Strafe gestellt. Fraglich ist allerdings, ob ein — als solches nicht handlungsfähiges — Verfassungsorgan überhaupt genötigt werden kann. Nach richtigem Verständnis ist die nötigende Verletzung fremder Selbstbestimmung nur personal, mithin subjektbezogen vorstellbar.[56] Opfer eines Eingriffs kann daher nur der Repräsentant, das Mitglied oder eine Mehrzahl von Mitgliedern des Verfassungsorgans sein. Zwar sind Fälle denkbar, in denen der Täter die Verfassungsorgane auf Dauer oder vorübergehend funktionsunfähig macht. Sachlich sind solche Konstellationen aber als hochverräterische Handlungen zu behandeln.[57] Darüber hinaus betrifft die nötigende Einwirkung auf ein Verfassungsorgan regelmäßig die Willensbildungs- und -betätigungsfreiheit einer bestimmten oder bestimmbaren Anzahl von Organmitgliedern oder -repräsentanten. Nach dem vorgetragenen Verständnis verbleibt für § 105 StGB kaum ein Anwendungsbereich.[58]

---

52 Vgl. *Sch / Sch,* § 106, Rn. 1; hierzu gehört auch § 106a StGB, der subjektbezogene Einflußnahmen nicht gravierender Art pönalisiert; vgl. *Maurach / Schroeder,* StR BT, § 84, II C.

53 *Sch / Sch,* § 106, Rn. 2.

54 Vgl. BGHSt 23, 46.

55 So *Sch / Sch,* § 81, Rn. 4.

56 Vgl. *Köhler,* FS Leferenz, S. 517 f.

57 Vgl. auch AK-StGB-*Wolter,* § 105, Rn. 3, 36, 39, der die Nähe dieser Strafbestimmung zum Verfassungshochverrat betont.

3.1.4 Wählertäuschung (§ 108a StGB)

Nach § 108a StGB ist ein eng begrenzter Bereich von Täuschungshandlungen unter Strafe gestellt. Diese Handlungen müssen sich auf die Stimmabgabe des Opfers beziehen. So ist diejenige Täuschung strafbar, die bewirkt, daß der Wähler über den Inhalt oder die Gültigkeit seiner Wahl in einen Irrtum versetzt wird.[59] Mitumfaßt ist daher auch der durch die Angabe eines falschen Wahltermins erregte Irrtum über die Gültigkeit der Stimmabgabe.[60]

Dagegen ist der große Bereich eines aufgrund täuschender Wahlpropaganda[61] veranlaßten Irrtums bei der Stimmabgabe nicht vom Tatbestand erfaßt. Ob diese Art der Einflußnahme tatsächlich — wie allgemein angenommen[62] — nur einen bloßen Motivirrtum hervorzurufen geeignet ist, mag hier dahinstehen; angesichts der Schwierigkeiten, eine bestimmte und wirksame Tatbestandsfassung zu formulieren, ist die Zurückhaltung des Gesetzgebers verständlich. Die Gefahr, daß durch eine Pönalisierung täuschender Wahlpropaganda die politische Willensbildung überhaupt Schaden nehmen könnte, ist nicht zu übersehen. Es erscheint daher angemessen, Art und Ausmaß zulässiger Wahlkampfmethoden der politischen Auseinandersetzung und dem Beurteilungsvermögen des Wählers zu überlassen.[63]

3.1.5 Zur Täuschung von Verfassungsorganmitgliedern bei Wahlen und Abstimmungen

Eine subjektbezogene Täuschung von Mitgliedern der Verfassungsorgane[64] bei organinternen Wahlen und Abstimmungen ist nicht unter Strafe gestellt. Dies ist insofern bedenklich, als die Beratungstätigkeit in den Ausschüssen weithin eine präjudizierende Wirkung für die anschließende Plenarabstimmung hat. Eine Ausweitung des Anwendungsbereiches von § 108a StGB auch auf täuschende Einflußnahmen bei der Willensentäußerung innerhalb von Verfassungsorganen ist vor diesem Hintergrund erwägenswert. Die Zurückhaltung des Gesetzgebers scheint hier damit begründet, daß eine klare und eindeutige Beschreibung der Tathandlung nicht unproblematisch ist.[65]

---

58 AK-StGB-*Wolter*, § 105, Rn. 36, nennt als Anwendungsfälle: das Einsperren der Mitglieder, das Herbeiführen einer Einsturzgefahr des Tagungsgebäudes und die mittelbare Zwangswirkung auf die Mitglieder durch Gewalt gegen Dritte.

59 Vgl. *Sch / Sch*, § 108a, Rn. 2; BGHSt 9, 338 (340); SK-*Rudolphi*, § 108a, Rn. 2.

60 Vgl. *Sch / Sch*, § 108a, Rn. 2.

61 Etwa über die nach der Wahl anzustrebenden politischen Ziele.

62 *Sch / Sch*, § 108a; SK-*Rudolphi*, § 108a, Rn. 2.

63 Zur Öffentlichkeitsarbeit von Regierungsstellen im Wahlkampf vgl. BVerfGE 44, 125 (140 ff.).

64 Insbesondere von Abgeordneten des Parlaments.

65 Überdies dürfte hier befürchtet werden, eine Erörterung entsprechender Sachverhalte sei für das politische System insgesamt abträglich; ein Kalkül, das — auch wenn es

3.2 Verfahrensbezogene Eingriffe in die (formalisierte) politische Willensvermittlung

Verfahrensbezogene Beeinträchtigungen der politischen Willensvermittlung richten sich im Kern nicht gegen die einzelne Willensentäußerung des wählenden Subjekts, sondern entweder unmittelbar gegen den Wahlvorgang selbst oder mittelbar gegen die Feststellung des Wahl- bzw. Abstimmungsergebnisses. Um die Bedingungen einer Stimmabgabe für alle Wahlbürger zumutbar zu halten, ist eine komplexe Organisationsleistung zu erbringen, die dadurch in vielfacher Hinsicht störungsanfällig wird. Über die Gewährleistung der von nötigender und profund täuschender Einflußnahme freien individuellen Willensentäußerung hinaus ist daher der Schutz des auf die Stimmabgabe folgenden Zählungs- und Feststellungsverfahrens erforderlich. In strafrechtsrelevanter Hinsicht gehören hierzu manipulative Zugriffe auf den Inhalt der Willensentäußerung — durch Bestechung — ebenso wie bewußt herbeigeführte Wahlfälschungen.

Neben den in solchen Massenverfahren immer möglichen unbeabsichtigten Fehlerquellen sollen jedenfalls absichtsvoll herbeigeführte Beeinträchtigungen ausgeschlossen bzw. geahndet werden. Das geschützte Rechtsgut besteht allerdings nur vordergründig in einem bloßen Verfahrensschutz. Auch allgemeine Erwägungen zur Legitimität politischer Herrschaft — etwa, daß die Teilnahme am Wahlverfahren schon als solche besonders schutzwürdig sei — vermögen einen rationalen Strafrechtsschutz in verfahrensbezogener Hinsicht kaum zu begründen. Dem zugrundeliegenden Rechtsgutsverständnis nach wird man vielmehr davon ausgehen müssen, daß eine als vermittlungswirksam vorausgesetzte politische Willensentäußerung nur dann ihrer Zwecksetzung zu entsprechen vermag, wenn die Stimmberechtigten wechselseitig von der ordnungsgemäßen Zählung der Stimmen und von der unverfälschten Feststellung des Abstimmungsergebnisses ausgehen können. Allein dieses Vertrauen ermöglicht wiederum die Wirksamkeit der Teilhabeleistung auch auf höherer Vermittlungsstufe und im institutionellen Gesamtgefüge.

3.2.1 Wahlbehinderung und Wahlfälschung

3.2.1.1 Wahlbehinderung (§ 107 StGB)

Die Vorschrift schützt den Wahlablauf gegen schwerwiegende Beeinträchtigungshandlungen nicht konkret-subjektbezogener Art.[66] Tathandlung ist die Verhinderung oder Störung der Wahl selbst oder der Feststellung des Wahlergebnisses. Wegen der Vielzahl möglicher „störender" Handlungen — beispielsweise solcher, die aus der Weigerung zur Wahlteilnahme oder der öffentlichen Diskus-

zutreffend ist — nicht überzeugt. Zu Befürchtungen hinsichtlich der Pönalisierung der Abgeordnetenbestechung vgl. *Dürr*, ZRP 1979, 264.

[66] Vgl. *Sch / Sch*, § 107, Rn. 2.

sion über dieses Vorgehen resultieren können — beschränkt die Vorschrift die Strafbarkeit auf die Verwendung gewalttätiger oder mit Gewalt drohender Mittel. Im Blick auf die Adressaten des nötigenden Eingriffs ist es zur Tatbestandsverwirklichung erforderlich, daß durch die Nötigung eine Mehrzahl von Wählern vor oder während ihrer Wahlhandlung gestört werden. Die wählerbezogene Nötigung ist hier nur Mittel zur angestrebten Verfahrensbeeinträchtigung. Adressaten der Tathandlung können auch solche Personen sein, denen die Feststellung des Wahlergebnisses amtlich übertragen worden ist.[67]

Zugunsten einer klaren und verhältnismäßig eindeutigen Bestimmung des Strafbarkeitsbereichs bleiben alle anderen Störungshandlungen aus strafrechtlicher Sicht freigegeben. Man wird aber davon ausgehen dürfen, daß insoweit den politischen Kräften die verantwortliche Verhinderung solcher Verhaltensweisen anheimgestellt ist, die durch eine überzogen-propagandistische Wahlkampfführung eine Störung des Wahlvorganges bewirken könnten. Durch das Verbot der Gewaltanwendung und der Drohung mit Gewalt wird daher das rechtlich gebotene Minimum des verfahrensbezogenen Strafrechtsschutzes sichergestellt.

Spezielle Bestimmungen zum Schutz der Richtigkeit des Wahlergebnisses stellen die Vorschriften der §§ 107a und 107b StGB dar.

3.2.1.2 Wahlfälschung (§ 107a StGB)

§ 107a Abs. 1 StGB bestraft unbefugtes Wählen sowie die Herbeiführung eines unrichtigen Ergebnisses der Wahl. Unbefugt wählt derjenige, der kein Stimmrecht hat[68]; dies ist etwa dann der Fall, wenn der Täter aufgrund einer Wohnsitzmanipulation sein Stimmrecht doppelt ausübt.[69] ‚Sonst ein unrichtiges Ergebnis' der Wahl führt derjenige herbei, der zusätzliche Wahlzettel untermischt oder ordnungsgemäß abgegebene Wahlzettel entfernt.[70] Abs. 2 der Vorschrift pönalisiert die unrichtige Verkündung eines Wahlergebnisses durch eigens hierzu bestellte Personen. Dadurch werden besonders gefährliche Handlungen erfaßt, die von den an der Verfahrensdurchführung verantwortlich Beteiligten begangen werden können. Derartige Handlungen beinhalten die Gefahr einer nachfolgenden Verfälschung des institutionellen Willensvermittlungsprozesses[71], sie führen überdies zu einer nachhaltigen Beeinträchtigung des Vertrauens der Stimmberechtigten in die Sinnhaftigkeit einer künftigen Teilnahme an Wahlen und Abstimmungen. Die Vorschrift dient daher dem vorfeldbezogenen Schutz des gesamten Wahlverfahrens; auf weitergehende Folgen — etwa eine falschen Sitzverteilung in den Verfassungsorganen — kommt es nicht an.

---

67 Vgl. LK-*Willms*, § 107, Rn. 3.
68 Vgl. *Sch / Sch*, § 107a, Rn. 3.
69 *Sch / Sch*, § 107a, Rn. 3.
70 *Sch / Sch*, § 107a, Rn. 5.
71 Vgl. LK-*Willms*, § 107a, Rn. 5; *Sch / Sch*, § 107a, Rn. 7.

3.2.1.3 Fälschung von Wahlunterlagen (§ 107b StGB)

Ebenfalls vorfeldbezogen, bestraft § 107b StGB die Fälschung von Wahlunterlagen.[72] Diese Handlungen sind in besonderer Weise geeignet, ein formal einwandfreies Wahlverfahren im Blick auf eine zutreffende Feststellung des politischen Einzelwillens zur Farce werden zu lassen. Bestraft werden solche Vorbereitungshandlungen, die zu einer unrichtigen Zahl von Wahlberechtigten oder Wahlkandidaten führen (§ 107b Nr. 1-4 StGB).

3.2.1.4 Verletzung des Wahlgeheimnisses (§ 107c StGB)

Diese Strafnorm pönalisiert die Verletzung von Vorschriften, die dem Schutz des Wahlgeheimnisses dienen[73]. Zur Verwirklichung des objektiven Tatbestandes genügt das Außerachtlassen bloßer Vorsichtsmaßregeln, etwa die Nichtabdekkung der Wahlurne (§ 51 Abs. 1 BWO). Als Blankettstrafnorm[74] ist die Vorschrift der Kritik mangelnder Tatbestandsbestimmtheit ausgesetzt. Dieser Mangel wird noch dadurch erhöht, daß die in Bezug genommenen Schutzvorschriften bloße Ordnungsnormen sind (§ 52 BWO: Zugänglichkeit des Wahltisches), die eine Durchführung des Wahlverfahrens insgesamt ermöglichen und nur in sehr vermittelter Weise das Wahlgeheimnis selbst schützen sollen. § 107c StGB bestraft damit den Ungehorsam gegen Vorschriften, die Ordnungsunrecht erfassen. Die Subjektivierung des genuinen Kriminalunrechts (der wirkliche Eingriff in das Wahlgeheimnis) ist ungeeignet, diese Mängel zu beheben. Aufgrund des fehlenden Unrechtsbezuges ist die Vorschrift nicht zu legitimieren.

3.2.2 Wahlbehinderung und Wahlfälschung innerhalb von Verfassungsorganen

Innerhalb der Verfassungsorgane findet der Schutz von Wahlen und Abstimmungen vor behindernden und verfälschenden Eingriffen nur in einem sehr reduzierten Ausmaß statt. Ausdrücklich werden sie in keiner Strafvorschrift als Schutzgegenstände erwähnt. Nur mittelbar lassen sich die §§ 106a und 106b StGB auch als verfahrensschützende Normen begreifen. Bei einer genaueren Betrachtung bezieht sich die Vorschrift über die Bannkreisverletzung (§ 106a StGB) auf die von „unerwünschter Einflußnahme"[75] freie Willensbildung und -betätigung der Mitglieder von Verfassungsorganen, nicht aber auf den Schutz von Wahl- und Abstimmungsverfahren.

---

72 Eingehend hierzu *Sch / Sch,* § 107b, Rn. 1 ff.; *Lackner;* § 107, Anm. 1.

73 Vgl. nur *D / T,* § 107c; Rn. 2; die Wahrung des Wahlgeheimnisses macht § 33 Abs. 1 BWG zur Pflicht. Vgl. auch §§ 46, 47, 50 ff. BWO.

74 Vgl. hierzu *Sch / Sch,* Vorbem. § 1, Rn. 3.

75 So *Sch / Sch,* § 106a, Rn. 1.

§ 106b StGB hingegen ist eine Vorschrift, die Störungen der Organtätigkeit unter Strafe stellt, soweit sie unterhalb der Nötigungsschwelle liegen. Die Bestimmung pönalisiert nur Störungshandlungen, die von Dritten, also von Nichtmitgliedern der Verfassungsorgane, durch den Verstoß gegen allgemeine oder im einzelnen ergangene Anordnungen hervorgerufen werden.[76] Jenseits einer — beispielsweise nach §§ 113 ff., 123 StGB — rechtsgutsverletzender Beeinträchtigung werden der Sache nach bloße Ordnungsverstöße unter Strafe gestellt.

Störende Handlungen, die von Mitgliedern der Verfassungsorgane begangen werden, um Wahlverfahren, die Verabschiedung von Gesetzen oder sonstige Beschlüsse zu beeinträchtigen, unterliegen selbst dann keiner Pönalisierung, wenn sie verfahrensfälschende Auswirkungen haben.

3.2.3 Wählerbestechung (§ 108b StGB)

Eine besonders schwerwiegende und — aufgrund ihrer finanziellen Lukrativität — wirksame Form der verfahrensbezogenen Beeinträchtigung der politischen Willensvermittlung im Vorfeld der Willensentäußerung stellt die Bestechung des wahlberechtigten Subjekts dar. Bestechung meint hier näherhin Stimmenkauf oder -verkauf. Die Gefahr einer schleichenden Verfälschung des wirklichen politischen Gesamtwillens ist hier besonders groß, weil die Ausrichtung von Willensverhalten an finanziellen oder sonstigen geldwerten Vorteilen in anderen Bereichen durchaus gesellschaftlich eingeübt ist.[77]

§ 108b StGB ist weitgehend den allgemeinen Bestechungstatbeständen (§§ 331 ff. StGB) nachgebildet[78]; bestraft wird nach Abs. 1 die aktive, nach Abs. 2 die passive Wählerbestechung. Auf diese Weise soll generell verhindert werden, daß eine Wahlstimme zum Gegenstand einer geschäftlichen Beziehung gemacht wird.[79] Das geschützte Rechtsgut besteht — in Übereinstimmung mit den allgemeinen Bestechungstatbeständen — in dem korrumpierten Wirksamwerden willensvermittelter Staatstätigkeit.[80] Die intersubjektiv vermittelte, gemeinwesenkonstituierende Staatstätigkeit erfordert auf jeder Stufe staatsbezogener wie staatlicher Willensentäußerung eine von direkt finanziellen Einflüssen freie Wirksamkeit. Von daher ist die verbreitete Bestimmung des Rechtsguts der Bestechungsdelikte (,Reinheit der Amtsführung'[81]) zu eng und staatsbezogen, insbesondere soweit allgemein auf die Sachlichkeit staatlicher Entscheidungen abgestellt wird.[82] Zwar mag das ,Vertrauen in die Staatstätigkeit' ein hoher

---

76 *Sch / Sch,* § 106b, Rn. 1.

77 So etwa im Geschäfsverkehr oder bei Auftragsgutachten.

78 Im Gegensatz zu § 331 StGB (,eine Dienstleistung vorgenommen hat ...') muß die Wahl noch bevorstehen; vgl. *Sch / Sch,* § 108b, Rn. 3.

79 So *D / T,* § 108b, Rn. 1.

80 Dieser Auffassung nahekommend: *Henkel,* JZ 1960, 508 m. w. N.

81 Vgl. BGHSt 10, 241; 15, 96.

82 *Sch / Sch,* § 331, Rn. 5 m. w. N.

sozialpsychologischer Wert sein[83], der Zweck subjektvermittelter Willensentäußerung besteht aber wesentlich darin, staatliches Handeln zu vermitteln und zu begrenzen. Diese Gutsbestimmung geht über einen bloßen Vertrauensschutz weit hinaus. Der Bürger bedarf auf jeder Stufe der Vermittlung der Gewißheit, daß die staatlichen Institutionen die gemeinwesenbezogenen Aufgaben nicht in bestimmter Weise selektiv — nämlich geldwertbezogen — erfüllen.

Für den Bereich primärer politischer Willensvermittlung erfaßt § 108b StGB sowohl Einflußversuche auf die Art des Votums als auch die manipulierte Nichtteilnahme des Stimmberechtigten an der Wahl.[84] Ausreichend ist auch das Bestimmen oder sich Bereiterklären, einen bestimmten Kandidaten nicht zu wählen.[85] Versprechen der Kandidaten und der wahlkampfführenden Parteien fallen dagegen nicht unter § 108b StGB.[86]

Um derartigen Bestechungspraktiken schon im Ansatz wirksam zu begegnen, scheint die Vorverlegung der Strafbarkeit auf das ‚Anbieten' bzw. ‚Fordern' — ohne Rücksicht auf eine nachfolgende ‚Einigung'[87] — gerechtfertigt, da der Täter damit seinerseits alles getan hat, was zu einer verfahrensbezogenen Rechtsgutsgefährdung erforderlich ist. Der Sache nach ist daher der Bestechungsversuch pönalisiert.

3.2.4 Zur Bestechung der Mitglieder von Verfassungsorganen

Wahl- und Abstimmungsverfahren innerhalb von Verfassungsorganen scheinen dem Zugriff durch Bestechungshandlungen schutzlos ausgeliefert zu sein[88]: § 108d StGB beschränkt den Geltungsbereich auch der Vorschrift über die Wählerbestechung auf sog. Volks- und Urwahlen. Wahlen und Abstimmungen auf weiteren Willensvermittlungsstufen sind demzufolge einem Stimmenkauf oder -verkauf[89] jedenfalls insofern zugänglich, als ein entsprechendes Verhalten als solches nicht strafbar ist. Ferner sind geschäftliche Einflußnahmen auf den Verlauf von Wahlen und Abstimmungen in den Volksvertretungen auch nicht durch § 333 StGB erfaßt, da Abgeordnete nach § 11 Abs. 1 Zf. 2 StGB keine Amtsträger sind.[90]

Diese Gesetzeslücke ist im Schrifttum wiederholt erörtert und überwiegend kritisiert worden[91], — bislang allerdings erfolglos. Die Folgen der Straflosigkeit

---

83 Vgl. *Sch / Sch,* § 331, Rn. 5.

84 Vgl. *Sch / Sch,* § 108b, Rn. 2.

85 So *Sch / Sch,* § 108b, Rn. 2.

86 So auch *D / T,* § 108b, Rn. 4; *Lackner,* § 108b, Anm. 2.

87 So *D / T,* § 108b, Rn. 1.

88 Vor dem 3. StÄG v. 4.8.53 gab es eine partielle Pönalisierung durch § 109 StGB a. F.; hierzu aufschlußreich: *Erdsiek,* NJW 1959, 25 f.

89 Vgl. auch LK-*Willms,* § 108b, Rn. 1.

90 Vgl. hierzu *Sch / Sch,* § 11, Rn. 21, 24; *Lackner,* § 11, Anm. 3e).

dieses Verhaltensbereiches sind eindrucksvoll beschrieben worden: „Dieser Mangel kann sich vor allem dadurch unheilvoll für das Gemeinwesen auswirken, daß Vertretern von Gruppen und Interessen eine straffreie Möglichkeit eröffnet und ein Anreiz gegeben wird, in unlauterer Weise auf die Entscheidungen der die Volksvertretungen im Bund und in den Ländern, Kreisen und Gemeinden sowie der anderen Organe der politischen Körperschaften einzuwirken."[92]

Die Strafbarkeitslücken im Bereich der verfahrensbeeinträchtigenden Handlungen in Verfassungsorganen mögen eine Erklärung in der Befürchtung finden, das System der politischen Willensvermittlung könne durch die Strafverfolgungsmaßnahmen gegen Organmitglieder und die infolgedessen zu erwartende öffentliche Aufmerksamkeit einen — über die Tat selbst hinausgehenden — (Geltungs-) Schaden nehmen.[93] Der Gebrauch polizeilicher Untersuchungen oder von Strafverfahren zu genuin parteipolitischen Zwecken ist hier wie auch in sonstigen Fällen nicht auszuschließen. Er berechtigt schon unter weniger bedeutsamen Umständen zu einem zurückhaltenden Einsatz strafrechtlicher Mittel. Bestechungshandlungen stellen aber evidentes Kriminalunrecht dar, dessen tatbestandsmäßige Erfassung nicht aus vordergründigen Opportunitätsgründen unterbleiben sollte. In einem strikten Sinn resultiert aus der gegenteiligen Maxime nicht nur eine vermeidbar defiziente politische Willensvermittlung, sondern ein Verlust der Bereitschaft des Wählersubjekts, die Teilnahme an Wahlen und Abstimmungen als sinnhafte — gemeinwesenkonstituierende — Tätigkeit zu reflektieren. Schließlich ist kaum zu übersehen, daß Opportunitätserwägungen in anderen Pönalisierungsbereichen — z. B. bei den Äußerungsdelikten[94] — zu geradewegs gegenteiligen Folgerungen, nämlich zu einer enormen Ausdehnung der Strafbarkeit schon im Vorfeld einer Rechtsgutsbeeinträchtigung geführt haben. Auch hierin kommt allem Anschein nach ein spezifisch politischer Aspekt des Staatsschutzstrafrechts zum Ausdruck.

---

91 Vgl. *D / T,* § 108d, Rn. 2: „schwer verständliche und dem Ansehen des Parlaments abträgliche Gesetzeslücke"; zust. *Sch / Sch,* § 108d, Rn. 3; deutlich auch *Klein,* ZRP, 1979, 174: „Bestechung ist nächst offener Gewalt die gravierendste Bedrohung des demokratischen Prinzips"; kaum überzeugend dagegen die Erwiderung von *Dürr,* ZRP 1979, 264, der eine nicht strafrechtliche, organinterne Sanktionierung favorisiert. *Maurach / Schroeder,* StR BT, § 84 III F, sprechen von einer im Hinblick auf Art. 38 Abs. 1 GG beabsichtigten Gesetzeslücke; ferner: *Erdsiek,* NJW 1959, 25 f.; vgl. auch *Lackner,* § 108d, Anm. 2 m. w. N.

92 *Hartmann,* DVBl 1965, 615 f., unter Hinweis auf BT-Ds IV / 650, S. 586; *Hartmann* stellt auch Überlegungen zum Umfang der Strafbarkeit an (erfaßt werden sollten seiner Ansicht nach auch Zuwendungen nach der Stimmabgabe, für die bloß beratende Stimme, für Abstimmungen in Fraktionen).

93 Vgl. *Dürr,* ZRP 1979, 264.

94 Vgl. hierzu Kap. XI.

XI. Die Äußerungsdelikte

1. Problemstellung

Die Erfassung einer Deliktsgruppe unter dem Kriterium der ‚Äußerung' scheint auf den ersten Blick zu umfassend und daher uferlos zu sein. In einem allgemeinen und weiten Sinn ist jede Straftat ein Zeichen für die tätige Entäußerung eines rechtsgutsverletzenden Willens und insofern Äußerungsdelikt.[1] Eine generalpräventiv orientierte Strafrechtskonzeption verknüpft diesen Sachverhalt mit der Befürchtung, das schlechte Exempel der Tat könne andere zur Nachahmung verleiten, wenn hierauf nicht pragmatisch in ebenso zeichenhafter Weise reagiert werde.[2] Einschränkender erfaßt *Kern*[3] als Äußerungsdelikte solche Verbrechensfälle, die durch Kundgabe mit Gedankeninhalt begangen werden. Dazu zählen nicht nur die Beschimpfungs- (§§ 185 ff. StGB), die Bedrohungs- (§§ 241, 126 StGB) und die Täuschungsdelikte (§§ 263, 267 StGB), sondern auch die Aufforderungs- (§§ 30, 111, 334 StGB) und Mitteilungsdelikte (etwa §§ 94 ff. StGB).[4] Auch diese Systematisierung ist offenbar noch zu umfassend, da sich die genannten Deliktsgruppen sowohl hinsichtlich des jeweils geschützten Rechtsguts als auch der tatbestandlich vertypten Erklärungsinhalte voneinander erheblich unterscheiden.

Zunächst ist hervorzuheben, daß die Strafgesetzgebung nur gravierende Eingriffe in die Freiheitsbedingungen anderer zum Gegenstand hat. Sie erfaßt aber als strafrechtlich relevante Handlungen nicht nur körperliche Bewegungen, sondern auch solche Verhaltensweisen, die in ehrverletzender oder die Freiheit der Willensentschließung bzw. Willensbetätigung beeinträchtigender Weise intersubjektiv erheblich sind.[5] Die Äußerung ist somit Handlung auch im strafrechtlichen Sinne. Sie ist als sprachliches Ausdrucksmittel „Bedingung für jede Gestalt von Reflektion, . . . integrales Moment gesellschaftlicher Totalität, in der individuelle Bestimmtheit sich erst artikulieren kann"[6] und somit wesentliches Moment der Subjektkonstitution. Hieraus folgt einerseits die freiheitskonstituierende Bedeutung angstfreier Rede, andererseits die immanente Möglichkeit, kommunikativ auf die Freiheit des anderen Zugriff zu nehmen. Die Art und Weise des Zugriffs

1 Diese Sichtweise ist zugleich Ausdruck eines spezifischen — kommunikationstheoretischen — Strafrechtsverständnisses; hierzu näher: *Wächter,* KJ 1984, 174 f.

2 Vgl. *Wächter,* KJ 1984, 175; ferner Kap. VII.4.

3 Die Äußerungsdelikte, S. 10.

4 Vgl. *Kern,* Die Äußerungsdelikte, S. 11 f.

5 Hierzu schon oben Kap. V.3.2.

6 So *Mensching,* Totalität und Autonomie, S. 170.

kann verschiedene Gestalt annehmen. Dabei ist zu unterscheiden zwischen dem Erklärungsinhalt der Äußerung, der intersubjektiven Einwirkungsintensität und der rechtsgutsbezogenen Wirkung.

Durch die Rechtspflegedelikte soll den verfahrensabträglichen Wirkungen vermeidbar falscher Aussagen entgegengewirkt und dadurch — mittelbar — ein Eingriff in Freiheitssphäre von Verfahrensbeteiligten verhindert werden. Die Beleidigungstatbestände schützen die Ehre „als das die Selbständigkeit ermöglichende Anerkennungsverhältnis."[7]

Eine spezifische Form der unrechtsbezogenen Äußerung stellt die *Anstiftung* dar.[8] Soweit der Strafgrund — nach der wohl herrschenden Ansicht[9] — darin gesehen wird, daß der Anstifter den Entschluß zur Tat hervorruft, bedarf diese Auffassung insoweit der Präzisierung, als hierfür jede Art der Willensbeeinflussung für ausreichend erachtet wird.[10] Auch der Täter der Haupttat ist — wie jedes personale Subjekt — grundsätzlich in seiner Willensbildung und Willensbetätigung autonom. Zu fordern ist somit eine besondere Qualität der Einwirkung des Anstifters auf den Haupttäter, die dessen dominierenden Einfluß auf den Tatentschluß zum Ausdruck bringt. So liegt eine dominierende Willensbeeinflussung dann vor, wenn der Anstifter die herabgesetzte Entschließungsfähigkeit oder ein tatsächliches Abhängigkeitsverhältnis ausnutzt, um den Entschluß zur Haupttat herbeizuführen. Dagegen genügt der bloße ‚Tip', die Bitte oder der Wunsch nicht, um das gesetzliche Merkmal ‚bestimmen' zu erfüllen.[11] Indes ist die Herbeiführung des Tatentschlusses allein noch nicht ausreichend, vielmehr muß die Begehung der Tat selbst durch den Haupttäter hinzukommen (Grundsatz der Akzessorietät[12]).

Darüber hinaus verbleibt ein Deliktsbereich, in dem Äußerungen wesentlich deshalb pönalisiert werden, weil sie nach ihrem Erklärungsinhalt ausdrücklich auf Sachverhalte Bezug nehmen, die — in die Tat umgesetzt — strafrechtliches Unrecht sind oder sein würden.[13] Wir beschränken uns im folgenden auf die Erörterung von Deliktstatbeständen, die eine kommunikative Bezugnahme auf einen vergangenen, gegenwärtigen oder zukünftigen Unrechtssachverhalt pönalisieren. Die Äußerung kann mündlich, schriftlich oder durch andere Medien erfolgen (§ 11 Abs. 3 StGB).

---

7 So *Wolff*, ZStW 81, 899, der die verschiedenen Formen der Anerkennungsverletzung überzeugend herausarbeitet und die besondere Gutskonstitution verdeutlicht (ebenda, S. 900).

8 Hierzu und zur Abgrenzung von anderen deliktischen Äußerungsformen eingehen *Rogall*, GA 1979, 11 ff.; vgl. ferner *Schroeder*, Die Straftaten, S. 20 ff.

9 Vgl. statt vieler *Sch / Sch*, Vorbem. §§ 25 ff., Rn. 22; *Lackner*, Vor § 25, Anm. 4.

10 So *Sch / Sch*, § 26, Rn. 7; *D / T*, § 26, Rn. 4.

11 A. A.: *Sch / Sch*, § 26, Rn. 7; die hier gemeinte dominierende Willensbeeinflussung brachte § 48 a. F. StGB zum Ausdruck; hierzu näher: *D / T*, § 26, Rn. 4.

12 Vgl. *Letzgus*, Vorstufen, S. 22.

13 Vgl. hierzu auch *Schroeder*, Der Schutz, S. 320, 323.

Nach ihrer *semantischen Struktur* lassen sich verschiedene Arten von Äußerungen — entsprechend ihrer deliktischen Vertypung — unterscheiden: 1. die Unrechtsandrohung, die Aufforderung oder Anleitung zur Unrechtsbegehung; 2. die Befürwortung oder Billigung vergangenen oder gegenwärtigen Unrechts; 3. sonstige Formen kommunikativen Unrechtsbezugs.

Die umfassende Pönalisierung des kommunikativen Unrechtsbezuges zeigt, welche Befürchtung das staatlich verfaßte Gemeinwesen hinsichtlich einer affirmativen Bezugnahme auf Unrechtssachverhalte hegt: die Worte werfen den Schatten zukünftiger Taten voraus.[14] Der Befürchtung liegen zwei Annahmen zugrunde, die nicht immer deutlich formuliert werden. Zum einen wird davon ausgegangen, der Adressat einer Äußerung übernähme unvermittelt die in ihr enthaltene Bewertung oder lasse sich durch sie in seinem Handeln bestimmen. Schon diese Prämisse ist — jedenfalls in ihrer Allgemeinheit — mit dem Subjektstatus und der Selbstbestimmungsfähigkeit des Menschen unvereinbar.[15]

Desweiteren wird unterstellt, die mögliche Beeinflußbarkeit des Adressaten rechtfertige als solche schon die Pönalisierung von Äußerungen, die einen Unrechtsbezug herstellen. Auch wenn man die Selbstbestimmungsfähigkeit des Subjekts in bestimmten Situationen — zutreffend — als herabgesetzt betrachtet, bleibt die Pönalisierung von unrechtsbezogenen Äußerungen deshalb defizient, weil von allen anderen Bestimmungsgründen, die auf den Adressaten einwirken können, abstrahiert wird.[16] Mit der Strafbarkeit solcher Äußerungen wird daher eine ansonsten mögliche Berücksichtigung dieser weiteren Bestimmungsgründe abgeschnitten.

Dessenungeachtet ist damit nicht behauptet, Äußerungen seien generell ungefährlich, weil prinzipiell nicht handlungsleitend. Soweit — beispielsweise — der Äußerung ein Zwangsmoment innewohnt, wie dies etwa bei der Androhung einer Straftat der Fall ist, ist sie geeignet, den Adressaten zu einem bestimmten Verhalten zu bewegen oder ihn in einen Bedrohungszustand zu versetzen. Hierin liegt ein unrechtskonstituierendes Moment, da solche Äußerungen die Selbstbestimmung und die intersubjektive Verhaltensfreiheit des anderen beeinträchtigen können, — mithin konkret unrechtsbezogen, nicht aber bloß „kriminogen" sind.

---

14 Hierzu aufschlußreich: AK-StGB-*Ostendorf,* § 126, Rn. 1, der zugleich darauf aufmerksam macht, daß mit dem Verbot der „Konflikterledigung durch Verbalradikalisierung ... ein konfliktbereinigendes Ventil" beseitigt wird (ebenda, Rn. 3). Vgl. auch *Schroeder,* Die Straftaten, S. 12 f. m. n. N., der die überkommene Rechtsgutskonstitution („öffentliche Sicherheit / Ordnung") zwar zutreffend kritisiert, den einschlägigen Tatbeständen aber die Funktion zuweist, „kriminogene Verhaltensweisen" zu unterdrücken. Diese Setzung ist nach dem hier vertretenen Standpunkt gerade fragwürdig.

15 Vgl. hierzu Kap. III.4.2.

16 ‚Bildung', soziale Lage, Status, Reflektionsdefizite. Gegen diese kaum personalisierbaren Einwirkungen und Einflüsse heben sich — dies ist zuzugestehen — die unrechtsbezogenen Äußerungen eines Dritten deshalb signifikant ab, weil sie individualisierbar sind.

Im folgenden Abschnitt werden wir daher vornehmlich untersuchen, ob ein solches Unrechtsmoment für alle oben genannten Äußerungsarten feststellbar ist.

2. Das Rechtsgut der Äußerungsdelikte

Als Angriffsziel der genannten Äußerungsarten kommt das Rechtsgut ‚öffentlicher Frieden‘ [17] in Betracht, soweit das Unrecht der Handlung nicht bereits durch Eingriffe in die Individualgütersphäre (Ehre, Vermögen, täuschungsfreie Willensentschließung) begründet wird. Der Eingriff muß daher einen spezifischen Bezug zur Öffentlichkeit und zum ‚Sicherheitsgefühl‘ der Subjekte haben. Der ‚öffentliche Frieden‘ erfaßt einen komplexen Zustand, der prinzipiell durch eine Vielzahl von Verhaltensweisen beeinträchtigt werden kann. Als Produkt intersubjektiver Anstrengungen ist er zudem stark außerrechtlich präformiert. Daher ist — strafrechtsbezogen — eine Konkretisierung der Schutzrichtung und der Beeinträchtigungsmodalitäten unumgänglich. [18]

Geerds [19] hat das Kardinalproblem der Äußerungsdelikte so beschrieben: „... die bloß despektierlichen oder lediglich den Staat und seine Organe betreffenden Äußerungen überzeugend von solchen zu unterscheiden, die wirklich den Gemeinschaftsfrieden einer Vielzahl von Bürgern in einer Weise gefährden, die diese Äußerungen als strafbare Vorstufen der mit Gewalt verbundenen Massendelikte usw. erscheinen läßt.“ *Jakobs* [20] sucht die erforderliche Differenzierung über eine spezifische Funktionszuschreibung zu erreichen. Auch die Tatbestände der Äußerungsdelikte schützten andere Rechtsgüter im Vorfeld einer Verletzung, indem sie „die Geltungsbedingungen der Hauptnormen“ gewährleisteten. [21] Dann wären die Äußerungsdelikte rechtsgutslose Bestimmungen. Ausdrücklich wird diese Ansicht von *Schroeder* [22] vertreten. Der Zweck der Vorschriften der §§ 111, 138, 140 StGB sei gerade die „Verhinderung der Planung und Ausführung von Straftaten, die Mißbilligung von Straftaten“ [23], bestehe also darin, die Wirkung der übrigen Tatbestände zu sichern und zu verstärken. — Die Anerkennung rechtsgutslosen Kriminalunrechts ist mit der notwendigen Strafbarkeitsbegrenzung unvereinbar, weil sie die bedeutsame Maßstabsfunktion des Rechtsgutsbegriffs beseitigt. [24] Das Strafrecht erfüllt seine Aufgabe durch den Schutz einzelner Rechtsgüter. Auf diese Weise sind nicht nur die Geltungsbedingungen der Strafnormen gewährleistet, sondern — gleich bedeutsam — auch die ‚ultima-ratio‘-

---

17 Zu den Konstitutionsmomenten dieses Rechtsguts vgl. Kap VIII.2.4.3.

18 So auch AK-StGB-*Ostendorf,* § 126, Rn. 9.

19 Der Einzelne, S. 58.

20 ZStW 97, 773 ff.

21 *Jakobs,* ZStW 97, 775.

22 Die Straftaten, S. 5 ff.

23 So *Schroeder,* Die Straftaten, S. 11.

24 Vgl Kap. V.4.1.

Funktion und die Tatbezogenheit des Strafrechts sichergestellt. Schließlich hat der Rechtsgutsbezug in seiner strafbarkeitslimitierenden Ausprägung eine Relevanz auch im Blick auf die ansonsten drohende Pädagogisierung des Strafrechts durch beliebig formulierbare ‚normgeltungsstabilisierende' Vorfeldnormen.

Hinsichtlich der *Schutzrichtung* ist der Strafrechtsschutz auf die genannten Arten kommunikativen Unrechtsbezuges eingeschränkt. Nicht die öffentliche Auseinandersetzung mit konfliktträchtigen Sachverhalten schlechthin ist Gegenstand des strafrechtlichen Friedensschutzes, sondern nur gravierende Formen der Verbalradikalität.

Ein Tatstrafrecht erfordert darüber hinaus die *verhaltensbezogene Konkretisierung* der Friedensbeeinträchtigung. Neben den gewalttätigen und bedrohenden Tathandlungen des Landfriedensbruch kommen als freiheitsrelevante Beeinträchtigungen die Androhung von Kriminalunrecht und solche Eingriffsmodalitäten infrage, die ihr an Einwirkungsintensität gleichkommen.

3. Die Äußerungsdelikte im einzelnen

3.1 Androhende, auffordernde und anleitende Äußerungen

3.1.1 Androhen von Straftaten (§ 126 StGB)

Unter ‚Androhen' ist die Ankündigung eines der unter Nr. 1 bis Nr. 7 aufgezählten Delikte zu verstehen. Diese Ankündigung muß die Intensität einer Drohung im Sinne des § 240 StGB aufweisen.[25] Es muß daher zum Ausdruck kommen, daß der Drohende die Tat selbst begehen wird oder doch auf ihre Begehung Einfluß hat.[26]

Die Androhung hat in einer Weise zu erfolgen, die geeignet ist, den öffentlichen Frieden zu stören. Der Angriff zielt nicht — wie in § 241 StGB — auf den individuellen Rechtsfrieden, sondern ist gegen den öffentlichen Frieden gerichtet.[27] Nicht erforderlich ist es, daß es zu einer Beeinträchtigung des Friedenszustands kommt. Zur Friedensstörung geeignet ist die Androhung schon dann, wenn sie nach Art und Inhalt sowie den besonderen Umständen ihrer Vornahme die Besorgnis rechtfertigt, der Friedenszustand werde erschüttert.[28] Nach der Konstruktion der Vorschrift als potentielles Gefährdungsdelikt[29] muß die Tathandlung nicht öffentlich[30] erfolgen.

---

25 *Lackner,* § 126, Anm. 2; AK-StGB-*Ostendorf,* § 126, Rn. 13.

26 *D / T,* § 126, Rn. 4; *Sch / Sch,* § 126, Rn. 5, SK-*Rudolphi,* § 126, Rn. 3.

27 AK-StGB-*Ostendorf,* § 126, Rn. 6; D / T, § 126, Rn. 2; *Lackner,* § 126, Anm. 1.

28 *Lackner,* § 126, Anm. 2c.

29 *D / T,* § 126, Rn. 7; *Lackner,* § 126, Rn. 2c.

30 AK-StGB-*Ostendorf,* § 126, Rn. 16; *D / T,* § 126, Rn. 7.

Vor dem Hintergrund der besonderen Rechtsgutskonstitution[31] ist eine Tatbestandserfassung, die eine Gutsgefährdung nicht voraussetzt, problematisch. Der öffentliche Friedenszustand und das auf ihn bezogene Sicherheitsgefühl ist nur tangiert, wenn die Androhung nicht nur individuelle, sondern *intersubjektiv-öffentliche Relevanz* hat. Nicht schon die bloße Geeignetheit der Androhung zur öffentlichen Wirkung[32] vermag daher rechtsgutsbezogen den Unrechtssachverhalt zu begründen, vielmehr müssen die konkreten Umstände die Befürchtung rechtfertigen, der angekündigte Angriff werde einer breiten Öffentlichkeit bekannt.[33] Die konkrete Gefährdung des Friedenszustandes erfordert daher positiv, daß die Androhung entweder öffentlich oder Personen und Einrichtungen gegenüber erfolgt, mit deren Diskretion ernsthaft nicht gerechnet werden kann. Hierzu gehören insbesondere der Medienbereich und solche Personen des öffentlichen Lebens, die als Multiplikatoren zu Adressaten der Drohung werden.

Soweit ein entsprechend restriktives Verständnis des Geeignetheitskriterium auch der täuschenden Androhung (§ 126 Abs. 2 StGB) zugrundegelegt wird, steht deren Unrechtsgehalt dem der Androhung gleich. Die Wirkungen auf das intersubjektive Sicherheitsgefühl unterscheiden sich nicht.

3.1.2 Öffentliche Aufforderung zu Straftaten (§ 111 Abs. 2 StGB)

Die Vorschrift des § 111 Abs. 2 StGB pönalisiert die öffentliche Aufforderung zu einer rechtswidrigen Tat.

‚Auffordern' ist die Abgabe einer bestimmten, über die bloße Befürwortung hinausgehenden Erklärung, ein anderer solle etwas tun oder unterlassen.[34] Es reicht allerdings nicht aus, bestimmte Straftaten bloß psychologisch zu unterstützen.[35] Die Einwirkung auf den oder die Adressaten muß eine der Anstiftung[36] entsprechende Intensität erreichen und einen Öffentlichkeitsbezug aufweisen. Sie muß die rechtswidrige Tat und ihre wesentlichen Konturen erkennen lassen, ohne daß aber eine nähere Konkretisierung erforderlich ist.[37]

Die Ausdehnung der Strafbarkeit im Vergleich zu den Voraussetzungen der Anstiftung ist begründungsbedürftig.[38] Sie rechtfertigt sich nach allgemeiner

---

31 Vgl. Kap. VIII.2.3.3 und 2.4.3.

32 Vgl. *D / T*, § 126, Rn. 7; *Sch / Sch*, § 126, Rn. 9.

33 So der AK-StGB-*Ostendorf*, § 126, Rn. 16; *Jakobs*, StR AT 6 / 87, gelangt zutreffend zu der Auffassung, daß die Tathandlung „geeignet" sein muß, das Schutzobjekt konkret zu gefährden.

34 Vgl. *D / T*, § 111, Rn. 2.

35 Vgl. *Sch / Sch*, § 111, Rn. 3.

36 Vgl. Abschnitt 1 dieses Kapitels.

37 Vgl. AK-StGB-*Zielinski*, § 111, Rn. 8.

Meinung[39] aufgrund der erhöhten Gefährlichkeit einer öffentlichen Aufforderung zu Straftaten. Sie wecke gefährliche Instinkte und veranlasse die Adressaten möglicherweise zu unkontrollierten kriminellen Aktionen, auf die der Auffordernde in der Regel keinen Einfluß mehr habe.[40] Ob es sich bei dieser Gefährlichkeitsannahme nicht um eine Fiktion handelt[41], mag dahinstehen, wenn die Aufforderung konkret geeignet ist, die Neigung anderer zur Begehung von Straftaten zu fördern. Die grundlegende *Selbstbestimmungsfähigkeit* und das Urteilsvermögen des je einzelnen Subjekts legen es nahe, an der Gefährlichkeit einer fremden Aufforderung Zweifel zu hegen. Die Wahrscheinlichkeit, in einer Menschenmenge oder einem Publikum eine größere Anzahl tatgeneigter Personen zu erreichen als bei der — zeitaufwendigen — Aufforderung gegenüber je einzelnen Personen, ist nicht nachweisbar.

Das Argument der gesteigerten Gefährlichkeit der öffentlichen Aufforderung scheint allerdings unter einem anderen Aspekt zu überzeugen. Wendet sich die Aufforderung an ein spezifisches Publikum oder ergeht sie während einer Massenveranstaltung, so kann sich ein Enthemmungs- und Solidarisierungseffekt einstellen. Schließlich kann sich die Pönalisierungsbedürftigkeit aus einer Verunsicherung der Bevölkerung ergeben[42], da offen ist, ob und in welchem Ausmaß der Aufforderung möglicherweise Folge geleistet wird. Anlaß für eine solche Verunsicherung bildet aber jede Straftat, die in ihrer zeichenhaften Bedeutung durchaus als ‚Aufforderung' verstanden werden kann, ohne daß diese Seite der Tat selbständiges Unrecht zu begründen vermag.[43] Nicht schon jede — auf eine zukünftig mögliche Tatbegehung gerichtete — Befürchtung anderer, sondern lediglich die — etwa durch eine Androhung veranlaßte — begründete Besorgnis, eine Tatbegehung stehe bevor, beeinträchtigt das Basisvertrauen in einer Weise, die eine Pönalisierung fordert.

Im Ergebnis ist daher das der Strafbarkeit der Aufforderung zu Straftaten zugrundeliegende Gefährlichkeitsurteil begründet, soweit es sich auf *Massenversammlungen* bezieht und zugleich Umstände festgestellt werden, die eine Enthemmungs- und Solidarisierungswirkung, mithin eine partiell herabgesetzte Selbstbestimmungsfähigkeit der Adressaten belegen.

---

[38] So auch *Arzt / Weber*, StR V, Rn. 83. Die Begründungsbedürftigkeit gilt auch für § 111 Abs. 1, da hier — gegenüber der Anstiftung — spezifische Anforderungen an die Einwirkungshandlung gestellt sind. Vgl. hierzu nur *Lackner*, § 11, Anm. 1.

[39] Vgl. LK-*Willms*, § 111, Rn. 5; D / T, § 111, Rn. 1; *Sch / Sch*, § 111, Rn. 2; *Lackner*, § 111, Anm. 1.

[40] So *D / T*, § 111, Rn. 1.

[41] So *Arzt / Weber*, StR V, Rn. 82.

[42] Vgl. hierzu *Schroeder*, Die Straftaten, S. 13. m. w. N.

[43] Vgl. Kap. IV.3.

3.1.3 Anleitung zu Straftaten (§ 130a StGB)

Eine weitere Art der Einwirkung ist die Anleitung anderer zu Straftaten (§ 130a StGB).[44] Abstrahiert von der jeweiligen Form, ist ‚anleiten' als eine Kenntnisse vermittelnde, unterrichtende Schilderung über Möglichkeiten zur Tatausführung oder zur Tatvorbereitung zu verstehen.[45] Anleiten bedeutet, jemanden unterweisen, ihm zeigen, wie etwas zu tun ist. Es bezeichnet daher einen Vorgang, der auf Beeinflussung des anderen abzielt. Die Anleitung ist im Vergleich zur Aufforderung weder auf eine konkrete Person noch auf eine konkrete Tat bezogen; ihr fehlt wegen ihrer ‚Sachbezogenheit' der appellative Charakter der Aufforderung. Die Anleitung ist daher einerseits die subtilere, andererseits aber — im Blick auf eine konkrete Tat — indirektere Form der Beeinflussung.[46] § 130a StGB pönalisiert in umfassender Weise jegliche Wissensvermittlung über die Begehung von strafbaren Handlungen. Begrifflich erfaßt sind sämtliche Schriften, Darstellungen und sonstige Formen medialer Vermittlung, die überhaupt von ihrer materiellen und logistischen Seite her geeignet sind, als Anleitung zu dienen.[47] Tatbestandsmäßig sind folglich sowohl die Einweisung in den Waffengebrauch als auch Heeresdienstvorschriften und physikalische oder chemische Lehrbücher.

Das Gesetz versucht, die unumgängliche Begrenzung der Strafbarkeit durch die Formulierung „... nach ihrem Inhalt bestimmt, die Bereitschaft anderer zu fördern und zu wecken, eine solche Tat zu begehen" sicherzustellen. Abzuheben ist danach auf den objektiven Inhalt der Schrift, nicht aber auf die Vorstellungen von Verfassern, Verlegern oder der Verbreitenden.[48] Es ist nicht erforderlich, daß die ‚Anleitung' der maßgebliche Zweck der Schrift ist. Lediglich der gedankliche Inhalt der Schrift muß darauf abzielen, andere zur Begehung der konkreten rechtswidrigen Tat zu motivieren.[49] Mangels Aufforderungscharakters scheiden danach Kriminalromane, Dokumentationen und ‚neutrale' Schriften als tatbestandsmäßiges Anleitungsmaterial aus. Hier sollte aber erwogen werden, ob eine strafrechtssystematisch klarere und rechtsstaatlich unbedenklichere Lösung nicht die Zuordnung in den Allgemeinen Teil des StGB[50] (§ 27 StGB) zur Folge haben muß.

Problematisch erscheint auch das Fehlen einer strafbarkeitsbegrenzenden Formulierung in Abs. 2 der Vorschrift. Der (objektiv) anleitende Inhalt wird hier verdrängt[51] durch das subjektive Merkmal der Förderungsabsicht desjenigen, der

---

44 Zur Geschichte der Vorschrift: *D / T*, § 130a, Rn. 1 ff.; *Demski / Ostendorf*, StV 1989, 30 ff.

45 So *D / T*, § 130a, Rn. 3; *Lackner*, § 130a, Anm. 2.

46 *Sch / Sch*, § 130a, Rn. 1.

47 Einschränkend *Sch / Sch*, § 130a, Rn. 4; wie hier: *D / T*, § 130a, Rn. 5 a. E.

48 *D / T*, § 130a, Rn. 7; *Lackner*, § 130a, Anm 3c).

49 Vgl. SK-*Rudolphi*, § 130a, Rn. 8.

50 SK-*Rudolphi*, § 130a, Rn. 2.

51 *Sch / Sch*, § 130a, Rn. 7 f.: Das Bestimmtheitsmerkmal wird verdrängt.

eine Anleitungsschrift verbreitet oder selbst öffentlich zur Begehung von Straftaten anleitet. Zwar ist durchaus nachvollziehbar, daß der Gesetzgeber auf diesem Wege ‚Umgehungshandlungen‘[52] zu erfassen sucht, aber um dieses Zieles willen hat er zugleich eine bedenkliche Subjektivierung des Tatbestandes herbeigeführt.[53] Um sowohl eine gruppenspezifische Normanwendung als auch die Bestrafung einer vermutet bösen Gesinnung zu verhindern, ist eine restriktive Interpretation dieser Norm geboten.[54] Ansonsten würde die objektiv unrechtsneutrale Veräußerung einer Bundeswehr-Dienstvorschrift lediglich durch die Haltung desjenigen zu strafbarem Unrecht, der den Veräußerungsakt vornimmt. Als Gesinnungsnorm verliert die Vorschrift aber ihren Rechtscharakter.

Um dieses Ergebnis zu vermeiden, ist zu fordern, daß die interne *‚Anleitungsabsicht‘* sich nach außen hin manifestieren muß. Ein solcher Manifestationsakt — wie er etwa für die Unterschlagung nach § 246 StGB anerkannt ist[55] — ist beispielsweise aus der Art der Präsentation zu ersehen, nicht aber aus der mutmaßlichen weltanschaulich-politischen Ausrichtung des Verlegers oder Buchhändlers. Für das, was sich dem Adressaten als ein zur Anleitung geeigneter Inhalt erschließt, kann der Verleger oder Buchhändler umso weniger verantwortlich gemacht werden, als er regelmäßig den Inhalt der Schriften im einzelnen gar nicht kennt. § 130a Abs. 2 Nr. 1 StGB bestraft nach diesem Verständnis die erkennbar eigene Tat des die Verbreitung fördernden Subjekts, nicht aber dessen neutrale Veräußerungstätigkeit und die vermutet böse Gesinnung.

Ausreichend manifestiert ist die Förderungsabsicht dagegen, soweit die Tathandlung gem. § 130a Abs. 2 Nr. 2 StGB in einer Versammlung vorgenommen wird. Der situative Kontext sowie Art und Inhalt des Vortrags werden hier regelmäßig in ihrem Anleitungscharakter zu identifizieren sein.

3.2 Befürwortende und billigende Äußerungen

Das Subjekt kann seine Auffassung zu strafbarem Unrecht auch als nicht bloß eindeutig verurteilende Stellungnahme äußern. Je nachdem, ob diese Äußerung sich auf zukünftiges oder auf vergangenes Unrecht bezieht, spricht man von ‚befürworten‘ oder ‚billigen‘.

---

52 *D / T*, § 130a, Rn. 10; BT-Ds X / 6282, S. 8 / 9.
53 Vgl. Kap. VI.2.2; VIII.4.
54 So SK-*Rudolphi*, § 130a, Rn. 15.
55 Vgl. *Sch / Sch*, § 246, Rn. 11; *D / T*, § 246, Rn. 13.

3.2.1 Verfassungsfeindliche Befürwortung von Straftaten (§ 88a a.F. StGB)

Nach § 88a a. F.[56] StGB macht sich strafbar, wer eine bestimmte Straftat ‚befürwortet'. Unter dieser Art der Äußerung ist zu verstehen, daß jemand eine Straftat als begrüßenswert, notwendig oder unvermeidbar darstellt, wobei in den beiden letzten Alternativen zusätzlich die Begehung der Tat bejaht werden muß.[57] Nach dieser Ansicht wäre die Tathandlung dann verwirklicht, wenn eine Tat als unvermeidbar dargestellt wird, weil — beispielsweise — polizeitaktische Versäumnisse oder unterlassene Sicherheitsvorkehrungen eine Tatbegehung begünstigen.[58] *Tröndle*[59] erachtet ein Befürworten dagegen erst dann als gegeben, wenn die Tat als ‚wünschenswert' bezeichnet werde. Es genüge nicht, wenn die Tat nur als erwägenswert oder diskutabel hingestellt würde. — Eine strafbarkeitsbegrenzende Wirkung ist dadurch nicht zu erreichen, da der Unterschied zwischen den Adjektiven ‚begrüßens-' und ‚wünschenswert' keineswegs auf der Hand liegt. Zudem überzeugt diese Differenzierung nicht, weil auch sie auf den für den Adressaten der Äußerung erkennbaren Sinn, nicht aber auf die äußere Formulierung abhebt. Entweder zerfällt der Sinn dann — je nach Reflexionsvermögen der Adressaten in eine Sinnvielfalt, oder der Adressat ist als ein ‚objektiver' gedacht, der je nach semantischer Kompetenz und aktueller Situation den ‚Sinn' der Äußerung verbindlich feststellt. Unversehens gerät so mitunter selbst die ausdrückliche Mißbilligung einer künftigen Tat durch die interpretative Leistung des objektiven Beobachters zu einer ‚Befürwortung'. Davon abgesehen ist niemand gezwungen, die Bewertung des Äußernden zu teilen oder überhaupt als ernst zu nehmende Stellungnahme zur Kenntnis zu nehmen. In jedem Falle läge es näher, sich mit dieser Bewertung auseinanderzusetzen. Eben dieser Prozeß wird durch eine Einordnung des Deliktstatbestandes als ‚Klimaschutznorm'[60] verhindert. Recht eigentlich kennzeichnet diese Einordnung eher dessen Defizienz. Wenn schon ‚klimatische' Erwägungen den Ausgangspunkt für rechtsregulative Normen bilden sollen, dann sollte hierzu nicht das Mittel des Strafrechts eingesetzt werden.[61] Die strafrechtliche Regulierung ist vielmehr geeignet, ein

---

56 Die Vorschrift wurde aufgehoben durch das Gesetz vom 7.8.81 (BGBl I S. 808). Der an diese Vorschrift angelehnte Tatbestand des Befürwortens von Straftaten (§ 130b) war Gegenstand eines Gesetzesentwurfs (BT-Ds XI / 2834), ist aber nicht Gesetz geworden.

57 So *Stree*, NJW 1976, 1178 f.; *Rogall*, GA 1979, 22 m. w. N.

58 Anlaß zu solchen Stellungnahmen gibt etwa das — zuweilen spontane — Eindringen von Polizeikräften in die Schalterhalle während eines Banküberfalls. Dieses Verhalten hat häufig Geiselnahmen zur Folge. Hierher gehört auch das — mittlerweile durch Zeitschloßautomaten gesicherte — Vorhalten großer Geldmengen seitens der Geldinstitute.

59 Vgl. *D / T*, § 88a (38. Auflage), Rn. 6.

60 So *Rogall*, GA 1979, 22.

61 So auch *Jakobs*, ZStW 97, 783.

Klima zu schaffen, in dem Stellungnahmen zum Zeitgeschehen allein deshalb unterbleiben, weil ihre Strafbarkeit nicht sicher abgeschätzt werden kann.

3.2.2 Belohnung und Billigung von Straftaten (§ 140 StGB)

Die Vorschrift des § 140 StGB behandelt den Bezug auf vergangenes strafbares Unrecht. Werden die in § 138 Abs. 1 Nr. 1 — 5 StGB genannten Straftaten nach ihrer Begehung belohnt oder in einer spezifisch friedensgefährdenden Weise gebilligt, sei ein ‚Klima' zu befürchten, in dem bestimmte Deliktsbegehungen wieder möglich würden.[62]

‚Billigen' im Rechtssinne bedeutet, bestimmte Taten gutheißen[63]; bloß schlüssige Erklärungen oder Schweigen sind nicht ausreichend. Letzteres ist zumindest nach der möglichen Wortbedeutung nicht zwingend. Auch wer schweigt, kann billigen, wenn Dritte ihn — aus welchen Gründen immer — für verpflichtet halten, zu einem bestimmten Unrechtssachverhalt ausdrücklich Stellung zu nehmen.[64] Die Reduktion des Merkmals ‚billigen' auf einen Rechtssinn führt aber eine Begrenzung des Strafbarkeitsbereiches herbei. Das Gesetz versucht darüber hinaus, die Eingrenzung der Strafbarkeit über das Kriterium der ‚Eignung' zur Friedensstörung zu erreichen und stellt damit den erforderlichen Rechtsgutsbezug her.[65] Geeignet zu einer Friedensstörung ist die Tathandlung dann, wenn sie die Besorgnis rechtfertigt, „der Angriff werde den Friedenszustand oder das Vertrauen in seine Fortdauer erschüttern, sei es auch nur in den Teilen der Bevölkerung, die durch den Angriff bedroht erscheinen oder deren Neigung zu Rechtsbrüchen angereizt werden kann."[66]

Gegen diese Erwägungen bestehen Einwände. Die Erörterung rechtswidriger Taten muß schon aus Gründen der öffentlichen Auseinandersetzung von Strafbarkeit freigehalten werden. Sie darf nicht auf eindeutig ablehnende Stellungnahmen beschränkt sein. Die vorliegende Tatbestandsfassung fördert zudem die Unselbständigkeit der Adressaten der billigenden Äußerung, nicht aber deren Fähigkeit, das inkriminierte Verhalten als eine Stellungnahme zu akzeptieren, über die man hinweggehen kann oder mit der man sich auseinanderzusetzen veranlaßt sieht. *Jakobs*[67] hat einen weiteren Einwand gegen diese Strafnorm erhoben. Das Verbot, eine Wirklichkeit — begangenes Unrecht — im weitesten Sinne affirmativ zu erörtern, ist in sich unproduktiv. Gibt es keine oder nur geringe Gründe für die gebilligte Tat, so ist eine Pönalisierung überflüssig. Niemand wird die Bewertung

---

62 *Rogall,* GA 1979, 23; *Lackner,* § 140, Anm. 1.

63 So BGHSt 22, 286 f.

64 So etwa die Weigerung des Schriftstellers Böll, sich nach Aufforderung durch eine Tageszeitung vom Terrorismus zu distanzieren.

65 Zum Begriff der Geeignetheit ausführlich: *Hoyer,* Eignungsdelikte, S. 18 ff.; ferner: *Kühl,* NJW 1987, 745.

66 So *Lackner,* § 126 Anm. 2c).

67 ZStW 97, 781.

des Äußernden teilen wollen. Das Pönalisierungsbedürfnis steigt dagegen mit der Überzeugungskraft der angeführten Gründe. Ein wohl befremdliches Ergebnis, soweit ein rationaler Diskurs auch in Bezug auf vergangenes Strafunrecht für legitim und erforderlich gehalten wird. Man mag einwenden, das Gesetz wolle dem Bürger den Reflektionsaufwand in Zusammenhang mit der Begründetheit eines Werturteils in dieser Frage nicht zumuten. Eine derartige Statutsveränderung — auch nur partieller Natur — tut aber der Mündigkeit und verbürgten Selbständigkeit des Subjekts Gewalt an.[68] Das Billigen einer Straftat stellt somit keine unrechtsbegründende Beeinträchtigung des öffentlichen Friedens dar.

3.3 Sonstige Formen kommunikativen Unrechtsbezuges

Das Strafgesetz stellt weitere Formen kommunikativen Verhaltens unter Strafandrohung.[69] Tathandlungen sind das ‚Verleiten', das ‚Auffordern', das ‚Einwirken' und das ‚Aufstacheln'. Der Bezug zum politischen Strafrecht erfordert allerdings nur die Auseinandersetzung mit den Aufforderungs-, Einwirkungs- und Aufstachelungstatbeständen. Das Verleiten von Untergebenen (§ 357 StGB) zur Begehung von Straftaten in Zusammenhang mit der Diensttätigkeit betrifft nicht den hier vorausgesetzten Zusammenhang mit der intersubjektiven Äußerungsfreiheit.

3.3.1 Einwirkungstatbestände

Das Tatbestandsmerkmal ‚einwirken' findet sich in den Vorschriften des § 89 StGB (Verfassungsfeindliches Einwirken auf Bundeswehr und öffentliche Sicherheitsorgane) und als Tatbestandsvariante des § 125 Abs. 1, 3. Alt. StGB (aufwieglerischer Landfriedensbruch).[70] Unter ‚einwirken' ist jedes Verhalten zu verstehen, durch das der Wille des Adressaten in eine bestimmte Richtung gelenkt werden soll.[71] Unerheblich ist, ob die Einflußnahme Erfolg hat.[72]

3.3.1.1 Verfassungsfeindliche Einwirkung auf Bundeswehr und öffentliche Sicherheitsorgane (§ 89 StGB)

Die Vorschrift beschränkt die Pönalisierung der Tathandlung auf die Bundeswehr und sonstige öffentliche Sicherheitsorgane. Sie trägt dem Interesse Rechnung, daß die Funktionsfähigkeit der Sicherheitsorgane durch verbale und andere Formen der kommunikativen Einflußnahme nicht beeinträchtigt werden soll. Ziel

---

68 Zur gegenteiligen Position des Gesetzgebers vgl. *Lackner,* ZStW, 781, Anm. 43.

69 Hierzu eingehend *Rogall,* GA 1979, S. 23 ff.

70 Zum geschützten Rechtsgut vgl. Kap. VIII.2.4.3.

71 So *Sch / Sch,* § 89, Rn. 6.

72 Vgl. *D / T,* § 89, Rn. 2; § 125, Rn. 8; *Lackner,* § 89, Anm. 2.

der Vorschrift ist es, die Sicherheitskräfte vor „Zersetzung“ und „geistiger Sabotage“ zu schützen.[73] Hier wird deutlich, daß der Gesetzgeber das Reflektionsvermögen und die Selbständigkeit der Angehörigen der Sicherheitsorgane nicht allzu hoch einschätzt, sie aber zumindest von dieser Belastung freihalten will. Ist diese Annahme schon im Grundsatz dem Subjektstatus dieser Personengruppe unangemessen, so offenbart sie ihr praktisches Potential gerade in Krisenzeiten: Die Sicherheitsorgane sollen als reines Kampfinstrument unbeeinträchtigt von gesellschaftlicher Kritik den jeweiligen staatlichen Befehlshabern verfügbar sein.[74]

Tatbestandsmäßig ist ein Einwirken auf die Angehörigen der Sicherheitsorgane nur, soweit es ‚planmäßig‘ geschieht. Danach scheint die spontane, situationsgeleitete Beeinflussung als nicht tatbestandsmäßig auszuscheiden.[75] Die bloße Eingrenzung der Tathandlung ex negativo greift jedoch zu kurz. Eine planmäßige Einwirkung setzt sowohl ein systematisches Vorgehen als auch eine gewisse Intensität der Beeinflussung selbst voraus. So wird eine gezielte und in ihrer Wirkung vorausberechnete Einwirkung gefordert.[76] Das Gesetz hat jedoch davon abgesehen, die Tathandlung etwa durch die Bezeichnung bestimmter Tatmittel näher zu konkretisieren. Unter Hinweis auf die jungen, überwiegend wehrpflichtigen Soldaten, wird es für notwendig erachtet, jeglichen Kontakt mit ‚Propagandamaterial‘ zu unterbinden.[77] Das Argument der präsumptiven Unselbständigkeit erwachsener Menschen[78] vermag die Pönalisierung von Meinungsäußerungen nicht zu legitimieren. § 89 StGB sollte daher aufgehoben werden.

Darüber hinaus wird kaum beachtet, daß der objektive Tatbestand weiter voraussetzt, daß Bestrebungen existieren, die sich gegen ‚den Bestand oder die Sicherheit der Bundesrepublik Deutschland oder gegen Verfassungsgrundsätze‘ richten. Nur für bereits bestehende Bestrebungen kann sich der Delinquent auch ‚einsetzen‘. Eine verbindliche Festlegung über Existenz und Ausmaß derartiger verfassungsfeindlicher Bestrebungen treffen vornehmlich die jährlich veröffentlichten Verfassungsschutzberichte.[79] Aus der mangelnden Transparenz dieser Festlegung resultiert zwangsläufig eine Unbestimmtheit des Tatbestandsmerkmals.

In subjektiver Hinsicht ist — neben dem Tatvorsatz — eine über den objektiven Tatbestand hinausgehende Absicht erforderlich, die — näher bestimmte —

---

73 Vgl. AK-StGB-*Sonnen*, § 89, Rn. 1. Eine ähnliche Funktion wird auch § 109d StGB (Störpropaganda gegen die Bundeswehr) zugeschrieben; vgl. *Lackner*, § 109d, Anm. 1; *D / T*, § 109d, Rn. 1 (Gegen „Lügenpropaganda“).

74 Vgl. AK-StGB-*Sonnen*, § 89, Rn. 1.

75 So *Sch / Sch*, § 89, Rn. 8; vgl. auch *Lackner*, § 89, Anm. 2.

76 So auch AK-StGB-*Sonnen*, § 89, Rn. 26.

77 Vgl. AK-StGB-*Sonnen*, § 89, Rn. 26 m. w. N.

78 Vgl. auch AK-StGB-*Sonnen*, § 89, Rn. 14.

79 Zur Wirkung der staatlichen Festlegung vgl. *Riekenbrauk*, Die Verfassungsfeind-Bestimmung, S. 168 ff.

pflichtgemäße Bereitschaft der Angehörigen der Sicherheitsorgane zu untergraben. Wie kann man sich diesen Bewußtseinsvorgang — nämlich: zu beabsichtigen, eine Bereitschaft zu untergraben — verdeutlichen; wie manifestiert sich dieser Vorgang, um überhaupt eines Nachweises zugänglich zu sein?

Die Bereitschaft zur pflichtgemäßen Aufgabenerfüllung gelangt durch die ordnungsgemäße Aufgabenerfüllung selbst zum Ausdruck. Erst durch die Weigerung, weiterhin ordnungsgemäße Arbeit zu leisten, oder durch faktisches Nichttun gelangt die ‚fehlende' Bereitschaft zum Ausdruck. ‚Untergraben' werden kann diese Haltung durch Äußerungen, die in eindeutiger Weise gegen die ordnungsgemäße Aufgabenerfüllung gerichtet sind. Wenn nicht die Absicht als solche, sondern ihre Manifestation in der Außenwelt bestraft wird, dann muß die Einwirkung selbst einen gegen die Pflichterfüllung gerichteten Inhalt haben. Im Schrifttum[80] wird daher zutreffend betont, daß eine Reihe von Fallkonstellationen schon deshalb aus dem Tatbestand der Vorschrift ausscheiden, weil sie keine pflichtverletzenden Inhalte verbreiten.[81]

Schließlich muß der Täter sich für die näher bezeichneten Bestrebungen einsetzen. Entgegen der objektiv klingenden Formulierung handelt es sich bei diesem Tatbestandsmerkmal um ein subjektives, die Absicht des Täters bezeichnendes Element. Auf die zugrundeliegende Technik der Reobjektivierung subjektiver Tatbestandsmerkmale haben wir bereits hingewiesen.[82]

Dem Täter muß es also bei der Tatbegehung gerade darauf ankommen, durch sein Einwirkungsverhalten Bestrebungen Dritter zu fördern. Die Problematik soll an dem folgenden Beispiel verdeutlicht werden. Der Bundesgerichtshof[83] hat einen Angeklagten nach § 89 StGB verurteilt, weil dieser die Forderung erhoben hat, ‚die werktätige Bevölkerung' solle die Befehlsgewalt über die Bundeswehr übernehmen. Nach Ansicht des Gerichts richte sich diese Forderung gegen den Verfassungsgrundsatz aus Art. 20 Abs. 2 GG, durch den die repräsentative Demokratie verbürgt sei. Im Ergebnis, wenngleich nicht im Blick auf die konkrete Verfassungsnorm, hat *Schroeder*[84] dieser Auffassung zugestimmt. Die ratio der die Befehlsgewalt über die Bundeswehr regelnden Grundgesetzbestimmungen (Art. 65a, 115b GG) liege in deren Kontrolle durch das Repräsentativorgan Parlament. Diese Bestimmungen sind aber lediglich einfaches Verfassungsrecht, mithin keine Verfassungsgrundsätze. Die Auffassung[85], die Forderung des Angeklagten verstoße gegen den in § 92 Abs. 2 Nr. 1 StGB genannten Verfassungs-

---

80 Vgl. AK-StGB-*Sonnen*, § 89, Rn. 30; *Schroeder*, Der Schutz, S. 460.

81 Vgl. hierzu und zum folgenden *Schroeder*, Der Schutz, S. 460. *Schroeder* hält die Aufforderung, den Dienst zu quittieren, für (noch) zulässig, die Aufforderung zur Dienstpflichtverletzung dagegen für strafbar; enger: *Lackner*, § 89, Anm. 3: Untergraben werden muß das „Pflichtbewußtsein" schlechthin.

82 Vgl. Kap. VIII.4.

83 BGH JR 1977, 28 ff. (30).

84 Anm. zu BGH JR 1977, 30 f.

85 *Schroeder*, JR 1977, 31.

grundsatz, vermag ebenfalls nicht zu überzeugen. Das „Recht des Volkes, die Staatsgewalt in Wahlen und Abstimmungen und durch besondere Organe ... auszuüben" erfährt nämlich durch die Forderung des Angeklagten — was immer sie sonst bedeuten mag — keine Beschneidung, sondern eine Erweiterung. Mit der Forderung nach einer Verstärkung der verfassungsrechtlichen Befugnis des Volkes konnte sich der Angeklagte daher nicht für Bestrebungen gegen diesen Verfassungsgrundsatz einsetzen.

3.3.1.2 Aufwieglerischer Landfriedensbruch (§ 125 Abs. 1, 3. Alt. StGB)

Nach dieser Vorschrift wird das Einwirken auf eine Menschenmenge bestraft, um deren Bereitschaft zu Gewalttätigkeiten zu fördern. Insoweit besteht eine strukturelle Ähnlichkeit mit dem Tatbestand der Aufforderung zu Straftaten: der Adressatenkreis der Äußerung ist individuell nicht bestimmbar.[86] Diese Tatbestandsvariante des Landfriedensbruchs unterscheidet sich aber von § 111 Abs. 2 StGB in zweierlei Hinsicht. Einerseits erfordert das Einwirken ein intensiveres Verhalten hinsichtlich der Einflußnahme auf den Adressatenkreis als dies bei der Aufforderung der Fall ist. Der Handlungswille und die Handlungsbereitschaft der Mitglieder der Menschenmenge sollen in eine gewaltsame Richtung gelenkt werden, wobei der Täter sich als ‚Anheizer' bzw. ‚Aufwiegler' betätigt.[87] Andererseits ist nicht erforderlich, daß der Täter zu bestimmten Straftaten auffordert, es reicht vielmehr aus, wenn er die gegebene Bereitschaft zu Ausschreitungen, also zu gewalttätigem Verhalten gegenüber Menschen und Sachen, fördert. Die Vorverlagerung des Strafrechtsschutzes ist gerechtfertigt, soweit der Täter durch sein Verhalten einen ansonsten je vereinzelten Entscheidungsprozeß an sich zu reißen trachtet und in eine ausschließlich gewalttätige Richtung hinlenkt. Vorausgesetzt ist hier — wie für § 111 Abs. 2 StGB[88] — die Feststellung, daß die Adressaten der Einwirkung aktuell enthemmt und damit partiell in ihrer Selbstbestimmungsfähigkeit herabgesetzt sind.

3.3.2 Aufstachelungstatbestände (§§ 80a, 130 Nr. 1 und 2, 131 StGB)[89]

Als gemeinsames Tatbestandsmerkmal dieser Vorschriften finden wir hier die Äußerungsmodalität des ‚Aufstachelns'. ‚Aufstacheln' ist ein gesteigertes, auf die Gefühle der Adressaten gerichtetes, propagandistisches Anreizen.[90] Dieses

---

86 Vgl. *Rogall,* GA 1979, 25.

87 Vgl. *Sch / Sch,* § 125, Rn. 25.

88 Vgl. die Ausführungen in Abschnitt 3.1.2 dieses Kapitels.

89 § 130 Nr. 3 StGB gehört systematisch zu den Ehrverletzungsdelikten.

90 *D / T,* § 80a, Rn. 2; *Rogall,* GA 1979, 26; *Sch / Sch,* § 130, Rn. 2; *Lackner,* § 80a, Anm. 3.

Verhalten geht über ein bloßes Auffordern hinaus, indem die grobschlächtige, nicht argumentierende, sondern dekretierende Weise der Stellungnahme einen Verständniszusammenhang entweder zu zerstören oder seine Entstehung zu verhindern trachtet.[91]

Für ein dem ‚Auffordern' angenähertes Verständnis des ‚Aufstachelns' plädiert dagegen *Klug.*[92] Seiner Ansicht nach liege der Normzweck der Aufstachelungstatbestände in der Verhinderung der Entstehung eines aggressiven Gesellschaftsklimas, in dem ein bestimmtes Feindbild dominierend sei. Diese Ansicht ist mit der Entscheidung des Gesetzgebers, in den einzelnen gesetzlichen Bestimmungen unterschiedliche Worte zu verwenden, um dadurch verschiedene Sachverhalte zu bezeichnen, nicht in Übereinstimmung zu bringen. Lediglich für die Vorschrift des § 130 Nr. 1 (‚aufstachelt') und Nr. 2 (‚auffordert') StGB wird man zwar einen einheitlichen, aber an den erhöhten Anforderungen des ‚Aufstachelns' orientierten Maßstab anlegen müssen. Im übrigen erschließen sich Anwendungsbereich und Bedeutung der Vorschriften aus den Bezugsobjekten des aufstachelnden Verhaltens: der Angriffskrieg (§ 80a StGB)[93], der Haß gegen Teile der Bevölkerung (§ 130 Nr. 1 StGB), der Rassenhaß (§ 131 StGB). Gemeint sind also gesellschaftliche Zustände, unter denen das intersubjektive Basisvertrauen und folglich der öffentliche Frieden nachhaltig beeinträchtigt sind.

---

91 So *Klug*, FS Jescheck, S. 587.

92 FS Jescheck, S. 595 f., 597.

93 *D / T*, § 80a, Rn. 1: „Die Vorschrift ... bedroht eine erfolglose intellektuelle Vorbereitung des Angriffskrieges (§ 80) mit Strafe."

XII. Die Organisationsdelikte

1. Problemstellung

Die in diesem Abschnitt beabsichtigte Auseinandersetzung mit den Grundbedingungen organisationsbezogener Strafbarkeit erfolgt unter Einschränkungen, die den Umfang und die Komplexität der Materie selbst betreffen. Ungeklärt bleibt das Verhältnis der Organisationsdelikte zum sog. ‚Organisierten Verbrechen' und seinen vielfältigen Erscheinungsformen.[1] Zwar unterscheiden sich die beiden Begriffe formal dadurch, daß das Organisationsdelikt einen eigenen Unrechtstypus erfassen soll, während mit ‚organisiertem Verbrechen' der kriminologische Zusammenhang je einzelner Deliktsbegehungen gemeint ist, — nicht zu verkennen ist aber, daß es durchaus Überschneidungen und Zusammenhänge geben kann.[2] Ferner sind die politischen Delikte nicht einseitig auf den Organisationszusammenhang politisch assoziierter Subjekte zu reduzieren. Die — nicht organisationsbezogene — Erörterung der Willensbildungs- und Willensvermittlungsdelikte sowie der Äußerungsdelikte erfolgte auch vor dem Hintergrund einer nachhaltigen Tendenz, die strafrechtliche Problematik des ‚Staatsschutzes' primär unter dem Gesichtspunkt organisierter politischer Betätigung zu betrachten.[3]

Gleichwohl ist zu konstatieren, daß etwa die terroristischen Aktivitäten der vergangenen Jahre und die staatliche Reaktion auf dieses Phänomen ohne eine genuin organisationsbezogene Perspektive weder zureichend erfaßt noch angemessen beurteilt werden können. Auf ihr wesentliches Moment reduziert, rekurrieren die legislativen und justiziellen Bemühungen zur Bewältigung des Terrorismus auf die erhöhte Gefährlichkeit organisierter Gewalttätigkeit für die verfaßte Rechtsgemeinschaft.[4] Es kann kein Zweifel daran bestehen, daß ein Gemeinwesen der aus diesen Aktivitäten folgenden Herausforderung nicht gleichgültig oder distanziert gegenüberstehen darf. Eine dauerhafte, weil planvoll organisierte terroristische Aktivität negiert in ungleich höherem Maße als die einzeltäterschaftliche Deliktsbegehung den intersubjektiven Normgeltungsanspruch und das verfas-

---

[1] Vgl. *BKA*, Organisiertes Verbrechen, passim; vgl. ferner *Werner*, Organisierte Kriminalität, S. 45 ff.; zur Begriffsbestimmung auch: *Boettcher*, Definition und Entwicklung, S. 181 ff. (186 f.). Der Bereich organisierter Kriminalität soll nunmehr ausdrücklich Gegenstand auch der Strafgesetzgebung werden. Vgl. hierzu BR-Ds 219 / 91 (Beschluß) in Anknüpfung eines früheren Entwurf des Bundesrates (BT-Ds XI / 7663).

[2] Vgl. *Werner*, Organisierte Kriminalität, S. 44 f.

[3] Vgl. auch AK-StGB-*Ostendorf*, § 129, Rn. 1.2.

[4] SK-*Rudolphi*, § 129, Rn. 3 m. w. N.; ders., ZRP 1979, 215 f.

sungsgemäß vermittelte Monopol staatlicher Gewaltausübung.[5] Dergestalt wird das zugrundeliegende Basisvertrauen der Bevölkerung in die friedenserhaltende und freiheitssichernde Funktion institutionalisierter Staatlichkeit nachhaltig beeinträchtigt. Nicht die je einzelne Terror-Aktion in ihrer Isoliertheit, sondern die befürchtete Verallgemeinerung der Tat bildet den Kern des organisationsbezogenen Gefährlichkeitsurteils. Wir werden uns sogleich eingehender mit den konstitutiven Momenten dieses Urteils befassen.

Neben der Frage nach der Erforderlichkeit und Zweckmäßigkeit strafrechtlicher Reaktionen auf den Terrorismus und auf andere organisationsbezogene Deliktsbegehungen darf nicht unbeachtet bleiben, daß diese Bemühungen dem Ziel verpflichtet sein müssen, eine rechtsförmige Verarbeitung des Problems sicherzustellen. Danach scheiden bloß pragmatisch-gewaltförmige Praktiken ebenso aus wie verdeckt feindstrafrechtliche Umgangsformen.[6] Auch hierauf wird näher einzugehen sein.

2. Grundlagen organisationsbezogener Strafbarkeit

2.1 Der Organisationsbegriff

Bei den Organisationsstrafnormen handelt es sich um Tatbestände, die die Strafbarkeit der Betätigung in verbotenen Kollektiven betreffen.[7] Sie pönalisieren die Bildung von und die mitgliedschaftliche Betätigung in Vereinigungen sowie deren Aufrechterhaltung nach einem staatlichen Verbot.[8] Auch die nichtmitgliedschaftliche Betätigung für Organisationen ist strafrechtlich erfaßt.

‚Vereinigung' ist grundsätzlich jede Organisation, zu der sich eine Mehrheit natürlicher oder juristischer Personen zu einem gemeinsamen Zweck freiwillig zusammengeschlossen und einer organisierten Willensbildung unterworfen hat.[9] ‚Unterwerfung' unter eine gemeinsame Willensbildung meint näherhin die Unterordnung der Einzelwillen unter den Willen der Gesamtheit, und zwar derart, daß sich die einzelnen Mitglieder als einheitlicher Verband ‚fühlen'.[10] Insoweit sind

---

5 Näher hierzu *Schroeder*, Die Straftaten, S. 14, der allerdings hervorhebt, daß dieses Phänomen nicht schon zureichend durch eine Anknüpfung an den *Zweck* der Begehung von Straftaten erfaßt wird.

6 So auch *Kühl*, NJW 1987, 737, der zu Recht darauf hinweist, daß schon der Sprachgebrauch „eine Abstempelung der zu Bekämpfenden als Feinde oder gar als Vogelfreie" nahelege. Vgl. hierzu Kap. III.1 und VI.6. Einen Überblick über den geschichtlichen Hintergrund organisationsbezogener Kriminalisierung gibt *Gräßle-Münscher*, DuR 1991, 223 (226 f.).

7 *Gräßle-Münscher*, Der Tatbestand, S. 42.

8 Vgl. *Sch / Sch*, § 84, Rn. 1, 12.

9 So BGHSt, 10, 17; *D / T*, § 85; Rn. 2; *Sch / Sch*, § 129, Rn. 4; vgl. ferner RGSt 13, 273.

10 Vgl. *Sch / Sch*, § 129, Rn. 4.

die strafrechtlich relevanten Vereinigungen von anderen Organisationen nicht zu unterscheiden.

Wesentlich für eine Organisation oder eine Vereinigung ist nicht die Tatsache, sich einen Zweck gesetzt zu haben und ihren inneren Aufbau personell und sachlich zu differenzieren; intersubjektiv bedeutsam wird eine Vereinigung durch die Entfaltung einer *nach außen gerichteten Tätigkeit.* Ob diese Tätigkeit der Zwecksetzung entspricht, ob der Zweck unzureichend oder erfolgreich verwirklicht oder die Vereinigung tatsächlich ganz andere als die bekundeten Ziele verfolgt, ist dagegen für die Faktizität der Vereinigung unerheblich. So erhält eine Vereinigung erst durch die intersubjektiv äußere Aktivität der in ihr wirkenden Personen eine soziale Relevanz. Rechts- und strafrechtserheblich ist demnach die in Tätigkeit befindliche, einen Zweck verwirklichende Vereinigung.

Abgesehen von dieser normativen und der genannten begrifflichen Prämisse mag man überdies — unter Hinweis auf die soziale Wirklichkeit — pragmatisch argumentieren: eine Vereinigung, die sich lediglich in der Setzung eines Zwecks erschöpft, ist — gemeinwesenbezogen — ohne Bedeutung.

2.2 Die Strafbarkeit „gemeinschaftlicher" Unrechtsverwirklichung

Das Strafgesetz trägt der Tatsache, daß an einer Deliktsbegehung mehrere Personen beteiligt sind oder mit ihr in einer engen Beziehung stehen, auf verschiedene Weise Rechnung. So wird als Täter nicht nur derjenige bestraft, der eine Straftat selbst begangen hat, sondern auch der mittelbare Täter (§ 25 Abs. 1 StGB); die arbeitsteilig vorgehenden Mittäter werden als Täter bestraft (§ 25 Abs. 2 StGB). Wer den Täter zu der Tat bestimmt oder ihm Hilfe geleistet hat, wird wegen dieser spezifischen Teilnahme bestraft (§§ 26, 27 StGB), weil er selbst zur Unrechtsverwirklichung beiträgt.

Darüber hinaus knüpfen einzelne Tatbestände direkt an eine gemeinschaftliche Tatbegehung an. Hier können die Formen der intersubjektiven Beziehungen der Tatbeteiligten untereinander nach ihrer Entstehungsweise und Intensität voneinander unterschieden werden. Für die Gefangenenmeuterei genügt ein (situativ-spontanes) ‚Zusammenrotten' und eine gemeinsame Verwirklichung der in § 121 Abs. 1 Nr. 1 - 3 StGB umschriebenen Angriffs-, Nötigungs- oder Gewaltakte. Für den Landfriedensbruch (§ 125 Abs. 1 StGB) ist die Beteiligung an — aus einer Menschenmenge heraus mit vereinten Kräften begangenen — Gewalttätigkeiten oder Bedrohungshandlungen erforderlich. Auch hier ist der intersubjektive Bezug der Beteiligten zueinander durch die Situation geprägt. Gleiches gilt für die von mehreren gemeinschaftlich begangene Körperverletzung (§ 223 a StGB) und die Beteiligung an einer Schlägerei (§ 227 StGB).

Die intensivste Form gemeinschaftlicher Tatbegehung liegt vor, wenn die Täter als Bandenmitglieder einander verbunden sind und Straftaten begehen. Das Gesetz bestraft aber nur spezifische Bandendelinquenz: den von Bandenmitgliedern begangenen Raub (§ 250 Abs. 1 Nr. 4 StGB) und Diebstahl (§ 244 Abs. 1 Nr. 3 StGB).[11]

Für die genannten Tatbestände ist charakteristisch, daß sie Verhaltensweisen pönalisieren, die je für sich bereits Rechtsgutsbeeinträchtigungen verwirklichen und damit Kriminalunrecht begründen. Die durch die kollektive Tatbegehung erschwerte Feststellung der Tatbeiträge einzelner Subjekte (§§ 121, 125f, 227 StGB) soll durch die spezifische Tatbestandsfassung erleichtert werden. Darüber hinaus wirkt sich die Tatsache *gemeinsamer Tatbegehung* nicht unrechtsbegründend, sondern *unrechtserhöhend* aus. Soweit sich der intersubjektive Bezug zu einer Bandenbildung verdichtet hat, ist für die Pönalisierung nicht schon die bloße Zwecksetzung ausreichend; erforderlich ist vielmehr die — zumindest erstmalige — Zweckbetätigung (§§ 244 Abs. 1 Nr. 3, 250 Abs. 1 Nr. 4 StGB).

2.3 Die Verbrechensverabredung (§ 30 Abs. 2, 3. Var. StGB)

Der Gesetzgeber hat es darüber hinaus für erforderlich gehalten, die gemeinsame unrechtsbezogene Zwecksetzung selbst unter Strafe zu stellen. Anzuknüpfen ist hier an die Strafbarkeit der Verbrechensverabredung (§ 30 Abs. 2, 3. Var. StGB).[12] Diese Verabredung meint die Willenseinigung von mindestens zwei Personen über die gemeinschaftliche Begehung eines in seinen Grundzügen im wesentlichen bestimmten Verbrechens.[13] Seiner Struktur nach kann der Willenskonsens (Tatentschluß) danach beurteilt werden, wie er zustandegekommen ist oder wie er zu beurteilen wäre, wenn die Tat zur Ausführung gelangte.[14] Die Verbrechensverabredung wird überwiegend als Vorstufe zur Mittäterschaft gesehen.[15] Diese Einordnung überdeckt die entscheidende Frage, welcher Art der Zusammenhang zwischen dem gemeinsamen Willensentschluß und der präsumptiven Tatbegehung ist. Trägt der gemeinhin gezogene Schluß, der konspirative Entschluß mehrerer Personen, ein Rechtsgut zu beeinträchtigen, sei als solcher bereits gefährlich?[16]

---

[11] Zur beabsichtigten — erweiterten — Erfassung von Bandendelinquenz in Zusammenhang mit der sog. organisierten Kriminalität vgl. BT-Ds XI / 7663, S. 6 (§ 260 — Gewerbsmäßige Hehlerei, Bandenhehlerei —; § 260a — Gewerbsmäßige Bandenhehlerei —).

[12] Zur Verbrechensverabredung unter rechtshistorischem Aspekt aufschlußreich: *v. Weber*, SprG 1948, 193 ff.

[13] *Sch / Sch*, § 30, Rn. 25; D / T, § 30, Rn 7; *Roxin*, JA 1979,172; *Maurach*, JZ 1961, 139; SK-*Samson*, § 30, Rn. 19; *Lackner*, § 30, Anm. 3a; *Jakobs* StR AT, 27 / 11.

[14] Vgl. *Letzgus*, Vorstufen, S. 105 f.

[15] *Sch / Sch*, § 30, Rn. 25; *D / T*, § 30, Rn. 12; *Roxin*, JA 1979, 169 ff. (170); zu weiteren Differenzierungen vgl. LK-*Roxin*, § 30, Rn. 2; vgl. auch *Letzgus*, Vorstufen, S. 106 m. w. N.

[16] *Maurach*, JZ 1961, 137 (139).

Bedenken gegen die Auffassung bestehen insofern, als der konspirative Tatentschluß sich hinsichtlich der zu verwirklichenden Tat qualitativ nicht von dem Entschluß einer Einzelperson unterscheidet. Beide Entschlüsse sind auf einen bestimmten Rechtsgutsangriff gerichtet. Eine andere Beurteilung könnte aber die Tatsache nahelegen, daß der verbrecherische Einzelentschluß nicht nach ‚außen' gerichtet ist, während der konspirative Tatentschluß notwendig eine intersubjektive Relevanz hat. Mehrere Subjekte müssen sich verständigen, — etwa über die beabsichtigte Verbrechensbegehung reden. Das Faktum der intersubjektiven Relevanz des Komplotts ist für sich genommen nur erheblich, wenn aufweisbar wäre, daß ein in der Welt befindlicher Verbrechensentschluß konkret gefährlicher ist als der — regelmäßig nicht entäußerte — Einzelentschluß.

Die Strafbarkeit der Verbrechensverabredung nach § 30 Abs. 2, 3. Var. StGB ist daher nur zu legitimieren, wenn die Voraussetzungen des zugrundeliegenden *Gefährlichkeitsurteils* zutreffend sind. Diesem Urteil liegt die Annahme zugrunde, aus der konspirativen Willensübereinstimmung entstehe eine gefährliche Bindung [17]; zugleich führe sie dazu, daß die Tatverwirklichung aus der Hand gegeben werde. [18] Dagegen ist von *Jakobs* [19] eingewandt worden, die gefährliche Bindung entstehe nicht durch den gemeinsamen Willensentschluß selbst, sondern durch vorhandene, massive Abhängigkeiten. Überzeugend ist das nicht; denn ein vorhandenes (allgemeines) Abhängigkeitsverhältnis kann sich durchaus in dem konspirativen Willensentschluß konkretisieren und in bezug auf die verabredete Tat zu einer konkreten — und aus diesem Grunde — gefährlichen Bindung werden. Doch ist eben diese Prämisse des Gefährlichkeitsurteils (‚Bestehen massiver Abhängigkeitsverhältnisse') keine Voraussetzung der Strafbarkeit der Verbrechenskonspiration. Nicht haltbar ist das Gefährlichkeitsurteil jedenfalls für den Fall, daß sich die Beteiligten — wie es das gesamte Vertragsdenken ansonsten bestimmt — als autonome Subjekte gegenübertreten.

Schließlich läßt sich das Gefährlichkeitsurteil nicht mit dem Argument halten, der gemeinsame Tatentschluß führe dazu, daß die Tatverwirklichung aus der Hand gegeben werde. Diese einzeltäterbezogene Perspektive paßt nicht auf die Konspiration. Was nach dem Willen der Beteiligten nicht autonom in die Tat umgesetzt werden soll (und praktisch bedeutsamer: nicht umgesetzt werden kann), ist nur schwer aus der Hand zu geben. [20]

Von *Letzgus* [21] wird angeführt, die besondere Gefährlichkeit des konspirativen Tatentschlusses bestehe in der suggestiven Beeinflussung der Komplottbeteiligten. Diese Annahme mag im Einzelfall durchaus zutreffend sein. Denkt man sich die Beeinflussung dagegen nicht ausschließlich suggestiv, sondern — subjektadä-

---

17 *Lackner*, § 30, Anm. 1.

18 *Roxin*, JA 1979, 170 f.; *Kühl* JuS 1979, 875.

19 ZStW 97, 765 f. (Fn. 19).

20 Vgl. LK-*Roxin*, § 30, Rn. 8.

21 Vorstufen, S. 126 f.

quat — rational[22], so ist der gemeinschaftliche Tatentschluß in viel stärkerem Maße dem kritischen Kalkül der Tatrealisierung ausgesetzt wie der Tatentschluß des Einzelnen. Zwar mag die Annullierung dieses Entschlusses leichter sein, der gemeinsame Tatentschluß ist jedoch intersubjektiv gesehen instabiler.

Tatsächlich läßt sich die Strafbarkeit der Verbrechensverabredung plausibel nur mit dem zugrundeliegenden *Kommunikationsverbot* erklären: der in einem Tatentschluß mündende Diskurs über die Chancen und Risiken einer Verbrechensbegehung soll unterbunden werden.[23] Als ein Kommunikationsverbot ist die Strafbarkeit des Komplotts nicht zu rechtfertigen. Die für die Pönalisierung von Äußerungen erforderlichen Beeinträchtigungsmodalitäten fehlen hier.[24]

3. Zur Strafbarkeit der Bildung einer kriminellen Vereinigung (§ 129 StGB)

Woraus ergibt sich eine rechtsgutsbeeinträchtigende, unrechtsbegründende Gefährlichkeit der kriminellen Vereinigung?[25] Nach Ansicht von *Rudolphi*[26] ist vor allem die „auf die Begehung der beabsichtigten Taten hindrängende Eigendynamik" Grundlage der Gefährlichkeit. Aufgrund spezifischer gruppendynamischer Prozesse würden individuelle Hemmungsfaktoren abgebaut; so verstärke sich der auf eine Zweckverwirklichung hin angelegte Organisationszwang.

Es ist unbestreitbar, daß eine wirksame Organisation mehr ist als ein bloß interner ‚Planungszusammenhang'[27], demgegenüber die verfaßte Rechtsgemeinschaft sich gleichgültig verhalten kann. Die kriminelle Vereinigung ist wesentlich durch ein planvoll *arbeitsteiliges*, nicht notwendig hierarchisch gestuftes *Tätigkeitspotential* gekennzeichnet. In dieser spezifischen Potentialität liegt ein gefährliches Moment der Organisation begründet, gleichviel, welche Delikte im einzelnen zur Verwirklichung des gesetzten Zweckes begangen werden sollen. Die von *Rudolphi* angesprochene ‚Eigendynamik' meint aber ein der behaupteten Zwecksetzung von ‚außen' zugeschriebenes Praxisvermögen, schließt also vom zunächst „nur" vorhandenen Organisationswillen auf den Tatwillen. Das Nichtwissen, genauer: die Ungewißheit, über die aktuelle Gefährlichkeit der Vereini-

---

22 Zur Kritik der suggestionspsychologischen Annahme vgl. LK-*Roxin,* § 30, Rn. 7.

23 Vgl. *Sch / Sch,* § 30, Rn. 1: Die Kundgabe der Absicht, bestimmte Verbrechen zu begehen, werde pönalisiert.

24 Vgl. Kap. XI.2; auch *Sch / Sch,* § 30, Rn. 1, konzediert die geringe objektive Gefährlichkeit.

25 Nach SK-*Rudolphi,* § 129, Rn. 2 und *Schroeder,* Die Straftaten, S. 6, 22, 26, geht von Vereinigungen, die noch keine Straftaten durchgeführt haben, keine Gefahr für die öffentliche Ordnung oder Sicherheit aus.

26 SK-*Rudolphi,* § 129, Rn. 3; vgl. *Schroeder,* Die Straftaten, S. 22, 28.

27 Vgl. hierzu *Jakobs,* ZStW 97,767.

gung mündet in ein abstraktes Gefährlichkeitsurteil, sobald feststeht, daß sich eine Organisation mit krimineller Zwecksetzung gebildet hat.

Grundlage des Gefährlichkeitsurteils ist weder die enthemmende Wirkung der organisatorischen Eingebundenheit der beteiligten Subjekte noch der je zufällige gruppendynamische Prozeß, sondern die — aus der Ungewißheit über eine konkrete Tatvorbereitung resultierende — generelle Festlegung[28] auf das — von außen betrachtet jederzeit realisierbare — Gefährlichkeitspotential. Ein begründetes Gefährlichkeitsurteil läßt sich aus dieser Sachlage ebensowenig ableiten wie ein eigenständiger — auf den Gründungsakt bezogener — Unrechtskern. Das Gefährlichkeitsurteil knüpft vielmehr an eine bereits zur kriminellen Zweckverwirklichung übergegangene Organisation an. Weist somit der Gründungsakt einer kriminellen Organisation keinen selbständigen Unrechtskern auf, so ist die in § 129 Abs. 1 StGB festgelegte Pönalisierung insoweit nicht zu rechtfertigen.

4. Zur Strafbarkeit der Bildung einer terroristischen Vereinigung (§ 129a StGB)

Zu erörtern ist schließlich, ob diese Feststellung für die Gründung einer Organisation, deren Zwecksetzung die Begehung politisch motivierten Unrechts zum Gegenstand hat, gleichfalls Gültigkeit beanspruchen kann. Auch hinsichtlich der hier einschlägigen Vorschrift des § 129a StGB ist lediglich zu prüfen, ob die *‚terroristische' Zwecksetzung* für sich genommen Kriminalunrecht begründen kann. Sonstige pragmatische Bestimmungsgründe[29], die die Existenz der Vorschrift zu erklären vermögen, bleiben zunächst außer Betracht.[30]

Abgesehen von der spezifischen Zwecksetzung unterscheidet sich die Bildung einer terroristischen Vereinigung nicht von der Gründung sonstiger krimineller Organisationen. Eine erhöhte Gefährlichkeit dieser Vereinigung kann somit nur in ihrer Zwecksetzung selbst liegen.

Für die *gesteigerte Gefährlichkeit* des terroristischen Komplotts könnte die ideologische Übereinstimmung der Gruppenmitglieder sprechen. Die bisherige Auseinandersetzung mit den Ursachen des Terrorismus hat dagegen gezeigt, daß die Mitglieder einer terroristischen Gruppierung keine eigenständige kohärente Theorie miteinander verbindet.[31] Die terroristische Organisation weist gegenüber anderen kriminellen Vereinigungen hinsichtlich der Stellung und Funktion des einzelnen Mitglieds keine Besonderheiten auf.

---

28 Auf diese Innen- / Außen-Unterscheidung weist auch *Gräßle-Münscher*, Der Tatbestand, S. 94 ff., hin.

29 Etwa die von *Kühl*, NJW 1987, 746, genannten besseren prozessualen Eingriffsmöglichkeiten. Zur — auch sprachlich — mißglückten Fassung der §§ 129, 129a StGB vgl. *Schroeder*, Die Straftaten, S. 17.

30 Vgl. hierzu den folgenden Abschnitt (Kap. XII.5).

31 So *Rohrmoser*, Die Frage der Gewalt, S. 130.

Auch das häufig als terrorismus-spezifisch hervorgehobene ‚Primat der Praxis'[32] führt als solches nicht dazu, daß dem politisch motivierten Unrechtspakt per se ein gesteigertes Tätigkeitspotential zu eigen ist.

Zudem wird der sog. Gruppendruck angeführt, um eine erhöhte Gefährlichkeit der terroristischen Vereinigung zu begründen.[33] Diese Annahme ist schon deshalb fragwürdig, weil die Signifikanz gegenüber dem Gruppendruck in sonstigen kriminellen Organisationen nicht ausgewiesen ist.

Schließlich vermag auch der häufig behauptete Nihilismus und die Gewissenlosigkeit[34] keine andere Beurteilung zu rechtfertigen. Zwar scheint die vorwiegend dualistische Konstruktion des terroristischen Weltbildes[35] einen besonderen Tätertypus nahezulegen, — die Pönalisierung dieser Gesinnung anläßlich der Gründung der Vereinigung forciert jedoch einen Prozeß der antizipierten Festlegung auf eine zweckentsprechende Praxis und widerspricht dem Grundsatz des Tatstrafrechts. Soweit man die Kategorie der Gewissenslosigkeit (d. h. Rechtsfeindschaft) für unrechtsrelevant hält, hat sie ggf. als unrechtserhöhendes Merkmal bei der Strafzumessung Berücksichtigung zu finden. Auch die politisch-ideologische Zwecksetzung einer terroristischen Vereinigung ist folglich ungeeignet, eigenständiges — auf die Organisationsgründung bezogenes — Kriminalunrecht zu begründen.

Die mit einer organisationsbezogenen Vorfeldkriminalisierung[36] verbundenen Implikationen sollten nicht unterschätzt werden. Sie führen unversehens zu einer Festlegung der Vereinigung auf eine Zweckbestimmung, die möglicherweise weder in die Praxis umgesetzt werden kann noch nach dem weiteren Willen der Mitglieder umgesetzt werden soll. Es ist zu bedenken, daß gerade die Festlegung einer Personengruppe auf einen gewalttätigen Zweck ihrerseits nicht ohne Einfluß auf dessen Realisierung bleiben kann.[37] Gemeint ist damit der empirische Prozeß einer von außen mitbewirkten Erhöhung des Gruppendrucks. *Gräßle-Münscher*[38] hat diesen Prozeß so beschrieben: „Vergegenwärtigt man sich, daß zwischen Geheimdiensten und der Polizei ein enger Datenverbund besteht, so dürften die kriminalistischen Techniken, die Art und Weise der Erfassung des politischen Untergrunds schon im Vorfeld, die . . . sich nicht in der Tatanalyse und -verfolgung erschöpft, sondern der Aufhellung eines sozialen Zusammenhangs (‚Sympa-

32 Hierzu näher *Münkler*, Grundelemente terroristischer Ideologie, S. 110 ff.

33 Vgl. näher SK-*Rudolphi*, § 129, Rn. 3.

34 Vgl. *Rohrmoser*, Die Frage der Gewalt, S. 125.

35 Vgl. *Junkers*, Ergebnisse der Ursachenforschung, S. 65 (71 f.); ferner *Münkler*, Grundelemente terroristischer Ideologie, S. 122 f.

36 Vgl. hierzu *Schroeder*, Die Straftaten, S. 28 f. Zur geschichtlichen Herkunft der Organisationstatbestände: *ders.*, Die Straftaten, S. 24 f.

37 Gelegentlich wird bereits eine „Hausbesetzung" zum Anlaß genommen, ein Verfahren nach § 129 StGB einzuleiten; vgl. hierzu SK-*Rudolphi*, § 129, Rn. 10; BGH NJW 1975, 985.

38 Der Tatbestand, S. 76 f. m. w. N.

thisantenszene‘) und der Erstellung von Prognosen und Lagebeurteilungen dienen, selbst nunmehr konstitutiv für die Erscheinungsformen des Gebildes ‚kriminelle Vereinigung‘ geworden sein.“

Werden die genannten Umstände berücksichtigt, so scheint es unumgänglich, diesem durchaus verhängnisvollen Prozeß durch eine Zurücknahme der Strafbarkeit auf die zweckverwirklichende Betätigung der terroristischen Vereinigung zu begegnen. Damit würde zugleich der unrechtssystematischen Einsicht, die in der Auseinandersetzung mit der organisationsbezogenen Strafbarkeit gewonnen worden ist, Rechnung getragen: Die zweckverwirklichende Betätigung eines Kollektivs ist — wie im übrigen materiellen Strafrecht — nicht eigenständig unrechtsbegründend, sondern *unrechtserhöhend.* Der Unrechtssachverhalt wird durch das je verwirklichte Einzeldelikt begründet; der manifestierte Organisationsbezug ist lediglich strafschärfend heranzuziehen.

5. Die „Funktionalität“ der Organisationstatbestände

Welche Berechtigung kann eine Pönalisierung krimineller Organisationen für sich in Anspruch nehmen? Unseres Erachtens ist der Organisationstatbestand nur verständlich, wenn er als Instrument gedeutet wird, der aus der Existenz einer kriminellen Vereinigung resultierenden Verunsicherung bzw. Ungewißheit nicht ‚tatenlos‘ gegenüberstehen zu müssen. Als ein wesentlich prozessuales, d. h. auf die Ermittlung der durch die Vereinigung begangenen Einzeltaten hin ausgerichtetes Instrument, soll es den Ermittlungsbehörden ermöglichen, mittels strafprozessualer Zwangsmittel einerseits die Ungewißheit über den aktuellen Stand der Zweckverwirklichung zu beseitigen (polizeilich-präventive Seite), andererseits die erforderlichen, auf die konkreten Einzeltaten bezogenen Beweismittel zu beschaffen.[39] In beiden Fällen ist die Unrechtsvertypung nur Mittel für ganz anders geartete Zwecke. Als Instrument *präventiv-polizeilicher* Erforschung und Erfassung hat es keine Daseinsberechtigung im Strafrecht[40], als *Beweisbeschaffungsinstrument* widerspricht es der einzeltatbezogenen Abhängigkeit prozessualer Zwangsmittel von einem Tatverdacht.[41]

---

[39] Zurückhaltender: *Gräßle-Münscher,* Der Tatbestand, S. 80, der von einer „Vorgreiflichkeit polizeilicher Ermittlungsmethoden für den Tatbestand des § 129 StGB“ spricht. Im Hinblick auf die Tatmodalität des „Werbens“ vgl. *Klughardt,* Die Gesetzgebung, S. 119: „So kann gelegentlich weder von den Ermittlungsbehörden noch von den Gerichten zuverlässig beurteilt werden, ob für eine ‚tatsächlich existente‘ Vereinigung geworben wird.“ Deutlich auch *Weber,* Vorverlegung, S. 31: „Gäbe es diese Strafbestimmungen nicht, so wäre ein effektives polizeiliches Vorgehen gegen solche Organisationen und ihre Mitglieder auch im Hinblick auf drohende Straftaten nicht möglich.“ Ein zureichender Grund für die Pönalisierung der Organisationsbildung ist damit freilich nicht genannt. Kritisch zum polizeilich präventiven Charakter dieser Vorschrift auch *Schroeder,* Die Straftaten, S. 10, 28 f. m. w. N.

[40] Die präventive Sicherung ist, worauf zutreffend *Schroeder,* Die Straftaten, S. 29 hinweist, Aufgabe der Polizei, zu deren Erfüllung diese sich aber polizeirechtlicher Mittel (etwa der Ingewahrsamnahme) zu bedienen hat.

Die Vertypung des Organisationsunrechts führt überdies zwangsläufig zu einer Zurechnungsverlagerung individueller Tatbeiträge auf die Organisation. Hieraus resultiert eine verhaltensunspezifische Zurechnung auf alle Mitglieder. Insoweit werden die §§ 129, 129a StGB zutreffend als kollektivbezogene Zurechnungstatbestände beschrieben.[42]

Die Funktionalität der Organisationstatbestände ist somit offensichtlich. Ein freiheitsgesetzliches Strafrecht darf sich gleichwohl nicht darüber hinwegsetzen, daß die bloße Zweckmäßigkeit den Mangel einer zureichenden Unrechtsbegründung nicht beseitigt.

6. Die Partei- und Vereinigungsverbote (§§ 84f StGB)

Nach überwiegender Ansicht[43] werden die Strafvorschriften über die politischen Vereinigungen (§§ 84f StGB) zu den Organisationstatbeständen gerechnet. Diese Zuordnung erscheint insoweit unproblematisch als die in diesen Vorschriften festgelegte Pönalisierung an die organisationsbezogene Wirksamkeit von Parteien und politischen Vereinigungen anknüpft. Durch die Pönalisierung des Verbots soll erreicht werden, daß Gefahren, die sich aus dem kollektiven Einsatz politischer Mittel ergeben, abgewehrt werden.[44] Ob sich diese Zuordnung indes als tragfähig erweist, läßt sich überzeugend nur nachprüfen, wenn den Vorschriften ein spezifisches Schutzgut zugrundeliegen würde, in das die Vereinigungstätigkeit in unrechtsbegründender Weise eingreift. Die genaue Feststellung eines Rechtsgutseingriffs ist schon deshalb erforderlich, weil die intersubjektive Betätigung von Parteien und Vereinigungen besonderen verfassungsrechtlichen Schutz genießt (Art. 9, 21 GG).[45] Oberflächlich betrachtet, knüpft die Pönalisierung an das Aufrechterhalten einer verbotenen Vereinigung an, — ihr liegt insofern bloßer Ungehorsam zugrunde. Dieses Zuwiderhandeln stellt weder unter tatstrafrechtlicher Prämisse noch in rechtsgutsbezogener Hinsicht eine zureichende Pönalisierungsgrundlage dar.

Als Schutzgegenstand, in den die Aktivität einer verbotenen Vereinigung eingreife, wird die freiheitlich demokratische Grundordnung genannt.[46] Wenn man

---

41 Vgl. §§ 102, 112 ff. StPO. Zur rechtlichen Problematik — vollständig einzeltatgelöster — polizeilicher Vorfeldaufklärung vgl. *Wesslau,* Vorfeldermittlungen, S. 110 ff. Zutreffend wird diese Art der Vorfeldarbeit als „ein selbständiges drittes Gebiet polizeilicher Tätigkeit" erfaßt (ebenda, S. 159) und eine entsprechend gesetzliche Ermächtigungsgrundlage angemahnt.

42 Vgl. *Gräßle-Münscher,* Der Tatbestand, S. 94 f., 134 ff.; *Jerusalem,* SprG 1948, 130; *Schroeder,* Die Straftaten, S. 29, der den gegen eine Verkürzung der Beweisanforderungen vorgetragenen Bedenken zustimmt.

43 Vgl. SK-*Rudolphi,* Vor § 80, Rn. 7; AK-StGB-*Sonnen,* § 84, Rn. 3; *D / T,* § 84, Rn. 3; LK-*Willms,* § 84, Rn. 1.

44 Vgl. AK-StGB-*Sonnen,* § 84, Rn. 1.

45 Vgl. *Seifert / Hömig,* Art. 9, Rn. 1; Art. 21, Rn. 1 ff.

— richtigerweise — die wahl- oder abstimmungsbezogene parteipolitische Aktivität als ein wesentliches Element der Rechtsgutsbeeinträchtigung betrachtet, so kann das Schutzgut nach einem Verbot nicht mehr beeinträchtigt sein. Das Verbot soll vielmehr dazu führen, daß der staatspolitische Willensvermittlungsprozeß für die betreffende Partei verschlossen ist.[47] Soweit Parteien und Vereinigungen dagegen ihr organisatorisches Potential nicht zu strafrechtswidrigen Handlungen gebrauchen, ist ein Grund für die Pönalisierung nicht ersichtlich. Ihr wesentlich durch die Teilnahme am staatsfreien, gesellschaftlichen Meinungskampf geprägtes Verhalten führt weder zu Eingriffen noch zu greifbaren Gefährdungen des genannten Rechtsguts.[48] Das eigentliche Motiv der auf politische Vereinigungen bezogenen Strafbarkeit dürfte die themenbezogene Begrenzung des organisierten Meinungskampfes sowie ein grundlegendes Mißtrauen gegen unerwünschte Agitation sein. In einer für den demokratischen Meinungsprozeß äußerst abträglichen Weise wird mit dem Mittel organisationsbezogener Strafbarkeit das Ziel verfolgt, die Subjekte vor der Auseinandersetzung mit „abweichenden" Meinungen zu bewahren. Die Vorschriften der §§ 84f StGB sind elastische *Agitationstatbestände* und müssen daher den Äußerungsdelikten zugeordnet werden. Ein der Autonomie der Subjekte und der Offenhaltung des Meinungsbildungsprozesses verpflichtetes freiheitsgesetzliches Strafrecht kann solche Agitationstatbestände nicht für legitim erachten.

7. Rechtsgüter und Tatmodalitäten organisierter Unrechtsverwirklichung

7.1 Geschützte Rechtsgüter

Ein eigenständiges — durch die Gründung einer kriminellen oder terroristischen Vereinigung verwirklichtes — Organisationsunrecht ist nicht aufweisbar. Folglich begründet auch die Mitgliedschaft in einer noch nicht zur unrechtsverwirklichenden Tätigkeit übergegangenen Vereinigung kein Kriminalunrecht. Zu dem — durch die Begehung von Straftaten verwirklichten — Unrecht kommt

---

46 Vgl. zum Begriff: BVerfGE 2, 12 f.; ferner *Seifert / Hömig*, Art. 21, Rn. 13, der sich auch eingehend mit den Voraussetzungen der Verfassungswidrigkeit einer Partei nach Art. 21 Abs. 1 GG auseinandersetzt. Die Frage der Verfassungswidrigkeit einer Partei ist — im Hinblick auf die folgenden Ausführungen — von der Frage zu trennen, ob die Vorschriften der §§ 84 ff. StGB die Tätigkeit einer verbotenen Partei / Vereinigung in legitimer Weise pönalisieren.

47 Zu den weitergehenden Rechtsfolgen vgl. aber § 32 ParteiG.

48 Der an dieser Stelle häufig gegebene Hinweis auf die sog. legale Machtergreifung der NSDAP im Jahre 1933 geht an der Sache vorbei: Die verhängnisvolle Entwicklung dürfte weder zu diesem noch zu einem früheren Zeitpunkt durch eine organisationsbezogene Pönalisierung der hier in Rede stehenden Art angemessen beeinflußbar gewesen sein. Nicht hieran, sondern an der Ahndung vielfach begangenen wirklichen Kriminalunrechts fehlte es in der Weimarer Republik.

als unrechtserhöhendes Moment die organisatorische Einbindung des Täters hinzu. Zu rechtfertigen ist ein selbständiger Organisationstatbestand daher nicht. Neben der einzeldeliktisch verwirklichten Rechtsgutsverletzung hat die Beeinträchtigung des ‚öffentlichen Friedens' eine unrechtserhöhende Bedeutung.

7.2 Zu den organisationsspezifischen Tatmodalitäten

Neben den durch die verwirklichten Straftatbestände erfaßten Tatmodalitäten kommt als unrechtserhöhendes Moment die Tätigkeit in der kriminellen / terroristischen Vereinigung hinzu. Diese Tätigkeit ist aber — einzeltatbezogene — Unrechtsverwirklichung. Die bloße Mitgliedschaft[49] in der Vereinigung ist daher tatstrafrechtlich irrelevant. Die Tätigkeit des Rädelsführers und des Hintermannes[50] hat — als mittelbare Täterschaft — einen von der Tat abgeleiteten Unrechtsgehalt.

Schließlich ist zu erörtern, ob die werbende oder unterstützende Tätigkeit durch Dritte einen Unrechtsgehalt aufweist. Diese Annahme wäre unter der Voraussetzung gerechtfertigt, daß diese Tätigkeiten eine Erhöhung des organisationsbezogenen Gefahrenpotentials bewirken.[51]

‚*Werben*' bedeutet jede auf die Gewinnung von Mitgliedern oder auf das Herbeiführen der Gründung einer kriminellen Vereinigung gerichtete Tätigkeit.[52] Dabei komme es weder auf eine bestimmte Form der werbenden Tätigkeit noch auf deren Erfolg an.[53] In der Gegenwart hat der Begriffsinhalt eine noch weitergehende Bedeutung erhalten. Unter ‚Werben' sind danach auch solche Tätigkeiten zu verstehen, die eine irgendwie geartete Stärkung der Vereinigung und deren gezielte Unterstützung mit den Mitteln der Propaganda bezweckt.[54] Daher kann auch die Tätigkeit des Strafverteidigers im Rahmen der Verteidigung von Mitgliedern einer terroristischen Vereinigung tatbestandsmäßig sein.[55]

An Versuchen, die Tathandlung ‚werben' zu präzisieren, fehlt es nicht.[56] So versteht *Giehring*[57] einschränkend darunter, daß „der Täter im Zusammenwirken

---

49 Vgl. hierzu auch *v. Weber*, SprG 1948, 194; *Meyer-Abich*, SprG 1949, 28.

50 Vgl. hierzu SK-*Rudolphi*, § 129, Rn. 23.

51 AK-StGB-*Ostendorf*, § 129, Rn. 20; *Gräßle-Münscher*, Der Tatbestand, S. 106; siehe auch *Schroeder*, Die Straftaten, S. 27 f.

52 *Sch / Sch*, § 129, Rn. 14; einschränkend *Lackner*, § 129, Anm 3. d) aa): Förderung einer „bestimmten existenten Vereinigung."

53 SK-*Rudolphi*, § 129, Rn. 18.

54 BGHSt 28, 26; vgl. auch BGH MDR 1987, 1040 f. (Zum Werben für eine terroristische Vereinigung durch Aufsprühen einer Parole).

55 BGHSt 29, 99; instruktiv hierzu *Rudolphi*, FS Bruns, S. 315 ff.; ders., ZRP 1979, 217 f.; vgl. *Gräßle-Münscher*, DuR 1991, 223 (227 f.).

56 Vgl. *Rudolphi*, ZRP 1979, 218 f.; *Ostendorf*, JA 1980, 502.

57 StV 1983, 309.

oder im Einverständnis mit der kriminellen Vereinigung mittels Schriften i. S. des § 11 Abs. 3 StGB nach dem Verständnis des Durchschnittsadressaten die kriminellen bzw. terroristischen Mittel mit einem gewissen Maß an Argumentation befürwortet."

Das organisationsbezogene Gefährlichkeitsurteil basiert auf der unrechtsverwirklichenden Tätigkeit der Vereinigung, nicht aber auf der (schriftlichen) Darstellung der Organisationstätigkeit in der Öffentlichkeit. Die argumentative Auseinandersetzung mit der Tätigkeit einer kriminellen Organisation mit den Motiven, aus denen heraus sie handelt, oder mit der Reaktion der verfaßten Rechtsgemeinschaft vermag die Gefährlichkeit der Vereinigung nicht zu erhöhen. Die Ansicht von *Giehring*[58], eine nicht auf die Werbung von Mitgliedern gerichtete Tätigkeit müsse deshalb pönalisiert werden, weil — orientiert am ‚Durchschnittsverständnis' — hierin eine Beeinflussung der Adressaten liege, überzeugt nicht.[59] Ist schon das ‚Billigen' von Straftaten (vgl. § 140 StGB) ein — im intersubjektiven Verhältnis — einseitiger Bezug auf vergangenes Unrecht, den der Adressat als bloße Bewertung des Billigenden nicht hinzunehmen genötigt ist, so läßt sich in der ‚Sympathiewerbung' umso weniger ein unrechtskonstituierender Eingriff in die Selbstbestimmung des Gegenübers erkennen. Demnach ist weder eine Erhöhung des Gefährlichkeitspotentials der Organisation noch ein Eingriff in die Autonomie des Umworbenen ersichtlich; folglich vermag die auf ein ‚Werben' gerichtete Tätigkeit weder an abgeleitetem Organisationsunrecht teilzuhaben noch eigenständiges Kriminalunrecht zu begründen.

Die Tatmodalität *‚unterstützen'* wird als die zur Täterschaft verselbständigte Beihilfe — auch durch ein Nichtmitglied — aufgefaßt.[60] Die hieraus folgende Konsequenz, daß diese Tätigkeit die Vereinigung tatsächlich gefördert hat, wird jedoch nicht gezogen. Es genügt vielmehr, daß die Unterstützungshandlung für die Vereinigung „irgendwie vorteilhaft" ist.[61] Demnach ist jede Handlung tatbestandsmäßig, die sich objektiv eignet, die der Organisation in irgendeiner Weise zu fördern.[62]

Die vorgetragene Interpretation dieser Tatmodalität läßt sich weder mit dem Wortlaut noch mit den Anforderungen an die Bestimmtheit der pönalisierten Handlung in Übereinstimmung bringen. Es ist daher unumgänglich, die Unterstützungstätigkeit auf genuine Beihilfehandlungen zu beschränken und als solche zu bestrafen. Unterstützung ist somit ein Verhalten, welches das Tätigkeitspoten-

---

58 StV 1983, 309.

59 Vgl. auch *Schroeder,* Die Straftaten, S. 28, der die kriminogene Wirkung des Werbens für eine Vereinigung für nicht nachgewiesen hält.

60 *Dahs,* NJW 1976, 2148; *Sch / Sch,* § 129, Rn. 15 m. w. N.; so grundsätzlich auch: BGHSt 20, 89; 29, 99.

61 BGHSt 20, 89; 29, 99; *Sch / Sch,* § 129, Rn. 15; SK-*Rudolphi,* § 129, Rn. 17a.

62 So *Sch / Sch,* § 129, Rn. 15; *Lackner,* § 129, Anm. 3c). Zur Unterstützung einer terroristischen Vereinigung durch Druckschrift vgl. BGH MDR 1987, 1039 f.

tial der Vereinigung aufrechterhält oder befördert.[63] De lege ferenda wäre eine präzisierende und typisierende Erfassung der Unterstützungshandlungen — nach dem Vorbild des französischen Rechts — erforderlich. Nach Art. 267 code penal sind organisationsbezogene Unterstützungshandlungen strafbar, soweit Verbrechenswerkzeuge, Unterkunft, Nachrichtenmittel und Versammlungsort zur Verfügung gestellt werden.[64] Eine Ergänzung der Vorschrift über die Beihilfe (§ 27 StGB) um die genannten Unterstützungshandlungen diente — angesichts der rechtsgrundsätzlich verfehlten Organisationsstrafbarkeit — der notwendigen Klarstellung. Damit wäre die Erfassung überwiegend unrechtsindifferenter ‚Integrationshandlungen'[65] nicht mehr möglich. Auf diesem Wege könnte zugleich dem vorherrschenden Gebrauch der Organisationsdelikte als — vorfeldbezogene — Präventivinstrumente begegnet werden.

---

[63] Vgl. auch SK-*Rudolphi*, § 129, Rn. 17.

[64] Vgl. auch *Crossier*, DuR 1981, 347.

[65] So die zutreffende Charakterisierung der von einem weiten Unterstützungsbegriff erfaßten Handlungen durch *Gräßle-Münscher*, Der Tatbestand, S. 135 f.

XIII. Schlußbetrachtung

Die Untersuchung hat gezeigt, daß eine subjektbezogene — freiheitsgesetzliche — Strafrechtskonzeption[1] widerspruchsfrei entwickelt und darüber hinaus deliktsgruppenbezogen angewendet werden kann.[2]

Die in kritischer Absicht entwickelte Konzeption, deren Kern die oben vorgestellte Rechtsgutstheorie bildet[3], knüpft in rechtskonstitutiver Hinsicht an das Moment der wechselseitigen *Anerkennung personaler Rechtssubjektivität* an; hierin liegt sowohl die Voraussetzung wie der kritische Maßstab für jegliche höherstufige Objektivation i. S. einer personal vermittelten Institutionalisierung. Rechtsgutsbezogen findet das grundlegende intersubjektive Anerkennungsverhältnis seine nähere Ausprägung in der Beachtung der — hinsichtlich des jeweiligen Gegenstandes ausschließlichen oder gleichberechtigten — Betätigungschance subjektiver Verhaltensfreiheit. Aus dieser Grundlegung folgt notwendig die strafrechtliche Sanktionierung nachhaltiger Beeinträchtigungen spezifischer Anerkennungsverhältnisse, soweit sie im Subjektverhalten ihren Ursprung haben. Nicht nur in der — strafrechtlichen — Reaktion, sondern auch in den unrechtsbegründenden Voraussetzungen, unterscheidet sich unsere Konzeption von anderen — überwiegend generalpräventiv ausgerichteten — Strafrechtstheorien. Aufgrund ihres Maßstabscharakters hält diese Grundlegung, auch unter den aktuellen Bedingungen komplexer institutioneller Vermittlung, an dem Subjektbezug des jeweiligen Pönalisierungsbereiches — mithin der Relevanz materieller Strafnormen für die intersubjektive Verhaltensfreiheit — fest. Jegliche institutionelle Objektivation, die sich nicht in der Erfüllung ihrer Zwecksetzung — der subjektbezogenen Freiheits- und Friedenssicherung — genügt und lediglich in diesem weiteren Sinne Selbstzweck ist, verfällt daher der Kritik, soweit sie einen darüber hinausgehenden Strafrechtsschutz für sich in Anspruch nimmt oder — pragmatisch — auf eine notwendige Pönalisierung verzichtet.[4] Als Beispiele haben wir die Symbolschutznormen[5] (§§ 90-90b StGB) sowie die sog. symbolische Gesetzgebung erörtert.[6] Wie jede Rechtsnorm ist auch das Strafgesetz lediglich dann legitim, wenn und soweit es intersubjektive Verhaltensfreiheit konstituiert und stabilisiert. Die bloß symbolischer Selbstdarstellung dienende Strafandrohung

1 Vgl. Kap. III.4; V.3.
2 Vgl. Kap. X bis XII.
3 Vgl. Kap. V.4.
4 Vgl. Kap. X.3.2.4.
5 Vgl. Kap. VIII.2.4.2.
6 Vgl. Kap. VII.5.

beschneidet die intersubjektive Verhaltensfreiheit der Bürger durch ihr bloßes Vorhandensein; wird auf ihrer Grundlage die Strafsanktion verhängt, so gerät der Täter zum Mittel der Normgeltungsdemonstration. Das Strafrecht dient hier nicht der Friedens- und Freiheitssicherung, sondern — in Verkehrung seiner legitimen Funktion — der Manifestation unzulässiger Einschränkungen der Verhaltensfreiheit. Zwar ist es zutreffend, daß auch die Konstitution intersubjektiver Verhaltensfreiheit immer zugleich einen partiellen Verzicht auf sonst — zumindest vorübergehend — mögliche Verhaltensweisen erfordert, aber damit ist zugleich gesetzt, daß mit einer Strafrechtsfolge nur unerträgliche, d. h. nicht hinnehmbare Verletzungen der Subjektivität anderer geahndet werden dürfen. Dies ist bei bloßen Verstößen gegen ‚Moralvorschriften' ebensowenig der Fall wie bei der öffentlichen Nichtanerkennung der integrativen Funktion eines Symbols.

Ein ‚lebendiges' Gemeinwesen erhält sein integrierendes und stabilisierendes Dasein nicht zuletzt auch aus der — zugleich konfliktträchtigen — Möglichkeit, einen je unterschiedlichen Gebrauch von Freiheitssphären zu machen. Hieraus notwendig entstehende Friktionen sind — solange diese unterhalb der Erheblichkeitsschwelle bleiben — kein Gegenstand der Pönalisierung. Einer rechtlichen Regulation gänzlich unzugänglich sind intersubjektive Näheverhältnisse[7], auch soweit sie von institutioneller Seite beansprucht werden.

Die angesprochene Unterscheidung zwischen alltäglichen (Sozial-)Konflikten und ‚crimen' zeigt ihre Relevanz im Bereich des *politischen Strafrechts*. Der jedem politischen Verhalten immanente Wille zu einer gestaltenden Einflußnahme auf das verfaßte Gemeinwesen ist schon deshalb konfliktträchtig, weil es sich verbindlich zu machen sucht und von daher ein freiheitsrelevantes Potential für andere hat.

Die Dynamik des politischen Prozesses ist in einem demokratischen Gemeinwesen grundsätzlich freigegeben. Das Strafrecht kann heute von keiner anderen Grundlage ausgehen. Dies gilt zunächst für den erforderlichen Strafrechtsschutz der politischen Willensbildung und Willensvermittlung. Dieser Bereich ist angemessen nicht als ‚Staatsschutz' oder als bloß abstrakter Verfassungsschutz zu begreifen, sondern bezweckt wesentlich den Schutz des politischen Willensbildungsprozesses als gemeinwesenbezogene Leistung aller politisch selbstberechtigten Subjekte. Auf der Grundlage dieser Prämisse erscheint das politische Strafrecht als ein selbständiger Strafrechtsbereich[8] in einem nicht unerheblich veränderten, den Schutzumfang und die Strafbarkeitsgrenzen betreffenden Zusammenhang. Nicht mehr der ‚Staatsschutz' institutionsbezogener Observanz, sondern ein subjektbezogener, auf die Sicherung der Offenheit und Zugänglichkeit der Willensentäußerung und -vermittlung hin angelegter Schutz ist die Aufgabe des politischen Strafrechts.[9]

---

7 Vgl. Kap. III.4.2.2.

8 Vgl. Kap. VI.

9 Vgl. Kap. X, XI.

Die Untersuchung hat auch für die sog. Organisationstatbestände zu einer Erweiterung des Verständnisrahmens geführt.[10] Die Pönalisierung des der Gründung einer kriminellen oder terroristischen Vereinigung zugrundeliegenden Willensentschlusses ist nicht legitimierbar. Die Auseinandersetzung mit dem der Pönalisierung zugrundeliegenden Gefährlichkeitsurteil hat darüber hinaus zu zeigen versucht, daß das rechtliche Gemeinwesen sich der wechselseitigen Festlegung auf die zweckverwirklichende Organisationstätigkeit in stärkerem Maße als bisher geschehen, bewußt werden sollte.

Die eingangs erörterten generalpräventiven Strafrechtskonzeptionen[11] sind nicht geeignet, die aufgeworfenen Fragestellungen theorieimmanent zu beantworten. Sie sind Legitimitätserwägungen gegenüber indifferent und daher für jede rein zweckrationale Strafgesetzgebung und Rechtsanwendung brauchbar. Allerdings ist die vorgetragene Unrechtskonstitution nicht ausschließlich als Reaktion auf die hieraus resultierenden Gefahren zu verstehen; die Ausführungen zu den ‚Wirklichkeitsbedingungen' des Kriminalunrechts und des spezifischen Unrechts der politischen Delikte, greifen vielmehr den pragmatisch-diesseitsbezogenen Ansatz des Präventionskonzepts auf und versuchen von hierher, Einsichten in die spezifische Schutztechnik verhaltensbezogener Pönalisierung zu gewinnen.[12]

Für ein vertieftes Verständnis des überwiegend vorfeldbezogenen Strafrechtsschutzes im Bereich der politischen Delikte haben sich das unrechtskonstituierende Gefährlichkeitsurteil und das sog. Bedrohungsmoment als hilfreich herausgestellt. Das präventiv motivierte *Gefährlichkeitsurteil* über die Wirkungen eines Subjektverhaltens hat allererst die Existenz eines Bezugsobjektes (Rechtsgutsobjektes) zur Voraussetzung, das einer Beeinträchtigung zugänglich ist. Soweit ein Rechtsgut vorliegt, stellt sich die weitergehende Frage nach der spezifischen Schutztechnik, also danach, welche schwerwiegenden Subjekthandlungen ‚geeignet' sind, Gefährdungen für das Schutzobjekt herbeizuführen. Hier ist hervorzuheben, daß besonders verletzungsanfällige, aber auch besonders bedeutsame, weil intersubjektiv teilhabebezogene Rechtsgüter bereits im *Vorfeld* einer wirklichen Verletzung des strafrechtlichen Schutzes bedürfen.[13] Zu fordern ist allerdings, daß das handlungsleitende Gefährlichkeitsurteil als solches Gegenstand eines — außerstrafrechtlichen — Bildungsprozesses ist. Ohne diese — fortwährend zu erbringende — Leistung des Gemeinwesens kann eine Vorfeldkriminalisierung legitim nicht erfolgen. Auszuscheiden hat folglich auch ein Forcieren dieses Bildungsprozesses durch das materielle Strafrecht. Die jeweilige Strafnorm setzt vielmehr die Wirksamkeit des Bildungsprozesses in ihrer Bestimmungs- und Bewertungsfunktion immer schon voraus. Dieser — angesichts der Dynamik des Vergesellschaftungsprozesses — mühsame und keineswegs kontinuierlich fort-

---

10 Vgl. Kap. XII.

11 Vgl. Kap. II.

12 Vgl. hierzu Kap. VII.

13 Vgl. Kap. VII.3.

schreitende Prozeß ist auch deshalb nicht ‚abkürzbar', weil jedes Individuum die einschlägigen Verhaltensstandards während seiner Kindheit und Jugend erst erlernen muß.

Die Erörterung des wirkungsmächtigen *Bedrohungsmoments* hat gezeigt, daß es einen weitgehend tatgelösten, heterogenen Sachverhalt bezeichnet. Die durch jede bekannt gewordene Straftat hervorgerufene Verunsicherung der anderen — näherhin die Befürchtung einer zukünftigen Begehung vergleichbarer Delikte — berechtigt gegenüber dem Täter zu keiner präventiven Zusatzsanktion. Jenseits einer festgestellten Rechtsgutsbeeinträchtigung verletzender oder gefährdender Art ist die Pönalisierung einer — isolierten — *Geltungsbeeinträchtigung* abstrakter Sachverhalte oder Zustände, deren Sicherung dem Strafrecht insgesamt obliegt, nicht zu rechtfertigen. Auf die Gefahr, die mit einer Strafgesetzgebung verbunden ist, die gleichwohl den Versuch unternimmt, so komplexe Zustände wie den ‚öffentlichen Frieden' gegen Konfliktartikulation zu sichern, haben wir hingewiesen.[14] Weder die — mutmaßlich zugrundeliegenden — Sozialkonflikte noch der Charakter dieser ‚Zustände' als Produkte fortwährender autonomer Anstrengungen der Subjekte können so angemessen erfaßt werden. Mag eine derartige Strafgesetzgebung und die ‚entschlossene' Anwendung der Normen auch zu vorübergehenden ‚Erfolgen' führen, auf lange Sicht ist eher eine Eskalation der Konflikte oder die Verkümmerung verantwortlichen intersubjektiven Verhaltens, das allein eine Schlichtung im Vorfeld repressiver Intervention erreichen kann, zu befürchten.

Freilich ist ein solches, nicht auf das Strafrecht als Lösungsinstrument fixiertes Vorgehen weder voraussetzungs- noch risikolos. Die Voraussetzung besteht in der wirklichen Anerkennung des politischen *Subjektstatus* und in dem beständigen — institutionell vermittelten — Bemühen, die Individuen in den Stand zu versetzen, von diesem Status einen selbstberechtigten und verantwortlichen Gebrauch zu machen. Ein bloß einseitig auf die ökonomische Verwertung von ‚Fertigkeiten' im Austauschprozeß ausgerichteter Bildungsprozeß kann kaum genügen. Zum Scheitern verurteilt ist der Bildungsprozeß, wenn das Subjekt in der Konsumsphäre lediglich als beliebig manipulierbares Objekt betrachtet wird, dem Aufmerksamkeit nur insoweit und solange gewährt wird, wie es über ‚Kaufkraft' verfügt. Entsprechende Wirklichkeitstendenzen sind unübersehbar und müßten Anlaß zu dem Bedenken geben, ob die Bedingungen personaler Subjektivität nicht bereits nachhaltig gefährdet sind. Begreift man entsprechende Entmündigungs- und Herabsetzungstendenzen dessenungeachtet zugleich als Aufforderung zur Veränderung dieser Wirklichkeit und damit als Chance zur Selbstbefreiung, so besteht kein Anlaß zu der Annahme, der (politische) Subjektstatus sei lediglich eine Fiktion. Gleichwohl bleibt der Verzicht auf eine — vorfeldbezogene — strafrechtliche Regulation zugunsten einer kooperativen Konfliktartikulation insofern risikoreich, als die freigegebene Subjektivität immer der Möglichkeit des Irrtums

---

[14] Vgl. Kap. VIII.5.

und des Selbstwiderspruches ausgeliefert ist. Hierin liegt aber gleichsam die Kehrseite jeglicher Autonomie: die Verantwortung für die Folgen tätiger Verhaltensfreiheit. Das demokratische Gemeinwesen kann aus dem ‚Wagnis' freigegebener politischer Subjektivität nur eine Bestärkung erfahren!

Literaturverzeichnis

Achenbach, Hans: Kriminalpolitische Tendenzen in den jüngeren Reformen des Besonderen Strafrechts und des Strafprozeßrechts, JuS 1980, S. 81 ff.

Albrecht, Peter-Alexis: Das Strafrecht auf dem Wege vom liberalen Rechtsstaat zum sozialen Interventionsstaat. Entwicklungstendenzen des materiellen Strafrechts, KritV 1988, S. 182 ff.

Alternativ-Kommentar zum Strafgesetzbuch, bearbeitet von Heike *Jung* u. a., Band 3: §§ 80 - 145d; Neuwied und Darmstadt 1986, zit.: AK-StGB-Bearbeiter, §.

Alternativ-Kommentar zum Grundgesetz für die Bundesrepublik Deutschland, bearbeitet von Richard *Bäumlin* u. a., Band 1 - 2, Neuwied und Darmstadt 1984 (1989 Bd. 2), zit.: AK-GG-Bearbeiter, Art.

Amelung, Knut: Rechtsgüterschutz und Schutz der Gesellschaft. Untersuchungen zum Inhalt und Anwendungsbereich eines Strafrechtsprinzips auf dogmengeschichtlicher Grundlage. Zugleich ein Beitrag zur Lehre von der „Sozialschädlichkeit" des Verbrechens, Frankfurt / Main 1972, zit.: Amelung, RGS.

Ammann, Walther: Die Problematik des vorverlegten Staatsschutz; in: *Nedelmann*, Carl u. a., Kritik der Strafrechtsreform, S. 121 ff., Frankfurt / Main 1968, zit.: Amman, Die Problematik.

Arzt, Günter / *Weber*, Ulrich: Strafrecht, Besonderer Teil, Lehrbuch, Heft 5, Delikte gegen den Staat, gegen Amtsträger und durch Amtsträger, Bielefeld 1982, zit.: Arzt / Weber, StR V.

Azzola, Axel / *Crössmann*, Jürgen: 30 Jahre Verbot der KPD, DuR 1986, S. 266 ff.

Badura, Peter: Generalprävention und Würde des Menschen, JZ 1964, S. 327 ff.

Basten, Thomas: Das 20. Strafrechtsänderungsgesetz — ein Gesetz der liberalen Rechtspolitik? DuR 1981, S. 187 ff.

— Von der Reform des politischen Strafrechts bis zu den Anti-Terror-Gesetzen, Köln 1983, zit.: Basten, Von der Reform.

Baumann, Jürgen: Streitbare Demokratie, MDR 1963, S. 87 ff.

— Zur Reform des politischen Strafrechts, JZ 1966, S. 328 ff.

— Demonstrationsziel als Bewertungsposten bei der Entscheidung nach § 240 II StGB? NJW 1987, S. 36 ff.

Baumann, Jürgen / *Weber*, Ulrich: Strafrecht, Allgemeiner Teil, Lehrbuch. 9. Auflage, Bielefeld 1985, zit.: Baumann / Weber, StR AT.

Bemmann, Günter: Staatsschutz und Demonstrationsrecht; in: ders. / Manoledakis, Ioannis (Hrsg.), Der strafrechtliche Schutz des Staates. Griechisch-deutsches Symposium für Strafrecht und Verfassungsrecht Hagen 1986, S. 29 ff., Neuwied und Darmstadt 1987, zit.: Bemmann, Staatsschutz.

Bentham, Jeremias: Prinizpien der Gesetzgebung, Köln 1833, unveränderter reprographischer Nachdruck Frankfurt / Main 1960.

Bergmann, Alfred: Das Unrecht der Nötigung (§ 240 StGB), Berlin 1983, zit.: Bergmann, Das Unrecht.

Bettiol, Giuseppe: Das Problem des Rechtsgutes in der Gegenwart, ZStW 72, 276 ff.

Binding, Karl: Die Normen und ihre Übertretung. Eine Untersuchung über die rechtmäßige Handlung und die Arten des Delikts, Band 2, Der rechtswidrige Vorsatz, 2. Auflage, Leipzig 1916, zit.: Binding, Normen II.

Blasius, Dirk: Geschichte der politischen Kriminalität in Deutschland. 1800 - 1980, Frankfurt / Main 1983.

Bloy, Rene: Die Straftaten gegen die Umwelt im System des Rechtsgüterschutzes, ZStW 100, 485 ff.

Böckenförde, Ernst-Wolfgang: Mittelbare / repräsentative Demokratie als eigentliche Form der Demokratie. Festschrift Eichenberger, S. 301 ff., Berlin 1982, zit.: Bökkenförde, FS Eichenberger.

Boettcher, Otto: Definition und Entwicklung des organisierten Verbrechens in der Bundesrepublik, in: BKA, Organisiertes Verbrechen, S. 181 ff., Wiesbaden 1975, zit.: Boettcher, Definition und Entwicklung.

Bon, Gustave le: Die Psychologie der Massen, Stuttgart 1982, 15. Auflage.

Bonner Kommentar: Kommentar zum Bonner Grundgesetz, Band 4, 20. Lieferung 1968, zit.: BK-GG-Bearbeiter, Art.

Breitbach, Michael: Stimmennötigung, Wahlprüfung und das Argument der Macht, DuR 1984, S. 432 ff.

Brockhaus, Der Große: Handbuch des Wissens in zwanzig Bänden, 19. Band, 15. Auflage, Leipzig 1934.

Brückner, Jens A. / *Schmitt,* Hans-Theo: Verfassungsschutz und innere Sicherheit, Wuppertal 1977, zit.: Brückner / Schmitt, Verfassungsschutz.

Buchheim, Hans: Wie der Staat existiert, Der Staat 1988, S. 1 ff.

Bundeskriminalamt (Hrsg.): Organisiertes Verbrechen. Arbeitstagung des Bundeskriminalamtes Wiesbaden 21.10-25.10.1974, Wiesbaden 1975, zit.: BKA, Organisiertes Verbrechen.

— Polizeiliche Kriminalstatistik 1987, Wiesbaden 1988, zit.: BKA, Polizeiliche Kriminalstatistik.

Calliess, Rolf-Peter: Theorie der Strafe im demokratischen und sozialen Rechtsstaat, Frankfurt / Main 1974, zit.: Calliess, Theorie der Strafe.

— Die Folgen für die politische Partizipation sind bedenklich. Stellungnahme vor dem Bundesverfassungsgericht zum Bestimmtheitsgebot für Strafnormen und zur Anwendbarkeit des § 240 StGB auf gewaltlose Sitzblockaden. FR v. 1.8.1986, S. 14 — Dokumentation —, zit.: Calliess, FR v. 1.8.86.

Copic, Hans: Grundgesetz und politisches Strafrecht neuer Art. Tübingen 1967, zit.: Copic, Grundgesetz.

Crossier, H. u. a.: Memorandum für die Streichung der Tatbestände der „Werbung" und „Unterstützung" in den Paragraphen 129, 129a StGB, DuR 1981, S. 342 ff.

Dahs, Hans: Das „Anti-Terroristen-Gesetz“ — eine Niederlage des Rechtsstaats, NJW 1976, S. 2145 ff.

Demski, Ulf / *Ostendorf*, Heribert: Vom Kanzelparagraph zur Anleitung zu Straftaten — Der § 130a StGB — eine Paradebeispiel für ein politisch instrumentalisiertes Strafrecht, StV 1989, 30 ff.

Dencker, Friedrich: Gefährlichkeitsvermutung statt Tatschuld? Tendenzen der neueren Strafrechtsentwicklung, StV 1988, S. 262 ff.

Doehring, Karl: Staatsrecht der Bundesrepublik Deutschland, Frankfurt / Main 1984, zit.: Doehring, Staatsrecht.

Dreher, Eduard / *Tröndle*, Herbert: Strafgesetzbuch mit Nebengesetzen, 44. Auflage, München 1988, zit.: D / T.

Dürr, Hermann: Lücken oder Sackgasse — Strafvorschriften gegen Fehlverhalten von Abgeordneten? ZRP 1979, S. 264.

Elias, Norbert: Über den Prozeß der Zivilisation. Soziogenetische und psychogenetische Untersuchungen, 2. Band: Wandlungen der Gesellschaft. Entwurf zu einer Theorie der Zivilisation, 8. Auflage, Frankfurt / Main 1982, zit.: Elias, Über den Prozeß.

Ellscheid, Günter: Verrechtlichung und Entsolidarisierung; in: Gessner, Volkmar / Hassemer, Winfried (Hrsg.), Gegenkultur und Recht, S. 51 ff., Baden-Baden 1985, zit.: Ellscheid, Verrechtlichung.

— Das Problem von Sein und Sollen in der Philosophie Immanuel Kants, Köln / Berlin 1968, zit.: Ellscheid, Das Problem.

Engels, Dieter; Hausbesetzung ist kein Hausfriedensbruch, DuR 1981, S. 293 ff.

Engels, Friedrich: Lage der arbeitenden Klasse in England, MEW 1, S. 464 f.

Erdsiek, Gerhard: Umwelt und Recht (zu 1.: Abgeordnetenbestechung), NJW 1959, S. 25 f.

Feuerbach, P. J. A.: Lehrbuch des gemeinen in Deutschland gültigen peinlichen Rechts, 12. Auflage, Gießen 1836, zit.: Feuerbach, Lehrbuch.

— Kritik des natürlichen Rechts als Propädeutik zu einer Wissenschaft der natürlichen Rechte (1796), Reprint Darmstadt 1963, zit.: Feuerbach, Kritik.

Fleischer, Helmut: Ethik ohne Imperativ. Zur Kritik des moralischen Bewußtseins, Frankfurt / Main 1987, zit.: Fleischer, Ethik.

Floerecke, Peter: Reform und Gegenreform des Demonstrationsstrafrechts. Ansätze zur Analyse von Normsetzungsprozessen in einem turbulenten Politikfeld, KrimJ 1987, S. 119 ff.

Forsthoff, Ernst: Lehrbuch des Verwaltungsrechts, 1. Band, Allgemeiner Teil, 7. Auflage, München 1958, zit.: Forsthoff, Lehrbuch.

Foucault, Michel: Für eine Kritik der Politischen Vernunft, lettre international, Heft 1 1988, S. 58 ff.

Fraenkel, Ernst: Der Doppelstaat, Reinbek 1974.

Gallas, Wilhelm: Zur Kritik vom Verbrechen als Rechtsgutsverletzung; in: v. Gleispach-Festschrift, S. 50 ff., Berlin 1936, zit.: Gallas, Zur Kritik.

— Abstrakte und konkrete Gefährdung, in: Festschrift für Ernst Heinitz, S. 171 ff., Berlin 1972, zit.: Gallas, FS Heinitz.

— Gründe und Grenzen der Strafbarkeit. Gedanken zum Begriff des Verbrechens; in: ders., Beiträge zur Verbrechenslehre, S. 1 ff., Berlin 1968, zit.: Gallas, Beiträge.

Geerds, Friedrich: Einzelner und Staatsgewalt in geltendem Strafrecht, Bad Homburg v. d. H. / Berlin / Zürich 1969, zit.: Geerds, Einzelner.

Giehring, Heinz: Politische Meinungsäußerung und die Tatmodalitäten des Werbens und der Unterstützung in den §§ 129, 129a StGB, StV 1983, S. 296 ff.

Görlitz, Axel (Hrsg.): Handlexikon zur Politikwissenschaft, 2 Bände, Reinbek 1973.

Gößl, Max: Untersuchungen zum Verhältnis von Recht und Sittlichkeit bei Immanuel Kant und Karl Christian Friedrich Krause, München 1961, zit.: Gößl, Untersuchungen.

Gräßle-Münscher, Joseph: Der Tatbestand der kriminellen Vereinigung (§ 129 StGB) aus historischer und systematischer Sicht. Diss. jur., München 1982.

— Das neue System des politischen Strafrechts. Der Gesetzentwurf der Fraktion Die Grünen zur Abschaffung der §§ 129, 129a StGB vom 15.5.1990, DuR 1991, 223 ff.

Grimm, Jakob / *Grimm*, Wilhelm: Deutsches Wörterbuch, II. Abt., 12. Band, Deutsche Akademie der Wissenschaften, Leipzig 1951.

Grünwald, Geralt: Aspekte der Bewertung politischer Straftaten; in: de Boor, Wolfgang (Hrsg.), Politisch motivierte Kriminalität — echte Kriminalität? S. 20 ff., Basel 1980, zit.: Grünwald, Aspekte.

— Billigung von Straftaten (§ 140 StGB). Der Prozeß um das Buch „Wie alles anfing" von Michael „Bommi" Baumann; in: Lüderssen, Klaus u. a. (Hrsg.), Vom Nutzen und Nachteil der Sozialwissenschaften für das Strafrecht. Einzelne Delikte — Ausblick, Zweiter Teilband, S. 489 ff., Frankfurt / Main 1980, zit.: Grünwald, Billigung.

Güde, Max: Probleme des politischen Strafrechts. Veröffentlichung der Gesellschaft Hamburger Juristen, Hamburg 1957, zit.: Güde, Probleme.

Gürtner, Franz / Freisler, Roland: Das Neue Strafrecht. Grundsätzliche Fragen zum Geleit, Berlin 1936, zit.: Bearbeiter in Gürtner / Freisler, Das neue Strafrecht.

Habermas, Jürgen: Politische Beteiligung — ein Wert „an sich"?; in Matz, Ulrich (Hrsg.), Grundprobleme der Demokratie, S. 316 ff; Darmstadt 1973.

Hardwig, Werner: Über die unterschiedlichen Unrechtsgehalte und die Abgrenzung von Unrecht und Schuld, JZ 1969, S. 459 ff.

Hartmann: Zur Straflosigkeit der Abgeordnetenbestechung im geltenden Recht und ihrer Behandlung im Entwurf eines Strafgesetzbuchs (E 1962), DVBl 1964, S. 615 ff.

Hassemer, Winfried: Prävention im Strafrecht, JuS 1987, S. 257 ff.

— Strafrechtsdogmatik und Kriminalpolitik, Reinbek 1974, zit.: Hassemer, Strafrechtsdogmatik.

— Theorie und Soziologie des Verbrechens. Ansätze zu einer praxisorientierten Rechtsgutslehre. Frankfurt / Main 1973, zit.: Hassemer, Theorie.

— Generalprävention und Strafzumessung, in: *Hassemer*, Winfried / *Lüderssen*, Klaus / *Naucke*, Wolfgang: Hauptprobleme der Generalprävention, S. 29 ff., Frankfurt / Main 1979, zit.: Hassemer in ders., Hauptprobleme.

Hegel, G. W. F.: Phänomenologie des Geistes. Texte-Auswahl und Kommentar zur Rezeptionsgeschichte von Gerhard Göhler. 2. Auflage, Frankfurt / Main 1973, zit.: Hegel, PdG.

— Grundlinien der Philosophie des Rechts oder Naturrecht und Staatswissenschaft im Grundrisse, herausgegeben und eingeleitet von Helmut Reichelt, Frankfurt / Main 1972, zit.: Hegel, Rph.

— Die Vorlesung von 1819 / 20 in einer Nachschrift, herausgegeben von Dieter Henrich, Frankfurt / Main 1983, zit.: Hegel, Vorlesungsnachschrift.

Hellmer, Joachim: Über die Glaubwürdigkeit des Strafrechts und die Bedeutung des zwischenmenschlichen Verhältnisses für die Kriminalitätsbekämpfung, JZ 1981, S. 153 ff.

— Das ethische Problem in der Kriminologie. Dargestellt am Beispiel einer empirischen Untersuchung über regionale Kriminalität, Berlin 1984, zit.: Hellmer, Das ethische Problem.

Henkel, Heinrich: Die Bestechlichkeit von Ermessensbeamten, JZ 1960, 507 ff.

Hesse, Konrad: Grundzüge des Verfassungsrechts in der Bundesrepublik Deutschland, 15. Auflage, Heidelberg 1985.

Hilpert, Konrad: Ethik und Rationalität. Untersuchungen zum Autonomieproblem und zu seiner Bedeutung für die theologische Ethik, Düsseldorf 1980, zit.: Hilpert, Ethik.

Hobbes, Thomas: Leviathan oder Stoff, Form und Gewalt eines bürgerlichen und kirchlichen Staates, herausgegeben und eingeleitet von Iring Fetscher, Frankfurt / Main 1976, zit.: Hobbes, Leviathan.

Hoerster, Norbert: Zur Generalprävention als dem Zweck staatlichen Strafens, GA 1970, S. 272 ff.

— Zur Begründung staatlichen Strafens; in: Weinberger-Festgabe, S. 225 ff., Berlin 1984, zit.: Hoerster, FS Weinberger.

Honig, Richard M.: Die Einwilligung des Verletzten I, Mannheim u. a. 1919, zit.: Honig, Einwilligung.

Hoyer, Andreas: Die Eignungsdelikte, Berlin 1987.

Hruschka, Joachim: Über Schwierigkeiten mit dem Beweis des Vorsatzes, in: Festschrift für Theodor Kleinknecht, S. 191 ff., München 1985, zit.: Hruschka, FS Kleinknecht.

Jakobs, Günther: Kriminalisierung im Vorfeld einer Rechtsgutsverletzung, ZStW 97, S. 751 ff.

— Strafrecht, Allgemeiner Teil, Die Grundlagen und die Zurechnung, Lehrbuch, Berlin 1983, zit.: Jakobs, StR AT.

Jerusalem, Franz W.: Zum Begriff des Organisationsverbrechens, SprG 1948, S. 129 f.

Joerden, Jan C.: Strukturen des strafrechtlichen Verantwortlichkeitsbegriffs: Relationen und ihre Verkettungen, Berlin 1988, zit.: Joerden, Strukturen.

Junkers, Marie-Therese: Ergebnisse der Ursachenforschung Terrorismus — Lebenslaufanalysen, in: Bundesministerium des Innern (Hrsg.): Auseinandersetzung mit dem Terrorismus — Möglichkeiten der politischen Bildungsarbeit, S. 65 ff., Stuttgart 1981, zit.: Junkers, Ergebnisse der Ursachenforschung.

Kaiser, Günther: Kriminologie. Eine Einführung in die Grundlagen, 6. Auflage, Heidelberg / Karlsruhe 1983.

— Die Fortentwicklung der Methoden und Mittel des Strafrechts, ZStW 86, S. 349 ff.

— Auf der Spur des Verbrechens, ZStW 99, 664 ff.

Kaiser, Joseph H.: Der politische Streik, 2. Auflage, Freiburg 1959.

Kant, Immanuel: Die Metaphysik der Sitten, Weischedel Ausgabe, Band VIII, 4. Auflage, Frankfurt / Main 1982, zit.: Kant, MdS.

Karpen, Ulrich: Die Unterscheidung von Staat und Gesellschaft als Bedingung der rechtsstaatlichen Freiheit, JA 1986, S. 299 ff.

Kaufmann, Arthur: Unrecht und Schuld beim Delikt der Volltrunkenheit, JZ 1963, S. 425 ff.

— Vorüberlegungen zu einer juristischen Logik und Ontologie der Relationen. Grundlegung einer personalen Rechtstheorie; in: Rechtstheorie 1986, S. 257 ff.

Klein, Rolf: Straflosigkeit der Abgeordnetenbestechung. Einer Strafrechtslücke zum 25-jährigen Bestehen, ZRP 1979, S. 174.

Klug, Ulrich: Das Aufstacheln zum Angriffskrieg (§ 80a StGB); in: Jescheck-Festschrift, S. 583 ff., 1. Halbband, Berlin 1985.

Klughardt, Werner: Die Gesetzgebung zur Bekämpfung des Terrorismus aus strafrechtlich-soziologischer Sicht, München 1984, zit.: Klughardt, Die Gesetzgebung.

Kniesel, Michael: Verhinderung von Gewalttätigkeiten bei Demonstrationen, Die Polizei 1989, S. 231 ff.

Köhler, Michael: Die bewußte Fahrlässigkeit. Eine strafrechtlich-rechtsphilosophische Untersuchung, Heidelberg 1982.

— Nötigung als Freiheitsdelikt; in: Festschrift für Leferenz, S. 511 ff., Heidelberg 1983, zit.: Köhler, FS Leferenz.

— Über den Zusammenhang von Strafbegründung und Strafzumessung. Erörtert am Problem der Generalprävention, Heidelberg 1983, zit.: Köhler, Zusammenhang.

— Zur Frage der Strafbarkeit des Leugnens von Völkermordtaten, NJW 1985, S. 2389 ff.

— Der Begriff der Strafe, Heidelberg 1986.

Kohlrausch, Eduard / Lange, Richard u. a.: Strafgesetzbuch für das Deutsche Reich, 28. Auflage, Berlin 1928, zit.: Kohlrausch / Lange, StGB.

Kühl, Kristian: Demonstrationsfreiheit und Demonstrationsstrafrecht, NJW 1985, S. 2379 ff.

— Neue Gesetze gegen terroristische Straftaten, NJW 1987, S. 737 ff.

— Grundfälle zu Vorbereitung, Versuch, Vollendung und Beendigung, JuS 1979, 874 ff.

Krauth, Hermann / *Kurfess,* Werner / *Wulf,* Helmut: Zur Reform des Staatsschutzstrafrechts durch das Achte Strafänderungsgesetz, JZ 1968, S. 577 ff., zit.: Krauth u. a.

Lackner, Karl: Das konkrete Gefährdungsdelikt im Verkehrsstrafrecht. Vortrag. Berlin 1967, zit.: Lackner, Gefährdungsdelikt.

— Strafgesetzbuch. Kommentar, 18. Auflage, München 1989.

Lampe, Ernst-Joachim: Das personale Unrecht, Berlin 1967.

Landshut, Siegfried: Volkssouveränität und öffentliche Meinung (1953); in: Kurz, Hanns (Hrsg.), Volkssouveränität und Staatssouveränität, S. 301 ff., Darmstadt 1970, zit.: Landshut, Volkssouveränität.

Larenz, Karl: Deutsche Rechtserneuerung und Rechtsphilosophie, Tübingen 1934, zit.: Larenz, Rechtserneuerung.

Leipziger Kommentar: Strafgesetzbuch, Kommentar, begründet von *Ebermayer / Lobe / Rosenberg*, 10. Auflage, ab 1978, Berlin / New York, zit.: LK-Bearbeiter, §.

Letzgus, Klaus: Vorstufen der Beteiligung, Erscheinungsformen und ihre Strafwürdigkeit, Berlin 1972, zit.: Letzgus, Vorstufen.

Lobe: Nochmals Gefährdungs- oder Verletzungsstrafrecht, DJZ 1934, Spalte 247 ff.

Lüderssen, Klaus: Die generalpräventive Funktion des Deliktssystems; in: *Hassemer* u. a., Hauptprobleme der Generalprävention, S. 54 ff., Frankfurt / Main, zit.: Lüderssen in Hassemer, Hauptprobleme.

Luhmann, Niklas: Rechtssoziologie, 2 Bände, Reinbek 1972.

— Legitimation durch Verfahren, 3. Auflage, Darmstadt und Neuwied 1978.

Machiavelli, Niccolo: Der Fürst; aus dem Italienischen übertragen von Ernst Merian-Genast, Stuttgart 1980.

Maihofer, Werner: Der vorverlegte Staatsschutz; in: Baumann, Jürgen (Hrsg.), Mißlingt die Strafrechtsreform? Der Bundestag zwischen Regierungsentwurf von 1962 und Alternativ-Entwurf der Strafrechtslehrer von 1966, S. 186 ff., Darmstadt 1969.

Maiwald, Manfred: Die Verteidigung der Rechtsordnung — Analyse eines Begriffs, GA 1983, S. 49 ff.

Marcuse, Herbert: Studie über Autorität und Familie; in: ders., Schriften Band III, Aufsätze aus der Zeitschrift für Sozialforschung 1934 - 1941, S. 119 ff., Frankfurt / Main 1979.

Marx, Karl: Grundrisse der Kritik der politischen Ökonomie (Rohentwurf). 1857 - 1858, Berlin 1974, zit.: Marx, Grundrisse.

Marx, Michael: Zur Definition des Begriffs ‚Rechtsgut'. Prolegomena einer materialen Verbrechenslehre, Köln / Berlin / Bonn / München 1972, zit.: Marx, Der Begriff.

Marxen, Klaus: Der Kampf gegen das liberale Strafrecht. Eine Studie zum Antiliberalismus in der Strafrechtswissenschaft der zwanziger und dreißiger Jahre, Berlin 1975.

Maunz, Theodor / *Dürig*, Günter / *Herzog*, Roman / *Scholz*, Rupert: Grundgesetz. Kommentar. Band I - IV. 26. Lieferung, München 1986, zit.: M / D / H / S, Art.

Maurach, Reinhart: Die Problematik der Verbrechensverabredung (§ 49 a II StGB), JZ 1961, 137 ff.

Maurach, Reinhart / *Schroeder*, Friedrich-Chr.: Strafrecht. Besonderer Teil. Teilband II, 6. Auflage, Heidelberg 1981, zit.: Maurach / Schroeder, StR BT, §.

Maurach, Reinhart / *Zipf*, Heinz: Strafrecht. Allgemeiner Teil. Teilband I, 7. Auflage, Heidelberg 1987, zit.: Maurach / Zipf, StR AT, §.

Mayer, Hellmuth: Das Strafrecht des Deutschen Volkes, Stuttgart 1936, zit.: Mayer, Strafrecht.

Meinberg, Volker: Empirische Erkenntnisse zum Vollzug des Umweltstrafrechts, ZStW 100, S. 112 ff.

Mensching, Günther: Totalität und Autonomie, Frankfurt / Main 1971.

Mertens, Hans: Politische Strafjustiz in der Adenauer-Ära. Ein Beispiel negativer Aufarbeitung des Faschismus; in: Fangmann, Helmut D. / Paech, Norman (Hrsg.), Recht, Justiz und Faschismus, nach 1933 und heute, S. 112 ff., Köln 1984, zit.: Mertens, Politische Strafjustiz.

Meurer, Dieter / *Bergmann,* Alfred: Gewaltbegriff und Verwerflichkeitsklausel. Nötigung und kein Ende? — Nötigung ohne Ende? — Ende der Nötigung?, JR 1988, S. 49 ff.

Meyer-Abich: Die Ahndung des Organisationsverbrechens in Gegenwart und Zukunft, SprG 1949, S. 27 ff.

Mezger, Edmund: Willensstrafrecht, Gefährdungsstrafrecht und Erfolgsstrafrecht, DJZ 1934, Spalte 97 ff.

Montesquieu, Charles de: Vom Geist der Gesetze, ausgewählt und übersetzt von Kurt Weigand, Stuttgart 1976.

Müller, Helga: Der Begriff der Generalprävention im 19. Jahrhundert. Feuerbach — F. v. Liszt, Frankfurt / Main 1984, zit.: Müller, Generalprävention.

Müller-Dietz, Heinz: Integrationsprävention und Strafrecht. Zum positiven Aspekt der Generalprävention; in: Jescheck-Festschrift, 2. Halbband, S. 813 ff., Berlin 1985, zit.: Müller-Dietz, FS Jescheck.

Müller-Gugenberger, Christian (Hrsg.): Wirtschaftsstrafrecht. Eine Darstellung des deutschen Wirtschaftsstraf- und Ordnungswidrigkeitenrechts, Münster 1987, zit.: Müller-Gugenberger, Wirtschaftsstrafrecht.

v. Münch, Ingo (Hrsg.): Grundgesetzkommentar, Band 1 - 3, 2. Auflage, München 1981 / 1983, zit.: GGK-Bearbeiter, Art.

Münkler, Herfried: Grundelemente terroristischer Ideologie, in: Bundesministerium des Innern (Hrsg.): Auseinandersetzung mit dem Terrorismus — Möglichkeiten der politischen Bildungsarbeit, S. 109 ff., Stuttgart 1981.

Naucke, Wolfgang: Generalprävention und Grundrechte der Person; in: *Hassemer,* Winfried u. a., Hauptprobleme der Generalprävention, S. 9 ff., Frankfurt / Main 1979, zit.: Naucke in Hassemer, Hauptprobleme.

— Grundlinien einer rechtsstaatlich-praktischen allgemeinen Straftatlehre, Wiesbaden 1979, zit.: Naucke, Grundlinien.

— Entwicklungen der allgemeinen Politik und der Zusammenhang dieser Politik mit der Reform des Strafrechts in der Bundesrepublik Deutschland; in: *Hassemer,* Winfried (Hrsg.), Strafrechtspolitik, S. 15 ff., Frankfurt 1987, zit.: Naucke, Entwicklungen.

Neumann, Ulfrid / *Schroth,* Ulrich: Neuere Theorien von Kriminalität und Strafe, Darmstadt 1980, zit.: Neumann / Schroth, Neuere Theorien.

Nowakowski, Friedrich: Zur Lehre von der Rechtswidrigkeit, ZStW 63, S. 287 ff.

Oppermann, Thomas L.: Wahlprüfung, Wahlbeeinflussung und Wählernötigung — BVerfGE 66, 369, JuS 1985, S. 519 ff.

Ortega y Gasset, José: Der Aufstand der Massen, Hamburg 1977.

Ostendorf, Heribert: Entwicklungen in der Rechtsprechung zur „Bildung krimineller bzw. terroristischer Vereinigungen", §§ 129, 129a StGB, JA 1980, S. 499 ff.

— Im Streit: Die strafrechtliche Verfolgung der „Auschwitzlüge", NJW 1985, S. 1062 ff.

Otto, Hans-Jochen: Generalprävention und externe Verhaltenskontrolle. Wandel vom soziologischen zum ökonomischen Paradigma in der nordamerikanischen Kriminologie, Freiburg / Br. 1982, zit.: Otto, Generalprävention.

Preuß, Ulrich K.: Legalität und Pluralismus, Beiträge zum Verfassungsrecht der Bundesrepublik Deutschland, Frankfurt / Main 1973, zit.: Preuß, Legalität.

— Der Staat als bewußt produziertes Handlungszentrum; in: Böckenförde, Ernst-Wolfgang (Hrsg.), Staat und Gesellschaft, S. 330 ff., Darmstadt 1976, zit.: Preuß, Der Staat.

Preußischer Justizminister: Nationalsozialistisches Strafrecht, Denkschrift des Preußischen Justizministers. *Kerrl,* Hanns (Gesamtleitung) / *Freisler,* Roland u. a. (Gesamtbearbeitung), Berlin 1933, zit.: Denkschrift.

Radbruch, Gustav: Rechtsphilosophie, 8. Auflage, Stuttgart 1973.

— Einführung in die Rechtswissenschaft. 13. Auflage nach dem Tode des Verfassers besorgt von Konrad Zweigert, Stuttgart 1980, zit.: Radbruch, Einführung.

— Autoritäres oder soziales Strafrecht, in: Der Mensch im Recht, S. 62 ff., 3. Auflage, Göttingen 1957.

Ridder, Helmut: Grundgesetz, Notstand und politisches Strafrecht, Frankfurt / Main 1965, zit.: Ridder, Grundgesetz.

— Zur verfassungsrechtlichen Stellung der Gewerkschaften im Sozialstaat; in: Bökkenförde, Ernst-Wolfgang (Hrsg.), Staat und Gesellschaft, Darmstadt 1976, zit.: Ridder, Verfassungsrechtliche Stellung.

Riekenbrauk, Klaus: Die Verfassungsfeind-Bestimmung in den veröffentlichten Verfassungsschutzberichten des Bundes und der Länder. Ein Beitrag zum Verfassungsschutz neuer Art. Diss. jur., Münster 1986.

Rogall, Klaus: Die verschiedenen Formen des Veranlassens fremder Straftaten, GA 1979, S. 11 ff.

Rohrbach, Jürgen: Schuld und Strafe. Untersuchung über das Verhältnis von Kriminalstrafe zur Erziehungsstrafe unter besonderer Berücksichtigung der Schuld, Kastellaun / Hunsrück 1978.

Rohrmoser, Günter: Die Frage der Gewalt am Ende des Jahrhunderts, in: Bundesministerium des Innern (Hrsg.): Auseinandersetzung mit dem Terrorismus — Möglichkeiten der politischen Bildungsarbeit, S. 125 ff., Stuttgart 1981, zit.: Rohrmoser, Die Frage der Gewalt.

Rotering: Gefahr und Gefährdung im Strafgesetzbuche, GA 31 (1883), S. 266 ff.

Rousseau, Jean-Jacques: Vom Gesellschaftsvertrag oder Grundsätze des Staatsrechts, übersetzt und herausgegeben von Hans Brockard, Stuttgart 1979, zit.: Rousseau, Gesellschaftsvertrag.

Roxin, Claus: Sinn und Grenzen staatlicher Strafe, JuS 1966, S. 377 f.

— Die Strafbarkeit von Vorstufen der Beteiligung (§ 30 StGB), JA 1979, S. 169 ff.

Rudolphi, Hans-Jürgen: Die verschiedenen Aspekte des Rechtsgutsbegriffs; in: Festschrift für Richard M. Honig, S. 151 ff., Göttingen 1970, zit.: Rudolphi, FS Honig.

— Verteidigerhandeln als Unterstützung einer kriminellen oder terroristischen Vereinigung i. S. der §§ 129 und 129 a StGB; in: Festschrift für Hans-Jürgen Bruns, S. 315 ff., Köln u. a. 1978, zit.: Rudolphi, FS Bruns.

— Die Gesetzgebung zur Bekämpfung des Terrorismus, JA 1979, S. 1 ff.

— Notwendigkeit und Grenzen einer Vorverlagerung des Strafrechtsschutzes im Kampf gegen den Terrorismus, ZRP 1979, S. 214 ff.

Rüping, Hinrich: Bibliographie zum Strafrecht im Nationalsozialismus. Literatur zum Straf-, Strafverfahrens- und Strafvollzugsrecht mit ihren Grundlagen und einem Anhang: Verzeichnis der veröffentlichten Entscheidungen der Sondergerichte, München 1985, zit.: Rüping, Bibliographie.

Ruhrmann, H. W.: Grenzen strafrechtlichen Staatsschutzes, Anmerkungen zu einer Reform der Staatsgefährdungsdelikte, NJW 1957, 1897 ff.

Sack, Fritz: Politische Delikte, politische Kriminalität (Stichwort); in: Kaiser, Günther u. a. (Hrsg.), Kleines kriminologisches Wörterbuch, S. 324 ff., 2. Auflage, Heidelberg 1985, zit.: Sack, Politische Delikte.

Sax, Walter: Grundsätze der Strafrechtspflege; in: *Bettermann / Nipperdey / Scheuner*, Die Grundrechte. Handbuch der Theorie und Praxis der Grundrechte. 3. Band, 2. Halbband, S. 909 ff., 2. Auflage, Berlin 1972.

Schaffstein, Friedrich: Nationalsozialistisches Strafrecht. Gedanken zur Denkschrift des Preußischen Justizministers, ZStW 53, S. 603 ff.

Scheerer, Sebastian: Gesetzgebung im Belagerungszustand; in: Blankenburg, Erhard (Hrsg.), Politik der inneren Sicherheit, S. 120 ff., Frankfurt / Main 1980, zit.: Scheerer, Gesetzgebung.

Schirach, Carl von: Über politische Verbrechen; in: Schroeder, Friedrich-Chr. (Hrsg.), Texte zur Theorie des politischen Strafrechts Ende des 18. Jahrhunderts / Mitte des 19. Jahrhunderts, S. 306 ff., Darmstadt 1974, zit.: v. Schirach, Über politische Verbrechen.

Schmidhäuser, Eberhard: Der Unrechtstatbestand; in: Engisch-Festschrift, S. 433 ff., Frankfurt / Main 1969, zit.: Schmidhäuser, FS Engisch.

— Strafrecht. Allgemeiner Teil. Lehrbuch, 2. Auflage, Tübingen 1975, zit.: Schmidhäuser, StR AT.

Schmidt-Bleibtreu, Bruno / *Klein*, Franz: Kommentar zum Grundgesetz für die Bundesrepublik Deutschland, 6. Auflage, Darmstadt 1983, zit.: Schmidt-Bleibtreu, Art.

Schmitt, Carl: Der Begriff des Politischen, Berlin 1927.

— Politische Theologie I. Vier Kapitel zur Lehre von der Souveränität (1922), Leipzig 1933, zit.: Schmitt, Politische Theologie I.

— Über die drei Arten des rechtswissenschaftlichen Denkens, Hamburg 1934, zit.: Schmitt, Über die drei Arten.

Schnoor, Herbert: Der Abbau des Gewaltpotentials als politische Aufgabe, KritV 1987, S. 279 ff.

Schönke, Adolf / *Schröder* Horst: Strafgesetzbuch, Kommentar, 23. Auflage, München 1988, zit.: Sch / Sch, §.

Schröder, Horst: Die Gefährdungsdelikte im Strafrecht, ZStW 81, S. 7 ff.

Schroeder, Friedrich-Christian: Der Schutz von Verfassung und Staat im Strafrecht. Eine systematische Darstellung, entwickelt aus Rechtsgeschichte und Rechtsvergleichung, München 1970 , zit.: Schroeder, Der Schutz.

— Probleme der Staatsverunglimpfung, JR 1979, 89 ff.

— Die Straftaten gegen das Strafrecht. Vortrag. Berlin / New York 1985, zit.: Schroeder, Die Straftaten.

Schubert, Michael: „Sicherheitsgesetze" — Neue Runde, DuR 1988, S. 248 ff.

Schünemann, Bernd: Moderne Tendenzen in der Dogmatik der Fahrlässigkeits- und Gefährdungsdelikte, JA 1975, S. 435 ff., S. 792 ff (Gefährdungsdelikte).

Schwagerl, Hans-Joachim: Verfassungsschutz in der Bundesrepublik Deutschland, Heidelberg 1985, zit.: Schwagerl, Verfassungsschutz.

Schwinge, Erich / *Zimmerl*, Leopold: Wesensschau und konkretes Ordnungsdenken im Strafrecht, Bonn 1937, zit.: Schwinge / Zimmerl, Wesensschau.

Seelmann, Kurt: Hegels Straftheorie in seinen „Grundlinien der Philosophie des Rechts", JuS 1979, S. 687 ff.

Seifert, Karl-Heinz / *Hömig*, Dieter (Hrsg.): Grundgesetz für die Bundesrepublik Deutschland, 3. Auflage, Baden-Baden 1988, zit.: Seifert / Hömig, GG, Art.

Simon, Helmut / *Mommsen*, Hans / *Becker*, Peter: Verfassungsschutz durch Verfassungszerstörung, ZRP 1989, S. 175 ff.

Sina, Peter: Die Dogmengeschichte des strafrechtlichen Begriffs „Rechtsgut", Basel 1962, zit.: Sina, Dogmengeschichte.

Stree, Walter: Strafrechtsschutz im Vorfeld von Gewalttaten. Das 14. Strafrechtsänderungsgesetz, NJW 1976, S. 1177 ff.

Strohmaier, Claus: Die Reform des Demonstrationsstrafrechts. Ein Rückschritt in den Obrigkeitsstaat oder eine notwendige Korrektur des 3. StrRG, Tübingen 1985, zit.: Strohmaier, Die Reform.

Systematischer Kommentar zum Strafgesetzbuch. Rudolphi, Hans-Jürgen u. a. (Hrsg.), Band 1 (AT), Band 2 (BT), Frankfurt / Main 1990, zit.: SK-Bearbeiter, §.

Tagungsbericht zu Jakobs, Günther, Kriminalisierung im Vorfeld einer Rechtsgutsverletzung, ZStW 97, S. 751 ff., Berichterstatter: Gropp, Walter, ZStW 97, S. 919 ff.

Thielicke, Helmut: Theologische Ethik, 2. Band, 2. Teil, Ethik des Politischen, 2. Auflage, Tübingen 1958 (unveränd. Nachdruck 1974).

Tiedemann, Klaus, Tatbestandsfunktionen im Nebenstrafrecht. Untersuchungen zu einem rechtsstaatlichen Tatbestandsbegriff, entwickelt am Problem des Wirtschaftsstrafrechts, Tübingen 1969, zit.: Tiedemann, Tatbestandsfunktionen.

Träger, Ernst / *Mayer*, Albrecht / *Krauth*, Hermann: Das neue Staatsschutzstrafrecht in der Praxis; in: 25 Jahre BGH, S. 227 ff., München 1975, zit.: Träger u. a., Neues Staatsschutzstrafrecht.

Vogler, Theo: Möglichkeiten und Wege der Entkriminalisierung, ZStW 90, S. 132 ff.

Voigt, Rüdiger: Verrechtlichung von Staat und Gesellschaft; in: ders. (Hrsg.), Verrechtlichung, Analysen zu Funktion und Wirkung von Parlamentarisierung, Bürokratisierung und Justizialisierung sozialer, politischer und ökonomischer Prozesse, Königsstein / Taunus 1980, S. 15 ff., zit.: Voigt, Verrechtlichung.

Vormbaum, Thomas: Der strafrechtliche Schutz des Strafurteils, Untersuchungen zum Strafrechtsschutz des strafprozessualen Verfahrenszieles, Berlin 1987, zit.: Vormbaum, Der strafrechtliche Schutz.

Wächter, Gerd: Der doppelte Charakter des Strafrechts. Ökonomie, Repression und Ideologie in der Theorie des Strafrechts, KJ 1984, S. 161 ff.

Wagner, Hartmut: Gewaltmonopol und Demonstrationsfreiheit — Bemerkungen zur Diskussion um die Verschärfung des Versammlungsrechts, KrimJ 1988, S. 2 ff.

Wagner, Joachim: Politischer Terrorismus und Strafrecht im Deutschen Kaiserreich von 1871, Heidelberg / Hamburg 1981.

— Legalitätsprinzip und politischer Protest, Kriminalistik 1982, S. 253 ff.

Weber, Ulrich: Die Vorverlegung des Strafrechtsschutzes durch Gefährdungs- und Unternehmensdelikte; in: Jescheck, Hans-Heinrich (Hrsg.), Die Vorverlegung des Strafrechtsschutzes durch Gefährdungs- und Unternehmensdelikte. Referate und Diskussionsberichte, S. 5 ff., Berlin 1987, zit.: Weber, Vorverlegung.

Weber, Hellmuth von: Die allgemeinen Lehren des Strafrechts in ihrer Anwendung auf das Organisationsverbrechen, SprG 1948, S. 194 ff.

Wegner, Arthur: Über den Geltungsbereich des staatlichen Strafrechts; in: Frank-Festgabe, S. 98 ff (Band 1), Tübingen 1930, zit.: Wegner, FS Frank.

Weingärtner, Dieter: Demonstration und Strafrecht. Eine rechtsvergleichende Untersuchung zum deutschen, französischen, niederländischen und schweizerischen Recht, Freiburg / Br. 1986, zit.: Weingärtner, Demonstration.

Welzel, Hans: Über den substantiellen Begriff des Strafgesetzes; in: Kohlrausch-Festschrift, S. 101 ff., Berlin 1944, zit.: Welzel, FS Kohlrausch.

— Das deutsche Strafrecht. Eine systematische Darstellung, 11. Auflage, Berlin 1969, zit.: Welzel, Strafrecht.

Werle, Gerhard: Zur Reform des Strafrechts in der NS-Zeit: Der Entwurf eines Deutschen Strafgesetzbuchs 1936, NJW 1988, S. 2865 ff.

Werner, Adelheit: Organisierte Kriminalität — Fiktion oder Realität, in: BKA (Hrsg.): Organisierte Kriminalität, S. 45 ff., Wiesbaden 1977, zit.: Werner, Organisierte Kriminalität.

Wesel, Uwe: Juristische Weltkunde. Eine Einführung in das Recht, Frankfurt / Main 1984.

Weßlau, Edda: Vorfeldermittlungen. Probleme der Legalisierung „vorbeugender Verbrechensbekämpfung" aus strafprozeßrechtlicher Sicht, Berlin 1989, zit.: Weßlau, Vorfeldermittlungen.

Wiethölter, Rudolf: Rechtswissenschaft, 2. Auflage, Frankfurt / Main 1970.

Willms, Bernhard: Normenbegründung und Politik; in: Oelmüller, Willi (Hrsg.): Materialien zur Normendiskussion, Band 3, Normen und Geschichte, S. 175 ff., München u. a. 1979, zit.: Willms, Normenbegründung.

Wittke, Thomas: Terrorismusbekämpfung als rationale politische Entscheidung, Frankfurt / Main 1983, zit.: Wittke, Terrorismusbekämpfung.

Wörterbuch der Deutschen Gegenwartssprache, Band 6, Klappenbuch, Ruth u. a. (Hrsg.), Berlin 1977.

Wolf, Erik: Die Typen der Tatbestandsmäßigkeit, Breslau 1931.

Wolff, Ernst Amadeus: Die Abgrenzung von Kriminalunrecht zu anderen Unrechtsformen; in: Hassemer, Winfried (Hrsg.), Strafrechtspolitik. Bedingungen der Strafrechtsreform, S. 137 ff., Frankfurt / Main 1987, zit.: Wolff, Abgrenzung.

— Das neuere Verständnis von Generalprävention und seine Tauglichkeit für eine Antwort auf Kriminalität, ZStW 97, S. 786 ff.

— Ehre und Beleidigung. Zugleich eine Besprechung des gleichnamigen Buches von H. J. Hirsch, ZStW 81, S. 886 ff.

Würtenberger, Thomas: Das System der Rechtsgüterordnung in der deutschen Strafgesetzgebung, Breslau 1933, Neudruck Aalen 1973, zit.: Würtenberger, Das System.

Zippelius, Reinhold: Allgemeine Staatslehre (Politikwissenschaft), 6. Auflage, München 1978.

Zwiehoff, Gabriele: Der Schutz der Staatssymbole; in: Bemmann, Günter u. a. (Hrsg.), Der strafrechtliche Schutz des Staates, Griechisch-deutsches Symposium für Strafrecht und Verfassungsrecht, Hagen 1986, S. 107 ff., Neuwied / Darmstadt 1987.

Stichwortverzeichnis